U1006723

学前教育家文库

屠美如文集

凤凰出版传媒集团

江苏教育出版社

JIANGSU EDUCATION PUBLISHING HOUSE

图书在版编目(CIP)数据

屠美如文集 / 屠美如著.—南京：江苏教育出版社，
2008.10
（学前教育家文库）
ISBN 978-7-5343-8567-4

Ⅰ.屠... Ⅱ.屠... Ⅲ.①屠美如-文集②美术课-教学研究-学前教育-文集 Ⅳ.G613.6-53

中国版本图书馆CIP数据核字(2008)第163601号

目　录

附　录

总　序

我国学前教育理论与实践的研究，始于20世纪初期的南京高等师范学校（南京师范大学的前身）。从南京高等师范学校到南京师范大学，在将近一百年的时间中，经过几代学前教育学人绵延不断的探索、传承、弘扬和发展，成就与积累了极为丰硕的学术成果，形成了我国学前教育学术宝库中一份十分珍贵的财富。为了使后继者得以在前人已有成就的基础上继续前进，为学前教育学术发展搭建一个历史平台，南京师范大学学前教育专业与江苏教育出版社决定联手出版《学前教育家文库》。

早在20世纪20年代，时任南京高等师范学校教务主任的陶行知先生创建了教育科，并任首届主任，就在这里开始了近代中国学前教育的奠基工作。陈鹤琴先生在这里开始了儿童心理、家庭教育、幼稚教育的研究与教学工作，创办了我国第一个幼教实验中心——南京鼓楼幼稚园；陶行知和陈鹤琴的学生张宗麟先生首先自愿成为陈鹤琴研究幼教的合作伙伴，在鼓楼幼稚园进行了课程、设备、故事、读法等项研究，后又成为陶行知在南京郊区开辟农村幼教基地的得力助手，陈鹤琴也曾被晓庄乡村试验学校聘为幼稚师范院院长。他们的论著如：《儿童心理之研究》《家庭教育》《幼稚教育概论》《幼稚园的演变史》《幼稚教育论文集》（一、二两册）等书，在幼教界影响深远。他们是中国化、大众化、科学化幼教道路的开拓者和领路人。他们作为先行者的实践业绩和理论建树，其影响一直延伸至今。

新中国建立后，经1952年院系调整，由南京大学、金陵大学、上海震旦大学、广东岭南大学等相关系科组合，在南京师范大学建立了当时全国惟一的幼儿教育系，陈鹤琴先生被国务院任命为南京师范学院的首任院长。陈鹤琴在幼教系亲自教授儿童心理学、教育史等课程，还设置了儿童教育研究室和儿童教玩具研究室及玩具工厂，开创了教学、研究、生产三结合的体制，并建立了南师附属幼儿园——附属幼儿师范学校——幼儿教育系的三级完整的幼教体系。在陈鹤琴先生的带领下，南师幼教系的老师们还分别深入各种类型幼儿园进行各科教学、玩教具、游戏、设备、营养、混龄教育等项研究，与幼儿园建立了鱼水关系。陈鹤琴所倡导的热爱儿童、热爱幼教的奉献精神，中西融通、不断探索的创新精神，理论和实际紧密结合的务实精神，深深地影响着一代又一代的南师学前教育学人，这种奉献、创新、务实的精神已蔚然成风，逐步形成为南京师范大学幼教人的传统风格。

改革开放后，南京师范大学学前教育专业进入了历史性突破的新时期。20世纪70年代末，为促进全国幼教事业的复兴，南京师范大学学前教育专业肩负起筹备全国幼教研究会的重任，在南京召开了成立大会和第一届学术年会；80年代初，南京师范大学学前教育专业首批执行教育部和联合国儿童基金会幼教师资培养的合作项目；80年代末，承办了我国第一次幼教国际会议；90年代初，被国务院学位委员会批准设立了我国首个幼儿教育学科博士点；本世纪初，被教育部确定为首个国家级学前教育重点学科。南京师范大学学前教育专业已成为当代我国学前教育领域中的先导和中坚。

近三十年来，南京师范大学学前教育专业以不断拓展理论视野和深入幼教实践来提高队伍素质、完善课程建设为根本方针。在教学方面：努力加强学前教育学、儿童心理学、儿童教育哲学等基础理论课，逐步增设了学前教育史、学前教育研究方法、学前课程论、儿童游戏论等科目，将幼儿园各科教学法改造成学科教育学。20世纪80年代中期承担了多项全国高校“七五”规划教材编写项目，由人民教育出版社出版了《学前教育学》及《学前教育学参考资料》，《中国学前教育史》及《中国学前教育史资料选》《学前儿童发展与教育科学研究方法》《学前儿童语言教育》《学前儿童音乐教育》《学前儿童美术教育》《幼儿科学教育》《学前儿童数学教育》《儿童营养学》等教材，填补了高等师范学前教育专业课教材的空白。在硕士和博士学位点的建设方面，设有学前教育基本理论、学前教育课程论、学前审美教育、学前科学教育、学前语言教育、学前道德启蒙、幼儿社会性发展、学前健康教育等专业方向。在科学研究方面：20世纪80年代初，率先进行幼儿园综合教育的研究，由此拉开全国幼儿园课程改革的序幕；承担了全国教育科学“七五”规划重点项目“农村幼儿教育研究”，“八五”规划重点项目“学前儿童艺术综合教育”“幼儿道德启蒙教育”，“九五”规划重点项目“我国幼儿园课程体系的研究”“学前儿童审美教育”“幼儿园师幼互动的研究”等。此外，本专业教师还在健康、语言、社会、科学、数学、音乐、美术、游戏等教育研究领域自主开展研究。所有研究不但为本学科的发展奠定了坚实的基础，也在全国产生了较好的影响。出版了《农村学前一年综合教育课程设计》《学前儿童艺术综合教育》《幼儿道德启蒙的理论与实践》《师幼互动行为研究》《幼儿审美教育学》《儿童教育新论》《儿童精神哲学》《幼儿园课程指导丛书》《幼儿园课程实施指导丛书》《幼儿园课程研究论文集萃》《托儿综合教育课程》等书。近年来，还重视与国内外同行的合作研究，多次举办国际、国内学术研讨会，在刊物上开展学术思想争鸣。总之，南京师范大学学前教育学人的研究覆盖了学前儿童的生理与心理、正常儿童与特殊儿童、托儿所与幼儿园、教学与游戏、分科教学与综合教学、城市与农村、正规与非正规保教形式，涉及幼儿教育系统工程的方方面面。她们的研究成果不仅有利于自身教育质量的提高、师资队伍的专业成长，也促进了全国幼教界教育改革的步伐，为建设有中国特色的幼教事业作出了重要贡献。

这次出版的《学前教育家文库》共 11 卷，包括：陶行知、陈鹤琴、方观容、黄人颂、赵寄石、汪爱丽、卢乐珍、屠美如、王志明、张慧和、唐淑 11 位教授、专家的个人专卷。用以彰显他们的开拓创新和求真务实精神，供人们分享他们的丰硕成果，以期薪火传承，发扬光大！在这里我深深祝愿本文库的出版将促进我国学前教育学术更加繁荣、事业更加兴旺！

鲁　洁

2005 年 10 月

自　序

我出生于1933年，江苏常州人，汉族。父亲是银行的会计师，母亲出身名门，知书达理。我生活在一个温馨的书香之家，幼年生活幸福安宁。但好景不长，1937年抗日战争全面爆发，八一三事变，日寇长驱直入，全家逃离敌占区常州，到上海法租界避难，以后就在上海定居。就读于上海培明中小学，初中转学至上海允中女子中学，这是一所管理严格、师资质量一流的学校。在那里，我度过了整个中学阶段，打下了良好的学习基础。也就在我升入高中时，1949年5月，上海解放了。新中国的一切使我大开眼界，我追求进步，树立起新的人生目标，参加了青年团组织，并准备将自己的一生献给建设祖国的伟大事业。1951年考入南京金陵大学儿童福利系，开始培养起对教育儿童的浓厚兴趣。1952年院系调整后，改为南京师范学院幼儿教育系。1955年毕业，我被分配在南京师范学院附属幼儿师范学校工作，从此开始了我50年献身幼儿教育事业的历程。

南京师范大学附属幼儿师范学校是一所解放后新建的学校。在这里，我全身心地投入专业教学工作，担任幼儿教育教研室副组长，授有：学前教育学、语言教学法、自然教学法、计算教学法、体育教学法、幼儿园见习和实习、语言、数学、政治、英语等课程。由于幼儿教育专业在当时是一门全新的学科,没有教科书、教材及一般性的参考资料,备课任务繁重。我每日备课至深夜,总是精益求精,讲课深受学生好评。此外,我还担任班主任,带领学生到农村大办幼儿园,为工厂、农村、部队培养大量幼儿师资,受到江苏省教育部门的奖励。在幼儿师范学校工作了14年,直至"文化大革命",学校被迫解散为止,经我培养的学生遍及江苏省各地、市、县。

1979年,我调回阔别24年的母校南京师范大学教育系工作。这也是我向学术的更高层次冲刺的新起点,是我一生事业的转折点。当时,我承担了学前儿童美术教育的教学和研究工作。由于美育在"文化大革命"期间备遭摧残,美术教育处于一片空白。在此废墟上,我一方面大量收集国内外不同历史时期的幼儿美术教育资料;另一方面,深入幼儿园开展实验研究,用了整整10年时间,终于建立起一套较为完整的教材教法系列。先后主持完成了幼儿园小、中、大班美术教材、全国幼儿园教师培训教材、全国幼儿师范学校幼儿美术教学法教材以及高等师范学前儿童美术教育教学参考用书的编写工作。

我的科学研究工作是和教学工作同步展开的。为了使幼儿美术教育研究建立在较高的起点上,我不仅吸收了教育学、心理学、美学、艺术学等多领域知识,而且深入到幼儿第一线,从儿童在美术发展能力方面的调查研究起步,完成了论文:《儿童绘画发展阶段初探》《再论儿童绘画发展阶段——关于概念画期》《1.5—15岁儿童绘画能力发展研究》《对3—6岁儿童颜色感知和运用能力的研究》《3—4岁儿童绘画表征能力发展的实验研究》《4—5岁儿童绘画特征研究》《5—6岁儿童绘画特征研究》等。

在幼儿园的美术教学的改革方面，我倾注了大量的心血。长期以来，我国幼儿园的美术教育的教学内容以认知、技能为中心，教学方法采用注入式，以临摹为主要手段，评价幼儿的作品往往用"像与不像"来衡量。我以儿童的发展研究为实施教学法的基础，综合运用了皮亚杰、布鲁纳、维果茨基的理论，并在南京市第三幼儿园随机选了12名幼儿，用行动研究法，亲自执教三年，其间我对教学大胆改革，从而提出了一个认知与情感相结合的课程设计方案。同时，我还深入探索了培养创造精神的美术教育方法。发表的论文有：《幼儿美术教育改革的理论与实践研究——介绍一个认知与情感相结合的美术教育课程设计方案》《幼儿美术教育的改革》《幼儿美术中创造潜力的发掘与培育》等，可以说，这些论文反映了全面改革的思想，以及改革的具体方案。

1989年我作为美国哈佛大学教育研究院零点项目的访问学者，与当代美国著名心理学家、哈佛大学教育研究院零点项目主任霍华德·加德纳有较为密切的联系，加德纳的学术思想和人格魅力对我有很大启发，同时，他对我的学术成就和教学技能也作了很高的评价。此时，我还与美国斯坦福大学著名认知发展心理学家诺比·凯斯教授合作，对两种不同文化的绘画作品的知觉和发展特点进行研究，加深了我们对儿童艺术发展的普遍性和文化特殊性的理解。

20世纪80年代还值得一提的是1982—1988年联合国儿童基金会(UNIEF)选择我校学前教育专业，重点支助"学前教师师资"项目两期，任务是培训师资。我作为项目工作组成员之一，承担了大量的相当于项目秘书的工作，包括接收学校配套的房子，成立了幼儿教育中心、电教室，对外的计划、报表、汇报、检查和外宾接待，与国外知名幼儿教育机构的联络等。

90年代，我被评为南京师范大学教育科学研究院研究员，并当选为中国学前教育研究会副理事长。同时，由国务院认定的中国第一个学前教育博士点在南京师范大学成立，我成为我国第一位学前教育博士生导师。同时，作为江苏省教育重点学科带头人，负责学前教育学科点的建设工作。而学科建设的重中之重是培养一批高层次、高质量的学前教育骨干力量，向学术的高、深、精冲刺。10年来，我和同事们共同努力，设置了一套从专科、本科、硕士、博士到博士后流动站的完整教学体系，为国家输送人才，也为本专业组建了一支年轻的、高学历的、高素质的教学科研队伍。

在此期间，我作为项目主持人，承担了6项"八五""九五"国家级以及多项省级重点科研项目，其中"学前儿童美术教育的改革与研究"项目获1998年度全国师范院校基础教育改革实验研究项目优秀成果一等奖。完成的著作有:《学前儿童美术教育》《幼儿美术教学法》《幼儿园玩教具制作》《学前儿童艺术综合教育研究》等。译著有:《智能的阶梯》《儿童绘画心理》《美国幼儿教育的理论与实践》等。

在学前儿童"艺术—审美教育"的研究工作方面，我认为自己的研究是具有开创性的。我通过对儿童绘画能力发展的大量研究，发现并提出了儿童绘画发展的关键期是4岁的观点，并提出学前中期儿童概念画的形成，意味着儿童抽象思维的萌芽，是儿童绘画发展中不可逾越的阶段。在详细观察和深入分析的基础上，我对3—6岁儿童的绘画的普遍性特征作了细致的描述，并指出小、中、大班儿童在绘画发展历程中具有较为明显的差异，这为指导幼儿园各年龄班的绘画提供了科学的依据。

马克思主义艺术观认为，艺术是人对客观现实的主观创造，它是通过情感符号实现的。我们既不能把艺术看作是幼儿纯粹的自我潜在意识的自由表现，也不能把艺术单纯地看成是幼儿认识世界的一种工具和手段。我认为艺术是人的一种特殊的思维活动，是以情感为动力，是人的情感和思维相结合的产物。这是我批判性地吸收了东西方文化精华后，对幼儿艺术生成作出的解释。

我认为幼儿美术教育的核心是发展幼儿艺术思维，发掘幼儿的创造潜能，使他们在美术活动中的兴趣、情感、智能的发展达到统一。做、看、想，是学前儿童美术活动的三大要素。在教学方式上，我提出了以引导—发现式、情境—陶冶式的教学方法为主，以情感为原动力，充分挖掘幼儿潜意识的创造能力。

进入21世纪，我在科学研究方面渐趋成熟，获得了多项科研成果，重点著作有：《现代儿童美术欣赏教育研究》《向瑞吉欧学习些什么》《学前儿童美术教育》《全国高等教育自学考试教材》等。作为学科带头人，更让人高兴的是南京师范大学幼儿教育重点学科成功地晋升为国家级重点学科，前后共培养了11位博士、3位博士后。

在吸收了现代美学思想的精髓之后，我对幼儿审美心理和教育的观点有了新的突破。在我和楼必生合著的《学前儿童艺术综合教育的研究》一书中，我一方面阐述了艺术教育在促进心灵和谐、人格完满发展方面所起的不可低估的作用，提出审美—艺术在使当代普遍存在的“审美适应型”人格特征转变为“审美创造型”人格特征的过程中所具有的教育价值，为幼儿艺术教育作了新的定位；另一方面，运用格式塔心理学大脑力场的理论，提出了艺术同构论的依据。我假设音乐、美术、文学三种艺术形式存在着共同的审美要素，可以通过审美直觉、通感、情感同构而相互迁移、渗透和沟通，这是一种综合性的艺术智慧。由此，我和我的同事们，共同创造了学前儿童艺术综合教育的课程模式。此项研究，为幼儿园音乐、美术、文学教育的改革提供了新的理论依据，同时，这种将独立学科进行综合调整的方式，打破了单科教学的格局，有利于幼儿整体素质的培养，从而为幼儿教育整体改革开拓了新的教学理念和新的发展路径。

随后，我运用综合教育的理念，开始考虑儿童教育全方位的改革。在滕守尧先生提出的“生态式美育”的启示下，我展开了学前儿童生态式教育研究的工作。提出了以审美教育为突破口，用爱、美、生命的人文主义精神，对儿童进行整体性、融合性、开放性的生态式教育的主张。把感受生命、关爱生命、歌颂生命作为对学前儿童实施教育的主旋律。

2000年我被聘任为太平洋地区早期教育研究协会的常务委员。2002—2006年我担任了世界学前教育组织中国委员会的副主席。

50年来，为了我国幼儿教育事业，为了高等学校的学科建设，为了培养我国中高层次的幼儿教育人才，我作出了自己应有的不懈努力。

绘画教学与幼儿创造才能的培养

艺术的根本特点在于独创，艺术美是经过艺术家头脑的意象加工而创作出来的形式美，它不是生活的原型，是在构图、设色、造型等方面经过人们头脑重新加工组合而产生的创造之物。从这个角度来说，没有独创就没有艺术。在幼儿的绘画过程中，从形式上的造型、涂染和落幅，到内容上的设计处理，无不饱含着幼儿天真的想象和创造精神。因此，现代幼儿绘画教学应以发展幼儿的想像力和创造力为中心，来培养幼儿的个性和智慧。

绘画教学是发展幼儿智力的手段之一，在想像力和创造力方面特别理想。学前儿童正处在想象发展比较迅速的时期，绘画在促使幼儿从无意想象过渡到有意想象，从再造想象过渡到创造想象中起着积极作用。在正确引导下，这个时期幼儿绘画中的创造性，表现在独立创作一些题材较为新颖、内容较为丰富的画面方面，也表现在灵活地使用各种色彩和简单的变形方面。

促进幼儿绘画创造才能发展的因素是什么呢？

一、浓厚的兴趣是幼儿创造才能发展的源泉

幼儿上图画课时，总是兴致勃勃，全神贯注。在日常生活中，只要一有绘画的机会，他们就爱埋头作画。正是这浓厚的兴趣，使幼儿在绘画中倾注了他们的全部感情，发挥了他们的创造潜能。

兴趣需要培养。对年龄小的幼儿，绘画内容的选择更要注意兴趣性，可以与幼儿的游戏和日常生活相结合，教师要从中发现能打动幼儿心弦的事物，组织幼儿画主题画。例如：运动会、六一儿童节、儿童乐园等。这些幼儿熟悉的题材，能激发幼儿的想像力，并画出内容丰

富的作品。教师还可以从幼儿的画中，发现他们的意向和兴趣，探索能打动幼儿心灵的题材。如“动物世界”“阿童木”“机器人”等新奇多变的课题，特别能拓宽幼儿的思路，使他们在绘画中充满喜悦。

教师对幼儿作品的赞赏和表扬，能使幼儿建立自信心。经常性的幼儿作品展览，不仅使展出作品的幼儿得到鼓舞，对其他幼儿也是一种启发和暗示，在促进幼儿想像力的发展上是有帮助的。

二、丰富的知识经验是发展幼儿创造才能的基础

幼儿的绘画不是主观情感或潜意识心理的表现，而是通过对客观事物的了解，反映出他们对事物天真的、直观的看法和想法。因此，丰富的知识经验和敏锐的观察力对幼儿绘画中创造才能的发展起着积极的作用。如：主题画《在大街上》，绘画前，老师可带领幼儿上街散步，观察来往的车辆、行人；观察民警指挥交通；观察街道两旁的房屋、商店；观察马路和人行道。幼儿在绘画中，如果画面丰富，人物形象鲜明，结构合理，则反映其具有较丰富的想像力。幼儿在绘画中反映的各种不同场面和细节与他们丰富的生活经验是分不开的。因此，观察力弱、知识经验贫乏的幼儿在图画内容上也是单调的。教师要善于利用一切机会，有意识地组织幼儿观察自然，了解事物之间的相互关系，为幼儿储备丰富的作画素材。

三、实物、图片和演示的运用对幼儿创造才能的发展起着直接的促进或抑制作用

实物和图片可以激发幼儿的情感，给予幼儿创作的启示，培养幼儿把所想象的物体加以形象化的能力。让幼儿观察多种多样的实物和图片，能够帮助幼儿从不同角度进一步仔细观察事物，便于幼儿创造性地摹写。例如画动物，不是单纯拿一个动物玩具让幼儿去画，而是让幼儿直接去观察活生生的动物，观察它们是怎样活动的，它们爱吃些什么。幼儿对动物产生了感情，他笔下的动物才会生动活泼，富有情趣。

对没有绘画经验的幼儿，教师要常常作一些演示，画全部或局部给他们看，使他们树立起绘画的信心，引起他们对绘画的愿望和兴趣。

对一些在绘画中有困难的幼儿,老师的示范可以帮助他们塑造更完整的形象;但必须十分谨慎地使用这种方法,老师的示范一定要与实物观察相结合,演示完毕随即擦去。如果教师不组织幼儿观察绘画的对象,而是单纯地要求幼儿一笔一画地临摹老师的范画,那么幼儿在绘画中只能机械地记住老师给予的某些物体的概念,在不断重复和模仿中成了公式化的东西。这样,幼儿的绘画就成了成人画的翻版,失去了艺术的价值,这对发展幼儿的创造力是十分有害的。

四、运用多种类型的绘画,激发幼儿创造才能的发展

各种类型的绘画对发展幼儿想像力和创造力起着不同的作用。

1. 主题画

主题画是由老师提出绘画的方向,有意识地为幼儿创设一定的情境,引起幼儿的兴趣和动机,激发幼儿广泛的思路,用直觉具体的形象反映现实生活。老师可以要求幼儿围绕一个主题,各人设想不同的内容和情节。如在《我的好妈妈》主题画中,有的画妈妈在上课,有的画妈妈在指挥吊车,还有的画妈妈在井下修电话线……这许多场面、人物,幼儿过去并没有学过。但主题激起了幼儿不同的遐想,帮助他们创造出新的形象。又如"想想哪些是圆形的东西?尽可能画下来,看谁画得多?""大街上有多少不同类型、不同式样的车子,画下来"等。幼儿在教师创设主题的特定条件刺激下,产生了联想表象和记忆中的形象,经过加工改造,最终表现在画面上,想象活动就体现在这种加工改造里。

2. 故事画

要求幼儿根据故事情节构思画面,借助于词的描述再现人物的形象。故事中人物的鲜明性,情节的曲折有趣,能激发幼儿的情绪,开拓他们的思路。如在教师讲述了《两座新木房》的故事后,要求幼儿用两幅不同的画面,画出新、旧木房。在幼儿笔下的旧木房是用暗紫、深棕等灰暗色调画出来的,松树在大风下摇晃,松针都掉下来了,而粉红、金黄色屋顶的新房子在阳光下闪闪发光。有的画猴子、大象、熊猫都来帮忙盖房子,有的画了老爷爷去砍柴,有的画小动物过河砍树造房

子等。他们兴致勃勃地添加了许多细节,有的想象小动物怎样把木头放到水里,经过桥洞漂到岸上的过程,有的还在画面上加上了“啄木鸟指挥着别的动物盖房子”的情节。

老师讲述故事讲到一半,可以让幼儿用图画画出故事的结尾,也是一种激发幼儿创造性思维的好方法。故事《小宝是怎样找到妈妈的?》叙述了小宝跟妈妈到百货公司去玩,不慎走散了,不见了妈妈。要求幼儿想一想:小宝该怎么办?对这类题材幼儿很感兴趣。有的画了民警叔叔送小宝回家,有的画百货公司的广播员正在广播帮助小宝找妈妈。

用几个没有连贯性的、相互矛盾的物体组成一幅故事画,这就要求幼儿以自己的知识经验为基础,用逻辑推理的方法,重新组合加工,构成一幅新的故事画面。如老师要求幼儿用“太阳、熊猫、桌子、椅子、电灯、人”组成故事。有的儿童画的是室内,白天幼儿园里老师站在桌子旁,小朋友们坐着听讲故事,玩具柜里放着熊猫等玩具,天花板上吊着日光灯,窗外有太阳。另一个幼儿则画了两幅,一幅画是白天在幼儿园,窗外阳光里,幼儿园小朋友围着桌子坐在那里,玩着熊猫玩具。另一幅画的是晚上。在家里开了电灯,小朋友坐着看电视,电视机放在桌子上,荧光屏上正出现熊猫。有的画在公园里,熊猫冰棒箱放在桌子上,售货员正在喊着“卖冰棒”,路边上装有路灯。情节合理,构图生动。

3. 装饰画

教师提供一定花纹,要求幼儿在规定形式的纸张上或器皿中进行装饰。幼儿根据对称、均衡美的规律,运用各种色彩,构成千变万化的图案,表达他们对美的感受,促进幼儿创造思维的发展。

4. 自由画

自由画是把幼儿带入想象世界的最好的手段之一,它对各年龄阶段幼儿都是很重要的。其关键在于给幼儿充分的自由,鼓励幼儿大胆地画。老师应不断鼓励他们画自己想出来的、自己看到和听到的、自己喜欢的事物;鼓励他们画自己以前没有画过的,老师也没有教过的事物。对幼儿画出的新鲜的题材，对幼儿大胆的设想，都应给予鼓励和赞扬，使幼儿通过自由画树立自信心，从而更积极地用他们天真的绘画表现自己心中的世界。

发表于《幼儿教育》，1983 年第 5 期。

1. 5—6 岁儿童绘画能力发展的研究

内容提要:儿童绘画能力的发展是遵循着从乱涂→圆圈→线、形的规律进行的。在儿童绘画能力发展诸因素中,起主要作用的是发展和成熟,环境和教育也对儿童绘画能力起重要作用。性别差异对儿童绘画发展无明显影响。

一、研究目的和对象

研究目的是探索学前期儿童绘画发展的趋势和规律,各年龄阶段绘画的特点、教育与儿童发展的关系,为我国儿童美术教育的实施提供参考。

本文研究对象是 1 岁半至 6 岁儿童,共 161 人,分城市、农村两组,城市以江苏省南京市具有一般水平的机关、工厂幼儿园为主,农村以山东省掖县的乡、镇办幼儿园为主。

二、研究方法

研究采用个别测试方式。受试儿童按年龄分成五组,1.5—2 岁组,2—3 岁组,3—4 岁组,4—5 岁组,5—6 岁组,(年龄自受试日起计)选有一定代表性的班级,从中随机抽样。

要求受试儿童每人当场作画三张,其中命题画、自由画、实物写生画各一张,以考察儿童作画的构思、构图、色彩、造型等全面的绘画能力。

评定儿童画的标准,是按儿童画表现的内容、情节、技能技巧分别记分,构思完整、新颖独特、造形基本正确、色彩谐调美丽的可得满分,各年龄组按统一标准记分。

三、研究结果与分析

1. 处于运算前阶段的 2—7 岁儿童,已具有象征思维能力,是形成图像概念极为迅速的时期。2 岁以前,儿童在纸上点、画、戳……是一种纯肌肉的画线活动,通常是无方向性的。其形状、范围、定向取决于儿童手臂的结构机制。2 岁以后,儿童从乱线涂鸦向圆形涂鸦过渡,常用圆圈代表他所要画的一切事物,偶尔能说出要画什么,或画得像什么,但无明确的目的。3—4 岁,是儿童从无意识到开始有简单目的的绘画活动过渡阶段,从乱涂到开始出现简单的形,象征性地表示某事物。4 岁以后,是学前儿童绘画经历发展最迅速的时期,由于这个时期儿童感知—运动的发展,儿童具备了较为协调的、手眼一致的动作和较为复杂的知觉技能,有可能把他们从具体感知获得的形象,以图式符号的形式反映出来。这是儿童绘画的萌发期。5—6 岁儿童已掌握了不少表现物体的图式符号,可以较为自由地把他所看到的、听到的,甚至是想象中的东西,用极为简单的符号表现出来。随着知识经验的丰富扩大,绘画题材比较广泛,能够组成具有内在有机统一结构的整体图式。从实验结果可以看到学前儿童绘画能力发展的趋势。(图 1)

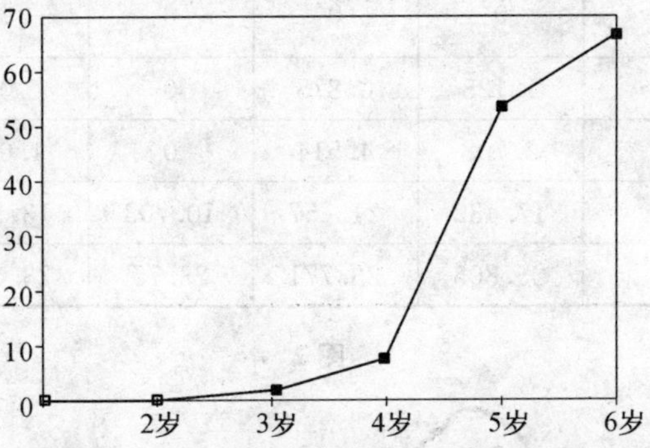

图 1　学前儿童绘画能力发展趋势图

2. 儿童绘画能力的发展是有规律的。从绘画内容、形状轮廓、色彩、比例和透视等方面发展来看,儿童绘画能力是从 3 岁起步,4 岁开始,呈直线型向上发展。(图 2)

分析各项绘画能力,发展最快的是形状轮廓。2—3 岁儿童已能画圆圈，因为圆形是一种最简单的视觉式样，它产生于旋转运动。手臂绕着肩关节旋转，就能画出螺旋式的层层圆圈，儿童容易把握。实验统计，2—3 岁儿童，有 77%的人能画出不十分圆的圆圈。这些大小不同、封闭式或螺旋式的各种圆圈，用以表示小朋友、阿童木、棍子、土地等。3—4 岁儿童，能够较熟练地画长线条及各种圆，画出物体的简单轮廓：球，人，烧饼，太阳。（图 3）一个 3 岁 11 个月的儿童用一个大圆圈表示“家”，用密集的短线在圆内涂画表示“人”，他边画边说：“一直走到我家，里面有人，房子翻了，（因为不会画，他自己也感到不太像）人直不起来了……”（图 4）这是一张俯视图，大圆圈表示房子区域的边界线，杂乱的线条是站立的人。这时儿童是用一度线条轨迹，表现他所感知到的三度空间的物体，必然会感到困惑，不管怎样说，

1.5—6 岁儿童各项绘画能力测验结果

各项绘画能力 / 年龄	内容	轮廓	比例	透视	色彩
1.5—2 岁	0	0	0	0	0
2—3 岁	1.125	0.875	0	0	0
3—4 岁	2.708	4.514	0	1.667	0.823
4—5 岁	17.432	21.757	10.703	13.378	14.743
5—6 岁	25.805	23.771	23.75	23.034	16.525

图 2

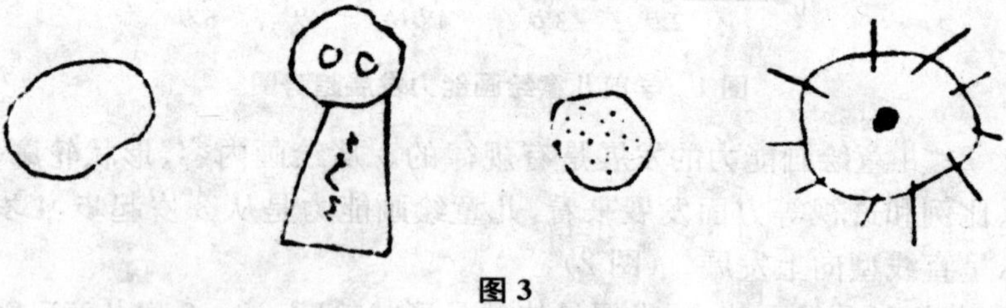

图 3

这张看起来纯属乱涂的画，是 3 岁孩子的一种创造。4 岁以后，儿童画在表现形状轮廓上，出现了飞跃。儿童开始能够用较为清晰的轮廓线，表现具有明显特征的简单物体形象。（图 5）这时，儿童运用各种线条的能力提高了，他在画圆圈的基础上，使用线条把所知觉到的形状直接、具体地表现出来，他也会用几条线包围一个区域，变成一个二度平面的边界线，画出包括方形、长方形、梯形、三角形等几何形体。儿童一旦学会了这些式样，就会用它们来代表各种不同的东西，画出粗略的图式。这个时期，儿童作画方式大多是拼凑式的，把一个小部分和另一个小部分组装起来。例如：一个男孩名叫周波，5 岁 7 个月，他画的妈妈的头、颈、手、足、身体都是封闭式的轮廓线然后相加而成的一个整体。（图 6）无论城乡，几乎这个年龄的儿童都用这类方法表现形体，当他们掌握了观察和辨别形状的能力后，就有可能用这种方法合成较为复杂的形象。

图 4

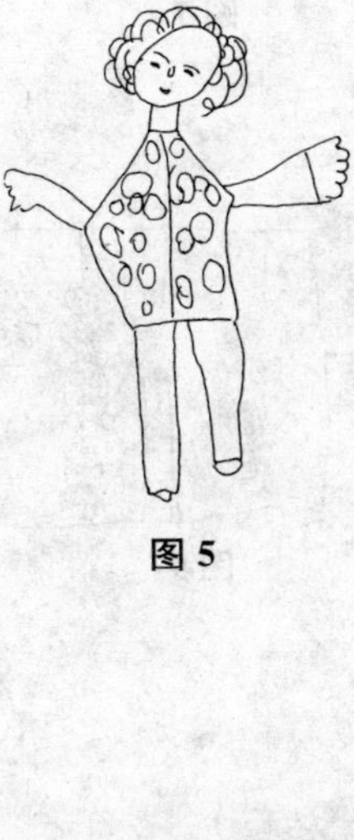

图 5

图 6

儿童绘画的内容，与儿童所获得的知识经验有密切关系，同时也受到形式表达能力的制约。在图画中，儿童所反映的多半是与他生活经验密切联系的、真实的客观事物，年龄越小，范围越窄，有时伴随动作和语言，画极其简单的式样。4 岁左右的孩子，大多画的是无联系的个别形象，江苏省级机关幼儿园黄晨（女，4 岁一个月）画命题画《我的家》时，画了大门、小孩、手帕、饭碗、匙、太阳，每个物体都是单独的、无秩序的排列。（图 7）她边画边喃喃自语："早晨起来了，太阳出来了（画太阳）。""小孩子起来了（画小人、大门）。"接着联想到饭碗、饭和汤匙，事实上，她已经在有意识地反映一个有机联系的事件，但从画面上只能看到松散的、无联系的个别物件。这说明绘画的内容为创造形状轮廓提供了重要线索，而在绘画表现方式上，受到水平的限制，不能组成有机的画面。随着儿童知识经验的丰富，5—6 岁儿童的绘画内容比较丰富，不仅能够表现房屋、人、动物、日常生活用品、玩具等个别物体和现象，还能够反映他所看到的、听到的、记忆中和想象中的形象，反映事物和事物之间的关系。这时儿童为了一览无余地把所要表现的一切画出来，常常用"透明画"的方式作画。（图 8、图 9）

图 7

图 8

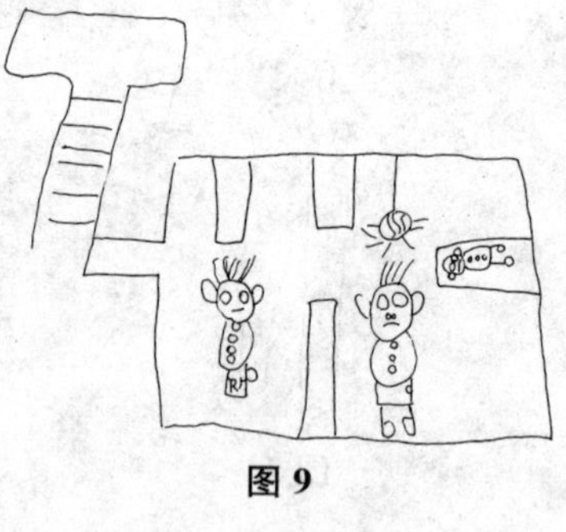

图 9

在透视关系方面，儿童在能够辨别形状之前，是没有透视概念的。4岁以后，儿童开始凭自己的直觉经验表现空间关系，当儿童画一只碗里放着一把汤匙时，为了要把碗里的汤匙画出来，采用了俯视角度。(图10)这时儿童画的圆圈，并非是物体的正面投影，也不包含透视因素，而只是圆形物体结构的等同物。它的轮廓并不代表一个透视图像的一度水平线，而是代表着一个事物整体的表面层。5—6岁儿童开始注意表现事物的深度，这时他们画的碗和汤匙是各式各样的，这说明儿童已经在学习选择物体的一个或几个方面的投影，再现出对这个物体的完整的视觉概念。但是，在处理较为复杂的投影方面，还存在着很大困难，在画床、桌子的时候，为了把物体的整体结构特征画出来，常常用展开式来表示物体的三度空间，桌子常会画成正、侧面的混合体，床则是用长方形来再现长方体，这样的表现方法，在儿童看来是对现实最忠实的摹仿。同样的，在画围绕饭桌的椅子时，是以外部的位置去再现心里内部的位置，(图11)椅子本身没有因为视点的远近、角度而变形，只是转动了它放置的位置，这时儿童受知觉恒常性的影响，往往看不到物体侧面透视中的缩短现象。

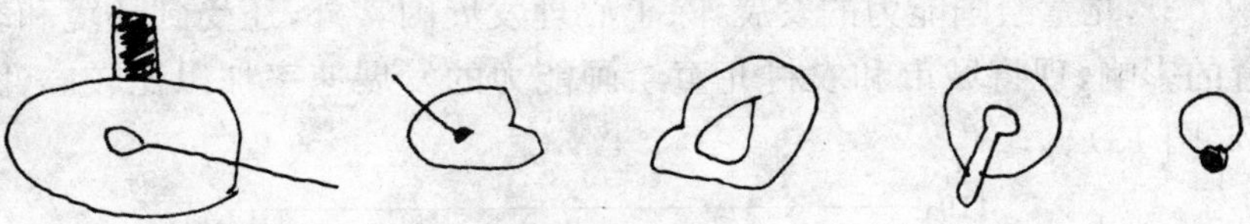

图10

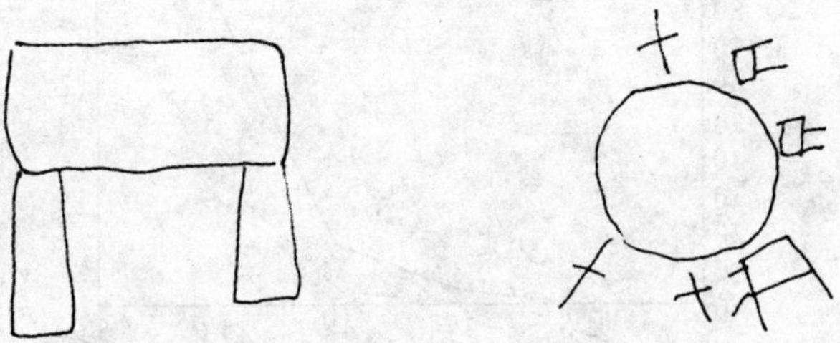

图11

在大、小比例关系方面，儿童画的准确性是很低的。4 岁以后，儿童开始对绘画中个别物体的对称、比例关系注意起来，几乎与形状轮廓发展同步。儿童在比例关系的掌握上，也是直线上升的，但是在物体之间相对比例关系上，还要经历一个发展过程。如图 3 中太阳和饭碗一样大，碗比小孩大。这时儿童不注意物体之间的大小比较，在罗列一个个物体过程中会夸大他所感知印象较深的东西，经过反复练习，作画经验丰富起来，逐渐注意画面的整体和统一。

在色彩处理方面，儿童是先掌握形状，然后才注意到色彩的。4 岁以前的儿童要以画线活动为主，他们把注意力倾注于形状轮廓线的表现上，常常从头至尾用一支笔、一种色彩画满一张纸，很少换笔。4 岁以后，儿童在使用色彩上有较快发展，儿童开始注意按物体的固有色选择相应的色彩涂染，在一张画面上有时出现三四种以上的颜色。5—6 岁儿童，在使用色彩，使画面丰富美丽方面会倾注个人的情感，除了对不违背自然发展规律的固有色加以保留外，还创造性地用色彩装饰画面。5 岁 9 个月的小女孩沈阳，为她画面上的小姑娘穿的一条裙子，选用了八种颜色，注意到冷暖关系的对比和同种色的谐调。

3. 儿童绘画能力的发展，除了心理发展因素外，还受到环境和教育的影响，现将城市和农村儿童绘画能力的发展速率加以比较。（图 12、图 13）

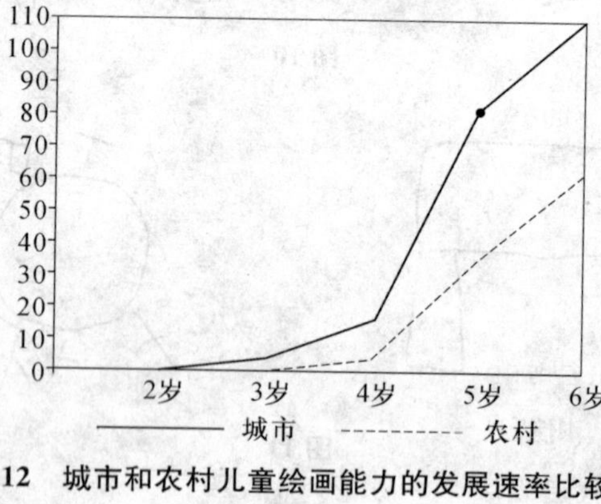

图 12　城市和农村儿童绘画能力的发展速率比较图

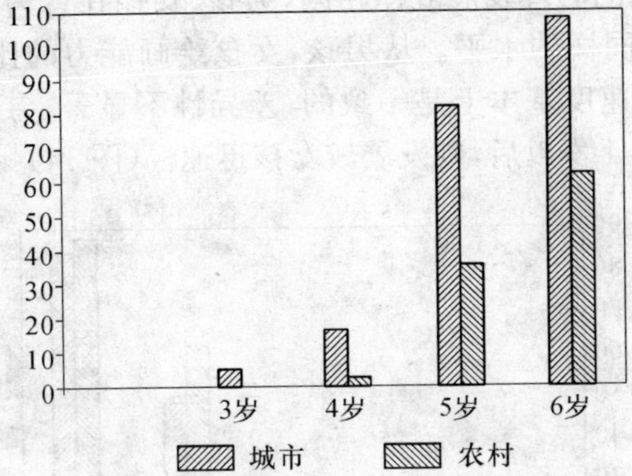

图 13　城市和农村儿童绘画能力发展速率比较图

实验结果表明:2 岁前儿童均处于涂鸦期,城乡没有差别。城市儿童绘画起点在 3 岁左右,而农村儿童则从 4 岁以后才开始起步,显然,这与儿童生长、接触的环境有相当大的关系。城市儿童在家接触父母看书、写字的机会比较多,不少儿童在画《我的家》命题画中,反映爸爸坐在床头看报,妈妈坐在书桌前看书;孩子们与纸、笔接触的机会多,常常喜欢模仿大人在纸上涂抹。在调查农村儿童时,发现不少 3 岁的儿童在实验时才第一次拿到笔,因而不知所措,缺少平时练习的机会。4 岁以后,无论城市或农村儿童都处于发展最迅速时期,但由于他们起点时间不同,差异十分明显。城市儿童在教师的指导下,已学会了不少模式画,逐步掌握了绘画规律,知道如何构思作画,知识面较广,因此在内容、形式方面都比较充实。农村儿童则多数凭自己的直接感知来反映事物,画得比较生动,但大多数画面内容贫乏,在一定程度上反映了他们在认知、思维上的空白。农村 6 岁组儿童低于城市 5 岁组的水平,特别在掌握形状轮廓、色彩等方面的能力,差异尤为显著。

这恰恰说明了儿童绘画能力的发展是与心理成熟有密切关系的,它是按照一定规律向前推进的,在自然成熟的过程中,环境和教育决定了发展的速度和水平,对儿童实施正确的艺术教育,能较快地促进儿童的发展。

4. 与一般的心理发展规律相同，男孩、女孩在智力上、性格上、情绪上都能达到同样的水平。从男孩、女孩绘画能力的比较上，可以看出他们发展的速度基本上是一致的，差异性不显著，男孩在 4 岁前略低于女孩水平，4 岁以后，则发展较女孩迅速。（图 14）

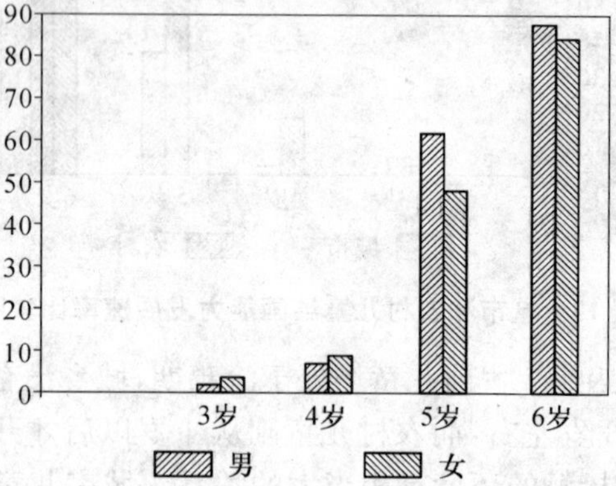

图 14

四、结论及教育建议

1. 儿童绘画能力的发展是有规律的，是从无意识的、纯肌肉运动开始，向有意识、有目的地用简单图像反映现实生活中的一些物体和事件过渡的。表现形式是乱涂→圆圈→线→形。线条是儿童画中最基本的成分。

掌握儿童绘画发展的规律，教师必须在儿童发展进程中，做有利于促进儿童绘画发展的工作。“揠苗助长”、“越俎代庖”和“急于求成”是不能达到预期效果的；听之任之的放任自流，也会延缓儿童的发展进程。

2. 在影响儿童绘画能力发展的诸因素中（年龄、城乡、男女）起主要作用的是年龄，方差分析结果表明：在可信度 95%的条件下，年龄差别之间有高度显著差异。（F－检验的统计量值 f＝47.382，与 F－检验的临界值之比，大于 15）

儿童绘画能力的形成和发展是从 4 岁开始的。4—6 岁是学前儿童绘画发展最迅速的时期，其中 4 岁是萌发期。在小班后期开始，加强儿童艺术教育的指导，帮助幼儿掌握用图式符号来代表某些事物的能力，有利于促进儿童智慧的发展。

3. 环境和教育对儿童绘画能力起重要作用。从出生至 6 岁的城乡两组儿童发展能力的比较中，经方差分析结果表明：在可信度 95% 的条件下，城乡之间有高度显著差异。（F－检验的统计 f＝28.201，与 F－检验的临界值之比，大于 5）在良好教育条件下，儿童绘画能力会得到更快的发展。农村必须加强儿童艺术教育的进程。

4. 性别差异对儿童绘画发展无明显影响。

参考文献：

1. 【美】鲁道夫·阿恩海姆：《艺术与视觉》，中国社会科学出版社，1984 年版。
2. 海格恩：《儿童绘画心理之研究》，商务印书馆，1993 年版。

发表于《南京师范大学学报》，1987 年。

对 3—6 岁儿童颜色感知和运用能力的研究

研究目的

色彩在绘画课程结构中占一定的位置。儿童在作画过程中必须使用各种颜色来描绘和表现物体和现象。色彩可以丰富和增强作品的表现力和感染力，提高儿童对绘画的兴趣，帮助他们更正确地认识事物和现象。但是 3—6 岁儿童究竟能够认识和运用几种颜色？各年龄班儿童认识和运用颜色的发展规律是什么？这是需要认真调查研究的。

1979 年我们在“幼儿园各年龄班绘画教学大纲”的研究中提出的设想大纲是：

小班：认识 4—6 种颜色（红、绿、黄、蓝、赭、黑）。培养幼儿的色彩感，能自由选用自己喜欢的颜色。学习均匀涂色的方法。

中班：认识 8—10 种颜色（增加粉红、天蓝、橘黄、紫）。会选择与实物相似的颜色均匀涂染。丰富幼儿的色彩感和表现力。

大班：认识和使用 12 种颜色。能分清颜色的深、浅、浓、淡，能选择适当的颜色作画，使画面美丽。

以上大纲是否符合幼儿认识颜色的规律？为了提供制订大纲的科学根据，我们在小、中、大三个年龄班，共 300 名儿童中，作了关于掌握颜色名称和使用颜色方面的调查研究。为了掌握各年龄班儿童在教育影响下，可能达到的最佳水平，实验是在各年龄班末期测定的，选择的是水平较高，但未进行认识颜色系统教学的班级。

研究内容和程序

（一）3—6岁儿童颜色感知能力的调查

1. 采用12种不同颜色的铅笔（红、绿、黄、蓝、赭、黑、淡红、淡蓝、橘黄、紫、紫红、褐），要求儿童逐个说出颜色的名称。

〔由于黑色（无彩色）在绘画中运用较多，且幼儿园绘画教学中使用的彩色铅笔就包括黑色，所以我们把黑色亦列入调查之列。〕

2. 对3—4岁儿童增加两项调查内容，以进一步了解儿童颜色知觉的发展过程。

（1）将画有12种颜色的圆点排成一行。（如图）要求幼儿将相对应颜色的圆片，一一对应地放在相同颜色的下面，了解儿童实际辨别颜色的能力。

红	黄	蓝	绿	橙	紫	粉红	天蓝	赭	紫红	褐	黑

（2）要求幼儿根据老师说出的颜色名称，取出相应颜色的铅笔，以了解儿童掌握颜色名称的情况。

实验是用个别调查方式进行的。

参加实验的对象是南京市4个幼儿园小、中、大共10个班的幼儿，年龄为3岁9个月—6岁6个月，共计300人。

（二）3—6岁儿童运用颜色能力的调查

1. 设计能反映12种颜色的个别物体图画12幅（红领巾、小鸭子、人民警察、青菜、橘子、茄子、桃花、天空、红枣、土豆、竹笋、熊猫），及综合运用各种颜色的个别物体图画6幅（西瓜、桃子、葡萄、石榴、电车、向日葵），要求儿童用12种彩色铅笔分别涂染。

实验时，主试者先和小朋友一起认识每张图画的内容，并说出画的是什么，然后说："请小朋友用颜色铅笔给它们涂上颜色，要仔细想想这个物体原来是什么颜色，就涂什么颜色。"最后要求儿童涂色。

实验是采取相互之间隔离的办法，要求儿童独立完成，防止相互抄袭摹仿。

参加实验对象和实验时间同上。

2. 设计能反映12种颜色的图画一幅，要求儿童用12色彩色铅笔涂染。

主试者先请小朋友观察画面，并说出内容，然后说："请小朋友用12种颜色铅笔给图画涂上颜色，要想好每一种颜色铅笔都要用上，要涂得正确、好看。"

实验仍用隔离法，由每个儿童独立完成，防止互相谈论和摹仿。

参加实验对象是南京市3个幼儿园的中、大班共6个班级(年龄为4.5—6.5岁)的201名幼儿。

结果和分析

(一) 3—6岁儿童对颜色的认识

1. 3—6岁儿童已经能够逐步用词说出颜色的名称。他们认识颜色名称的顺序是:红、黑、黄、绿、淡红、桔黄、蓝、赭、淡蓝、褐、紫红、紫。

3—6岁儿童正确说出颜色名称的百分比

年龄	颜色											
	红	黄	蓝	绿	橘黄	紫	粉红	天蓝	紫色	赭	褐	黑
3—4岁	98	81	40	74	30	9	46	26	13	43	39	94
4—5岁	100	98	72	97	91	46	80	70	45	71	61	100
5—6岁	100	97	75	97	83	55	97	81	58	75	57	100

实验证明:(1) 3—6岁儿童最早认识的颜色是红色和黑色，其中3—4岁儿童说出红色的是98%，说出黑色的是94%；4—6岁儿童100%都能说出红色和黑色。原因是红色比较突出鲜艳，是儿童最喜爱的颜色，它往往与儿童最喜爱的物体结合在一起，例如:红旗、红灯笼、红皮球、红色的衣服等。至于黑色，虽然孩子不喜欢它，但由于它

与自然界的昼夜交替相联系，儿童在生活中有比较深切的体验：漆黑的屋子什么也看不见了；在黑夜来临时，孩子感到害怕等类似的经验，使儿童印象深刻。在成人的语言中，也常用黑色来形容某些事物，人体头部黑色的头发、黑眼睛都是儿童所熟悉的。儿童最初认识红色和黑色，实际上与人类最早认识的颜色相一致，远古时代，人类在陶瓷器皿的装饰中，往往采用红、黑相间，说明红、黑两色是人类最早认识的颜色。

(2) 儿童对黄色和绿色的认识也比较早。小班儿童已有74%以上能说出黄、绿两种颜色的名称。中、大班儿童能说出黄、绿名称的占97%以上。这是由于黄色比较明亮、醒目，绿色则是自然界最基本色调的缘故。

(3) 儿童对颜色的认识感到最困难的是紫色、紫红色和褐色。他们常常把紫色说成“蓝色”，把紫红色说成“红色”，对“赭色”和“褐色”常混淆不清，说明儿童对间色和复色，或色调差别较小者，在分辨上存在一定困难。

2. 3—6岁儿童对颜色的认识存在着年龄上的差异。

(1) 小班儿童能够初步辨认12种颜色，他们能够通过比较，把相同的颜色放在一起，除了蓝色、赭色和褐色以外，正确率达90%以上。

3—4岁儿童辨别颜色和掌握颜色名称能力的比较(百分比)

比较项目	颜色											
	红	黄	蓝	绿	橘黄	紫	粉红	天蓝	紫红	赭	褐	黑
正确辨别颜色	94	99	89	98	98	93	96	92	92	84	77	100
按颜色名称取出相应物体	97	92	67	78	51	24	72	43	34	52	48	98
正确说出颜色名称	98	81	40	74	30	9	46	26	13	43	32	94

但是，小班儿童在掌握颜色名称上，存在的困难比较大。以粉红色为例，虽然小班儿童能正确辨认粉红色的占 96%，但能按教师说的名称，正确取出粉红色铅笔的只占 43%，而他们自己能正确说出粉红色名称的则更少，仅仅只有 26%。这说明幼儿的颜色知觉是从具体感知颜色，逐步过渡到用词抽象出它们的名称的。3—4 岁儿童正处于从具体感知颜色过渡到掌握颜色概念的发展时期，小班后期，儿童能说出红色、黑色的占 94%以上，能说出黄色、绿色的占 74%以上，能说出粉红、赭色、蓝色的占 40%以上。

(2) 中班儿童在认识颜色和说出名称上有飞速的发展，70%以上儿童能说出除紫、紫红、褐以外的 9 种颜色。在正确教育下，已可逐步接近大班儿童的水平。大班儿童 55%以上掌握 12 种颜色的名称。

中、大班儿童说出 12 种颜色名称的比较

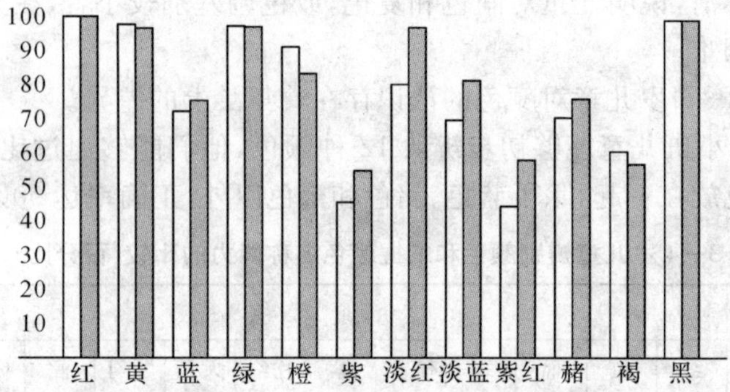

注：□ 表示中班(4—5岁)儿童说出12种颜色名称的百分比
■ 表示大班(5—6岁)儿童说出12种颜色名称的百分比

综上所述，小班儿童正处于从感知颜色到抽象概括颜色的过渡时期。中班儿童则处于认识颜色的飞跃发展时期。到大班，儿童对颜色认识已进入日趋精细完善的阶段。在教育过程中，必须重视帮助儿童在感知颜色基础上，先抽象出颜色的名称，再形成颜色的正确概念。

3. 3—6 岁儿童在认识颜色名称上，男女差别不明显。女孩在绿、橘黄、淡红、淡蓝等较鲜明的颜色的认知上略胜于男孩；而在紫、深褐等较灰暗的颜色上则略逊于男孩。

5—6 岁男、女儿童说出颜色名称的比较

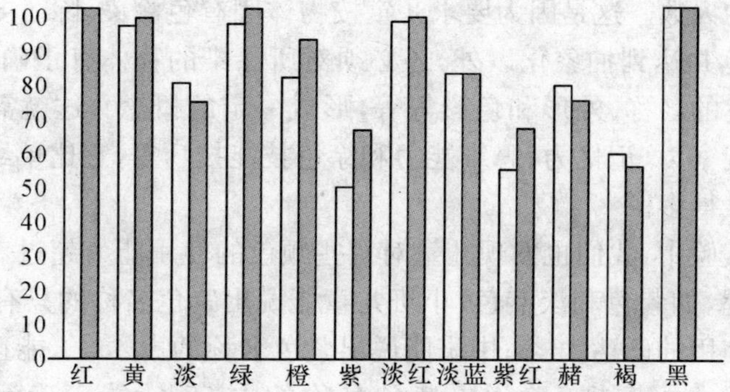

注：□ 表示5—6岁男性儿童说出颜色名称的百分比
■ 表示5—6岁女性儿童说出颜色名称的百分比

这种情况在大班表现尤为明显，大班女孩在认识黄、绿、橘黄、紫、淡红、紫红方面的能力超过男孩，而在认识蓝、赭、深褐颜色上则比男孩差。这可能因为随着年龄的增长，女孩对色彩鲜明的颜色更敏感，喜欢选择漂亮的颜色打扮自己，女孩接触花衣服的机会也较男孩多。

（二）3—6 岁儿童运用颜色的能力

1. 认识颜色名称和使用颜色能力的关系（见下表）

说出颜色名称和正确使用颜色能力的百分比

颜色	红	黄	蓝	绿	橙	紫	淡红	淡蓝	紫红	赭	褐	黑
认识颜色名称	99	92	63	90	68	37	75	59	38	62	51	98
正确使用能力	90	60	47	90	56	49	59	67	28	54	16	81

实验证明，3—6 岁儿童认识颜色和使用颜色能力两项相关系数 r＝0.803，说明两者相关密切。一般来说，认识先于使用，儿童对颜色

有了明确的概念以后，才能逐步向实践过渡，学会正确运用颜色。实际辨认⟶掌握名称⟶运用，这是儿童认识颜色和运用颜色的发展规律。从上列图表可见，儿童认识颜色名称的人数大大超过了正确运用颜色的人数。这是因为要求儿童按物体固有色涂染，除了要求儿童认识颜色并达到抽象化以外，还必须对所涂染的物体有正确的认识，如了解它的名称、外形和色彩等等，形成一定的概念。这就需要具备一定的观察力、记忆力、思维能力和涂色技能技巧等，它比单纯认识颜色要复杂得多。

在实验中，我们也发现儿童对有些颜色的使用能力超过对颜色名称的掌握，如紫色和淡蓝色，小班儿童能说出紫色名称的只有 9%，而能正确使用的已达 16%；中班能说出紫色名称的占 45%，能正确使用的占 58%；大班能正确说出紫色名称的占 55%，能正确运用的占 71%。许多儿童能用紫色涂染茄子和葡萄，用淡蓝色涂染天空，却说不出它们的名称。个别儿童把浅蓝色说成是“天空”的颜色，把紫色说成是“紫茄子”的颜色。这种情况的出现只能说明儿童对色调的分辨早于掌握它的名称，绝非使用颜色能力超过认识水平。因为儿童对这类颜色的使用仍然建立在对颜色初步认识，即形象化的水平上，只是还没有能抽象出颜色名称而已。少数儿童把紫色说成是“雪青色”“紫蓝色”等表现出对颜色名称认识上的错误，这是不正确教育的结果。

实验中发现当儿童对颜色不能辨认时，常常舍弃不用，或者是无目的地乱涂。根据对一个大班的统计，在 34 人中，不会说出“蓝色”的有 10 人，其中完全不用蓝色涂染物体的有 5 人，使用不完全正确的 3 人，用对的只有 2 人；不会说出“紫红”色的有 10 人，其中完全不用紫红色着色的有 5 人，用错的 4 人，只有 1 人是用对了。而在另一个小班的 21 人中，有 12 人不会说出“蓝色”的名称，21 人全部不会使用蓝色；21 人全部不会说出“紫红色”的名称，其中有 4 人完全不用紫红色涂染，13 人用紫红色乱涂，只有 4 个人用对了，这 4 个人都能正确辨认紫红色，就是不会说出它的名称。这充分说明儿童形成对色彩的概念，对儿童进一步正确使用颜色的重要性。

2. 年龄差别

各年龄班儿童选用与物体类似色的涂色能力的百分比

年龄＼色彩	红	黄	蓝	绿	橙	紫	淡红	淡蓝	紫红	赭	褐	黑
3—4 岁	92	37	20	67	26	16	29	35	14	10	7	57
4—5 岁	98	74	53	97	81	58	81	74	31	77	23	94
5—6 岁	100	77	71	99	72	72	82	82	40	75	17	95

3—6 岁儿童随着年龄的增长，逐步发展了选择与物体类似色正确涂色的能力。儿童最先学会运用的颜色是红、绿、黑色，这与他们最早认识的颜色是完全一致的，但儿童在运用颜色上存在着年龄上的差异。

小班儿童选用与物体类似色涂色能力很差，到学年末，经过测验，50％以上的儿童只会运用红色、绿色和黑色，其中以正确运用红色的百分率为最高，达到 92％。在颜色的明度方面，有 29％的儿童能区分红色和淡红色，35％的儿童能区分蓝色和淡蓝色。大多数小班儿童不会正确选用颜色，他们拿着彩色铅笔任意乱涂，有的把青菜、土豆、桃花、鸭子全涂成红色或黑色。少数儿童涂色技巧较好，也趋于正确，说明在使用颜色中，有明显的个别差异。

从 4 岁起，儿童选择适当颜色涂色能力明显提高，经过正确教育，到中班末期已接近大班儿童水平。实验结果显示 70％以上的中班儿童能正确使用 8 种颜色，它们的顺序是：红、绿、黑、淡红、橘黄、赭、黄、淡蓝。而大班末期则有 70％以上的儿童能正确使用 10 种颜色，顺序是：红、绿、黑、淡红、淡蓝、黄、赭、橘黄、紫、蓝（对褐和紫红色的使用仍有困难）。

4—6 岁儿童在分辨色彩明度、色调和饱和度上差别的百分比

年龄＼色彩	红与淡红	蓝与淡蓝	赭与褐	黄与橙	红与黄	蓝与绿	蓝与紫	绿与紫	紫红与红
4—5 岁	73	47	38	68	83	81	53	75	30
5—6 岁	84	54	16	53	74	84	66	70	34

儿童在辨别明度不同、色调不同、饱和度不同的各种颜色的细微区别上，能力逐步提高，特别是在辨别明度和近似色方面有较好的能力，但对复色的辨别还是比较困难。

4—6 岁儿童在使用颜色能力上是随年龄增长不断提高的。例如：中、大班 196 名儿童，对以下 5 张图片进行涂色：

(1)拿警棍的人民警察；(2)整只和切开的西瓜；(3)连叶带枝的葡萄；(4)带叶子的桃子；(5)两棵向日葵。要求儿童能用 2—3 种颜色，根据物体的各个不同部分进行涂染，并注意各细节部分的色彩表现。实验结果用好、中、差三等进行评分，其中成绩优等的，中班占 25%，大班占 54%；成绩中等的，中班占 50%，大班占 37%；成绩差的，中班占 25%，大班占 11%。说明儿童在绘画中运用色彩的能力是随年龄的增长、知识经验的丰富和技能技巧的完善而不断提高的。

在另一张设计图中，画面由不同的动、植物构成，其中有美丽的孔雀和丰富多彩的花卉、果树等。要求儿童运用 12 种色彩独立地进行涂染，做到色彩丰富，搭配恰当，涂色正确，从中测定儿童使用颜色的能力。实验结果，60%以上的儿童能正确运用 7 种以上的颜色，说明 4 岁以上的儿童已逐步具备用较丰富的颜色独立设计和涂染较复杂画面的能力。

4—6 岁儿童使用颜色能力测定的百分比

使用颜色能力 / 年龄	能用 10 种以上颜色独立涂染的	能用 7 种以上颜色独立涂染的	使用 6 种以下颜色涂染的
4—5 岁	23	63	14
5—6 岁	28	67	6

3. 个别差异

3—6 岁儿童在掌握色彩能力方面是存在明显的个别差异的，我们在小班和中班各选 4 名(两男两女)年龄相同、教育条件相仿的儿童进行对比：

3—5 岁儿童掌握色彩能力的比较

（1981 年 6 月统计）

班 次	姓 名	出生年月	性 别	说出颜色的名称	正确使用颜色的能力
小班	刘 岩	1977.1	男	11 种	7 种
	刘 宁	1977.1	男	4 种	2 种
	赵宁宁	1977.1	女	10 种	7 种
	吴 昱	1977.1	女	2 种	2 种
中班	田 农	1976.5	男	12 种	9 种
	左宁宁	1976.4	男	7 种	1 种
	徐 扬	1976.4	女	11 种	10 种
	吴智如	1976.7	女	2 种	2 种

在大班儿童中，对色彩的运用能力特别差的已不多见，涂色较差的儿童亦能掌握 5—6 种颜色。在 300 例实验中，仅一名儿童能正确说出和使用全部 12 种颜色。

4. 涂色技巧

儿童涂色技巧是在教育训练下形成的，随着儿童年龄的增长，手眼动作逐渐协调，涂色技能也不断完善。3 岁儿童小肌肉动作还没有很好发展，握笔困难，落笔很轻，最初涂色时常常是杂乱的线条，不能控制在轮廓线内均匀地涂色。小班末期，经过较好教育，可以达到较好效果。实验中，小班末期涂色较好的占 55%。4—6 岁儿童，在正确指导下，能掌握均匀涂色的技能，并能用不同深浅的颜色重复涂染，使物体显得更美丽。大班末期涂色较好的占 89%。

小 结

1. 3—6 岁儿童是能够按照色彩的饱和度和明度确切地识别颜色及其色度的。他们最先掌握的是红、黑、黄、绿 4 色，感到比较困难的是紫红、深棕和紫色，他们喜欢明色胜于暗色，对色波较长的暖色和光亮的颜色比较容易认识。

2. 儿童认识颜色的过程是：实际辨认颜色(通过比较和一一对应的方法)——认识颜色的名称——说出颜色的名称。

3. 儿童认识颜色和正确地使用颜色是密切相关的，一般来说是在认识的基础上，进一步学会使用它，为此幼儿园必须结合绘画教学有步骤、有计划地教会幼儿认识颜色，掌握颜色的名称；并在此基础上帮助幼儿学习使用色彩的基本方法。

4. 3—6 岁儿童对颜色感知能力随年龄增长不断提高。小班儿童能初步辨别 12 种颜色，可以先教儿童认识和使用红、黑、绿、黄 4 色，小班下学期可增加蓝色和赭色，并在绘画实践中，不断加以巩固。中、大班是儿童认识和掌握颜色的飞速发展时期，可以在认识 6 种色彩的基础上，逐步让儿童学会 12 种颜色，教的顺序是粉红、天蓝、橘黄、褐、紫和紫红，在认识和使用颜色时，教会儿童比较颜色的深、浅、明、暗和区别类似色，重点加强对紫色、紫红和赭色、褐的辨别能力。

5. 必须教会儿童一定的涂色技巧，对小班儿童应教会他们均匀涂色和不涂出轮廓线的技能，对中、大班儿童必须进一步培养他们对色彩的观察、分析和表现能力。

6. 3—6 岁儿童在感知和运用颜色的能力上的个别差异较大，必须注意因材施教，加强对个别儿童的教育和培养。

7. 3—6 岁儿童在感知和运用颜色上，男女孩之间的能力差异不明显。

8. 最后，我们认为 1979 年我们设想的幼儿园各年龄班绘画教学大纲中关于颜色方面的要求，是符合儿童认识颜色的规律的，所以基本上是可行的。

本文系作者与戴昭合作，发表于《幼儿教育的科学研究》，教育科学出版社，1986 年版。

儿童绘画发展阶段初探

一、问题的提出

自20世纪初叶以来，世界各国儿童心理学家和儿童美术教育家对儿童绘画发展作了许多深入的研究和调查，对儿童绘画发展阶段作了各种分析。但长期以来，我国儿童绘画发展的研究基础薄弱，以致在一定程度上影响艺术教育体系的建立。结合我国的文化背景和人人有受教育机会的社会主义制度，以及有指导地对儿童进行绘画教育的条件，加以运用科学的检测、量化手段，作一次较为深入、全面的调查研究，以揭示我国儿童绘画发展各阶段的年龄特点和阶段分期，是十分必要的。本研究将为制订艺术教育目标、规格提供科学依据，使教师能针对艺术教育各阶段特点进行教育，保持教育的阶段性和连贯性，有利于用发展的观点，指导我国儿童画的发展方向。

二、研究对象和研究方法

研究对象是1.5—15岁儿童，共884名。包括江苏省、安徽省的城、乡儿童，按年龄分为14个组，每组64人。男、女各半，被试儿童每人作画三张。从色彩、造型、创造性等方面，检测和分析儿童的绘画能力，从2 256张图画中的评分和数据处理中，按儿童发展的速率、质量、特征分析，划分发展阶段。

三、研究结果分析

1. 1.5—15岁儿童绘画能力发展趋势

1岁半婴儿已出现涂鸦活动，这是人生最初时期学画的开端，是萌芽时期。4岁是儿童画初步形成，并开始迅速发展的转折时期，也可以说是关键期，自此时始，至七八岁左右，儿童经历了发展最迅速的时期，方差检验证明，从4岁起到8岁之间，几乎每一年的发展都存在着明显差异。这反映了处于前运算时期的儿童以日益复杂的方式运用符号的能力，表象性思维开始发展，由视觉形象所组成的心理符号占主要地位。同时，这时儿童对外界事物的概念常常是以自我为中心的，因而能够大胆地表现他心目中的世界。9 岁以后，儿童绘画的发展趋于平稳，随着抽象思维的发展和操作技能的提高，绘画水平逐步提高。在 9 岁和 14 岁时，分别出现两个低潮，发展出现曲折的原因：可能由于教育的不重视，读、写、算的压力和儿童开始建立起的客观评价标准，因而导致儿童对自己绘画能力丧失信心。14 岁左右，儿童画两极分化的现象比较严重。

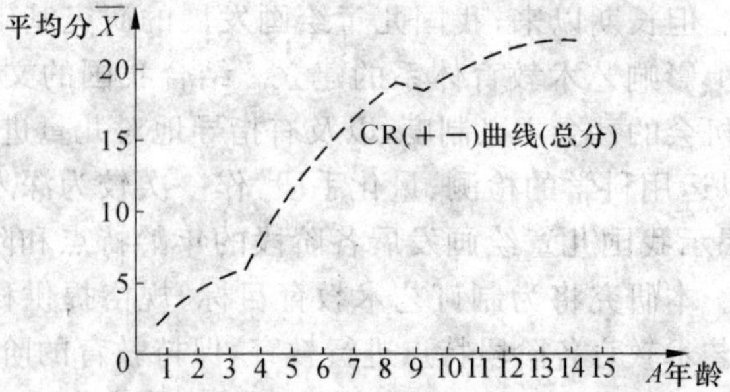

CR(＋－)曲线(总分)－－－城市、农村男女儿童发展水平线

1.5—15 岁儿童绘画能力发展曲线图

从儿童画的轮廓造型、色彩、内容构思和创造性想象的发展方面来看，8 岁以前，这几个方面几乎是同步发展的。8 岁以后，绘画的内容构思受到绘画技巧表达的限制，处于相当贫乏的地步，儿童不敢大胆作画，常常用文字代替绘画语言。而在用色方面进展较快，并在 8 岁时出现高峰，以后用色能力一直处于领先地位。由于色彩反映的典型特征是它的情感经验，能通过感受者的直接体验反应，因而相对于需要更多理智控制的绘画技巧来说，发展的速度相对地快了。

2. 儿童绘画发展的阶段性

儿童绘画发展是一个连续的过程，发展阶段不可能严格地划出明确界限。但在迅速变化时期，儿童画出现较为明显的差异特征，因而

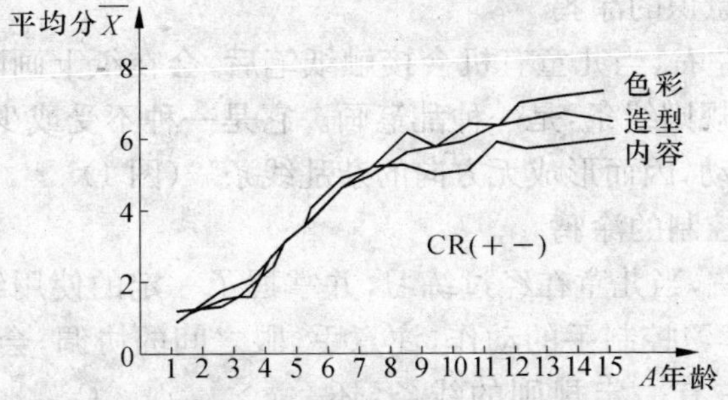

CR(＋－)——城市、农村男女儿童色彩、造型、内容发展水平线

1.5—15 岁儿童绘画内容、造型、色彩、发展曲线图

可以相对地划分出一定阶段,每一个阶段都以不同的速度从前一个阶段中产生出来,又并入下一个阶段对它起作用。

按照儿童绘画的质量、发展进程,可以大致分为四个阶段,它们是:涂鸦期、象征期、概念画期、写实期。经方差分析检验,每一个阶段之间,存在非常显著的差异。

涂鸦期:1.5—4 岁,属于无目的的乱笔画。反映在画面上是杂乱的线条,缺少视觉控制的肌肉运动,涂鸦后期,出现简单的目的,但不能成形。不注意色彩变化,常常使用单色笔,偶尔换另一种颜色笔涂画。

象征期:4—5 岁,凭主观直觉印象描绘出物体的粗略形象,以象征物体的外形轮廓,多半是不完全的、遗漏的,表现瞬间的不明确的感情和意图。

概念画期:5—8 岁,知的写实期,以自我为中心观察现实生活,用画来传达各种概念,多半用线条勾出平面的二次元轮廓,形象较完整,并注意用相应的色彩表达。

写实期:8—15 岁。进入自然描绘阶段,能根据实物特点作画,并出现"三次元期"的立体性体验。

3. 儿童绘画阶段特征

涂鸦期

按发展进程分三个阶段:

（1）无意识的涂鸦

1岁半左右，当儿童有机会接触纸笔后，会在纸上画断断续续、曲曲弯弯的不规则线条，是一种乱笔画。它是一种不受或少受视觉控制的纯肌肉运动，因而形成无方向的杂乱线条。（图1）

（2）有控制的涂鸦

2岁左右，当儿童在经过练习，并掌握了一定的使用纸、笔的经验后，逐步地学习控制手的动作，注意手、眼之间的协调，会在纸上画出上、下、左、右有一定规则的线条，还会在纸上重复地画圆圈，能用两种不同的颜色笔交替使用。（图2、图3）

图1

图2

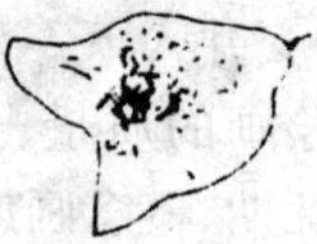

图3

（3）命名涂鸦

出现简单的命题，虽不能画出具体的形象，但已有明显的表达意图，常用圆形物代表要表达的物体，往往一面画，一面喃喃自语，说出所要画的物体名称，如碗、兔子、地等，并画出类似的线条符号。（图4、图5）

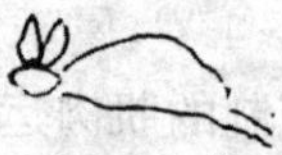

图4

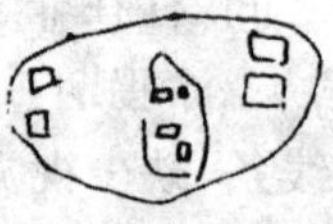

图5

象征期

儿童从活动中逐步积累起对物体的初步印象，同时在涂鸦活动的经验中，学习到控制手的小肌肉运动的能力，这就为幼儿学习描绘创造了条件。这个时期，儿童的心理符号是由视觉形象所组成的，他们对外界事物的概念常以自我为中心，为了满足自我需要，不受社会评价的约束，因而在没有成人约束的情况下，能够大胆地、独立地、按照自己的直觉了解世界的经验，创造出直觉的象征圈式。由于知觉的不完善和缺乏结合概括能力，描绘的形态多半是粗略的、不完全的，常遗漏某些部分。例如：把圆圈当作头部，点出眼睛，用单线条表示手、足，或则加上一些自己注意到的细节，创造出奇怪有趣的“人”。所画的房屋、动物、太阳等，也是以直觉创造的符号表现象征性的物体形象。事实上画的本身仍然未脱离涂鸦期的形式，可以说它是从涂鸦期到形成

概念画期的过渡阶段。（注:图 6—9 为象征期的儿童画）

图 6

图 7

图 8

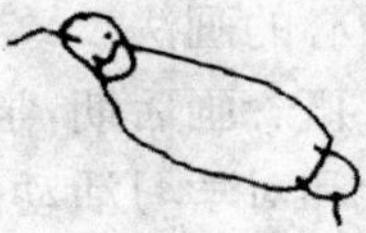

图 9

概念画期

在这个时期,儿童画基本上是用线条勾画出平面的、二次元的物体轮廓。因为这种轮廓线较易把握物体的形象特征。随着儿童视敏度、辨别颜色的色度和精确度能力的提高,他们对外界事物的观察越来越精密且客观。同时,儿童通过电视、电影和大量的图书、画片,逐渐了解社会上已形成的素描、色彩画的艺术标准,于是在儿童的画面上概念画的属性逐渐增加了。他们所画的人、房子、动物、太阳基本上是一种模式的,人的轮廓、模样都差不多,只能从头发和服装上分辨出男、女,从高度变化上看出是大人还是小孩子,房屋大多有尖顶式梯形的屋顶,开了几扇窗子。这种概念画的形成,需要把握住物体的本质和基本特征,用简单的线条符号描摹出来,应当说,这是较象征期更进一步的相对复杂的认知过程,是儿童抽象化能力的萌芽。

概念画初期,大约 5—7 岁左右,是儿童的形象思维发展最敏感时期,想像力特别丰富。想象形象常常是鲜明的、直观的、充满情绪性的。这时,儿童画内容比较丰富,能够画出简单的情节,表现出物体的某些细节及事物之间的相互联系,从个别物体的形象创造来看,画的轮廓清楚,能反映物体的基本特征。色彩鲜明,但这些图式还是简略的,物体之间还缺乏正确的比例关系、空间关系,构图几乎是拼凑而成的。他们通常喜欢把主观感觉强烈的部分,及认为最重要的部分表现出来。例如:命题画《我的家》,孩子们认为要表现家一定要有房屋、家具、电视机等,这是不可少的,大多数儿童都画上了。有的为了想表现屋里的家具摆设，大胆地采用“透明画”的方式，把屋里、屋外表现得一清二楚；有的则干脆在屋外画上了墙、电视机。对他们来说，重要的不是构图美观、合理，而是表现自我感觉，这个时期，儿童还无法摆脱自我中心的画法。

概念画后期，学龄初期一二年级学生，会表现出对周围事物的求知欲和对学习活动的兴趣。这时儿童画仍然属于知的写实期。儿童所表现的形象特征比较具体完整，比例大体正确，能够较细致地刻画某些事物，画面较有整体感，但这时儿童还没有摆脱“画我所知”的状态，在写生画《桌上一只碗》的描绘中，儿童所画对象的大小、形状与实物相差甚远。儿童无论站在哪个角度画出来的，基本上采用正侧面的桌子，有的只画两条腿，有的画上四条腿，碗也是正侧面的，看不见碗口，而碗里的勺子已经不从碗里透露出来，画面是完整的，但明显是凭他们所知道的概念画出来的，并非写实。为了表达自己所知，“透明画”和“展开式画”很普遍，常将内、外混合，正、侧面多种角度组合在一起，形成奇特的画面。在色彩使用方面，能够选用多种颜色，注意深、浅、浓、淡的配合，使画面丰富美丽。（图 10—15 是概念画期的儿童画）

图 10

图 11

图 12

图 13

图 14

图 15

写实期

随着儿童思维性质发生变化，儿童画从记忆想象阶段，转向自然描绘阶段。这时，儿童画的内容基本上是现实主义的。由于他们视野的扩大，绘画显得丰富生动。儿童画能反映家庭日常生活细节，如看报、打毛线、炒菜、洗衣服等，农村儿童画上则反映山区小景、麦田、粮仓，也有反映喂鸡、种庄稼、养鱼等活动的。画面虽然大部分仍然采用线条、平面造型，但为了力求接近真实，需要画出“三次元”的立体性体验。

写实画初期，大约8—11岁左右，儿童开始不满足于不分里外，赤裸裸地把所知一切搬到画面上的那种“透明画”的表现方法，开始探索采用简单的透视原理，注意到物象重叠的关系。儿童在画《我的家》的主题画时，有的以室外的房屋、树木为主体，略去室内陈设；有的用剖视面，专画室内的各种家具陈设；还有的透过窗户、门缝画出半遮掩的室内装饰。这表明了儿童理性认识已占上风，抑制了由于对象鲜明、特征强烈所带来的诱惑，能够作出理性的概括。儿童美感意识加强了，注意造型、色彩、构图的形式美。9岁以后，儿童在色彩使用上有飞速的发展，能够表现丰富的色彩情感，画面显得谐调美丽，有层次变化，注意色彩的变化规律，具有一定的装饰性。

写实画后期，11—15岁，儿童在发展过程中，主观表现、审美意识、审美要求与客观技能不足的矛盾日益突出，许多儿童在尝试把自然进行再现描绘时，进步缓慢，画面上往往出现一座孤零零的房屋，不敢画人；画面用尺画线，用橡皮反复改擦的痕迹随处可见，有的干脆用文字注释以代替画面语言。与幼年期的大胆作画相比，画面显得相对单调、贫乏，儿童绘画热情面临危机，特别是十三四岁进入初中阶段后，两极分化的现象比较明显，部分儿童由于绘画进步困难而逐渐丧失信心，逐渐把兴趣转移到其他学科上去。少数绘画基础较好的，创作上有明显改善，个别学生产生对绘画的迷恋，主动在课外进行练习，他们的绘画，逐步脱离自然的再现描绘，向有意识创作阶段过渡。

4. 城、乡儿童绘画能力发展的差异

城、乡儿童绘画的起点相同，1.5—4 岁发展水平处于相近水平，4 岁以后，城、乡儿童同时开始飞跃发展，这时城乡之间差异发生变化。

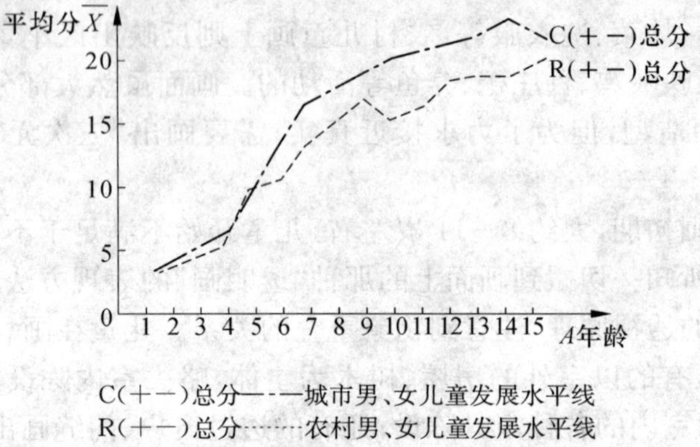

城、乡儿童绘画能力发展比较曲线图

城市儿童接触电视、书籍、艺术作品等的机会较农村儿童要多一些，因而在知识经验、文化背景、教育因素方面都有一定的差别。处于概念画初期(5 岁开始)的城市儿童，在环境和教育的影响下，已能掌握若干较完整的图式来表现房屋、人、天空、树木等，知道叶子是绿色的，花是红的，并逐步建立起审美标准，知道涂色要选用漂亮的颜色，知道构图上要注意整体性。而这时期的农村儿童，仍停留在象征期水平，进步相对迟缓，后期(约七八岁)的城市儿童已能构思较为丰富的情节，注意人物的动作、神态，注意画面布局，并开始有三度空间表现的萌芽，色彩均匀、美观。同期的农村儿童还只能画一些简单图式，大多是房子和人，画面很小，有的用文字说明代替。显然，两者之间的差异并非智力因素造成，而在于观察、欣赏的条件。概念画的产生和发展，以丰富的感性认识为基础，对象的鲜明的特征，强烈的刺激和印象，具有情绪色彩的观察活动，都能引起儿童表现的兴趣和愿望，使儿童处于积极状态而充分发挥他们的潜在才干，在这方面农村教育需要努力创设条件，改善儿童的教育环境。进入写实期后，城市儿童在较完备的美术教育条件下，绘画技能提高较快，而农村儿童发展过程中，由于缺乏指导，出现较大的曲折，其中，儿童对客观自然认识的提高和主观再现描绘困难的矛盾比较突出，因而较早地受到压抑。

5. 男、女儿童发展比较

经检验，男、女儿童在绘画能力上无明显差异。

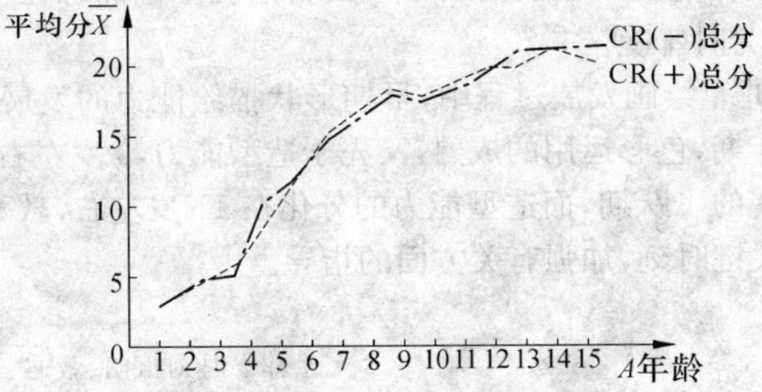

CR(－)—·—城市和农村女孩发展水平线

CR(＋)----城市和农村男孩发展水平线

男、女儿童绘画能力发展比较曲线图

四、教育建议

1. 从个体绘画发展的进程来看，学龄前期和学龄初期，是儿童画发展最迅速时期，用皮亚杰的发展论观点看，这个时期儿童正处于表象思维阶段，儿童的想象形象是鲜明的、直觉的、充满情绪的。儿童处于自我中心状态，较少受到外界艺术标准的影响，加以日益发展的手、脑协调动作的能力，有可能获得必要的技能来实现自己的构思，并在掌握必要的外部的实际行动形式和内部的心理的活动形式过程中，体验审美的乐趣，逐渐培养创造能力，因此，美术教育必须从学前期开始，使儿童学画的起步处于最佳状态。

2. 对处于概念画阶段的儿童，要特别注意丰富儿童的知识经验，扩大眼界，重视对儿童观察生活的指导。由于儿童在知觉上最初总是把握一般性的东西，用尽可能简单的结构组织起画面，教师必须不断地给予儿童新鲜印象和刺激，使新的经验图式，与过去知觉到的各种形状的记忆痕迹相联系，从而创造出新的形象，使幼儿画出具体而富有创造性的画。

3. 对处于写实初期的儿童，必须及时给予必要的绘画知识和技能，使他们懂得简单的素描、色彩知识，在描绘自然的阶段，树立起绘画的信心；对写实后期的儿童，除了加强绘画技能训练外，要培养儿童的设计和创作能力，而现行教材中，大量绘画基础训练在初中阶段才开始进行，为时嫌晚。

4. 在儿童绘画发展过程中，早期形状描绘能力的发展先于色彩，但在青少年期，色彩运用的成熟，又先于造型能力，8 岁左右，是儿童色彩能力发展的飞跃期，而造型能力的分化在 11 岁左右，教育必须在儿童发展的关键时刻，加强有关方面的指导。

本文系作者与刘徽明、戴昭、王莲芹合著，
发表于《美术教育》，1988 年第 1 期。

再论儿童绘画发展阶段

——关于“概念画期”

儿童绘画发展阶段的研究，自 20 世纪初叶以来，有很大的进展。其中较有影响的，如法国儿童画研究者吕凯（Luguer. G. H，1927）。他把儿童绘画分为四个阶段：(1)偶然的写实阶段，又称涂鸦期；(2)不完全的写实阶段；(3)知的写实阶段；(4)视的写实阶段。吕凯提出了在知的写实阶段，儿童常画自己所知的，而不是画所看的。只有到视的写实阶段，儿童才能按照所看的形状、远近、明暗变化写实。20 世纪中叶，美国心理学家罗恩 · 菲尔德（LoWerfeld. V，1952），又提出了儿童绘画发展的六个阶段：(1)错画期（2—4 岁），是指从乱画到有控制的涂鸦；(2)前图式期（4—7 岁），出现杂错的物体形象，开始象征性地描写尝试；(3)图式期（7—9 岁），建立起较好固定的图形模式，强调其主观及特征；(4)写实初期（9—12 岁）；(5)拟写实时期（12—14 岁）；(6)决定期（13—17 岁），大部分儿童对绘画失去兴趣，少数天才儿童对绘画产生迷恋。罗恩 · 菲尔德对儿童绘画的每一个时期，作了较为详细的描述，对指导儿童绘画颇有影响。近年来，随着现代科研手段的发展，少数学者如美国心理学家、新皮亚杰主义创始人之一——罗比 · 凯兹（Robbie Case，1990）开始用定性、定量的方法，对过去学者们的描述性研究进行更深入的探讨。

为了对我国文化背景下儿童绘画发展能力的现状有个初步的了解，我们参照了国内外的有关儿童绘画发展时期的论述，针对我国儿童当前情况，设计了测查项目。主要是在江苏和安徽两省的城市和农村的幼儿园、小学和初中的学生中进行，包括 1.5—15 岁的儿童，分 14 个年龄组。用随机抽样的办法，测查了 884 名儿童，共收集儿童画

2 256张。对每一张儿童画，均从造型、色彩、构思、构图及创造性方面进行评分和数据处理，按儿童发展的速率、质量和特征分析，划分发展阶段。1988 年《美术教育》第 1 期上发表的《儿童绘画发展阶段初探》，就是本研究的理论性探索。当然，我们相信它需要经过不断的改进才能完善。为此，我们感谢常锐伦先生在本刊 1990 年第 5 期《关于儿童绘画发展阶段的称谓及其理论》一文中提出的宝贵意见，它实质上是对本文作了必要的补充。然而，在儿童画发展的第三阶段——概念画的问题上，笔者愿与常先生再商榷。

(1) 关于“概念画”名称的提出

“概念画”名称的提出，是受到鲁道夫·阿恩海姆关于视觉思维的思想的启示所得，也是笔者多年以来对幼儿绘画的潜心研究所得。阿恩海姆提出：绘画是一种特殊的思维活动，一种把感性形象和一般普遍性的概念融合在一个统一的认识性陈述中的理性活动。笔者认为：即使是早期的儿童画，也决不是对客观事物的直接模写和被动复制，而是一种与感性形象融合的积极的理性活动。所谓概念，是指事物具有的整套的属性，它往往表现为一种具有简单而又规则形状的形式。早期儿童画，是从感官获取信息开始，形成简单的概括，在大量无秩序的事实中，逐渐形成一种有秩序的一般性陈述。这时，由于儿童尚不具备把握高度复杂性现象的能力，因而只能用一些简单的形状和整齐一律的动作表现某些静态的概念。这个时期儿童绘画显得比较呆板、孤立。皮亚杰在《儿童心理学》关于绘画一章中曾指出：“直到八九岁以前的儿童，他的描绘在意图上主要是现实主义的。可是，儿童开始描绘他所知道的一个人或一件物体，比他能描绘实际所看到的人或物体要早得多。这是一个带有根本性的发现。在我们考虑心理表象时，它的重要意义将更为明显。因为心理表象在达到满意的知觉摹写之前，它也是概念化的。”①

(2) 5—8 岁儿童绘画中的概念画倾向

① 皮亚杰、英海尔德：《儿童心理学》，商务印书馆，1986 年版，第 50 页。

从5—8岁儿童画作品中，透过形状的描绘、色彩的处理、主题和结构的把握，我们可以发现儿童绘画的概念画倾向。

首先，从儿童画的形状描绘来看，这个时期的儿童已经摆脱了涂鸦期的朦胧状态，开始学习用粗略的线条表现物体的一些基本结构。儿童笔下的房屋、树木、人、动物等，都反映出儿童对感性世界的敏锐观察，他们用线条在平面纸上画出了与物体结构相似的等同物。应当说，这些形状并不是儿童对现实的忠实摹仿，而是根据他个人对物体特征的了解，用画笔作出的理性的陈述，明显的，这个时期的描绘还停留在较为原始的、粗略的概念阶段。其次，从儿童对色彩的处理来看，5岁以后的儿童掌握了一定的色彩概念，对物体的固有色辨别能力大大提高了，他们已逐渐懂得了随类赋彩的道理。然而，由于儿童经验的缺乏和观察的粗略，往往在他们心目中形成了一些固定不变的概念。树总是绿色的，太阳永远是红色的……我们做过一个实验：用4张相同的画有山、水、太阳和树的图画，要求儿童按春、夏、秋、冬四季分别涂色。结果发现大多数5—7岁儿童除了树的颜色有些变化外，太阳永远是红色的，山和水的变化也很小。说明这一时期儿童使用色彩几乎形成某种定势。当然，儿童喜欢使用鲜明的色彩，也喜欢使用多种色彩自由涂染，但往往涉及一些基本的自然色彩时，却是千篇一律的，概念化的。第三，从儿童画所表现的主题、构思、构图方面来看，由于这个时期儿童形象思维得以发展，想像力比较丰富，在儿童画作品中充满了天真、纯情的特点。题材也比较丰富，几乎包括了人物、动物、树木花草、房屋建筑、风景等各个领域。然而，仔细研究这些儿童画的主题、构思，仍然可以发现这时儿童仍以再造想象为主，基本上是头脑中已有知识经验的重复和再造。图式以平面为主，缺乏深度和变化，构图几乎是拼凑而成的。就总体而言，这些绘画作品是儿童在理解和把握了物体的结构和物体之间的关系中，进行的一种理性的描述。儿童用画来传达他们的所知、所看、所想。

(3) 儿童不仅画他所知的，而且画他所看的

概念画的提出，有别于法国儿童画研究者吕凯提出的知的写实时

期。他的观点是儿童画自己所知,而不是画他自己所看的。笔者认为知和看是互不排斥的。在1987年第4期《学前教育研究》杂志中,笔者发表的一篇《3—4岁儿童绘画表征能力发展的实验研究》论文中已明确提出:"笔者认为儿童是画他所看见的,也是画他所知道的。对幼儿来说,往往是通过看见联想到知道的,为此,必须有系统地训练儿童正确的观察。"我们所指的知,是知看合一的经验中的知。儿童画是在感官充分发生作用的基础上形成概念,然后用画来传达各种概念的过程。

(4) 概念画涉及这个时期儿童画的本质

美国心理学家罗恩·菲尔德把4—9岁儿童绘画阶段称之为"图式前期"和"图式期"。的确,这个时期儿童是用一定的图式描绘周围环境的,在图式的表现中强调物体的特征和主观的想法。但笔者认为,儿童在这个时期更具有特色的是建立起有较为固定模式的概念画。这是因为儿童在描绘中,包含着种种的视觉概念。它们是在直接经验的驱使下创造出来的,却又通过形状、关系和功能中某些突出的特征达到对题材的抽象性体现。当然,这个时期的幼儿概念掌握的广度和深度还是很差的,一般倾向于掌握比较具体的实物的概念,他们概括的特征很多是外部的、非本质的,概念的内涵往往不精确。正因为如此,在这个时期儿童画中反映了种种有趣的特色。由此,笔者认为"概念画期"的名称较之"图式期"更涉及这个时期儿童画的本质。

常锐伦先生提出了"意象期"的主张。什么是心理意象?心理学的解释是被思维主体认识和理解了的一部分表象。当思维主体对某一客观事物形象的内在属性或本质属性有所了解时,表象就转化为意象。意象是把思维与感觉统一起来的媒介,这是一种既具体又抽象、既清晰又模糊、既完整又不完整的形象。说到底,这是一种代表事物之本质或代表着某种内在情感表现的"力"的图式。阿恩海姆认为,在任何一个认识领域中,真正的创造性思维活动都是通过"意象"进行的。由于意象的抽象水平不同,作为绘画的意象,在各个年龄阶段反映各不相同。它并非学前及学龄初期儿童所特有的。我们认为它更适合于画家的思维方式。因而对常先生提出将5—8岁儿童绘画时期称之为“意象期”的建议，我们不敢苟同。

本文系作者与戴昭合著，发表于《中国美术教育》，1991年。

访美艺术教育随感

——美国的儿童艺术教育

去年五月，有机会到美国波士顿、芝加哥、洛杉矶等市参观考察美国幼儿教育现况，参观了各种类型的幼儿园、日托中心、儿童博物馆、儿童玩具中心、母子服务中心等机构，每到一处，总是看到孩子们兴致勃勃地进行着各种美术活动，内容丰富极了。绘画方面，有使用各种不同的工具的蜡笔画、粉笔画、水粉画、手指画，使用不同底色和不同尺寸的纸。孩子们有的穿了围兜站在画架前用大笔画水彩画，有的蹲在地上画，也有的在桌上画，还有的赤足把脚上染上颜色，然后踩在画纸上留下足印，那种心安理得、无拘无束的神态，使人感到他们确实是把自己的身心和全部感情投入画中。泥工方面，使用白泥、黄泥、彩色橡皮泥、面团等材料。为泥工提供的工具是多种多样的，擀面棒、筛子、小木片、木刀以及各种各样的动物形、几何形、人形的模子等，这些都是常用的，此外还给孩子们提供大量辅助材料，如小石头、纽扣、螺丝帽、蚌壳等。孩子们玩泥工时都是随心所欲的，有的堆成房子、珊瑚岛、人形，有的则什么也不是，不过他们的神情是贯注的，一本正经地在做做看看。拼贴也是孩子们十分喜爱的活动，多数在纸上，用乳胶贴，提供的材料有碎布、毛线、泡沫塑料、纸张、扣子、小轮子等。还看到有的孩子用粗毛线在布上刺绣。可以说供孩子们美术活动的物质材料是十分丰富的，不过大多是半成品，纸张大多是四开或八开铅画纸，也有半张或整张的铅画纸。

幼儿美术教育在美国如此受到重视，我想这是与他们的教育总目的——儿童社会化分不开的。美术作为一种教育手段，可以满足儿童表达情感的需要，提供儿童独立思考和学习自己动手操作的机会，借助美术教育来促进、扩大个人适应范围，使他们在工业极端发达、竞争激烈的资本主义社会中，做一个站得住脚的人。这与我国美术教育任务相比较有所不同。我国艺术教育的任务，大纲规定："教给幼儿音乐、美术、文学等粗浅知识和技能，培养幼儿对它们的兴趣，初步发展他们对周围生活、大自然、文学艺术中美的感受力、表现力、创造力等。"艺术的技能、感受、理解、创造和适当的技能教育组成完整的美育内容，成为塑造一个全面发展新人的组成部分，美术教育既是目的，又是手段，我们理想中的新人应当是有健康的身体、敏捷的头脑，善于思考，具有独立性、创造性，热爱祖国，有献身精神的。由于两国文化背景不同，社会制度不同，在培养人的目标上是不完全相同的，但是在具体做法上，却有相互借鉴的可能性。

美国儿童艺术教育在内容上，和我国有许多相同点，但是他们鼓励提倡不同的学派、风格，大体上分三种类型：一是现实主义的，鼓励儿童按观察到的现实生活中的事物作画、塑造。二是半抽象的，从色彩、形状、结构上加以变异。三是无目的性的，大量存在于2—5岁儿童中。我曾遇到一个7岁的小孩，他正在津津有味地用大笔在画架前涂抹，我问他："你在画什么？"他想了半天答不出来，我又问他："看，你画得像什么？"他说："城堡。"这时似乎开始有了目的，起劲地涂抹起来。和我国现有的美术教育相比较，我们重视以"绘画造型"为基础，中大班儿童画人、动物及简单物体已不感困难，因而有可能带动其他美术活动朝更加丰富、更加生动活泼的方向发展。但是目前也存在一个不太好的倾向，就是比较死板，不够多样化，在风格上过多强调现实主义，甚至要求儿童照实物一模一样地摹写。对儿童按自己意愿塑造的东西不仅不欣赏，甚至讽刺、打击，更别说那些无目的的作品。其实，艺术是一种创造，创造就要允许多样化，只要能表现儿童的性格，满足儿童的兴趣，发展他们的创造才智的就是好作品。

在美国，有各种学派的幼托机构，教师对儿童的指导也不一样，我所看到的大多数幼儿园中，教师在儿童美术活动中起着协助、提示、商量的作用，对儿童没有明确、具体的教育要求。也没有系统的教学，有时也会围绕某一中心开展美术活动，但决不是以教师的意志为主的，有时，教师也和孩子们一起做泥工、粘贴，但不要求儿童一定照自己的去做。教师对个别儿童的观察和了解很细致。有一次，一个中国孩子刚到美国，转入日托中心，老师发现他连续几次画同样的东西，教师马上与家长联系，询问“究竟发生了什么事，给孩子心灵上留了这样的痕迹？是否在某方面受到刺激？”通常，孩子在美术活动中有绝对的独立性，可以自由地完成自己的作品，老师只是兴致勃勃地在一边看着，孩子遇到困难时帮一下，孩子完成后的作品由孩子自己处理。在伊利诺斯大学附属幼儿园里，我看到一个 6 岁女孩子画了一张比较有趣的画，我问她是否能送给我，她不作声，我进一步提出我可以用中国孩子的画跟她交换。她回答我说：“因为这张画我特别欢喜。”我说：“能再为我画一张吗？”她说：“我想去玩娃娃家游戏了。”孩子们的独立性、自主性使我感到惊异，我觉得美国的美术教育在培养儿童兴趣、发展儿童的创造性、绝对尊重儿童的个性方面是很值得我们学习的。我国以教师为主、教学为主的教学模式有其优越性，它使教学有系统、有目的性，使儿童得到较快的发展，也培养了儿童的毅力和认真完成作业的习惯。据伊利诺斯一位社会工作者介绍，在一个地区的幼儿学校中，4 岁儿童有 1/3 注意力不集中，只知游戏，浪费了不少时间，这也许是自由教育的弊病之一吧！对比之下，我国教育中不足之处是教师管得太死，只许儿童按教师的意志活动，以致压抑了儿童的创造性，如教泥工、剪贴，每个步骤交待得越具体越详细越好，孩子成了教师的应声虫。有些公开观摩的美术课，看上去热热闹闹，其实主要是教师在创造作品，而不是儿童自己。例如，要孩子装饰一把茶壶，老师花了许多时间给每个孩子剪好一把茶壶，然后剪了不少的花，作业开始，老师又详细地交待了怎样贴花的步骤，剩给孩子做的，就是照老师的样子把花贴在茶壶上，不要几分钟孩子就完成了，看上去每个孩子的作品都很美！其实究竟有多少是孩子自己的想法和创造呢？重复老师的工作使他们停止了想象和思索。美国教师的观点是：对儿童来说，让儿童知道，他们可以冒一定的风险，做出不同的东西，只要这样做的工作是从儿童的思维和感觉中体现出来的，这才是最珍贵的东西。另一方面美国的教师对每一个儿童的性格、经验体会、个性观察得很细，教师在工作中，用不同的方法对待和处理各个儿童的问题，这是一种高水平的教育艺术。我们的教师往往把注意力放在如何完成统编教材上，如何组织全体儿童的上课和活动上，对每一个儿童的具体特点、发展和要求观察不细，因此，要完成美术教育大纲所提出的使儿童得到“充分表现”，使他们得到“情感上的满足”等要求，也是比较难的。

美国在艺术教育方面作了大量的科学研究，19世纪后期就开始了发展心理方面的研究“绘画心理的发展”，通过绘画判断儿童的认知和心理发展阶段。在绘画教育方面他们积累了很多资料，从具体的教育方法研究到儿童画的教学原理、原则的研究；还有从儿童画的分析与诊断中研究儿童的问题行为，这是近年来世界各国儿童心理学家最盛行的研究项目之一；在儿童艺术治疗方面也有不少的探索成果。

在考察中，我深深体会到我国艺术教育大有可为。近年来，许多幼教工作者已经把美术教育提上了议事日程，也做了创造性的工作，但是在理论上的研究还比较少，亟待儿童心理学者、儿童艺术工作者和幼儿教育工作者共同努力，开展更为广阔的研究。

发表于《美术教育》，1988年。

关于电视教学片《儿童简笔画大全》的座谈纪要

“儿童简笔画”不可取

张树华(南京师范大学附属幼师高级讲师):中央电视台竟然播放《儿童简笔画大全》这样的教材,实在令人吃惊。所谓“简笔画”,它原是成人对客观事物的一种概括表现,而且不同的人由于观察事物的角度不同,所以概括的方式也不尽相同。现在,把这样的东西机械地、不加分析地拿来教给儿童,是完全有悖于我们的美术教育思想的。我们幼儿园美术教育的目标第一条就是启发儿童观察事物,引导他们充分地认识事物、表达感情。可是在这部电视教学片中,山全是梯形的,水都是三条波浪线,所有事物都成了简单的符号,哪还有什么情感表现可言。如果让孩子去感受真山真水,去表现周围的一切事物,那他们的奇妙的想像力、大胆的创造力和丰富的情感表现将是我们成人所无法想象的,更不是我们成人的简笔画所能及的。例如,我曾看到一个儿童画了一只老虎,头是红的,很奇怪,就问他老虎的头怎么红了,他回答说老虎在发火。我又问他老虎为什么要发火,他十分认真地告诉我因为它没有吃到小白兔。目前中央电视台所播放的这种儿童简笔画教材无疑是在禁锢、扼杀儿童的创造力和丰富的情感表现。若任其下去,对中国美术教育发展的干扰和破坏将是深远的。

儿童画画不应苛求形准

吴荫乔(南京市琅玡路小学教师):我认为在小学的美术教学中可以使用简笔画,当然,它不是惟一的,也不是最佳的教材(《儿童简笔画大全》),可用作参考书和工具书,不可能禁止它。就像吃菜,鸡蛋有营养,但只吃鸡蛋也不行。因此我认为关键不在简笔画,而是在于对儿童画的认识以及如何应用简笔画。首先,儿童画与一般意义上的绘画有着质的区别,正像阿恩海姆所说的,它究竟是不是艺术还有待哲学家去探讨。儿童绘画是一种游戏和娱乐形式,他们没有当画家的意识,也不是为了发表,他们注重的是过程的感受和愉悦心情的展示。其次,儿童最容易先入为主,老师的引导对他们的思维方式的形成、观察事物和表现事物能力的培养至关重要。根据儿童的这两个特点,在美术教学中不应苛求形的准确,不强求做单调的临摹;可以运用简笔画,但不能像中央电视台那样把简笔画作为教学目的,而是只能作为一种手段,通过它启发儿童从所见事物中找出基本特征,对其外形、颜色、功能、作用举一反三地进行联想,进行创造性思维训练,鼓励儿童结合自己的感受来绘画,使每个儿童都能表现自己的所见所闻所思所感,充分发挥每个儿童的创造力和表现力。

"儿童简笔画"弊病太多

屠美如(南京师范大学教育系教授):电视中所采用的儿童简笔画教材,早在半个世纪前就为世界各国所摒弃,因为它的弊病太多。试略举如下:①简笔出自成人艺术家的定型语言,一旦让儿童照抄,代替了他们对周围事物的观察、思考和想象,久而久之,使儿童失去了感受事物的敏感性。而这种直觉感受是美术教育的重要基础。②儿童在临摹简笔画后,感到它比自己凭空想象的画更像,于是产生了眼高手低的弊病,对自己的独创缺乏信心和兴趣。不少孩子只会画临过的东西,离开范本则困难重重。③简笔画使儿童的绘画模式化,没有情感因素的积累,使孩子的画千篇一律,扼杀了儿童个性的发展。④简笔画对儿童的创造性具有致命的打击。电视节目采用的教学方法是封闭式的临摹教学法。这种临摹教学使孩子把学画和学写字等同,只能记住几个画过的物体形象,而对千变万化的自然形态则束手无策。我认为临摹的方法固然简易,容易掌握,但教出来的是机械的、工匠式的人才。作为美术教师应当培养的不单纯是技能技巧，更重要的是培养一种能力，一种把握世界的方式。敏锐的视觉感受能力，创造性地表现世界的能力，都不是靠机械模仿获得的。

发表于《中国美术教育》，1992 年。

孩子画画别用范本

创造对孩子来说是快乐而自在的。儿童的绘画总是表现他自己的经验、对某事物的认识，以及与事物的独特关系。这种关系会随着他的成长而变化，他熟悉的事物越多，他的画变化越大，他与事物的关联也越有弹性。不要强迫儿童去接受成人关于“美”的固有观念。带孩子到花园里聆听小鸟的歌声，树梢的风响，踩踏地面落叶所发出的沙沙声，家长只是提醒他：“你听听！你看看！”问问孩子：“你看到了什么？”“是什么样子的？像什么？”“是什么颜色的？喜欢什么？”“有什么变化？为什么？”“你有什么感觉？”等。请儿童对感受到的对象的细节特征进行具体形象的比喻和描述，也可以用绘画或动作来表现他的直接感受。

4岁的强强画爸爸时，只画了头和手。于是，爸爸把强强高高举起，使强强感到爸爸有力的臂膀在支持着他。6岁的弘弘不会考虑深度和距离，妈妈带他到高楼上，俯瞰街道上行走的车辆，问：“汽车为什么变小了？”丰富儿童的经验，让他们在实践中开拓自己的视野；适当地诱导，而不是命令儿童如何作画。孩子画里的形象在漂浮，在触摸，

在走动，在站立，反映了儿童在视觉、触觉、运动感觉、呼吸、脉搏等全身体验的显现。儿童绘画并不是像照相机镜头那样将外界映象反映的结果，而是他全身心的投入。因此家长要允许孩子自由地作画，不要期望孩子的画合你的意。

这个年龄的孩子，只画自己感到最重要的东西，他们是以自我为中心的，因此不要提供简笔画本或着色画本。市面上大量推出的教儿童如何作画的范本，看起来很漂亮，不会作画的家长常喜欢拿来给孩子临摹。孩子们照着画，果然比他自己画得好。可是，当孩子把简笔画的样式深深刻印在脑子里以后，他自己的创造性思考便停滞了，千篇一律的模式画，代替了孩子天真烂漫的想象。儿童的独立性和自信心也会随之降低，认为自己没有书本上画得好。离开范本，他不会用自己的方式画他所看到的、听到的、体验到的东西。

提供必需的画具和纸张。要给儿童大一点的纸，让他们能自由地把画画得大一些。提供蜡笔、油画棒、彩色水笔等工具，可以适当地教给孩子使用工具的规则，但也要让孩子有无拘无束地使用的权利。在绘画中，儿童不仅能画出各种图形，而且还可以建立起自由地使用材料的信心，这同样是非常重要的。

平时，还别忘了适当地让儿童欣赏一些艺术作品，最好是名人名作，这将有助于儿童开阔眼界，提高他们的欣赏能力。

发表于《父母必读》，1999年第3期。

比较聪明的孩子是较好的艺术家吗[①]

有些孩子在早年画画能力较强，无论在作品的精美程度和真实性方面比起其他同龄儿童都好些。正当一般的孩子还停留在画“蝌蚪画”时，这部分孩子已经能够画人物了，能够用正确的比例画出人体的各个不同部分，甚至在他们画里有表示物体深度的意向。人们如此推测：这些程度较高的“艺术家们”比起那些作品还处于原始的、未分化状态的、不能反映现实的孩子更聪明伶俐些。

的确，心理学家们发展了基础的心理测验部分，是假设绘画水平能够反映孩子的认识水平、智商。例如：在斯坦福—比纳智力测试量表中，有要求儿童临摹形状的一项。古德伊诺夫—哈利逊的画人测验，就是用画作为智商测量的标准，描绘人的各部分越多、越详细，分数就越高。

但是，在对正常人和变态人的研究中，结果表明：绘画能力是独立于其他领域之外的一种能力。最具有戏剧性的证明来自对傻子的研究。他们尽管在智力发展上存在严重障碍，但在画画方面却有着惊人的高水平。

著名的一个例子是以前诺丁罕大学心理学家劳那·塞尔夫的研究，他研究了一名叫南黛的弱智儿童，早在3岁半就画了一张现实主义风格的记忆画。除此之外，塞尔夫还把弱智儿童在绘画方面的天赋与相同智龄的正常儿童相比较，她发现弱智儿童比正常儿童能

① 编者注：艺术家是指具有绘画天赋才能的儿童（无论弱智或正常人）；非艺术家是指不具有绘画天赋才能的儿童（无论弱智或正常人）。

更好地画出物体的比例，也能更好地画出深度和空间位置重叠的物体。

一脉相承，伦敦医学研究委员会发展心理项目的心理学家尼尔·欧康诺和琵梯·哈蒙林作了一项研究，他们把具有特殊绘画能力但口头表达能力和智商都很低的弱智青壮年，和没有特殊画画能力的弱智青壮年，各5人，作比较。他们对两组人作了一套包括画人测验在内的测试。在这个测试中，弱智艺术家的成绩大大高于弱智的非艺术家。弱智艺术家特别精于画出人体的比例，而在画具体特征、细节或动作控制、协调的水平方面则略逊。

是否具有天赋才能的艺术家（无论是弱智或正常人）不需要具有更强的智力，而只是一定的技巧就能使他们画得比别人好呢？为了寻找答案，欧康诺和哈蒙林做了另外的一套测试，全部测试都围绕着评估视觉记忆进行。弱智艺术家与弱智非艺术家相比，前者在所有的项目上都超过了后者。

掌握了独立于智商之外的视觉记忆技能，似乎能让正常儿童在绘画上胜过别人。近来，哈蒙林和欧康诺把具有艺术天赋的正常儿童与不具有艺术天赋的正常儿童的智商相比较，他们发现有艺术天赋的孩子们对平面图形有超人的记忆力，他们更精于认识不完善的图画。

哈佛零点计划项目的心理学家伊利萨白市·罗塞勃那脱和我，最近采取同样的方针完成了一项研究。我们比较了少年前期的儿童。我们请他们的美术教师选择在绘画能力上具有天赋的儿童和一些具有一般水平的儿童。我们出示了一对图片，要求他们指出喜欢哪一张，然后，我们再出示这对图片，不过其中有一张有细微的改动（在线条、色彩、形式、构图或内容上），我们要求儿童认出这一对图片中，哪一张是改动过的，并说出与前次看到的图片有些什么不相同的地方。

具有艺术天赋的学生们，成绩大大超过非艺术家们。虽然，他们在第一次看图片时，并不知道后来要他们去追忆。显而易见，具有绘画天才的儿童简直不能忘怀他们所看过的图样，就像音乐家常诉说他们不能驱走在他们脑子里的旋律一样。

本文系作者译自《今日心理学》，发表于《美术教育》，1986 年第 8 期。原文作者：[美]艾伦·温勒。

教育的最佳期不能错过

近20年来，在儿童发展、教育、认知科学等多领域的研究方面获得了重大的进展。研究指出：高质量的早期教育能够提高儿童在学校获得成功的几率。美国艾伦·司鲁夫(L. Alan Sroufe)的一项研究指出：他和他的同事们用了20多年的时间跟踪了100名儿童，他们发现16岁儿童的成绩与早期教育的水平有关。

在大脑研究方面，由于新的研究工具的出现，神经科学方面的研究取得了突破；重新认识大脑，已成为脑科学家、幼儿发展专家、儿童教育家们的共识。

笔者引用《重新认识大脑》(Rima Shore，1997)的一组对比结果来说明人们对大脑认识的重大变革。

重新认识大脑

过去的认识	现在的认识
1. 基因决定脑的发育。	1. 脑的发育取决于复杂的因素，包括基因和经验。
2. 3岁前的经验对于其后脑的发育只有极有限的影响。	2. 早期的经验对于其后脑的结构、特性和容量，具有决定性的影响。
3. 与早期照料者的安全关系，为早期儿童发展与教育创造了良好的环境。	3. 早期的相互作用，不仅创造了良好的背景条件，还直接影响脑线路的接通。
4. 脑的发展是线性的，从婴儿逐步成长到成人，随着其脑容量的增加，逐步地加强脑的学习能力。	4. 脑的发展是非线性的。对于获得不同的知识和技能存在着最佳期。

续 表

过去的认识	现在的认识
5. 学步儿的大脑的活动量远低于大学生的脑活动量。	5. 3岁前儿童脑活动量两倍于成人。青春期以后,脑的活动水平逐渐下降。

要说明的至少有下列几点:

一、人类发展的关键在于天赋与教育的相互作用

人们一直认为:天才决定于大脑的发育。近年来,有人却对此提出异议。神经专家们发现,儿童从出生开始,大脑发育的全过程均受到环境和条件的影响,如:营养、照料、周围环境和个体接受刺激的程度,它们不仅直接影响到孩子的发育,还影响到错综复杂的大脑线路的接通。

人的头三年,是巨量的大脑神经触突形成时期,其增进的速度之迅速令人吃惊。这种情况一直持续,并稳定在人的生命的前十年中,这时儿童大脑具有超量的密度,许多神经触突根据需要以双倍的速度增长,以后,大脑发展有一个"整枝"的过程。

这就是为什么早期经验具有关键性的作用。因为多次反复的经验,大脑的神经触突放射性的形成,它不容易自动消除而将成为永久性的线路。因此,早期的正面或反面的经验,对儿童大脑线路的接通和网络的形成,具有决定性的影响。大量的新的研究得出的结论是:人的发展是天赋和教育的相互作用的结果,两者都是关键性的因素。

二、早期照料和教养,对儿童学习能力和情感调节具有决定性的影响

父母、家庭、幼托机构、照料孩子的人们,以及儿童接触的环境,直接影响着神经元触突通路的形成。早期依恋经验的形成,具有保护性的生物功能,能帮助成长中的儿童发展控制情感的能力,并在后期经受住一定程度的精神压力。

温暖和各种方式的关怀是关键。对婴儿温暖的、小心的护理,安全、健康和好的营养，正常的生活节奏，良好心态，都是很重要的。

就儿童的学习而言，头三年的任务，重要的是引发他们的好奇心和自信心。这些都需要在关爱中进行。

大量的有关情感依恋的实验研究证实，受到过细心照料的婴儿，在日后的生活中对同伴更加热情，有着较强的社会性能力；而在早期较长时间受到过冷淡、虐待和情感创伤的儿童，在以后的发展中，在学习成绩方面受到较强的影响。

三、大脑有明显的可塑性，而时间是关键

大量证据表明大脑具有可塑性。新的研究认为：大脑不是一个静态的实体，一个人的能力并不是在出生时就固定下来的；大脑在适宜的次数或强度的干预下，可以被改变。

大脑能力的改变和恢复大脑已经失去的功能，在生命的头十年特别明显。进入青少年期以后，仍有恢复的可能性，但随着年龄的增长进展逐渐减缓。多数的案例研究表明，过了头十年，大脑逐渐对外界影响或教育失去了敏感性，因而，人生的头十年是关键，包括：语言功能、认知功能、视觉敏锐度等。

大脑的可塑性，给予我们进行教育和训练以极大的机会，然而时间是关键。所谓“最佳期”是指大脑在这个时期对某种特殊形式的学习特别有效，在神经生物学中称之为“关键期”或“可塑期”。最佳期的存在，预示着对大脑式样的重大修改呈现可能性。一旦最佳时期过去，制造这类神经通路实质性减少了。

关键期并不是对整个大脑而言，而是对于大脑的每一个系统而言。脑的不同的结构活跃的时间和密度不同。在不同的时间，其活跃的水平不同。

例如：一个月的婴儿在大脑皮层和次皮层区域，其控制感知-运动功能高度活跃；出生后第二三个月是视觉和听觉发展的最佳期；大约到了第八个月，前皮层的新陈代谢活动增加了，大脑中管辖视听觉的区域与情感的调节和表现开始有联系了，同时，也与思考和计划有联系了，形成兴奋点。就在这时候，婴儿在自我调节和对最初养护者的

强烈依恋方面有引人注目的进步。这个阶段，教育者在帮助婴儿发展用知觉和情感进行自我调节能力方面能起重要作用。

四、大脑的可塑性，也意味着反面的、不良的经验和刺激，也可能引起严重的、实质性的影响

对早期儿童反面影响比较严重的有：外伤、母亲的沮丧、虐待及贫穷等。

五、智慧和早期教育的功效

20 世纪的最后十年，凝聚着神经学家和儿童专家们的重大研究成果，如发现了智慧和早期干预的效果。

一些长期性观察研究显示：良好设计的、及时的教育，被证明对儿童发展起重大的影响。对一些在认知、社会性和情感方面有缺陷的儿童，如自闭症或弱智儿童，改善不良条件可以有所帮助。而全面创新的教育思想的实施，有益于儿童和他们的家庭。

研究者们精心设计了一些教育活动，以避免神经系统遭受伤害。包括：哪一类的学习经验（玩具和游戏）适合于儿童的何种年龄？当儿童在认知方面发生困难时，何时干预最佳？儿童应在何时和怎么样开始学习外语？在探索儿童发展的最佳期时，会有许多这类问题。

最后，大脑的新发现，会引出各种各样的问题。有三项关键性的原则必须遵守：

1. 不要伤害。早期适合于儿童发展的养护和教育，对儿童的健康和全面发展具有重大意义，特别是生命的头三年。从产前护理、合适的营养、细致的照料，一直到婴儿出生，高质量的托幼儿中心、家庭教育和家长的正确养育方法等都应得到保障。在医药使用上，也以不伤害儿童为首要。

2. 预防是最有效的。但当儿童需要帮助的时候，要迅速地、有力度地介入。教育要及时，要有良好的设计，应有恰如其分的、持续的支持和服务紧跟其后。

3. 促进每个儿童的健康与发展。儿童在最佳期如果没有合适的

营养和教育，今后将付出更高的代价。努力提高认知、情感、社会性发展必须在生活的每一个阶段贯彻始终。

摘译自 *Rethinking the Brain*，
原文作者 Rima Shore，1997。

幼儿园玩教具制作

玩，是孩子们生活中的主要内容。玩具，是孩子亲密的伴侣。孩子们很少空着手玩，比如玩骑马游戏，至少要有一条带子或一根竹竿，跑来跑去才玩得有趣。没有现成的玩具，孩子们就会去寻找可玩的东西。妈妈们在洗衣服的时候，常常会发现孩子的衣袋里装着小木块、小圆石子、有颜色的瓶盖等，这些废旧物和自然物都成为孩子游戏的玩具。可以说，儿童的大多数游戏都离不开玩具，孩子们更喜爱的是有玩具的游戏。

为什么孩子喜爱玩具？婴幼儿的大脑机能发展，主要依赖两方面的条件，一方面要提供保证大脑健康生长发育的物质条件，另一方面要提供适时和恰当的环境刺激。而玩具正是以其鲜艳的色彩和惹人喜爱的造型刺激幼儿的感官，吸引幼儿的注意，激发幼儿的好奇心，使他们能以玩具为媒介，一步步地观察、辨认和理解他周围的生活和环境以及人们之间的关系，学习独立生活的技能。玩具可说是儿童认识、探索世界的第一本无字的教科书。孩子拿到娃娃就会扮演妈妈，喜欢抱抱娃娃，还轻轻地拍娃娃、亲娃娃。如果娃娃跌在地上，他会连忙抱起来，哄哄娃娃；要是娃娃"病"了，他就连忙找"大夫"给娃娃看病。孩子通过娃娃，再现了自己的妈妈疼爱自己的情感，体会到人与人之间友好相处的关系。

幼儿是喜欢摆弄物品的，他们可以自己动手制作玩具，这样一叠一摆，那样一搭一装，一辆小汽车、一座小房子就做成了，幼儿看到自己的劳动成果，享受到成功的喜悦，往往更珍爱自己的劳动成果。孩子在制作上的成功，可以增强他们对制作的信心和兴趣，更加乐意自己去亲手摆弄，去尝试，去发现。一个皮球会滚会跳，拍得重就跳得高，踢得重就滚得远。在玩沙和玩水时，孩子会发现水愈流愈少，沙愈堆愈多，这些多样化的活动既锻炼了孩子的身体，又增长了知识，并发展了他们的智力和能力。孩子在制作、摆弄玩具的过程中不仅了解了生活，认识了社会，而且激发了孩子的求知欲和进行创造性活动的兴趣。

从古代埃及的木雕、泥土娃娃，到近代布制、瓷制、胶制娃娃，再到现代的塑料、电动、声控娃娃的发展中，我们发现，玩具的产生和发展不仅与儿童身心发展的特点有关，而且也与社会生产力发展的水平及制作玩具的材料有关。然而，不论现代玩具发展得怎样精致、细巧和复杂，它们仍然不可能代替大量在民间流行的传统自制玩具，如中国传统的泥娃娃、双眉中央印有红点的"阿福"和欧美普遍流行的"卷心菜"布娃娃。

自制玩具为什么在玩具中一直保有一席之地呢？因为它既符合儿童心理发展的需要，又具有取材、制作方便，经济，不拘一格的特点，所以很受幼儿教师、家长和孩子的欢迎。自制玩教具不仅是我国广大幼儿园(所)开展各类游戏、组织教学活动不可缺少的教具之一，而且它扩大了玩教具的种类，可以弥补市场供应玩教具的不足。所以，自制玩教具的生命力就在于它是工业化玩具的一个重要补充。

幼儿园的自制玩具有两种：一种是成人制作的，是教师根据游戏和教学的需要制作的；一种是幼儿在教师的辅导下，为游戏活动自制玩具，这是幼儿的一种愉快的劳动，也是使他们接受教育的一种有效的手段。幼儿为了玩得好，会开动脑筋，想方设法地试着把许多看来是毫不相关或无用处的东西，制作或改造为新奇的玩具。有的幼儿发现别人做的玩具比自己好，他会不甘落后地重新修改或重做。幼儿在做与玩的过程中，不仅学会按自己的意愿动脑设计、动手制作心爱的玩具，而且有利于培养幼儿求知的兴趣，克服困难的自信心、独立性和坚持性，以及幼儿的专心、细心、耐心并与他人友好协作的良好的心理品质。更重要的是幼儿在制作玩具的过程中，手、脑及各感觉器官协同活动，这对于发展幼儿手的小肌肉群的功能，双手的协调性，手与脑、手与各感觉器官之间的协调功能都有很大的好处。因此，应当帮助和鼓励幼儿自己制作玩具，避免成人完全包办代替，从而剥夺了孩子接受教育的良机。

自制玩教具按用途可分为：为各科教学如语言、计算、常识、音乐、体育、美术所用的各种教具；为游戏服务的角色游戏玩具、表演游戏玩具、智力游戏玩具、结构游戏玩具、体育游戏玩具、娱乐游戏玩具等。本书（《幼儿园玩教具制作》）采用按玩具用途分类的方法编写，不同的玩教具各有不同的教育作用，教师可根据教育的需要选择制作某一类玩具和教具；要根据本地本园的条件，因地制宜地选择材料，并按材料的性能，制作既符合幼儿年龄特点，又适合幼儿游戏和教学活动的玩教具。同时，教师还应当选择一些可以让幼儿自己动手动脑制作的玩具材料，鼓励幼儿自己做，自己玩。

幼儿园在自制玩教具时应注意些什么呢？首先，在自制玩教具时应注重教育性、科学性和艺术性的结合。自制玩教具的教育性应注重促进不同年龄幼儿身心的全面发展、启迪幼儿智力、有助于教学活动的功能。配合教学活动的教具除讲究形象逼真、色彩鲜艳外，也应符合科学原理，有助于幼儿认识事物，掌握正确的概念和知识，同时，还应突出重点，一物多用，如计算器就应当符合教学的要求，装饰物不宜过多，以免分散幼儿的注意力。自制玩具的艺术性是指在有教育性和科学性的前提下，使玩教具的形象生动、色彩鲜明、幽默并略带夸张，这样才能激发幼儿对美的追求，让他们想玩、爱玩、百玩不厌。

其次，在自制玩具时应注意它们的可自制性和可玩性。要多利用废旧材料来制作，所制作的玩具，力求简单、操作方便，避免因细节繁琐造成制作上的困难，比如纸浆玩具利用的是废纸和糨糊，价格低廉，制作方便，可以广泛使用。玩具是给孩子玩的，那种只能摆设、过于精致的玩具一般价值不大，教师常会因制作时花费的时间多、容易坏而舍不得给孩子玩。这样，许多好看但不耐玩的玩具就常锁在玩具柜里，成了摆设，失去了玩具的作用，制作这类玩具就没有多大必要了。用废旧材料制成的、制作和使用都方便的玩具应当大力提倡。

最后，自制玩具还必须保证安全、卫生。幼儿年龄小，缺乏生活经验，因此，幼儿的玩具应绝对安全、无毒、不易破碎、无尖锐棱角，便于清洗消毒。一般可选择下列材料来制作玩教具，如布头、木头边角料、纸、塑料、竹子、稻草、麦秆、丝瓜筋、贝壳、瓜果、狗尾草、泥沙等。教师可以参照本书的图例，加以变化，创造出更多生动有趣、丰富多彩的玩教具。

本书在设计和制作方法上基本采用了利用原形、改变原形、展开创作三种方法。如结构游戏玩具中的纸盒积木；配合娱乐游戏玩具中的响铃盒、变形脸；配合表演游戏玩具中的袜筒玩偶、手指玩偶等，都是利用原有形状稍加装饰而成的。又如配合角色游戏玩具中的汽车、竹船；配合娱乐游戏中的核桃飞车、小火箭等，都是在原有材料的基础上，删去或添加某些部分制成的。而配合智力游戏玩具中的计算盘、投影箱等则是搜集材料加以设计、绘制而成的。总之，根据实际情况，就地取材为幼儿制作玩教具，就是我们编写此书的基本意图。

本文系幼儿园教师培训教材《幼儿园玩教具制作》中的编者的话，人民教育出版社，1986 年版。

幼儿彩色画世界

一、色彩与儿童

小孩子喜欢画画，其中很重要的原因是因为画是由许多不同的色彩组成的。那一块块红色、绿色、黄色镶拼起来的好看的图画，吸引着他们。假如，这时爸爸妈妈给他们买了彩色画笔，当他们用笔在白纸上画出红的、黄的线条时，漂亮的颜色又会激发他们强烈的好奇心。尽管这时他们画得不像样子，然而色块的魅力足以使他们有把握、有信心地投入绘画世界中去。

大多数家长和教师在一开始教孩子画画的时候，总是从彩色蜡笔或者是彩色油画棒起步的。孩子在一张很小的纸上，用蜡笔涂涂画画，由于有的蜡笔、油画棒质量不够好，加上幼儿腕部力量不足，纸上出现的形象往往模糊不清，不能引起孩子强烈的兴趣。

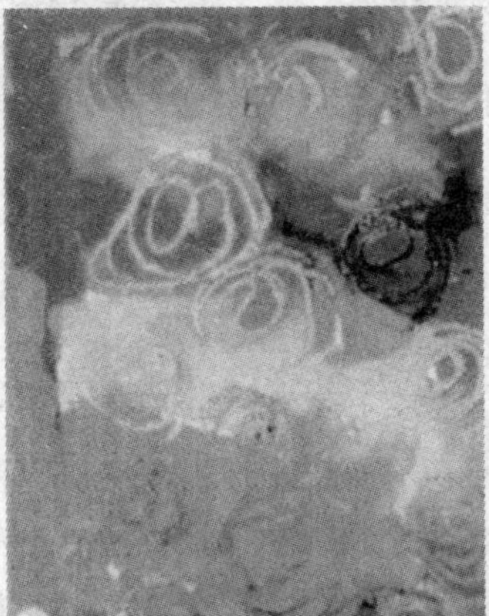

原色涂染　3岁

美丽的花　3岁

从3岁开始，对孩子实施以水粉色彩为主的图画教育，是一种创举。水粉画色彩鲜亮、美丽，用笔轻松，无意的拼凑会获得意想不到的效果，因而受到低幼孩子的喜爱。

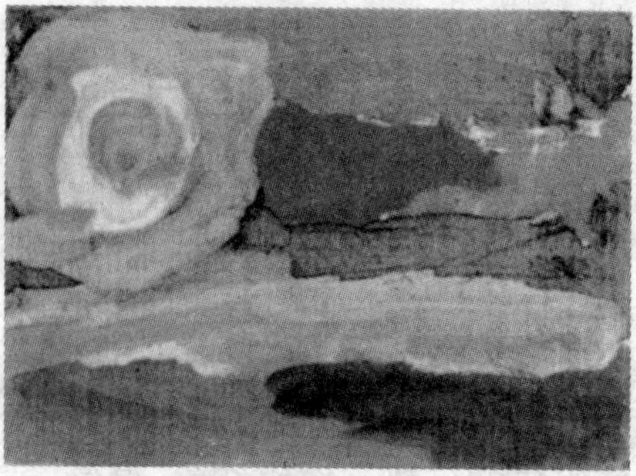

太阳　3岁

1. 幼儿认识色彩的能力及培养目标

初生婴儿呱呱落地，他们睁开双眼所见到的是色彩缤纷、美丽多姿的万物世界。如果我们细心观察，会发现在他们眼中所看到的不是具体的物品形状、体积，而只是随着光波折射而产生的各种飘浮色块的视觉印象。婴儿从3—4个月起，就能分辨彩色与非彩色。对3—6岁儿童进行的颜色和形状反应的实验研究表明，他们中的大多数容易被颜色的强烈感知所支配。

3—4岁　儿童已具备一定的辨别色彩的能力。实验发现：用12种颜色（红、黄、蓝、绿、橙、紫、淡红、天蓝、紫红、棕、深棕、黑）进行配对游戏，小班儿童已能通过比较，把相同的颜色放在一起。除了蓝色、棕色、深棕色以外，正确率达90%以上。但是在说出色彩名称和正确使用色彩表现方面，还存在较大困难。3岁儿童最早认识的颜色是红色和黑色，在对100名儿童的测试中，3—4岁儿童能说出红色的占98%，说出黑色的占94%，其次是黄色占92%、绿色占78%（注：《幼儿教育的科学研究》第202、203页）。

对3—4岁儿童色彩教育的培养目标是：培养孩子对色彩的兴趣和作画的自信心。从认识红、黄、蓝三原色开始，进一步学会辨别绿、橙、紫、黑、白等8—10种颜色。以色彩游戏为主，学习用点、线、块、面色彩表现自我感受，培养大胆作画的能力。训练儿童使用水粉画工具作画。

4—5岁　儿童在认识和辨别色彩方面有飞速的发展。在对100

名儿童测试中(在12种颜色范围内测试)发现有70%以上儿童已能掌握8种颜色的名称,并能使用。能够辨别红和浅红、蓝和浅蓝,对相近似的色彩也有一定辨别能力(如蓝和紫的区别)。随着儿童色彩感知能力的增长,儿童开始在绘画中表现出某些个性特征。

对4—5岁儿童色彩教育的培养目标是:加强对儿童观察大自然的指导,感受色彩的变化美。初步掌握深和浅、冷和暖等有关色彩的知识和技能。让孩子在美术活动中大胆地运用色彩表现观察到的事物和自己的想象,轻松愉快地抒发内心的情感,增强孩子色彩的表现力。

5—6岁　儿童对颜色的认识已日趋精细和完善。在对100名儿童测试中发现55%以上的儿童已能全部掌握12种色彩的名称和除了紫红以外的11种色彩的正确使用。儿童在分辨色彩明度、饱和度的差别方面的能力有较明显的提高,70%以上的儿童能分辨红与浅红、红与黄、蓝与绿、绿与紫等区别较小的色彩(注:《幼儿教育的科学研究》第202、207、208页)。孩子已能较细致、有区别地使用有变化的色彩表现一个物体,或是某一场景。随着儿童知识经验的丰富和审美意识的发展,儿童色彩想像力非常活跃。

对5—6岁儿童色彩教育的培养目标是:培养孩子对色彩的敏感性、丰富性。对色彩的鲜和灰、冷和暖等对比规律有一定的感性认识。能够大胆地使用主观色彩,并学习用多种工具、多种画种构思和创作色彩丰富的画面。

2. 利用彩色画对幼儿进行教育

(1) 培养丰富的色彩感觉和敏感性

大自然的色彩千变万化。在日常生活中,在游戏中,在节日里,孩子们随时随地可以接触到各式各样不同色彩的物品、服装、玩具以及自然景色。有的孩子对色彩十分敏感,有的则比较迟钝。当孩子拿起画笔,想把这些丰富而有变化的色彩加以表现的时候,他们会从无意识到有意识地观察和回忆物品的固有色彩。"我看见苹果的颜色是红红的。"一位4岁的小女孩说。另一个补充说:"它还带有一点黄颜色。""我喜欢吃绿苹果。"另一个小朋友接着说。在他们苹果画作品中,就出现了好几种颜色。公鸡的羽毛是美丽的,孩子们笔下的公鸡,不仅有红红的鸡冠,还穿上了色彩斑斓的羽毛服装,加上底色的衬托,比原有的公鸡更加美丽。

妈妈最爱我　罗文韬,男,5岁

(2) 培养审美情感

色彩能有力地表现情感。在孩子们的心目中,色彩本身富有生命力。他们最喜欢红颜色,热闹、快乐的场面是一定要用红色表示的。他们最讨厌黑色,把它看作是悲伤的象征。一般情况下,除了用黑色画轮廓线或头发、眼睛以外,儿童画中黑色用得很少。要教孩子不仅会使用鲜亮的颜色,还会使用灰色、黑色及深暗的颜色,培养孩子更高的审美情趣。下面是几张儿童画下雨的作品。雨天是灰蒙蒙的,儿童用灰颜色衬底,再添上了服装艳丽的人群,画面显得活泼、和谐、富有生气,把雨天的气息表现得淋漓尽致。

在彩色画活动中,那些五颜六色的奇妙的线条和变幻无穷的图形,把孩子带入艺术的天地。他们在活动中体验到欢乐,感受到成功,对美的体验和理解更加深了。

避雨　陈颖昕，女，6岁

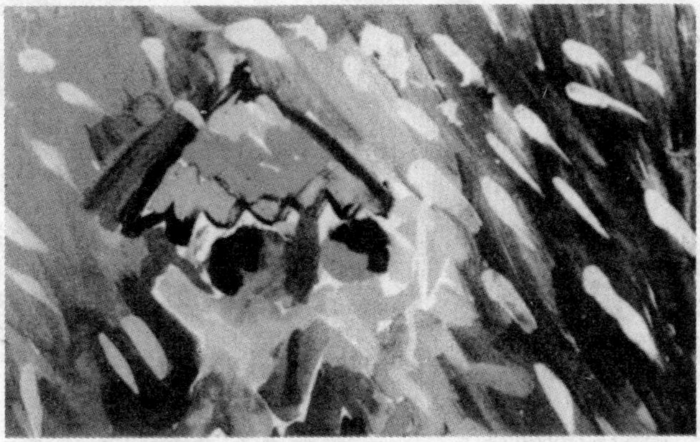

下雨　陈嘉明，男，6岁

（3）培养独立的个性

孩子作画的过程，完全是独立的。在鲜艳、明快的水粉色彩刺激下，鼓励孩子大胆地画，不断地肯定他的进步，使他建立起自信心。要求孩子细心观察作画的对象，又要让他敢于按自己的直觉来表现，不受模仿画的条条框框限制。孩子之间可以相互观摩，但不抄袭他人的作品；要培养竞争意识，鼓励孩子的独创性。

不同个性的孩子，在绘画中的表现往往不尽相同。性格内向的孩子，用色比较拘谨，往往有比较稳定的指向性，喜欢用红色、黄色等漂亮的颜色。性格活泼的孩子，用色不稳定，喜欢用多种颜色，想像力丰富，变化多，喜欢大块面涂染；常常会弄脏画面，又常常伴随着奇特的想象而创作出优秀的作品。要针对不同个性孩子的不同特点加以引导，使孩子们在绘画中享受快乐，获得表现自己和创造的机会。

下雨了　罗文韬，男，6岁

3. 指导幼儿画彩色画的教学经验

(1) 绘画工具的准备

笔：水粉画笔（大号、中号、小号各一支）

油画棒一盒

彩色水笔一盒

颜料：瓶装广告色或12色盒装锡管颜料

调色盘：现成的六色调色盘或瓷盘若干

纸：8开图画纸、色纸

(2) 知识经验的准备

散步：带你的孩子到户外散步，让他们注意周围的环境，如房屋、树木、街道、行人、小商贩等。观察天气的变化、人们的服饰变化、商店橱窗的变化。教会孩子用他们的眼睛敏锐地观察周围的各种事物和现象，养成对周围世界观察和探索的兴趣和习惯。

参观：到公园去。大自然的色彩变化是最丰富的。绿色的草地，色彩缤纷的鲜花，种类繁多的树木，天空和云彩的变幻，季节变换引起

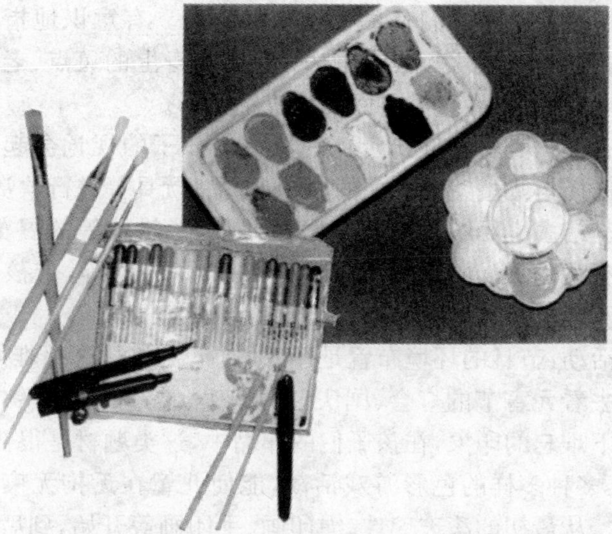

绘画工具

纸张

的色彩更替，日、月、风、云引起的色彩反应，等等。当孩子们对大自然的各种现象产生兴趣，引起他们持续不断的关心和注意时，他们的审美情趣就得到升华。

到动物园去。孩子们是最喜欢小动物的。有意识地指导孩子观察小鸟、白鹤、孔雀的美丽羽毛,观察梅花鹿身上的斑点、老虎身上的条纹,知道动物由于生存需要而变化皮毛色彩。

到商店去。商店里五光十色的货物对孩子的视觉会起强烈的刺激作用。选择与儿童生活有关的服装、食品、玩具等进行欣赏。

到展览馆去。要不时注意美术馆、艺术博物馆等的展览信息,选择与儿童有关的展览,如工艺品展览、儿童画展览等,带孩子们去参观,扩大儿童的视野,培养儿童多方面的兴趣。

节日活动:节日的环境布置是迷人的,不要放过这种难得的机会。带孩子们去看元宵节的灯会、国庆节的焰火、春节的花市等,这些会给孩子们留下难忘的印象,在孩子们的作品中,这类题材是很普遍的。

游戏:多种多样的色彩游戏活动,能使儿童在无拘无束的活动中感知色彩。从最初的滚玻璃珠、绳印画、手印画等开始,到后期的喷刷画、纸版画等,根据儿童不同的年龄,为孩子设计多种多样的游戏,增强孩子们对色彩的感知和兴趣。

图书、影视:幼儿读物对孩子的影响很大,要选择不同风格的绘画让孩子们欣赏。给孩子们讲图书时,不仅要讲内容,还要让孩子仔细地观看它的形象、色彩、构图和色调。幻灯、电视、电影对孩子的色彩感觉具有潜移默化的作用。选择适合孩子看的动画片和有关世界风光、动物世界等题材的电视片,进行必要的提示和分析,丰富儿童的知识经验,培养孩子的审美意识和情感。

(3) 发掘幼儿创造潜力,培养独立性、主动性和创造性

美术活动是一种创造性的活动,要鼓励儿童大胆地按自己的直觉选用各种颜色,不要受过多限制。幼儿时期的想象常常出乎成人的意料,在色彩的选择和应用上,主观色彩的发泄比较突出,成人不必用物体的固有色来要求儿童更正。相反,对幼儿的模式化倾向,例如,用单一的绿色画所有的树,单一的红色画任何时刻的太阳,则不予鼓励,要设法打破他们头脑里的固有模式。要让孩子们知道万事万物都在变化,每一棵树、每一片叶子都带有生命的色彩,有浓重的、枝叶茂密的

大树，也有刚发出嫩绿枝芽的小树，还有开满红花的木棉树。太阳早、中、晚的光芒不一样，有红红的太阳，也有金闪闪的太阳，还有放银光的太阳。

教师和家长要善于捕捉有利时机，向幼儿进行启发诱导，使孩子的想像力得到充分的发挥。在孩子的生活中，常常会碰到许多意想不到的、激动人心的场面。例如：某一天，孩子看到汽车失火燃烧起来了，人们呼喊着，有人忙着救火，交通警察维持秩序，此情此景给孩子留下难忘的印象。教师在了解了孩子的想法之后，请他把所见到的画下来。一幅生动的画面出现了。又如：在亚运会的日日夜夜里，无论成人和孩子都在看电视，关注和谈论着。这是 6 岁女孩子罗菁画的一幅想象画《好球》，激动人心的动人场面，画得异常精彩。孩子们的潜力是无穷的，要相信他们有能力去表现他们内心想表现的东西，不要养成跟着成人一味临摹的习惯。要知道临摹得越多，孩子自己独立思考的机会就越少，画模式画的可能性就越大。

救火

好球　罗菁，女，6 岁

(4) 在练习中有顺序地掌握必要的技能技巧

学习彩色画，有许多必须掌握的知识和技巧：工具的使用，色彩的辨别和调配，色彩的基本知识，色彩的应用和变化等。这些知识和技能不是短时间内就能形成的，而是有顺序地通过持续的练习才能逐步掌握的。教师和家长要根据孩子的年龄特点和发展水平，根据掌握色彩知识的规律，精心设计一系列的活动和课题，细心、耐心、循循善诱地引导孩子们做大量的绘画练习，才有可能使孩子达到最佳水平。

成人在指导过程中，既要充分丰富孩子的直观感受，又要帮助他们进行一定的理性思考。例如：孩子们在画主体色和背景色时，常常没有区别。这时，成人要提醒他们："你们看红颜色的苹果，如果用红色衬底的话，能看得清楚吗？想一想，要用什么颜色作底色，红苹果才看得清楚？"又如：花的色彩本身就很丰富，这就要提醒孩子们考虑用什么颜色作底色才能使花朵更美丽，逐渐使孩子理解色彩深、浅、鲜、灰的对比关系。

孩子们对色彩情感有直观的感受，这是想象表现的基础。成人要注意强化孩子们这方面的表现能力。例如，《打针》这张画的创作过程是这样的：老师问："想想看，打针时你的感觉怎么样？""我好疼啊！我哭了……"孩子回答。"想一想，哭的时候面孔是什么表情？用什么颜色表示你不高兴呢？"孩子在这张画面上生动地表现了他自己的真实感情。

打针　何乐文，男，5 岁

3—6 岁是儿童绘画发展极为迅速的时期，在正确的教育引导下，孩子们几乎每一年都有显著的发展和进步。下面是我们为孩子们精心设计的教育活动和练习。假如有心的家长和老师们愿意积极尝试的话，相信会使孩子有很大的进步。

二、色彩游戏

孩子们最喜欢玩，在游戏中，他们无拘无束，快乐自在。我们可以利用色彩的无穷变化，设计出多种多样的游戏活动，使他们在玩的过程中丰富色彩的感觉，产生浓厚的兴趣。年龄越小的孩子，色彩游戏活动应当越多。

1. 印画

印画有许多种类：纸团或布团印画、绳印画、对印画、手印画等。

材料：白纸或色纸、粉画颜料（红、黄、蓝、绿、橙、紫色，适当加水，分别调好放在调色盘中）。

纸团、布团印画：适用于 3—4 岁儿童。用纸团或布团，分别沾上各种颜色，在白纸或色纸上任意印出花纹。为了出效果，也可由成人画各种物体轮廓，要求儿童用印画装饰帽子、衣服、花布、围巾等不规则的、色彩斑斓的纹样，别具风格。

纸团印画　黄燕屏，3 岁

绳印画：用几根棉绳放入各种颜色水中浸透后取出，把它任意置放在一张白纸上，然后用一张不吸水的纸覆盖，用手按紧，使下面绳子上的颜色渗透到底版纸上，拿去上面的纸及绳子以后，得到的就是有线条效果的彩色画。

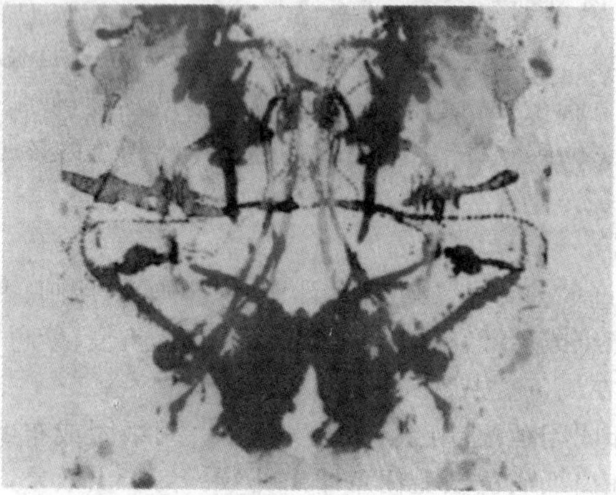

绳印画

对印画：适用于 4—5 岁儿童。给孩子一张大纸，对折成两部分，要求孩子用画笔在纸上画一半，然后，趁颜色未干，将另一半白纸覆盖其上，用力压平后打开，就会得到一个对称的图案。绘制对印画时，还

对印画

可以先在白纸上平涂一层底色，再在纸的半边画画，然后对折压印，效果也相当好。

手印画：直接用手掌、手指或手的侧面在颜色水中浸蘸，再在纸上印画。可以任意地印，也可在手印以后，要求儿童用画笔添加某些部分，成为一张完整的画。

手印画

2. 贴画

使用各种材料贴成画面。贴画种类有：撕纸贴画、布贴画、树叶贴画、立体贴画等。

材料：白纸或色纸，各种质地的纸、布、泥、树叶及扣子、羽毛等各种废旧材料。

撕纸贴画：适用于4—5岁儿童。用画报纸、包装纸或彩色纸任意撕成碎片备用；在底板纸上画好想贴的人或物的轮廓线，然后在轮廓线内涂上一层糨糊，将撕好的纸一片片地往上贴，注意贴的纸片颜色要能使物体轮廓分辨得清楚。

树叶贴画：采集各种树叶，在叶片背面纹脉涂上自己想象的颜色，排列成图案(如76页中图)；再用另一张黑色底纸覆盖上去，用力压印后成画。还可以在树叶印画成功后，在底板部分再涂上各种花纹和色彩(76页下图)。

撕纸贴画

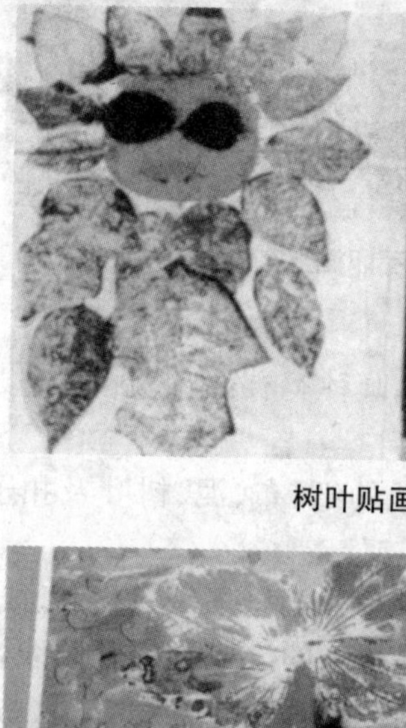

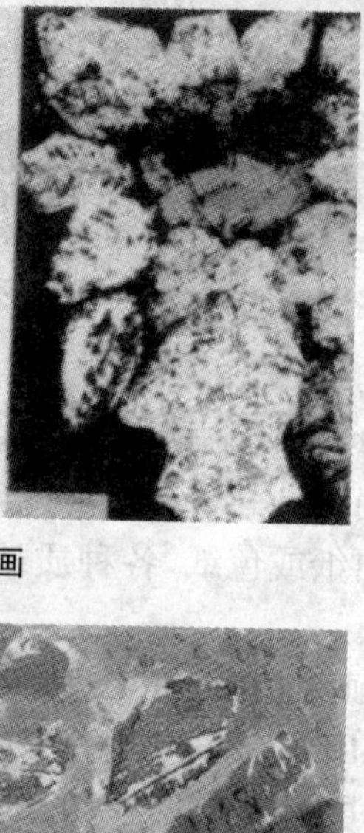

树叶贴画

树叶贴画

布贴画：适用于5—6岁儿童。先在纸面上设计好画面，然后选择适当的布片，剪成各种形状，如金鱼等，贴在画面上；背景可以用蜡笔或水粉涂染。

布贴画

立体画：收集各种废旧物品，如塑料片、糖纸、石头、毛线、羽毛、钮扣等，将这些物品组合成各种画。背景纸最好用瓦楞纸、马粪纸或在纸板上糊一层灯芯绒，质地要结实。用乳胶粘贴，比较牢固。

立体画

立体画

除了用废物粘贴以外，还可以用彩色泥，塑造各种画面，贴在白色瓷砖上。

3. 喷洒画

在纸面上用各种颜料喷洒，形成独特的色彩效果。

吹色画：在一张大的图画纸上，任意倾倒几种颜色水，要求儿童用嘴将色水吹开，任其自由流动、混合，产生美丽的色彩效果。较大的孩子会吹出鲜丽的花朵、绿茸茸的草地等，经过添加整理以后，成为一幅好看的图画。

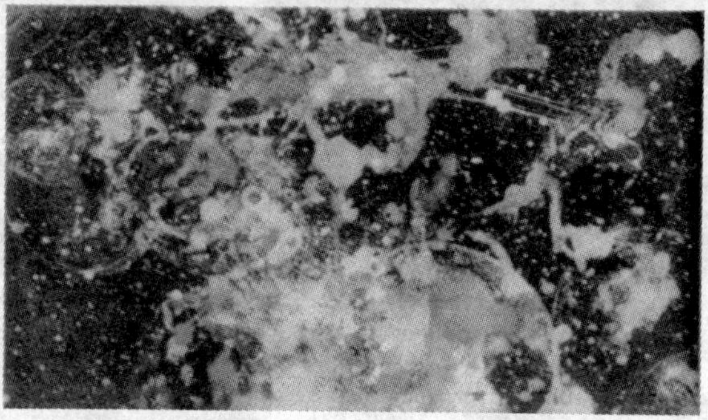

吹色画

喷刷画：用纸片剪成各种图形，或用塑料玩具薄片拼成各种图形，摆放在一张白纸上，然后，用牙刷蘸上颜色水在金属网上均匀地刮刷，或用喷雾器装上颜色水在整张纸面上喷洒(可以用几种颜色交换喷洒)，最后，把纸片、玩具薄片取走，就出现了彩色雾点衬托的图像。

喷刷画的工具

用彩塑拼的图案

喷刷后的画面

4. 拓印画

比较简便的拓印画，是利用某些物体的现成花纹直接拓印，如钱币，印章，有凹凸花纹的瓶盖、盒盖、玻璃器皿等。把纸蒙在上面，用颜色铅笔在纸上密密地磨、涂，纸上就拓印出凸出部分的花纹。

第一种办法是刻印画。在图画纸上用蜡笔或油画棒先涂一层明快的颜色（如黄、嫩绿、粉红等）做底色，再涂一层色彩较强烈的（如红色、橙色等）做中间色，最后涂一层暗的颜色做画面的统一色，然后，用铁笔、小刀、大头针等工具在上面刮画，刮出的痕迹可产生有层次的纹理和形态。

比较复杂的是纸版画。它需要画、剪、印等多种技法，适用于6岁以上的儿童。

先在一张厚纸上作画，然后把纸上的各种形体剪下来，贴到另一张纸上，构成凹凸不平的版面。用油墨筒在版面上滚上油墨，再用一张棉纸或宣纸覆盖在版面上，重压、磨平以后，揭起宣纸，就成了一张拓印好的纸版画。

孩子们在绘制纸版画

用厚纸制作的纸版画

拓印出来的纸版画

三、基本色训练

色彩是一种自然现象。从太阳的光谱中，我们可以看到红、橙、黄、绿、蓝、紫六种色光。它们是逐渐地、非常和谐地由一种颜色过渡到另一种颜色的。

1. 三原色：红、黄、蓝

红、黄、蓝三种颜色是各种颜色的基本元素。由于它们之间不含任何共同成分，所以区别起来是最清楚的。一般来说，我们对幼儿的色彩教育也是从这三种颜色开始的。

在色彩游戏中，给孩子提供的最基本的颜料就是红、黄、蓝三色。在儿童的初期绘画中，同样地以这三种原色作为最基本的色彩。孩子们使用三原色练习画点、线条、圆圈和整张纸的平涂色彩。如《美丽的鲜花》就是这个时期的作品。

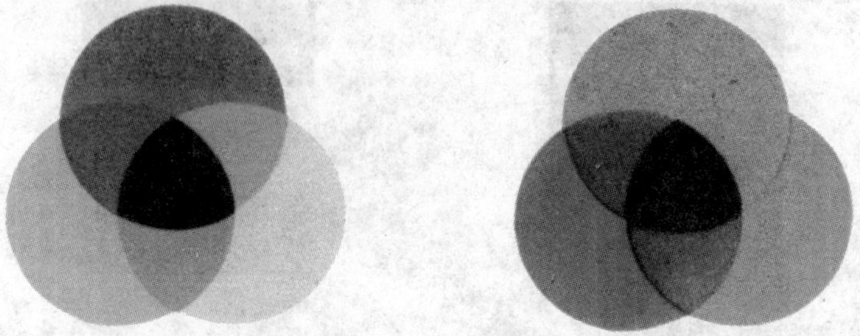

三原色

美丽的鲜花　蔡静仪，女，3 岁

2. 间色：绿、橙、紫

自然界的种种色彩，都可以由红、黄、蓝三种原色按不同的比例混合而成。由两种原色混合而成的色彩如橙、绿、紫，称为间色。

间色
- 红＋黄＝橙
- 黄＋蓝＝绿
- 蓝＋红＝紫

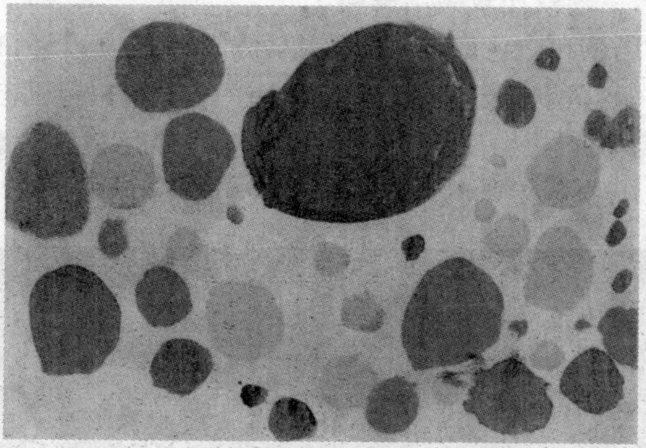

吹泡泡　3岁

在孩子对红、黄、蓝色已经比较熟悉的情况下，可以陆续地向孩子们介绍绿、橙、紫色。不必专门教他们如何调色，但遇到两种颜色相碰而变成第三种颜色时，成人可以作必要的解释，并且提醒他们注意色彩之间的关系。

在色彩游戏和初期绘画中，要逐步增加颜色的数量。每增加一种，必须告诉他们色彩的名称，并且学习在日常生活中辨别它们。

为孩子专门设计练习 6 种标准色的选题很多，如填色游戏、画彩虹、飞碟、陀螺等。

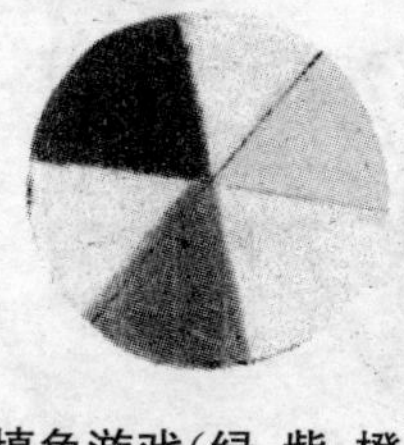

填色游戏（绿、紫、橙）

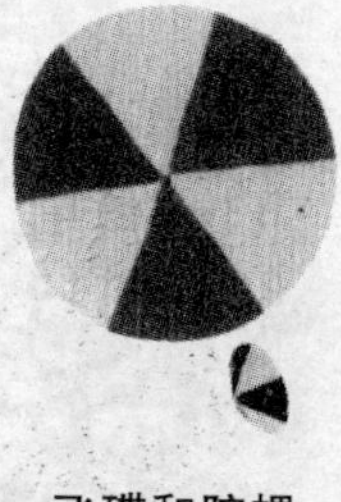

飞碟和陀螺

3. 黑色和白色

黑色和白色表现色彩的明度，白色明亮，黑色灰暗。黑白对比效果处理得好，主题就比较突出鲜明。

幼儿对黑色和白色的认识比较早，除了彩色画以外，他们也喜欢画黑白画。《数星星》是3岁孩子在黑色底纸上用白色画的星星，效果特出，别有韵味。稍大一些的孩子，还喜欢用黑色笔画轮廓结构，5岁孩子画的鱼，6岁孩子画的蝴蝶，轮廓分明，结构刻画细腻，韵味十足。

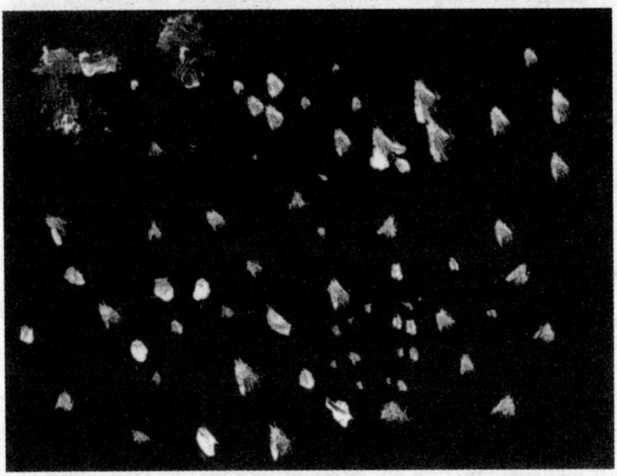

数星星

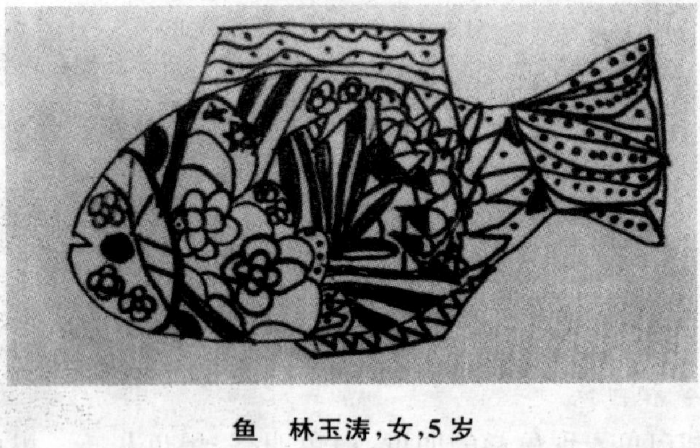

鱼　林玉涛，女，5岁

蝴蝶　何艳珊，女，6 岁

把黑色和白色加入到儿童已掌握的 6 种标准色相中去，有时用黑色作底衬，使画面层次分明。一般说来，黑、白色在色彩感觉上属于中性色，它能与任何颜色调和，起协调作用。

四、块面色彩的表现

1. 物体的固有色

指物体的本色。不同的物体有不同的固有色彩。例如：蔬菜以绿色为主调，青菜是青绿色的，卷心菜是淡粉绿色的，黄芽白菜是淡黄绿色的，而塌棵菜是墨绿色的。

我　罗文韬，男，3 岁

块面色彩的表现

物体的固有色由于光线强弱、周围环境衬托和空间远近等关系而有不同的变化。但对幼儿来说，我们主要让孩子能够辨别出物体的本色，并加以表现。

以《我》和《我的好朋友》为例，画中的小男孩，黑色的头发，皮肤略带黄肉色，符合一般人的基本特征。

当孩子在使用色彩表现一个物体或现象时，成人可以启发他深入观察该物体的形状、色彩特征，观察越细，表现会越丰富。避免千篇一律地看待颜色。

2. 物体与背景色

水粉画与线条画的不同之点，在于线条画是以线条打轮廓为主，填上各种色彩，而水粉画下笔就是大块面的色彩，通过块面色彩塑造形象。

初学画的孩子对物体的色彩观察是粗略的，而水粉画笔的笔触粗犷，下笔就能成形。针对这个特点，一开始就鼓励孩子放开胆子，任意涂抹。成人可以提供给孩子一张黑色底纸，让孩子在上面点点戳戳，取名为《种豆豆》《吹泡泡》。不同的色彩在黑色衬托下自然地构成一幅幅美丽的图画。

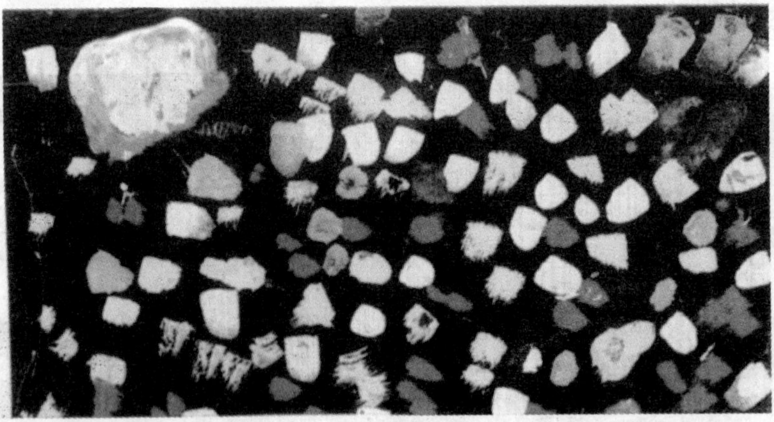

种豆豆

吹泡泡

进一步，成人给孩子提供白色底纸，要求孩子用几种颜色把整张纸涂满，于是色彩缤纷的底色自然构成。等底色略干以后，再画上小花，名为《草地上开满了鲜花》。

草地上开满了鲜花

对幼儿来说，只要求孩子会用多种颜色衬托出另一种颜色，不时地提醒他们："假如画了红颜色的花，再用红色涂底色的话，能看得清楚吗？"让孩子凭他们的直觉拉开主体与背景色的差距，这样就能逐步学会大块面地涂染底色。

用油画棒涂的底色，色彩比较厚重，别有一番情趣。不过要到五六岁以后才能涂得均匀。这时,孩子对背景色的选择和理解有了进一步的发展。他们开始利用与周围现实环境更切近的色彩作为背景色。

用点彩法作背景,使画面衬托更加活泼。而色彩鲜明的对比手法,则使主体更加突出。

穿花衣的熊猫

3. 象征色彩

孩子越小,对物体色彩的真实性越不加以注意,往往按照他朦胧的直觉处理色彩,因而获得许多意想不到的效果。《生日蛋糕》用一团

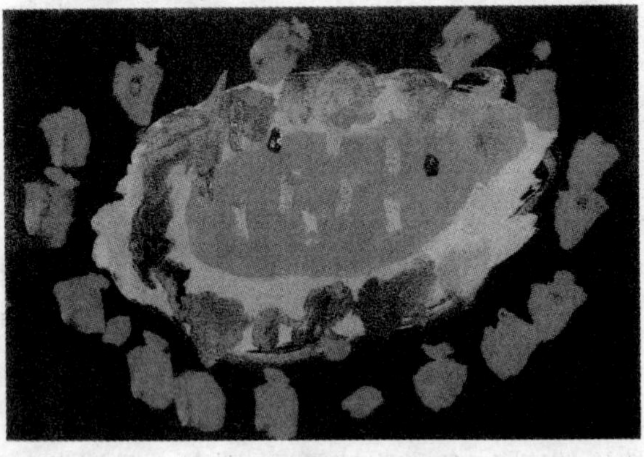

生日蛋糕 3岁

团红红的颜色，表现了蛋糕上融融的烛光。

《煎鸡蛋》是孩子们观察了蛋在煎锅里由液体变成固体状态的一系列色彩变化后画的。孩子用成人想象不到的紫色、橙色、蓝色、绿色的渐变，构成一幅奇妙而生动的作品。这种偶然性的成功意味着低幼儿童对色彩象征意味的理解和应用。也许只有在这个年龄阶段，孩子们才敢于无所顾忌地、自由地凭直觉来表现他们心中的世界。过了这个时期，一直要到成年艺术家才能有意识地应用这种比拟、隐喻的象征手法。

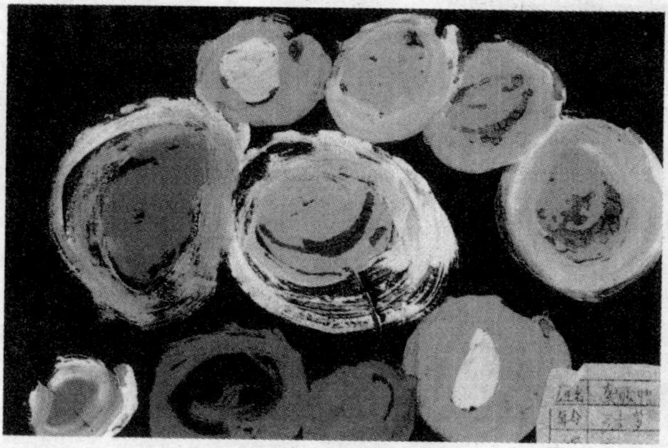

煎鸡蛋　龚顺怡，女，3 岁

狮

4. 情感色彩

色彩能有力地表现情感。强明亮度、高饱和度的色彩可以引起兴奋，如明亮的纯红比柔和的灰蓝色更容易令人兴奋。绿色是所有颜色中最安定的颜色，它表现宁静、和平。

孩子对色彩的情感有天生的反应。在《愤怒的爸爸》这幅画中，爸爸的脸色气得铁青，冲冠的头发一根根直竖起来，镶嵌着火红色。《我哭了》则用蓝色衬底，白色的泪水洒满空间，表现了抑郁和哀愁。

愤怒的爸爸　5 岁

我哭了　5 岁

友爱　蓝娜，女，6 岁

五、色彩的变化

在我们面前展现的是一个极其丰富的色彩世界。物体的色彩,不仅仅在于它本身的固有的物理属性,还受到外界各种色彩之间关系的影响。对客观色彩变化的微妙关系的感觉,必须通过长期的训练和培养才能形成。幼儿时期,主要凭直觉感受色彩的变化。在他们实践操作的过程中,成人可以有意识地让孩子们感觉色彩的深浅、鲜灰、冷暖等对比关系,使他们逐渐理解什么颜色和什么颜色搭配更好看。《友爱》采用了鲜艳的色块条状涂染的方法,使人与人之间的友爱之情息息相通。

(1) 深和浅

给孩子提供红、黄、蓝三原色和白色,让他们把白色加入到红色中去,看看它的变化。如果多加一点白色,原来的红色出现什么样的变化呢?这时,他们会发现,红色变成了浅红色、更浅的红色。同样的,在黄色、蓝色中加入白色,便得到了浅黄、浅蓝色。要是在红、黄、蓝色中分别调入越来越多的黑色,色彩就会越来越暗。这样,孩子们就理解了深和浅的变化。

可以作填色游戏,让孩子直接感受色彩会逐渐变浅或变深。还可以设计各种课题,用生活中出现的变化帮助孩子灵敏地分辨深、浅色。例如:气球越吹越大,色彩越变越淡。《石头和泡泡》,石头很重,常常

石头和泡泡

用深色表现;泡泡很轻,浮在上面,用浅色表现。《花越开越大》,深红色的花苞颜色逐渐变浅。

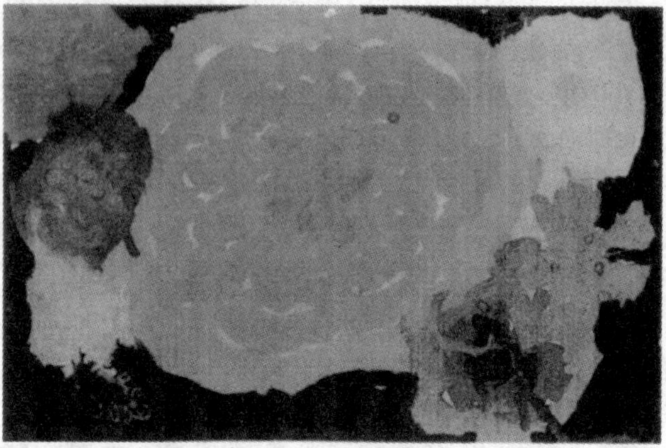

花越开越大

2. 鲜和灰

孩子喜欢鲜明的颜色。色彩越单纯也就越鲜明。从锡管里挤出的任何颜料,纯度都是比较高的,因为它还未掺入其他色彩。当然,大红和玫瑰红相比,大红色纯度要高些,柠黄比中黄纯度高。告诉孩子们,如果他们喜欢鲜明的颜色,那么,注意不要任意将高纯度的颜色跟别的颜色混在一起,以免弄"脏"纯色。

大量用纯色作画是儿童画的一大特点。然而,客观物体的色彩往往会受到光源、环境、空间及远近的影响。一幅以纯度较高的色彩为主的画里,必须有纯度略低的色彩相配合。以《春姑娘》为例,孩子大量采用红色、黄色、蓝色等鲜明色彩,而脸部的橙黄色和草地的嫩绿色都已调入若干其他颜料相混。

一块黄色掺入一点黑或任何其他颜色,黄色的纯度就会降低,颜色略变灰。掺入越多,灰度也越明显。鲜艳的原色,加上一点粉或其他颜色,纯度降低了,就逐渐变灰,灰色是不鲜明的、虚的、轻的。只有到了一定年龄的儿童,才会掌握灰色调的运用。

春姑娘

3. 冷暖关系

绘画特别重视对色彩冷暖感觉的辨别能力。按照人们长期的社会实践，红、黄色给人以热烈、兴奋的感觉，所以把属于红、黄系统的色彩称之为暖色调；而蓝色给人以寒冷、宁静的感觉，于是把蓝色系统的色彩称之为冷色调。孩子们对色彩的冷、暖感觉在四五岁以后就产生了。如果拿几种颜色让孩子选择的话，他们会用红色、黄色表现热闹、欢快，用蓝色、绿色表现安静、冰冷。

我想哭　6岁

我生气　6岁

可以有意识地为儿童提供暖色系列或冷色系列，分别让儿童画自由画，作冷色或暖色游戏，及时发现和鼓励孩子们的优秀作品。在相互欣赏中，成人作必要的分析和指导。要充分相信孩子们的直觉。不少孩子在练习中会把冷暖色彩搭配得和谐统一，令人神往。

暖色练习

冷色练习

4. 对比关系

人们的眼睛对色彩的感觉加深了对比关系。如：并列的黑白色块，使人感觉到白的更白，黑的更黑；并列的红绿色块，使人感觉到红的更红，绿的更绿。

色相的性质相反，明暗悬殊的颜色，如红与绿、黄与紫、橙与青等都能构成对比强烈的色彩。当两色并列的时候，就会相互辉映，增加其鲜明度。

也许是出于喜爱鲜明颜色的天性，孩子喜欢用强烈的对比色彩作画。成人只要不断地提醒他学会比较，亮的与暗的比，冷的与暖的比，远的与近的比，孩子在比较中就能学会搭配颜色。

色彩的渐变是一种有次序、有层次的色彩变化。从对比色的一个极端逐渐向另一极端转变。例如，从绿渐变到橙，其过程是绿——黄绿——黄——黄橙——橙。另一种渐变则是调和色的渐变，如：从黄至绿，从蓝至绿等。

训练儿童的色彩渐变概念，常常从天空的彩虹着手，帮助儿童学习和感受红——橙——黄——绿——蓝——紫的变化规律。

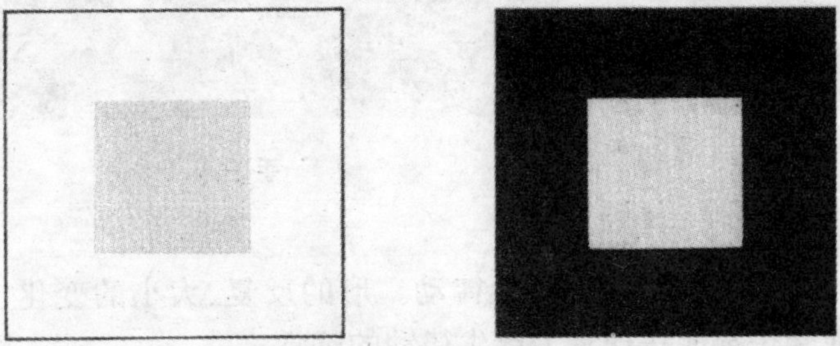

白底和黑底的灰色

六、装饰画

幼儿绘画中有浓厚的装饰意味。这种发自本能的、自发的装饰表现，开始是无意识的，并不考虑装饰的形式和条件；随着感觉经验的发展和美的意识的建立，这种无意识的行为逐渐变成有意识、有目的的装饰设计。不过，总的说来，幼儿时期的装饰画主要是一种自我表现和视觉满足的行为。

装饰的学习对儿童色彩意识和造型能力的提高很有帮助。装饰本身所具有的重复、变化、对称、律动等形式，将促使幼儿发现美的秩序，满足他们爱美的心理。

1. 排列组合

孩子们喜欢排石头、扣子、豆子，也喜欢把许多相同的形状一排排地画出来。指导幼儿用圆圈、三角形、多边形、小花、叶子等图案纹样做排列的练习，是幼儿装饰活动的一种。《花布》《手帕》《手印装饰》等是用不同的色彩、纹样作规则或不规则的排列而成的。

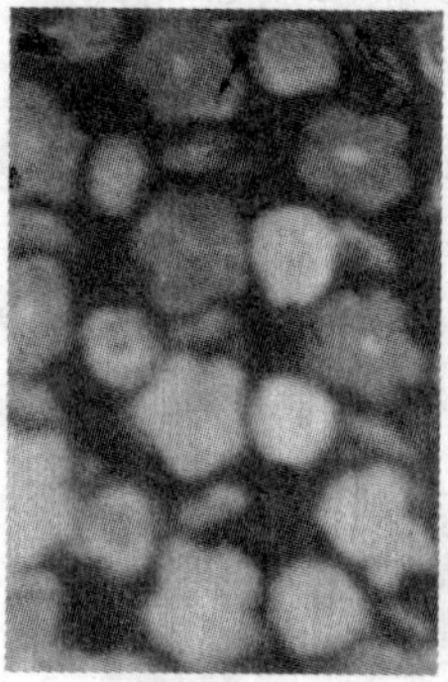

花布

手帕

2. 律动

色、线、形的变化都会产生律动。形的反复、大小的变化、色的渐变或浓淡交替都能在视觉上产生律动的感觉。

线的组合和变化所产生的动势和韵律，形成一种秩序美感。顺着手的运动任意画线，使之交叉组合，再涂上各种色块，在形和色的变化中获得韵律感。

形、色结合，以形为基础，用色彩的线条和块面组合，产生一种和谐的韵律，以增加画面的感情色彩。

线的律动

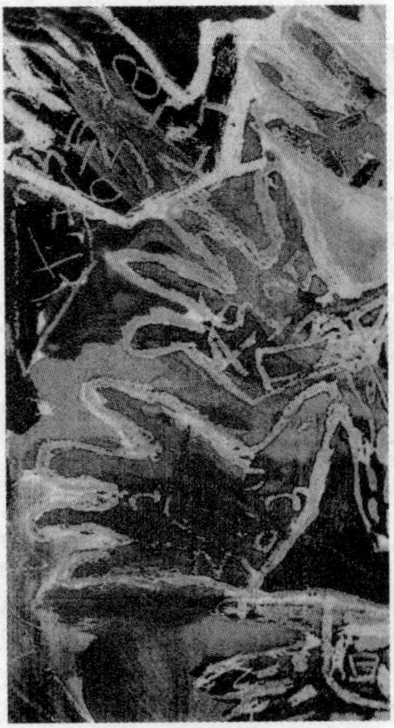

手印装饰

3. 动物装饰

孩子对小动物有特殊的感情，他们眼中的那些美丽的、有趣的动物的形象是不确定的，随时可以按照自己的感觉自由设计和装饰，而使它们变得更美丽。

成人可以指导孩子先画出动物的基本轮廓和主要特征，然后启发孩子尝试改变它的表现形态。例如：孔雀的羽毛可以用点、线、三角、椭圆以及花朵形、叶子形、蘑菇形等不同的形状构成，打破原有模式，开拓思路。装饰时选用的色彩更不必拘泥于动物的原样，可以自由发挥。如《美丽的公鸡》《可爱的兔子》。

4. 脸谱装饰

面孔是孩子最为熟悉的。通过脸谱造型诱发孩子的思考、感觉和表现能力，使他们将熟悉的形体加工变化，用美的观点创造出具有美感的形态。

美丽的公鸡

可爱的兔子

水果脸谱　谭静怡，女，5岁

开始时，幼儿没有脱离人头的基本结构，只是在色彩变化方面改变原型。进一步的工作是指导孩子将面孔的主要特征作象征性造型。例如：用变形的鸭子作眼睛，鼻子两边画对称的线条，利用水果作面谱，弯弯的香蕉眼，梨状的鼻子，苹果似的脸蛋等，用块面色彩加以表现。它表现了孩子大胆奇特的想象，它所具有的装饰性和幽默感易为儿童所向往。

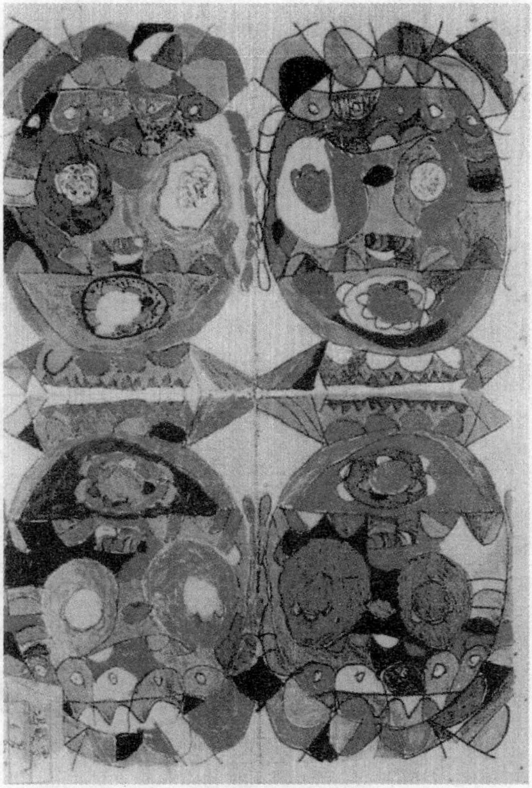

脸谱装饰

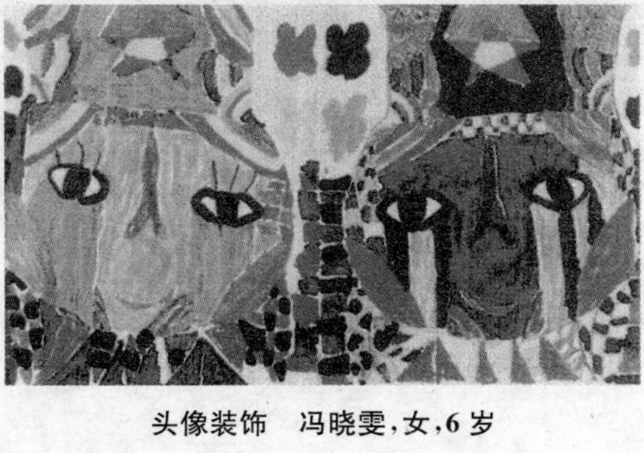

头像装饰　冯晓雯,女,6岁

5. 立体装饰

利用儿童对几何形体结合的经验，指导儿童把自然形体分解成几何形体的面，然后使面与面结合，在透明的视点下，把几块不同面的形体组成平面物体，创造一种充满想象的画面结构。涂色需上下对称，使平面画显出立体效果。这适合于6岁以上儿童练习。

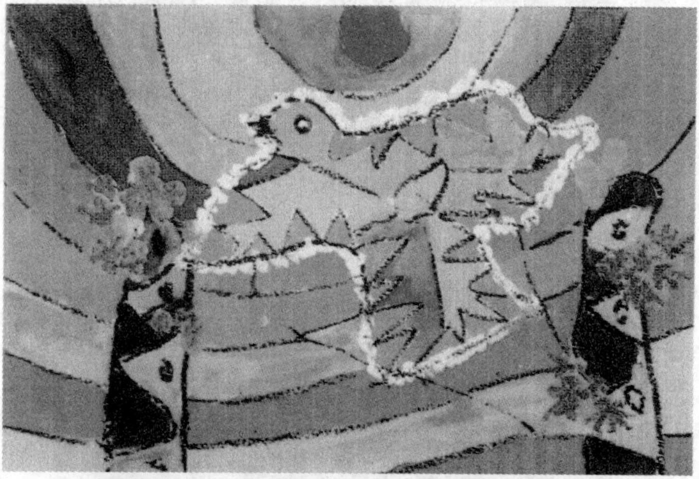

和平　冯韵韶，女，6岁

小鸟　罗文韬　男，6岁半

七、水粉画

水粉颜料不透明，具有鲜明和厚重的效果。它的覆盖力较强，适合于涂刷大块面的或局部的平面底色,它可以在图画纸、白卡纸或彩色纸上作画。水粉画工具简单,使用方便。大块面的强烈色彩,易引起幼儿浓厚的兴趣。

1. 自由涂染

三四岁孩子初接触水粉,除了对孩子进行使用工具的常规训练以外,要允许孩子有自由使用颜色涂抹的机会。《草地上开满了鲜花》是让孩子用几块颜色大面积平涂,稍干后在底纸上点点和画圆圈。《森林里的大象》也是用块面色大面积涂染后,贴上剪好的大象。这时,孩子的画还停留在涂鸦阶段,没有出现形。

森林里的大象

2. 动物画

儿童通过大量色彩游戏和练习,逐渐掌握了用色、用笔的方法,这时,可以让他们学习用色彩造型。动物是孩子所喜爱的,一些具有简单特征的小动物可以入画。以画“鸡”为例,可以组织一系列活动:手印画“鸡”,泥塑“小鸡”,脚印画“找小鸡”,水粉画“可爱的小鸡”,装饰画“鸡头”,组画“欢乐的鸡”,使孩子逐渐学习用色彩和形表现鸡的特征。

小公鸡(块面练习) 3岁

3. 人物画

孩子们很喜欢用水粉画人像。人物的肤色、表情、服装及动作，都是不同的，需要孩子去体验、感觉，然后表现出来。三四岁孩子画人，只要求他能分出几个不同色块，画出最基本的特征。5岁孩子可以分别画出成人和孩子，不同的人具有不同的特征。如《我的一家》中，成人和小孩子区分明显；《我的老师》，把老师弯曲的头发和高鼻子画出来了。

我的一家 黄卓文，男，5岁半

我的老师　何睿，男，5 岁

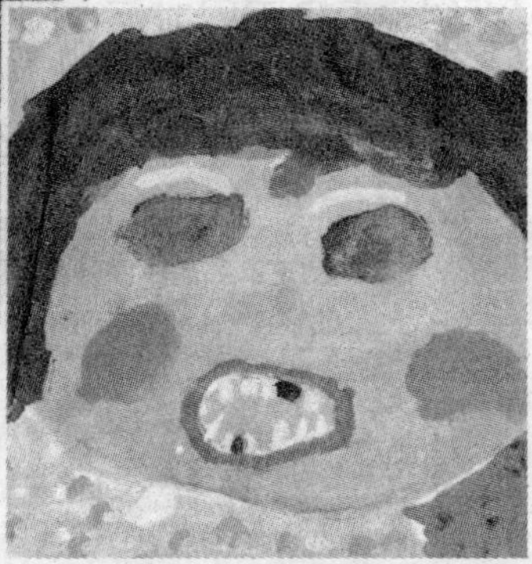

我掉牙了　戴丹娜，女，6 岁

6 岁孩子画人物，已有情感表现。如《我掉牙了》，画面上女孩脸色苍白，张开大嘴，一副痛苦的模样；背景色的变化也比较多。人物和情景交融，也是这个时期儿童画的一大特色。《下雨》这幅画，在灰蒙蒙

下雨

的背景下，两个孩子合撑一顶大伞，艰难地行进着。昏暗的背景，鲜明的服装，用黑白灰三色勾勒衬托，使雨天气息更浓。

4. 风景画

孩子们会画风景吗？会的。当然，首先要指导孩子观察，最好是带孩子去写生，观察不同时间、不同天气里的不同景色。例如，早晨、中午、傍晚的太阳色彩是否相同，太阳和云彩的关系怎样。自然景色的变化对培养孩子辨别色彩的敏感性有很大帮助。

早晨的太阳　6岁

中午的太阳　刘时韵，女，6岁

海鸟

八、油画棒画

油画棒色彩鲜艳而有光泽，画出的线条粗犷、浑厚，着色面大，适合于较大面积的涂染。作画时，常常先勾勒出物体轮廓，然后填色。它使用简便、安全，适合于各年龄阶段的低幼儿童使用。

1. 静物画

水果、蔬菜、日常用品都可以作为作画对象，要求孩子仔细观察对象的结构，在画纸上打好轮廓，注意画得大一些，然后开始着色。观察物体以固有色为主，也要观察它的细微变化。选择补色作为背景，使主体突出。

水果 5岁

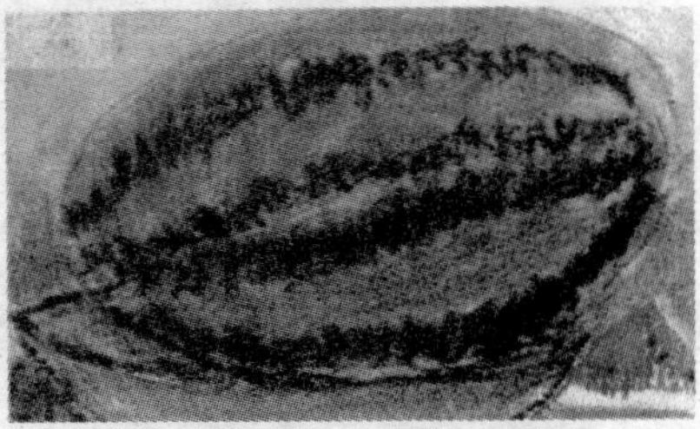

西瓜 黎智铭，男，6岁

2. 人物画

使用油画棒画人物，比较自由简便，不需顾虑色彩之间的相互碰撞；也可以在另一种颜色上覆盖重叠，以产生变化。除了画出人的面部结构以外，学会用色彩表现人的情感，再用底色衬托，可以产生更强烈的效果。

我的妈妈　袁碧虹，女，4 岁

我　张瑞瑶，女，4 岁

2. 叠色画

让孩子仔细观察一朵鲜花，让他们知道从花蕊到花瓣的颜色是有变化的。观察一片树叶，告诉孩子其实它是由许多复杂的色彩相互交织的。让孩子们试试用由浅到深或由明到暗的色彩相互叠加，使之产生渐变的效果。

花　梁冠明，男，5岁

树叶

3. 景物画

利用油画棒作大面积的块面涂染，色彩的重叠交替，把景物渲染得很有特色。《夕阳》画的是在晚霞辉映下的群山，湖水的倒影使画面冷暖色调对比强烈。《楼房》是用油画棒在砂皮纸上作画，由于砂皮纸表面有颗粒，就产生了肌理效果。

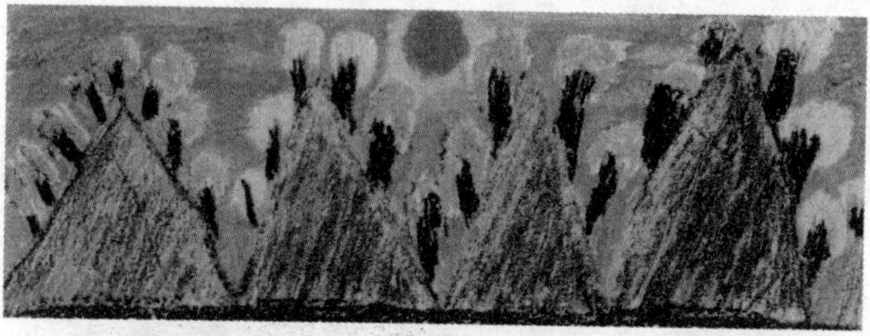

夕阳　林琳，女，6岁半

楼房　5岁

九、蜡笔水彩画

利用蜡笔的排水性和水彩颜料的透明性，两种颜料混合作画，可以产生更加鲜明的效果，这为幼儿所喜爱。作画时，先用蜡笔画出主要的物体形象，然后，再用透明的水彩颜料大面积地平涂底色或作背景的烘染，使画面在对比和谐的色彩下，主体更加突出、丰富。

用蜡笔画出主体，并勾勒出背景分割线，然后填色块，可形成一种形态或非形态的秩序，培养造型能力。

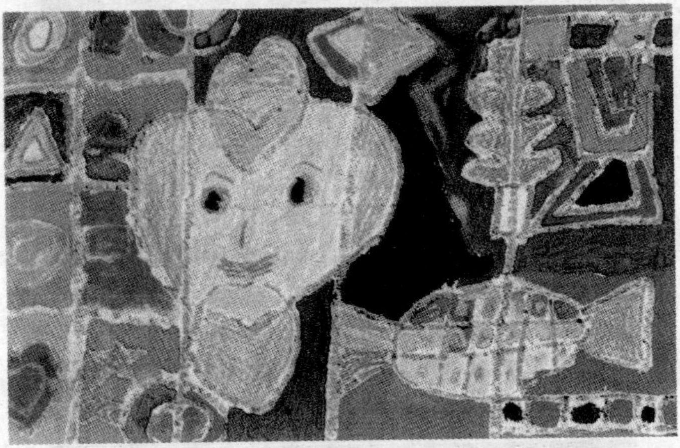

猴头　陈宝瑜，女，6岁

小猴生日　罗菁，女，6岁

漫画人　罗文韬，男，6岁

结束语

当我们漫游孩子们的彩色画世界以后，会发出这样的疑问：孩子们真的存在如此巨大的潜力吗？答案是肯定的。这里展示的每一张画，都是出自这些并不被认为是“天才”“小画家”的孩子之手。他们没有参加那些社会上举办的“少儿美术班”，他们只是用自己天真的、稚气的目光看世界，依靠直觉，以直观的体验，运用线条和色彩大胆地表达自己的感受,最大限度地发挥了表现形象的潜在能力。应当说,处于朦胧状态的早期儿童,在理性认识没有得到充分发展以前,常常容易把局部的,不同属性、特征、状态、形式的东西融合在一起,组成非现实的怪异形象。当他们接触到大量的、五光十色、变幻不定的色彩以后,他们把玩色彩,把自己的主观情感倾注于色彩之中,凭直觉选择和使用色彩,进入不可言喻的创造状态。这是生命早期中一个极为短暂的艺术发展的黄金时期。美国哈佛大学著名心理学家加德纳博士发现天才儿童的画与毕加索的画无区别。伟大的艺术大师毕加索自己说:“我曾经像拉斐尔那样作画,但我却花费了终生的时间去学习像儿童那样作画。”美国艺术心理学家温诺发现,成人艺术家与10岁以下儿童之间在作画方面有着最大的相似度。

每一个成人,要充分相信你自己的孩子蕴藏着意想不到的、各式各样的潜力。你该怎样去挖掘并培植这些创造潜力呢?

发表于《幼儿彩色画世界》,新世纪出版社,1994年版。

色彩美学与儿童教育

一、人类色彩审美意识的萌芽与发展

人类大约在15—20万年以前的冰河时期就开始注意到美丽的颜色。原始人把红色作为生命的象征，他们使用红土、黄土涂抹身体，涂染劳动工具。我国山顶洞人在尸体旁撒下赤铁矿粉末，这可能与宗教信仰有关，或许是生命与鲜血有关。这说明我们的祖先对色彩的重视。

欧洲旧石器时代的绘画作品，大多绘制在洞穴的四壁或顶上，用了红、黄、褐、黑等颜色。有些颜料是用木炭、矿物粉末混合动物脂肪制成的，有些颜料可能用野兽肢骨吹喷到墙上形成的。法国拉斯科克斯洞穴壁画《有孕的奔马》，在黄色底上用黑色皴出，表现了马的立体感，马的亮部黄褐色比底色深得多，并富有变化，具有油画的效果。西班牙阿拉塔米拉洞穴壁画《牝鹿》在黄色底上用线勾出轮廓，填上橙红色，色彩热烈而又和谐，牝鹿显得温顺恬静。

古代彩陶艺术（灰陶、红陶、黑陶、白陶、彩陶以及其他形形色色的印纹陶）是反映原始人特定历史条件下主体心理文化结构及技能的产物。仰韶文化人面鱼纹彩陶纹盆，是用几何纹表现丰富的色彩层次的。

古代绘画，以敦煌壁画为例，各个朝代仍保持各自色调的特征：

北魏——以土红为基调，石青、石绿、土黄三个主色穿插。

唐——以石青、石绿、中黄为主色，用朱砂、赭，作深、中、金、银、白线勾描。

宋——以石绿、黑色为主调，用浅土红、灰青色、赭石线统一画面，形成冷色调，重复效果。

古埃及巨大的金字塔、石建大神庙、壁画、工艺品，呈现出一个丰富的色彩世界，他们用黄色和金属象征太阳，绿色象征植物和人的生命，紫色象征大地，蓝色象征神圣的审判。

爱琴文化的色彩世界以克莱特岛上的克诺孛斯王宫为代表，多彩的壁画、美丽的装饰，使用强烈的原色和灰色，整体明亮，色调优雅。

文艺复兴时期，绘画上出现"透视法""明暗法"。达·芬奇的色彩理论，对后来产生了重要影响。

威尼斯画派的提香，留下了不少绚烂的作品，被世人称为"色彩的大师"。提香的画，带着一种特别的光彩，好像把屋子里的光线聚拢了起来，然后以不同的浓度把它散发出去，它本身似乎成了光的源泉，而颜色本身表面看来自然，却又具有一种色调间微妙的相互作用，既统一又富于变化，使得画面似乎在颤动。

印象派的画家们，由对自然色彩精妙客观的描写而逐渐转化为主观的表现，为近代绘画的发展提供了方向。他们认为自然的光，时时刻刻都在变化，反映在物体上，它们的色彩不是固定不变的，绘画必须捕捉瞬间变化和微妙差异。为了得到高纯度的色彩，他们用小笔触分割的手法，以取得色和光的对比效果；使用色调并列的方法，使红与绿、黄与紫等补色并列，从而产生鲜明的色彩效果。

相继出现的野兽派、立体派、抽象派，他们的色彩观念和绘画面貌与以往绝然不同。行动绘画大师鲍洛克，他使用颜料、涂料、可赛银（银铝溶液），在画布周围走动，从各方向洒泼颜色，产生炫目的色彩效果。

色彩作为无声的语言，在各个时期、各个国家，由于色彩观念不同而异，但也有相对的稳定性，一定程度上，人类的色彩观念是以客观对象的自然美为基础的。色彩的审美价值在于感官愉悦和理性文化传统两方面，同时这也决定了人们对色彩的审美意识。

二、利用色彩对幼儿进行教育

1. 培养丰富的色彩感觉和敏感性

在日常生活中、游戏中、节日里，孩子们随时随地会接触到各色各样的物品、玩具、自然景色，有的孩子对色彩很敏感，有的则比较迟钝。

色彩美感是可以训练的，包括：色彩的对比美、和谐美、节奏美、通感美。

(1) 对比美:对比是一条重要的美学法则。对比,有比较才有鉴别,对比是掌握色彩规律并获得色彩美的钥匙。色彩的清与混、滑润与粗糙、厚实与轻薄、面积的大与小等都存在着对比关系。引导儿童注意色彩的红和绿补色关系,黑和白明度关系,青兰和橘红冷暖关系,彩色和非彩色的关系等。

至于色彩的情感对比:可以通过色彩的冷、暖,强、弱,进、退,轻、重等关系体现。

(2) 和谐美:事物之间有一种内在的联系,使整体达到一种协调的效果。色彩的形式美是建立在一种和谐秩序基础上的。黑格尔说:"各种颜色还必须配合深色,既体现出它们在绘画上的对立,又体现出这种对立的和解和消除,使眼睛看到,就感觉到一种平静与和解。"

色调,即色彩的调子,表现一幅画面色彩关系的总倾向,如:冷色调、暖色调、灰色调,各种色调给人以不同的感觉,或抑郁沉闷,或亮丽活跃。色调与用色的块面有很大关系。

色彩的协调构成,不能死守框架,在遵守一般规律的前提下,充分发挥审美感受,可以获得多种协调美的效果。画家要唤起心中的美感去发现、寻求生活中的色彩美。康定斯基说:"依靠感受效果的美术,也必须依靠画家的感受性起作用。即使使用最精密的标尺、最精密的法码,从最正确的比例出发,依靠计算和严格的推理,也决不会得出正确的结果。既不存在那样算出来的比例,也不存在那样的均衡。比例和均衡不是存在于画家之外,而是存在于画家的内心。"必须学习用自己的眼睛去发现自然界色彩的协调,用心去感受大自然美的情趣。

(3) 节奏美:色彩的浓淡、饱和度和块面的大小形状有规律地组成节奏。红、橙、黄、绿、青、蓝、紫犹如七个音符,组成一首美妙的乐曲。色彩的节奏是颜色的间隔配列,视觉上感到动的连续、周期性变化规律。

色彩三要素的变化,造成强弱感、轻重感、寒冷感、硬软感,于是产生色的抑扬格调和方向性,从而表现出节奏的反复重叠、连续或断续的色彩运动感，给人以美的享受。

色相的渐变、浓淡的反复、渲染的重叠，都会出现强烈的节奏感。

(4) 通感美：在一定条件下，人们感觉之间的相互联系、相互作用、相互转化、相互沟通，就是所谓的“通感”。通感的特征是任何一个感觉系统接受刺激以后，除立即引起该系统的直接反应外，还引起一连串其他的感觉系统的共鸣，或称“共感觉”。例如，用眼睛透过青、绿、紫色感觉到寒冷，透过赤、橙、黄色感觉到温暖；用触觉摸到光滑的、粗糙的质感，感觉到明亮和浓暗，明度越高的东西感觉越轻。

音乐——有节奏的美妙声音，与视觉感觉相结合产生了音乐喷泉。法国作曲家奥地维埃·梅西昂的名作《鸟类花名册》是通过音响表现出各种颜色的鸣禽。民乐《百鸟朝凤》听到的不仅是优美的鸟鸣，仿佛还看到形体各异、羽毛鲜艳夺目的鸟类的色彩。

2. 培养色彩的记忆和联想

色彩的记忆与日常生活经验有密切的关系。出生一个月的婴儿就开始注意色彩，在有意、无意的情况下记下日常生活中感觉到的色彩。一般来说暖色比冷色易记，高纯度的比低纯度的、浊度的易记，华丽的比朴素的色调易记。

美国设计家阿尔班·拉斯地克是个出色的商业美术设计师，后来失明了，但他对色相、明度、饱和度已了如指掌，在他完全失明后，仍能够把要设计颜色的精确位置口授出来。

记忆中的色彩，尤其是印象深的色彩，它们潜伏在我们的脑海中，一有机会就浮现出来，这就是色彩联想。色彩最能引起人们奇特的想象。马蒂斯认为艺术不是直接的描绘而是“心灵的作品”。他的作品色彩层次丰富，追求更多的情感因素。

色彩的记忆与联想往往激发艺术感情的萌生。幼儿的色彩联想是很丰富的，例如：6 岁的孩子画了一张《愤怒的爸爸》，头发用灰色竖线条，中间夹着火红色，充分表现出“愤怒”的情绪。

3. 培养色彩情感，理解色彩的象征意义

人们对任何自然现象和社会现象都能产生感情。植物、动物、天文、地理、物理、化学现象都有一定的色彩。这种固有色往往代表事物的特征，并接受人的特定的感情移入，甚至演绎成固有色的象征。如：果实成熟时，金黄色代表了收获和甜蜜；蓝色的天空，永远是那么深沉，令人神往，于是人们把深远、沉着这样的象征赋于蓝色系列。所有的自然、社会现象都有类似的情况，都存在人的情感移入的可能性。

罗丹在《艺术论》中说："色彩的总体要表明一种意义，没有这种意义就无一美处。"这种"意义"，很大程度上是指色彩的象征意义。

红色——光波长最长，纯度最高，有两重性象征：

① 令人联想到火（光明、希望、热能）。

② 令人联想到血（暴力、危险感）。

红色，从积极意义上来讲，是喜庆、革命的象征；从消极意义上来讲，是危险、警告的象征。如马路上用的红灯、消防车、电气按钮用的都是鲜亮的大红色。

橙色——红、黄之间，兼有两者品性。

① 光辉、火热的象征，兼明朗、活泼。

② 疑惑、妒忌的象征。

黄色——明度最高、高纯度，是光明、希望、明朗、庄严、高贵的象征。东方的宗教中黄色是信仰、神圣、虔诚的象征，而我国历代帝王用黄色作为高贵、权力的象征。

绿色——是人们最常见而悦目的自然色，代表理想、希望、和平、青春。可以引起希望、生命、安全的联想。

青与蓝色——湖蓝色，是大自然中大面积的色彩，它代表沉静、广远、理智。国外部分地区认为蓝色是悲伤、忧愁的象征。

紫色——明度最低。它代表沉着、宁静、优雅，也是孤傲消极的象征。

黑色——无彩色系的中性色。它表示：

① 庄重、肃穆、内向的积极象征。

② 代表黑暗、罪恶、寂寞、消极……

白色——纯洁、光明、轻快的象征。

综上所述:色彩联想具有相对的随意性。色彩的象征是一定时代、一定区域和民族约定俗成的,有的是统治者规定的,象征意义具有相对的稳定性和延续性,如:黄色,延续几千年的中国宫廷惯用的色彩,人们常称中国的古代文明为黄色文明。

幼儿往往按自己的朦胧直觉处理色彩,这种偶然性意味着低幼儿童对色彩象征意味的理解和应用。我认为幼儿只有在这个年龄阶段才敢于无所顾忌地、自由地、凭直觉地运用色彩来表现他们心中的世界。一般地说,过了这个阶段,学龄儿童喜欢用与实物相近的真实颜色,一直到学过一定色彩知识以后,或是成年艺术家,才能再度地、有意识地应用这种比拟、隐喻的象征手法。

4. 培养独立的个性

每种颜色都具有自己的个性。

孩子作画的时候,也应该是独立的。不要简单、直接地告诉他,树是绿色的,太阳是红的……也不要告诉他冷色调是悲伤,暖色调是快乐……在鲜艳、明快的色彩刺激下,鼓励孩子大胆地尝试,用自己的心去选择和使用颜色,鼓励他仔细观察作画对象,并按自己的直觉来表现。孩子之间可以相互观摩,集体作画会相互启示,但提醒孩子不要抄袭他人作品。培养孩子的竞争意识,鼓励孩子的独创性。

不同个性的孩子,用色是不同的。性格内向的,用色比较拘谨,有较稳定的指向性,喜欢用红、黄色等漂亮的颜色。性格活泼的用色不稳定,喜欢用多种颜色,想像力丰富、变化多,喜欢大块面涂染,常常会弄脏画面,又常常伴随奇特的想象创作出优秀的作品。教师要针对不同个性的孩子的不同的特点加以引导,使孩子在绘画中享受自由、快乐,获得表现自己和创造的机会,也获得成功和自信心。

三、对幼儿进行色彩美教育的内容

1. 色彩的自然美

自然界中的美是无穷的,自然界的色彩丰富动人。达·芬奇说:“树叶、草、珠宝的光泽极少是物体的本来颜色,大部分是照亮它的物体的颜色。""波涛汹涌的海面没有单一的颜色。从陆地观看则见黑色,愈接近地平线愈黑,并可见许多亮斑或高光,宛如一群白色山羊慢慢蠕动。在海上观海则见蓝色。这是因为陆上观海,海波反映了土地的黑色故呈黑色,海上观海则因蓝天映入波涛,所以呈现蓝色。"这一刻画,揭示自然的色彩美,是日光、环境色与物体固有色形成光色关系的结果。

植物种类繁多,各放异彩。那国色天香的牡丹、鹅黄色的迎春、金色的秋菊、鲜红艳丽的山茶,以及青青的小草、嫩绿的幼芽,伴随着春天的旋律,舞出淡绿、翠绿、深绿、碧绿、墨绿的姿态,深淡、明暗相衬托,一片绿色的海洋。有的质地"软""嫩"犹如蛋清,有的宛如湿润的碧玉,它们以顽强的生命,创造着新生,安宁、温馨,给人以旺盛的生命力。

动物世界,珍禽异兽,色彩斑斓,雄性孔雀尾部的羽毛色彩绚丽,张开如同扇面状的屏风,把光、色、图案巧妙地组合在一起。那艳丽的翠绿、紫蓝、古铜,在阳光下发出耀眼的金属光泽。锦鸡中的金鸡、银鸡色彩美丽绝伦。许多美丽的色彩——朱红、金黄、天蓝、翠绿、浅灰、橘橙、黑、白、棕、褐等和谐地调配在一只鸟的身上。更妙的是雌、雄两鸡各具特色,完全不同地组成鲜丽的色彩群体,和谐地糅在一起,各放异彩。

人体美是最高的自然美。

更妙的是大自然缤纷的色彩世界,日日夜夜、年年月月、时时刻刻都更换着色调,无穷的色调奥秘蕴藏在大自然的怀抱中。温·邱吉尔在名著《我与绘画的缘分》中赞叹过这种美:人们会惊讶地发现在自然景色中还有那么丰富的色彩,在阴影处和阳光下迥不相同,水塘里闪烁着如此耀眼夺目的反光;光波一层一层地淡下去,表面和边缘那种镀金镶银般的光亮真是美不胜收。

光色变化是色调变化的源泉。阴雨以后,太阳拨云而出的色调转换,早晨、中午、晚上的太阳和景色的变换,四季景色的更替更是令人目不暇接:

春天——深浅不一的黄绿色逐渐在大地万木中延伸，粉红色和淡蓝色使整个色调更加和谐。黄色、粉红色、浅紫色的花蕾使春光更明媚。

夏季——万木枝繁叶茂，饱和度高的色彩把春季推向成熟。

秋天——秋风落叶，绿色消褪，色调进入褐色、黄色的世界。

冬天——大地收缩，万木凋零，自然酣睡了。整个色调给人以寒冷退却之感。

这里要指出：主观的色彩感觉对色调的体察有重要作用。特别是对色调美的发现和创造，有人能敏感地发现并按自己主观加以创造，有人却视而不见。作为幼儿园教师要培养自己对大自然的热爱、对大自然的细微观察和体验，培养自己美的素养。

可以提供给幼儿绘画的有关大自然的主题是很多的，如：太阳、太阳出来暖烘烘、草地上开满鲜花、春天来了、下雨、寒冷的冬天、花越开越大、大海和鱼、森林里的大象、天空的彩虹，等等。

在运用色彩媒介方面，可以打破常规，除了用蜡笔、彩色水笔以外，提倡用水粉颜料让儿童自由涂抹，水彩在表现自己主观的世界方面会有独特的效果，可以让儿童真正获得美的享受，这是摆在我们面前的新课题。

2. 色彩的艺术美

用颜色来表达艺术美，是很重要的物质手段。艺术家们捕捉瑰丽的自然色彩，也用彩色手段表现不同的社会行为，构成一幅幅艺术作品。

艺术美需要色彩要素。特定的颜色给人两种反应：一是生理反应，如：红、橙、黄给人温暖的感觉，青、蓝、黑给人寒冷的感觉。二是情感反应，它受社会历史的制约，起着更重要的作用。美学家朱光潜指出："在婴儿时期中颜色的偏好可以全由生理起作用；年龄渐长，联想作用便逐渐渗入。"随着经验的丰富、思想感情的成熟，儿童会逐渐掌握颜色的内涵和规律。

色彩艺术美的重要根源在于美觉观念。传统的中国画在色彩上注重单纯、明快、和谐，讲究色与线的装饰效果，不求色彩的丰富性、强烈的对比效果，而是“艳而不俗、淡而不薄”，十分强调物体的固有色，讲究墨色的浓、淡、轻、重和整体效果。中国画在墨色上达到神化至极的地步，是世界上其他艺术无法相比的。

西洋绘画强调色彩的块面表现，讲明暗、透视。印象派作品则竭力摄取光色的变化，塑造物象来表达艺术美。

以油画为例，古典油画代表人物达·芬奇擅长明快轻松的色彩、细致入微的色调和丰富的色彩层次，协调一致。《蒙娜丽莎》不仅人物造型美，表露内心世界，还闪耀着柔情的色彩美，逼真地塑造女性的皮肤、迷人的微笑和丰富的表情。手的精心刻画被称为王冠上的珍珠、最完美的典范，手的塑造是整个《蒙娜丽莎》的有机构成的重要部分，手表面找不到任何一块色、一根线破坏有机的连续，用精深的色阶光暗，复原了真的肢体，这些微妙的光色与真的肢体浑然一体，再现了肌肉、骨骼、筋脉和组织的构成。

拉斐尔的作品具有柔美圆润的画风。他画的《圣母》，等同于人世间的母亲，充满了人世间爱与情的善良母性。在色彩和线条的结合上奏出柔和的韵律，唤起人们对大自然和人性的渴望。他的画初期用白底画布，后期用有色画布，不仅刻画人像准确，也强调色彩美感、色调柔和，善于用银灰色调和红、青二色对比，典雅明快。

鲁本斯是巴洛克绘画的典型代表。他强调光系对色彩绘画的影响，用最鲜艳、最明朗的颜色，多角度地刻画人物、背景、自然风光。暗部的透明感，中间调的空间感，亮部的异常突出，光彩照人，成为世界上最杰出的色彩画家。

伦勃朗的油画与鲁本斯用色表现截然相反。鲁本斯用色很薄，很少改动画面，而伦勃朗用色反反复复、重重叠叠，土红、土黄、黑白、时而蓝和绿，他用冷热色调的对比，强化了画面的节奏感，用明亮的黄色使明部发亮、暗部透明，让整个色调均衡、和谐，充满了生命的活力。

19 世纪下半叶，油画色彩开辟了新领域，提出了新的色彩语言。莫奈是印象派创始人之一，他把光学原理用到色彩学上，使画面色彩达到辉煌的地步。他的代表作《日出之印象》，画面晨雾未消，微熹的晨光在海上荡漾，水波使岸边房屋屋影浮动与帆影浑然一体，光色颤动。他把接近受光部的阴影暗色处理成灰绿色、青紫色，使得暗部色彩有透明感。

凡·高是后期印象派的典型代表，他的绘画关注的不是构图而是色彩，火焰般的笔触下，出现的向日葵好似射出的光芒，色彩极度鲜艳，用血红的色彩来点染阿尔的强光烈日。

野兽派马蒂斯，巧妙地处理色彩与黑白组合，强化装饰效果，强调感觉的“凝聚”。他较深入地吸收中国水墨技艺之长，表达更有东方意味。他的画《侍女》，女性的肤色画得淡彩匀净，色彩节奏鲜明，对比和谐，有韵味。

水粉画的特点是将含胶的粉质颜料用水调和。它不透明，纯度高，色彩鲜明艳丽、使用简便。水粉画的色彩美取决于色彩关系的准确表达，如：冷暖关系、远近关系、明暗关系、主次关系等。在一幅杂乱无章的画面前，人会感到心绪不宁，画面阴暗又会使人抑郁、沉闷、无精打采。不同纯度要有节奏地排列，主次分清。在风雨冰雪的灰调子中，出现红色的雨伞，绿色、黄色的衣服，红灯、黄灯、蓝色车灯，红色的卡车，鲜艳服饰闪闪出现，画面顿时生辉。

水彩色彩要一气呵成，大胆铺好基调色，深入描绘局部，主体色块要清楚，笔触肯定，次要部分单纯概括，笔触简洁朴实。

四、对幼儿进行色彩美教育的方法

1. 观察和欣赏

罗丹说：“不是缺少美，而是缺少对美的发现。”激起幼儿对观察的兴趣，使他们具有一双敏锐的眼睛，养成一种随时随地仔细观察的习惯，这些都是发展幼儿艺术才能的关键。

观察不仅仅是指人的肉眼能看见外界的事物。艺术家的观察是对自然的一种选择，它不受自然事物的支配。幼儿的眼睛最初只能觉察到极少部分的事物，看东西一掠而过，注意力不集中，视觉形象水平较低。

把幼儿带入新的生活中去，让他们用自己的眼睛、自己的心灵、自己的双手去体验、发现和表现生活中的美。到公园、动物园、植物园、美术馆、音乐厅、剧场、影院、山区、农村……参加各种有意义的活动。

孩子们喜欢在雨中嬉戏，《雨》《风雨的夜晚》《伞》，都是孩子们在大风雨中的体验后的作品。马路上一片汪洋，哗哗的大雨倾盆而下，灰蒙蒙的大地上只看到亮着红光的车灯，路上的行人穿着各色的雨衣。在雨中，只有五彩缤纷的伞在闪动。

动物是孩子们最好的伙伴。孩子们从动物园、画册、电视里看到它们，在故事中"听到"它们。他们把小动物想象成他们自己，赋予人的性格、情感和生命，动物永远是孩子们不间断的画题，如《猴》《鱼》《长颈鹿》《鸡》《老虎与螃蟹》。

孩子眼中的树，高大、茂密，带有春天的气息。这是卜镝的画《春天的长廊》：在郊外公园里，爸爸妈妈带他在树林中漫步，高大的杨树，挺拔的树干，灰绿的树枝，枝枝向上，卜镝一家就好像是行走在一条宽大的绿色长廊里。画面上灰绿色的树干、鹅黄色的树枝、树下跳跃的孩子和树上欢唱的小鸟，形成跳动的旋律。《苏醒的老树》是卜镝10岁时游天坛公园后的作品，画中的老树枝叶茂密，就像一个忠实的卫士高高挺立，伸出胳臂欢迎着每个孩子，胳臂上长出像云彩般美丽的枝叶，充满了无限的生命力。《彩色的雪花》：一个冬日的晚上，卜镝从窗外望去，好看极了，在街灯照耀下飞舞着的雪花像透明的宝石，闪烁着五颜六色的光辉，照亮了被积雪压弯了的大树。

养成观察和记忆的习惯，随时随地将见到的生动形象映入脑海，不是如实记忆而是用简单的概括、夸张等手法主观地描写景物。充满大胆和稚气的形象结构，组成奇趣的画面，这是幼小心灵特有的艺术表现特点。

2. 激励和想象

富于幻想是每个儿童的天性，但在艺术创造中的丰富想像力还需要从小培养。

在儿童心目中，想象和现实的区别是很模糊的，因而孩子的创造力比成年人旺盛得多，如：他们认为长颈鹿比30层大厦还要高，想坐在老虎背上卖水果，想以月亮为支架荡秋千，想给小鸟头上束上彩带、身上穿上裙子。这种虚和实、真实和幻想、大胆与幼稚交织成的画面正是孩子童心的创造。

让孩子大胆地画其所爱，画其所想，不要求孩子逼真地临摹实物，这是孩子绘画的最高艺术标准。

为幼儿创设一定的情境，使幼儿在感受和体验美的情景中，激发出审美想象。

① 利用游戏情境。教师在一张大纸上，贴了三只可爱的小白兔，剪了一只凶恶的大灰狼，哼哼唧唧地在周围徘徊，这时孩子们很焦急。老师说："让我们为小白兔出个主意，怎样才能使狼进不来。"于是，孩子们想到了用直线、斜线、交叉线为小白兔造房子，筑篱笆。

② 充满想象的诗歌、童话故事是发展孩子想像力的丰富材料。一个小朋友听妈妈讲安徒生童话故事后，画了一幅《海的女儿》，把海底画成彩色的乐园。《金鱼和渔夫的故事》是看了普希金童话诗后的想象画。《拇指姑娘》《哪吒闹海》《吴哥的大佛》等，是在故事或电视的启发下想象画的。

③ 音乐能诱发孩子的想象。旋律的起伏、节奏的张弛、声音的变化能唤起孩子的特殊情感。把听觉世界转化为视觉形象，也是锻炼儿童想象的一种办法。听了小泽征尔先生指挥的波辽兹(Berlioz)的《幻想交响乐》的第三乐章《田园景色》后，卜镝(8岁)画了小泽征尔先生正在指挥的背影，远处是一片生长着各种蔬菜的田野，农民荷锄而归；听了《二泉映月》，画面展现了月光下两股合流的泉水，一个孩子静静地坐在泉边的至美景色。

④ 给孩子们不断的新鲜刺激，扩大他们的眼界，根据孩子的经验拟出绘画的题目，能进一步激发孩子的想象，如：《最小的大陆、最大的岛——澳大利亚》《游故宫的记忆画》。这些都是孩子生活中接触到的新鲜事物，他们并没有用如实的写生方法来表现，而是用自己的眼睛、自己的情感、自己的心灵去表现和创造。《我们是21世纪的公民》：也

许孩子还不能确切地知道21世纪是什么样子，但是他却知道“我和妹妹在一起，我总是比妹妹高”，他还知道“画的是我和妹妹的今天和明天”，于是新的思想已活跃在画面上。

孩子的绘画完完全全是他们自己的世界，但是毕竟孩子的知识经验有限。有的时候，由教师提出绘画的方向，有意识地为幼儿创设某些情境，引起他们的兴趣，开阔他们的思路，向他们提出一个个能引起联想的问题，使孩子们迸发出想象的火花。在联想强度最适当的范围内，孩子的某种灵敏度被激活，可以产生最佳效果。

3. 实践和练习

幼儿在作画和做手工时，目测力不准确，手与眼的协调性差，往往画出来和做出来的东西与他头脑中的意象差距甚远。多次失败后，他们就会对美术失去兴趣。因此，必须通过大量的练习，把视觉形象转变为视觉—运动形象。要有意识地组织儿童做各种基本练习，如：线条的粗细、直线和曲线，形体的描绘，使用工具的方法等。可以通过游戏或教师有目的设计的练习课题来完成练习。

据我的调查，许多绘画天才儿童都是在大量的实践练习中脱颖而出的。

本文系作者于1998年在深圳教师培训班的演讲稿。

幼儿美术教育改革的理论与实践研究

——介绍一个认知与情感相结合的美术教育课程设计方案

我国传统的幼儿美术教育在建国初期受苏联教学论的思想影响较深。几十年来，幼儿美术教育的教学内容基本上是以知识、技能技巧为中心，与幼儿认知紧密结合进行的；在教学方法上，则是以教师为中心，采用示范—模仿的手段进行注入式教学，对儿童自身的发展重视不够。这种模式，经过多年来幼儿教育实践工作者的努力，积累了不少有益的经验，也试图从不同角度进行改革。1981 年的《幼儿园教育纲要》，提出了培养幼儿用绘画和手工充分表现自己对周围生活的认识和情感，以及兴趣、能力等的要素，并对此进行了许多解释。但是，由于整个教育观没有变革，教师难以理解和接受这一新的培养要求。他们总是不相信小孩子离开自己会有独立表现。孩子们要是画得很糟，会有损自己辛辛苦苦的教育“质量”。带着这个问题，我在南京市第三幼儿园选择了一个点，亲自用我自己设计的课题进行了三年跟踪实验，开创了一个以发展儿童创造潜力为中心，把发展儿童认知与情感紧密结合的美术教育课程模式。这个模式还需要在幼儿园进一步加以验证。今年(1989 年—编者注)，我有机会去美国哈佛大学零点项目研究所(艺术教育研究项目)学习三个月，发现西方艺术教育在皮亚杰思想影响下，也在作艺术与认知关系的探索，为此更加增强了我对这项实验的信心。下面谈谈我的基本指导思想和理论基础。

一、课程的理论基础

1. 艺术是人对客观现实的主观创造，它是通过情感符号实现的

按照马克思主义的文艺观点，艺术是一定社会生活现实在艺术家

头脑中的反映。艺术来自社会现实生活，它不是艺术家与生俱来的一种本能，更不是单纯地发泄情感的一种自我表现，而是人有意识、有目的的一种创造，而创造的源泉来自现实生活。艺术创造不是抽象地表现，美术创作采用生动的形象、符号，把人类对现实事物的认识和情感转变为可见的一种形象、符号。这种具有美的特性的符号，有丰富的表现力和强烈的情感感染力。所以，我认为艺术是人通过情感符号对客观现实的主观创造。认识到这一点我认为很重要。因为它既有别于西方用弗洛伊德精神分析法解释艺术理论，把艺术完全作为自我潜在意识的表现，也不同于我国传统观念，把艺术单纯作为认识世界的一种工具。艺术是人在客观世界影响下的一种主观的创造性活动。

2. 艺术是一种特殊的思维活动，它以情感为动力，是人的情感和思维相结合的产物。

鲁道夫·阿恩海姆(Rudolf Arnheim)提出："绘画是一种特殊的思维活动，一种把感性形象和一般普遍性的概念融合在一个统一的认识性陈述中的理性活动。"在美术活动中，儿童的思维是通过最基本的"形状""色彩""构思"等进行的。儿童对于物体形状、结构特征的把握是高度概念化的，它来自于对感性世界的敏锐观察和解释，其中包含着多种的视觉概念。① 例如：5 岁的儿童在纸上画猿猴时，他们仔细地观察了一只陶瓷猿猴的立体模型，努力寻找表现这种结构的等同物。三个儿童用他们的智慧表现出十分不同的形象。(图 1—3)可是仔细分析，我们会发现他们同样地掌握了猿猴的基本结构：头、身体、四肢。然而由于它涉及到这些部位的"接通"和有些难以捉摸结构的揭示，这种知觉概念的把握在不同儿童的头脑里产生了不同的意象。我认为无论儿童的何种表现形式都意味着他们在创造过程中的积极思维活动。应当说，在美术创作中，儿童通过了解媒介物本身的特征(彩笔、泥及其他材料)和对描绘对象的空间形象(二度或三度)的知觉，来创作某种作品，其中包含着儿童鲜明的独创性。对视觉概念的选择和运

① [美]鲁道夫·阿恩海姆：《视觉思维》，光明日报出版社，1987 年版，第 33 页。

用还反映在儿童对记忆形象的重新加工、组合方面。例如:儿童对某些情景的阐述、构图的安排等,不仅具有逻辑含意,还具备一定的艺术特色。通过平衡、秩序、情感等因素,合理地组织到画面之中,使他们所理解、感受和陈述的东西达到完美的一致。这时,视觉思维就不仅仅涉及外部世界,而是与他自身内部的已有经验结合起来,转化为独创性的视觉解释。

图1

图2

图3

由此,可以这样设想:儿童美术的产生和发展是从美的刺激开始,将内在的情感激励与头脑中储藏的种种意象相结合,用自己理解和体验的情感模式反映出来。这种审美心理结构启发我们必须从培养儿童敏锐的感知能力、丰富的想像力、透彻的理解力和思维能力等几方面的相互作用入手,这是审美教育的本质。

二、课程的培养目标

根据我国的教育目的和美术教育本身的性质,我认为幼儿美术教育的核心是发展幼儿艺术思维,发掘幼儿创造潜力,使他们在美术活动中的兴趣、情感、智能发展达到统一。为此,课程的具体任务是:

(1) 培养幼儿对美术活动的兴趣;

(2) 培养幼儿对周围生活的审美感受力、想像力和理解力;

(3) 使幼儿通过绘画、手工及其他制作活动表达自己的思想和情感。

三、课程内容

美术教育课程有其基本结构。在幼儿阶段包括绘画、手工、欣赏三个方面。绘画是以掌握线、形、色及物体的组合、关系和变化为主。

手工则以掌握不同媒介物(材料)和形体的塑造、变化为主。欣赏以培养幼儿审美情感和评价能力为主。

美术教育内容的实现是通过艺术思维水平和技能操作水平的提高来达成的。艺术思维水平,按幼儿独特的进程与特点,可划分为三个层次:(1)直觉线索水平:指儿童按个别物体或事物留下的局部的、偶然的痕迹在头脑中的重现,类似涂鸦的表现。(2)象征水平:指儿童用某些简单、粗略的形象,象征性地描绘或塑造物体,表现其瞬间的感情和意图。(3)类情感符号水平:幼儿内心的心理表象的反映,具有一定情感因素和抽象性,用以表达自己的某些概念,含有独创成分。美术技能操作水平,包括:(1)手和眼的协调动作。这是绘画、手工等造型技能形成的最初阶段。眼睛对形体比例、轮廓线的估计,以及手在眼睛控制下的协调动作,需要大量的练习。(2)粗略表现。能表现物体的主要特征。多半不完全,缺少准确性。(3)较完整表现。表现物体形象比较完整,能把握住物体的基本特征和细节变化,作品有充实感、内聚力。

教师选择课程,先按照儿童艺术思维水平和技能操作水平来决定活动的难易。以"画人"为例,对处于象征水平和粗略表现技能水平的儿童,只要求他们能画出"雪人""不倒翁""布娃娃"等大致轮廓,表现头、身体及四肢等最基本部分。对处于类情感符号水平的儿童则可以进一步要求他们画出人的细致特征,如性别和职业的差别,还可以增加背景等。教师在安排课程内容时,则必须按照一定层次设计最佳序列,从易到难,促使幼儿在心理上不断地从不平衡到平衡的转变,从而不断提高他们的艺术水平。

四、教学方式

1. 以引导—发现式教学方式为主

儿童美术教育必须改变传统的以示范—模仿式为主的教学方式,教师不是教给儿童现成的艺术技能技巧,而是给予他们发展基本技能的条件和线索。鼓励儿童自己去探索、发现,把孩子内在的思维活动引向教材的本质方向,使儿童掌握技能的过程,转化为创造艺术形式的过程。

引导—发现式教学是以问题解决为中心，注重儿童的独立自主能力的发展。它的基本程序是：提出问题——探索尝试——操作练习。

（1）提出问题。教师在操作过程中，其核心是为儿童创设一个具有适中程度困难的问题情境，问题要契合儿童的兴趣和需要，并且通过他们的努力是有可能解决的。为此，教师必须学会用孩子的眼睛去知觉他们的现况，并学会尊重儿童的愿望。

（2）探索尝试。为儿童创设保障他们心理安全和心理自由的条件；鼓励儿童在创作中尽可能地依靠自己的经验、观察，来独立思维；鼓励儿童自己的好奇心，善于提出适当的问题并作出自己的初步回答；鼓励儿童的冒险精神，能打破常规，发现新的线索；引导儿童将原有的、片断的知识经验从各个不同角度加以改造。

（3）操作练习。引导儿童在反复的实际操作练习中完成自己的设想，鼓励儿童通过自己的活动进行学习。

对低幼儿童来说，由于美术本身的形象、色彩、线条具有吸引力，几乎每个儿童都具有不同程度的艺术直觉和创造潜力。利用发现式学习，可以最大限度地发挥儿童的自由思维、自由联想，提高儿童对独立自主解决问题的自信心和能力。由于这个时期儿童的模仿性比较强，某些创造性榜样能启发儿童的兴趣和积极性，但是单纯性的示范、模仿很容易使儿童丧失直觉，形成概念化的表达方式，这对发展儿童的创造性是不利的。

2. 充分运用情境—陶冶式教学

情境—陶冶式教学以情感为核心，唤起和推动儿童的艺术想象，有利于充分调动儿童无意识心理活动的潜能。

其基本程序是：创设情境——参与活动——创作。

（1）创设情境。设计和选择充满情感色彩的情境，使儿童在感受和体验周围世界中展开审美想象。教师可根据教育目标，带领儿童到大自然、社会中去，感受丰富多彩的生活环境；也可利用本园场地布置一些特殊的情境；还可通过艺术性语言、神话故事的描述，把儿童引入特定的情境中去。

（2）参与各类活动。组织儿童参加活动，让他们在特定的气氛中进行参观、游戏、表演，儿童在身临其境之后，受到潜移默化的教育，能更深切地体验生活。

（3）创作。教师适当引导，使儿童领悟主题及情感基调，投入制作和创造。

此类教学与直接传递知识技能的教学相比，尽管后者教师能在短期内迅速向儿童传递较多的信息，却限制了儿童主动的思考、创造，形成教师出主意、儿童听从摆布的局面。美术教育的特点之一是充满情感的，在情境陶冶之中，儿童能产生更敏锐的感知，并调动与这种情感相关的储存在头脑中的意象，并在潜意识中组合，爆发出创作的灵感之光。

五、教师的作用

在美术活动中，以儿童为主体，使他们成为美术创作的主动建构者；教师则在相对自由的情境中，给予儿童有限的指导。

（1）教师要为儿童创设一个温暖、友好、安全、方便的环境。

教师要保证儿童的心理安全，使儿童有足够的自信心，能够主动尝试各种活动而不至因受到过分的干涉、指责、嘲笑而产生恐惧感。

教师要提供美术活动必要的物质材料，方便儿童取放，并教会儿童正确使用的规则。

（2）教师要不断丰富儿童的感性经验，促使儿童产生愉快的内在动机。

教师要带领儿童观察、欣赏大自然的美景，参观、访问和参加各种社会活动，努力寻找生活中一切美好的事物，培养儿童的审美感知能力和丰富他们的情感。

教师要设法把学习所涉及的材料，与儿童个人的需要联系起来，用提问题、暗示、隐喻、联想等手段刺激儿童的思维线索，以激活儿童的内在创造潜力。

（3）按照儿童认知发展水平，提出适当课题，以技能技巧为支架，用序列化训练促使儿童发展。

教师要了解和掌握儿童艺术心理发展规律，为儿童设计和选择适当课题，用序列化训练引导儿童逐步建构自己的美术知识体系、发展美术技能。系统的视觉训练和操作训练是必不可少的。它包括：基本形体的塑造和变化、色彩的使用、结构的组织和设计；使用材料的技能技巧。关键在于教师的指导不是和盘托出，而是要把这些需要学习的技能化为引起儿童积极探索的激活媒介，促使他们积极进行艺术思维，把学习技能和创造活动融为一体。

（4）鼓励儿童以自己的方式思维和行动。

在游戏活动中，教师要提供大量的时间和机会，让儿童学习自己选择材料和目标，运用各种感官探索，以多种方式来转换和操作物体，解决难题，成为活动的真正主人。

教师对儿童作品的评价不在于其成果的优劣，必须着重了解儿童在此活动中是否选用脑力，寻找和解决问题。教师要大胆放手，允许儿童有错误，并注意从错误中学习，凡是那些儿童通过尝试错误后自己能做的事情，教师不要插手，横加干涉。在儿童从事创造性活动过程中，教师始终是儿童的积极支持者，要使儿童有成功的感觉，从而不断增强自己的自信心和极大的兴趣。

发表于《幼儿教育改革与研究》，1990 年版。

幼儿造型设计活动

平面贴纸的造型设计(录像片 1)

解说词:

一、引导语

1. 平面贴纸活动对 5—6 岁儿童而言是一种适宜的、有价值的艺术活动。

2. 传统的美术教育活动,是以知识技能为中心,在成人的讲解、演示下,以模仿为主实现的。这种没有主动心理行为的生理动作,不能在儿童心理上造成冲击,因而不能让孩子获得真正的发展。

3. 本研究是在皮亚杰的认知建构理论基础上,提出儿童智慧的发展是在不断地与环境交互作用中形成的。

提供给儿童充分接触周围环境的机会和条件,创造让儿童主动学习的机会是本研究的宗旨。

4. 用什么样的内容和方式可以刺激儿童,促使他们完成从不平衡到平衡的转变,以加速儿童艺术发展的进程呢?

5. 实验的目标是:通过平面贴纸的造型设计活动,儿童了解和掌握平面形体的变化规律,培养丰富的色彩感觉,学习新颖的技巧,开拓独创精神。

二、游戏

1. 拼图游戏　儿童学习平面贴纸造型是从游戏开始的。教师提供儿童各种几何形状的拼板,让儿童自由探索和拼摆。

活动目的:学习用现成的平面几何形材料造型。

2. 几何图形粘贴　教师为儿童准备圆形、方形、三角形、长方形等剪好的纸片,由儿童自由粘贴出各种图形。

活动目的:学习用平面纸粘贴的方法设计造型。

3. 方形的构成　方形是平面剪纸的基础,它剪法简易,造型稳固,能够表现多种物体形象。

活动目的:学习使用剪刀,剪出方形和长方形物体,并用它们练习构图,贴成美丽的图画。

活动过程:

(1) 教师为每个孩子提供方形彩色纸若干张。"看看,今天老师给大家带来了什么形状的纸?"(正方形)"我们今天要做的是把这张正方形纸,剪成许多许多的小的正方形和长方形,用剪出来的纸贴成一张美丽的图画。"

(2)"想想看,用什么办法把它变小呢?"(折叠)教师和孩子们一起做折叠游戏,让孩子们探索和发现,并说出怎样折叠就可以把纸变小。教师边说边示范:"我们发现对折以后正方形可以变成长方形。假如再对折一下,又会变成什么形状呢?"(小的正方形)孩子们发现不断地对折,纸张会越变越小。老师说:"原来正方形是会变的。"

(3)"请小朋友把自己手边的纸折叠成大小不同的形状,然后打开,数数看,我的这张纸上有几个长方形或正方形?"

(4)"现在我们可以沿着纸的折痕剪直线,把已经折好的、大小不同的正方形、长方形剪下来。"(教师巡回指导,教孩子怎样使用剪刀,怎样沿着线剪)

(5) 提供给每个儿童一张图画纸。"请你们在剪好的东西中挑选出完整的,在图画纸上拼贴出一张美丽的图画。"

活动结束:展示儿童作品。相互作欣赏评价。

看!孩子们第一次学习使用剪刀,他们剪出了各种大小不同的方形、长方形,并把它们贴出了美丽的图画。

4. 三角形的构成　三角形是在正方形的基础上变化而成的。它与方形、长方形结合,可以使造型变化更加丰富多样。

活动目的:学习折、剪三角形,理解方形与三角形的变化关系,用方形、长方形、三角形构图。

活动过程：

(1) 教师为每个孩子提供方形彩色纸若干张。“看看，今天老师还是给大家带来了正方形的纸，有谁能想出来，怎样把它变成三角形呢?”(折叠)“对了，我们可以折叠，但是，要是我们用边对边对折的办法，行吗?”(儿童探索后，发现可以用角对角的对折办法折叠出三角形)“很好，现在我们还有没有办法，把三角形变小呢?”(可以多次折叠)

(2)“请小朋友把自己折的三角形打开，数数看，我的这张纸上有几个三角形?”

(3)“现在我们可以沿着纸的折痕剪直线，把已经折好的、大小不同的三角形剪下来。”(教师巡回指导，教孩子怎样使用剪刀，怎样沿着折痕线剪)

(4)“除了剪三角形外，我们还可以剪一些方形和长方形，把它们一起粘贴成一幅美丽的图画。”

活动结束：展示儿童作品。儿童相互之间作欣赏评价。

这是儿童经过两次贴纸活动以后的作品。画面上增加了三角形有树、屋顶、宝塔……它们使稳固的方形增加了动态变化。

5. 圆形的构成　圆形的完美性令人注目。儿童学画圆形比学画方形容易，但是剪出一个圆形却较方形困难得多。

活动目的：学习剪圆的方法。理解圆形与方形的变化关系。用圆、椭圆、半圆造型。

活动过程：

(1) 教师为每个孩子提供方形彩色纸若干张。

(2)“这是一张方形纸，我要把它剪成圆形，该怎么办?”(教师用一个剪好的圆形，把它放在方形纸上。 让儿童看到当圆的直径与方形的直径相同时，两者是重合的，假如我们在方形基础上，修去四个角，就可变成圆形)

(3)“一张方形纸，我想把它变成圆形要注意些什么呢? 我可以把方形的一个角用剪刀弯弯地剪去，再把另一个角同样地弯弯地剪去，这下就成了半圆形了。现在把它倒过来，再把其他两个角剪掉。啊！圆形剪成功了。现在你们看，原来只要把正方形剪去四个角，就可变成圆形了。”

(4) 由于孩子的控制能力差，常常会把一个大圆越剪越小，借助方形等距地剪出一个完整的圆形，这种适合于儿童掌握的简易剪法，需要成人加以指导。

(5) 教师和儿童共同欣赏儿童用圆剪贴而成的图画。这是一位名叫郭立春的小朋友，他用圆剪贴了一辆自行车，他说：“我贴的是一个外国人在骑自行车。”一位名叫郭尉宜的小朋友剪的是“大熊猫玩球”，他用大圆做熊猫的身体，用圆的一角（四分之一的圆）做熊猫的腿，多么生动有趣！

(6) 在学习剪圆的基础上，老师拿出了一个椭圆形，让孩子们说出这是什么形状。老师用这个椭圆形，把它放在一张长方形纸上，说：“现在，你们想一想可以用什么办法剪椭圆形呢？”（用同样的方法，在一张长方形的纸上，去掉四个角，就成椭圆形了）

(7) 教师让孩子做剪贴圆和椭圆形的图画。

(8) 展示和欣赏儿童的作品。

用圆和椭圆形剪出来的作品是丰富多彩的，每个孩子都有他们自己的独创。儿童在短短的两次活动中，不仅学会了剪圆的技能，还认识和理解了圆形和方形、椭圆形和长方形的关系，他们在做做、玩玩、想想的过程中，发挥了他们的创作潜能。

6. 装饰设计

活动目的：巩固学习各种形状的剪法，能独立地、综合地运用学习到的各种技能，进行创造性的装饰设计。

活动过程：

(1) 教师为每个孩子提供方形彩色纸若干张。老师说：“请小朋友自由地选择自己喜欢的彩色纸，用学过的技能剪出各种几何形状。”

(2) 出示欣赏装饰画图片，带领儿童欣赏装饰画。老师问：“为什么这些图画这么美丽？因为它们都是用对称的方法画出来的，这种图画叫做装饰画。"

（3）教师为儿童准备了黑、白色的方形纸和圆形纸。老师说："小朋友，想一想你们愿意用什么颜色、什么形状的纸张做装饰画呢？"（在黑、白色的方形纸和圆形纸中任取一张）"现在你们可以用自己剪好的几何形状的小图片，贴出美丽的装饰画。要注意，贴的时候一定是对称的，上下对称、左右对称。"（教师示范）

（4）相互欣赏作品。

7. 集体创作：我们的幼儿园

活动目的：学习围绕一个主题，运用已有技能，共同协商，分工合作完成创作任务。

活动过程：

（1）教师说："我知道你们很快就要离开幼儿园上小学了，今天老师请你们四人一组，剪贴一幅《我们的幼儿园》的图画，送给幼儿园作纪念好吗？"

（2）教师提供每组一张四开的图画纸，儿童协商讨论，分工合作。

（3）这是一幅奇特的图画，孩子们从不同的角度贴出了幼儿园的大门、草坪、房屋、游戏场……这些都是孩子们非常熟悉的地方，但是用儿童自己的眼睛观察，用儿童独特的手法表现，用他们刚学会的技能创作出这么富有想象的作品，是很值得珍惜的。

三、游戏的结论

（1）实验证明：平面贴纸的造型设计活动适合于5—6岁儿童。

平面贴纸的造型设计活动所提供的刺激与儿童已有的认知结构相匹配，因而能够引起儿童积极的同化、顺应活动。由于5—6岁儿童已具有一定的平面作画经验，能够手眼协调地进行具体操作，而色彩鲜艳的纸张又刺激他们的感官，引起他们积极活动的兴趣，所以开展这项活动，对促进儿童艺术和智慧发展具有积极意义。

（2）鼓励儿童主动学习，教师在相对自由放任的学习情境中，给予儿童以有限的指导。

在平面剪贴纸的活动中，不给儿童套框框，不具体教给儿童制作的方法，使儿童有发现的机会能够充分地探索，主动地在操作设计中学习；教师是在相对自由而放任的学习情境中给以有限的指导。教师在一定组织活动中确定活动的范围，提示活动的要求和基本技能。在一种教师与儿童自由开放的师生关系中，以儿童为主体，鼓励他们积极探索，在儿童解决问题的过程中，促使他们产生内在动机。

(3) 选择适中课题，并设计课程序列，促使儿童经历一个逐步构造的认知过程。

向儿童提供具有挑战性且合适的机会，促使儿童步步向前，引导儿童美术智能的发展。实验中，每个课题的选择都是经过教师精心设计的。儿童认知发展的众数水平适中，因而儿童获得发展的可能性最大。这里关键的是对不同发展阶段的儿童提出恰当的——既不超出当时的认知结构的同化能力，又能促使向更高阶段发展的——富有启迪作用的"适中问题"。一步步向前推进的课题，促使儿童的认知结构发展，在主客观的相互作用中，经历一个逐步的构造过程。

1990 年编导

纸的立体构成（录像片 2）

解说词：

一、引导语

1. 这是新的世界，在文化背景变革进程中，80 年代成长的儿童需要建立新的思维方式和新的审美经验。立体构成为唤起、训练和拓展儿童的科学思维、审美情感起了重要的作用。

2. 一只空盒，引起了孩子们对立体造型活动的兴趣。平时，孩子们已经习惯了在平面的纸上作画、剪贴纸、拼图案……怎样才能引起他们对立体造型的注意呢？老师找了一只大纸箱，把上半部截去以后，成了一个大托盘。

3. 老师说："小朋友，老师带来了一只大托盘，你们想可以把它布置成什么呢?"（像个花园）老师："这个主意很不错，我们现在假设，这是一个大花园。花园里应该有些什么呢?"（小草、花、树、小河、亭子、还有一座大山）

4. 老师为孩子们准备了一些小的空盒子、彩色纸、剪刀、挖土的小铲子等。孩子们先铲了一些沙土，铺在盒子底部。这时有的孩子在玩沙，用沙堆起了小山，也有的在沙里挖河。还有一部分孩子把绿色纸剪碎了，做草地。也有的在用彩色纸剪花、剪树……啊！在孩子们心目中存在着一个"平面的世界"，看，他们做的树是平面的，剪的花也是平面的……这个孩子什么也做不出来，他把小纸盒剪得粉碎。也许是过多的平面造型影响了孩子们的思路，他们对立体造型的经验不足。

5. 老师的提议和一些材料准备，对儿童潜在能量具有激活作用。活动引起了儿童对立体制作的兴趣，他们回忆着公园里的所见所闻，思考着表现的方法，学习利用老师提供的各种媒介物做玩具，兴致勃勃地投入到创造活动中去。

6. 这是他们第一次用立体材料制作的花园，他们用折纸、泥土、空盒塑造了美丽多姿的人造花园，获得了成功的体验。

二、游戏

为了帮助儿童增强从"二维平面"向"三维立体"过渡的体验，教师设计了以下几个课题，并为他们提供一些有一定厚度的平面纸版。

1. 圆柱体

(1)"一张平面的纸能变成一个圆柱形的物体吗?"教师出示一张平面纸板，和一个用纸板做成的圆柱形的玩具，让儿童思考它们之间的关系，并尝试用手边的纸卷成圆筒形。

(2) 提供给儿童大小长短不一的长方形的厚板纸若干，让儿童卷成圆筒形，并在上、下底部用纸封口，做成一个个大小不一的圆柱体。

(3)"想一想，你们可以用这些圆柱形做什么样的玩具?"（望远镜、茶杯、蛋糕、冰淇淋……）

(4) 孩子们在制作中遇到最大的困难是怎样连接牢固。老师教给孩子连接的三种技法：一种是用胶带纸粘贴；另一种是用订书机钉牢；再一种是用回形针固定。想想看，还有别的好方法吗？

(5) 物体之间的连接是立体构成中必须学会的重要技能。孩子们用多种多样的方法，把制成的物体固定起来。看！他们成功了。

(6)（展示儿童作品）哇！孩子们的创造力是无穷的，这是茶杯，这是奶牛和挤奶桶，这是吸尘器，唷！居然把圆柱体做成了飞机。

2. 立方体

(1)"一张平面的纸能变成一个立方体的物体吗？"教师出示一张平面纸板和一只纸盒子，请孩子们讨论：一张纸板能变成一只盒子吗？假如你做的话，用什么办法呢？

(2) 将这只盒子打开，原来它的确是用一张纸做成的。不过要注意，盒子有四个面，所以要把纸折叠成相等的四份，用胶带纸粘贴起来就成了。

(3) 盒子的两头，可以用折、剪、贴的办法，把它的口子封住。

(4) 一个孩子拿自己做成的三角形锥体给老师看，老师肯定了他的东西，然后说："你知道为什么你贴成三角形呢？这是因为你只折了三个面，如果要贴成立方体，一定要有四个面。"

(5)"想一想，你们可以用这些立方体做什么样的玩具？"（冰箱、电视机……）

3. 圆锥体

(1)"看，老师手里拿了一个什么形状的东西？"（帽子、伞……）"有点像伞，也有点像帽子，这种形状我们把它叫做圆锥体。""你知道这个圆锥体是怎样做出来的吗？"教师出示一个圆形的纸板，和一个圆锥体，让儿童思考、探索和发现。

(2)（出示若干用圆锥体做玩具的图片）看！这些都是用圆锥体做的东西：这是鱼，这是用圆锥体做身体的螃蟹，这是喇叭筒。它是一个用长长的圆锥体做成的。

(3) 教师出示一张画有圆形的平面纸板,先寻找圆的中心,中心点是指从这一点到圆的边缘的任一点都是一样长的。现在我们从边缘向中心剪去一个角,然后把它粘贴起来,就成圆锥体了。

(4) 制作圆锥体的工作对儿童来说是比较困难的。首先,要学会剪圆,儿童剪圆时,常常会越剪越小。寻找圆的中心,可以把圆折两次后打开,两条线的交叉点就是圆的中心点。剪去的角越大,圆锥形就越细长。孩子们经过反复练习,终于获得了成功。

(5)(展示儿童作品)孩子们真聪明,看!他们做了许多圆锥体玩具:娃娃、熊猫、小鸡、金鱼、河蚌……

三、游戏的结论

这是一种崭新的视觉教育方式。它融合了艺术和数学的基本原理,通过儿童自己研究、探索、动手制作的过程,形成新的视觉概念,发展创造性思维。这种方式打破了因循守旧、模仿制作的传统。

研究的结论是:

(1) 纸的立体构成教育适合于5—6岁儿童。通过游戏活动对儿童进行形式多样的立体构成教育是适合于5—6岁儿童的。在活动中,儿童接触到方位、方向、空间、角度和数的概念,同时,对从平面向三维空间转换的变化过程的规律有所顿悟。这对儿童科学思维的训练和新的审美经验的构成是具有影响的。

(2) 以技能技巧为支架,促使艺术创造力的萌发。立体构成是平面构成在三维空间中的延伸,包含量变到质变的过程。在从平面到立体造型的训练中,必须寻找关键性的技能、技巧,给予儿童必要的启发与指导,使儿童能顺利地过渡,在操作实践中,促使儿童艺术创造力的萌发。

(3) 发展儿童的艺术思维。儿童立体构成的创作心理过程是:感知——模拟——联想——创造。从感知、模拟开始，根据教师提供的线索，结合原有经验，展开联想，运用模拟的技巧，进行艺术思维和创作活动。

(4) 以儿童为主体，鼓励大胆探索和表现

教师按照儿童发展的进程，向儿童提出目标，提供必要的材料和工具，采用适当的方式激起儿童的兴趣和情感，使儿童在独立自主的条件下，大胆探索和表现。

1990 年编导

启发式教学在幼儿造型活动中的运用(录像片 3)

解说词：

一、引导语

1. (儿童自制的玩具展示)

多么大胆的创造！

多么新颖的构思！

你相信这些玩具都是孩子们独立设计、创造出来的吗？

2. 传统的手工教学，教师需要一步步地讲解、演示，孩子们只能按照老师的演示去做，谁做得最像老师那样，谁就是最能干的孩子。

3. 要知道每个孩子都有一定程度的创造性。不幸的是，许多成人不相信自己孩子的潜在能力，硬要求儿童适应和顺从他们的要求，于是孩子们失去了自己探索世界的机会。

4. 造型设计的启发式教学是利用儿童的好奇心理，提供给儿童大量的材料，给予他们大胆探索的机会，鼓励他们在造型设计中产生新思想，设计新颖的作品。

二、启发式教学的过程

1. 字幕：提出行动的目标

＊ 儿童是富有好奇心的，就在由好奇而产生问题、寻求答案的过程中，充满了渴求和创造的欲望。

＊ 儿童又是爱美的，他们在接触事物中，对美的东西有一种特殊的感受力。

＊ 因此，教师要提出行动的目标，引导儿童从周围环境中不断发现美，挑选具有美的潜力的材料，激起他们探索和尝试的愿望。教师的行动是具有感染力的，教师要和儿童一块儿探索和发现，并对儿童不断提出新的要求。

2. 字幕：提供美的材料

＊ 教师要做大量收集材料的工作，这是幼儿开展造型活动的物质基础。

＊ 材料必须是安全的、卫生的、美观的，并能让幼儿运用感官探索、进行操作的。

＊ 材料必须是可以弯曲、可以切割、可以组合或固定的。

＊ 对材料进行适当的分类，有助于儿童获得选择、使用的经验。可提供给幼儿的材料有以下几类：

点状材料（展示相应的各种材料）

线状材料（展示相应的各种材料）

面状材料（展示相应的各种材料）

块状材料（展示相应的各种材料）

可以起连接作用的材料（展示相应的各种材料）

＊ 教学中提供多种不断变化的材料，由此产生新异刺激，可以始终保持儿童的兴趣，使他们兴致勃勃地从事各种创作活动。

3. 字幕：探索和思考

＊ 启发式教学最核心的是教给孩子提问题的方法，培养探究问题的思考能力。

＊ 开始，孩子们在选材和设计时，盲目性比较大。有的孩子选材是因为材料的色彩鲜明，令其激动；有的是因为形状的不同，让其好奇；有的因为与他的生活中的所见所闻有某种联系，博得他的青睐：总

之，孩子们此时已产生构思，逐渐开始有目的地选材。

＊ 教师要给儿童一段自由活动的时间，让他们在充分接触材料的过程中，了解材料的质地、结构、重量、形状，探索造型的方法。必要时，教师可以用启发式的语言，向儿童呈现自己的一个设计思想。老师带有启发性的讲述，不是要求儿童去模仿，而是让孩子懂得设计思考的方法。这样，在孩子心目中，老师不再是造型课中发布命令的指挥者，而是一个值得小朋友羡慕的学习榜样。

“啊！老师真聪明。”这是孩子们由衷的感受。

4. 字幕：尝试和研究

＊ 在不断的实践和尝试中，孩子们经历了失败和成功，他们充分运用自己的双手和大脑，发挥出无穷的创造力。

＊ 最初的设想能否成功呢？他们要克服许多困难。

“啊！糨糊不牢，用乳胶吧！”

“塑料丝怎么这么软？哎！用铁丝代替，可以用橡皮泥做连接的材料，做成支架。不错，我成功了。”

＊ 做成一件玩具，需要综合运用多种技能：剪、贴、组合、固定；要作第二次、第三次选材。他们还在相互讨论、相互合作呢！

＊“看！这个孩子多么认真！他聚精会神地研究着，沉浸在他的宇宙飞船王国里。此刻他是创造者，是惟一的主人。他在想着、做着、研究着，也许他已随想象的翅膀在遨游宇宙了呢！”

＊ 当孩子表现出创造性时，他是麻利的、灵活的、独创的、自信的。他敢于冒险，敢于提出许多新颖的观点和解决问题的方法。

＊ 让我们听听这个孩子是怎样思考和探索的吧。

＊ 孩子的讲述，有助于他们思维的条理化、理性化，有助于鼓励幼儿的信心和探索兴趣，也使他们能互相得到启发。

三、玩具展示

＊ 幼儿蕴藏着比成人想象丰富得多的创造潜能，他们热爱生活，对周围美的事物有着特殊的感受力，有着积极探索、创造世界的热情，和解决问题的强烈愿望。造型活动中，教师的启发引导将大大激发和

促进幼儿潜力的发挥。

* 因此，每一个成人，每一个幼儿教育工作者，都应正视这一特点，改革旧的教学方法中的不合理因素，为幼儿创造发挥他们潜能的机会，提供大量感性材料和自由表现的环境，为我们的时代，为我们的社会造就更多更好的创造性建设人才。

1990 年编写

幼儿美术教育中创造潜力的发掘与培育

——综合法

美国波士顿大学教授、儿童艺术心理学专家爱伦·温诺访问中国后，写了一篇文章《中国儿童是怎样能够画得这么好的》，对现今中国的儿童画提出了尖锐的意见。她从西方文化的角度敏锐地发现我国美术教育中的许多薄弱环节，特别是"统一的课程，随处可见"，缺少视觉挑战；教师提出的问题往往太容易，如："我们上次学过了什么？""这些是什么动物？"（指着图片上的小兔）"这儿是不是要加上树呢？"儿童画没有个性等。她肯定我们的优点是：秩序好，孩子们注意力集中，图画的技术好等。

我曾到过美国的一些幼儿园，发现美国幼儿园的美术活动材料丰富，可供儿童自由选择，而且大多数是个别活动。我发现孩子的活动变化频繁，很少能长时间地关注同一个美术活动，孩子似乎对美术活动没有高度兴趣感，专注投入的不多。

为什么中国儿童普遍地比美国儿童对美术更感兴趣、更有能力呢？我认为温诺考察的结论还不够全面，我国幼儿美术确实存在着某些特点，包括我们的教师通常会精心地为孩子们设计适合他们的课题，进行系统的培养等，当然，无可否认，在挖掘幼儿的创造潜力方面力度不够，是我们幼儿美术教育上存在的最大缺陷。

综合法是我综合东西方所长，用我十多年从事科研的经验，提出的更为完整的理想模式。这个模式正在实验阶段，现略作介绍。

综合法的核心是：发掘幼儿的创造潜力，同时进行有目的的教育，使幼儿的先天潜意识和后天的教育得到平衡，培养既有丰富而敏锐的感受和直觉能力，又有理性思考能力的个性完美的人。

传统的美术教育不强调天赋的作用，认为只有通过教育才能培养艺术人才。因而，往往采用以教师为中心，有组织、有系统地对儿童进行技艺教育，其结果是儿童的美术技巧提高了，但儿童内在的创造意识受到压抑，反映在儿童作画中则是模式化的趋向十分普遍。教师则存在着某些认识问题，常常认为孩子太小，不掌握一些美术技巧，就不可能创造。我认为，儿童的艺术天赋是存在的，每个孩子都有表现形象、色彩的潜意识能力。处于朦胧状态的儿童，更易进入不可言喻的创造状态。3岁的孩子画船，会给它加上两只眼睛，说船没有眼睛怎么能看见走路。他们能够敏感地在杂乱的石头堆里，在不定形的碎纸片中，察觉奇形怪状的东西。他们能毫不费力地像现代艺术大师那样，把局部的、不同的特征和属性的东西杂乱地融合在一块，组成新的、怪异的、有意味的视觉形象，他们也能够大胆地使用各种色彩表现情感。哈佛大学零点项目主任加德纳教授发现天才绘画儿童与毕加索无区别，而艺术大师毕加索自己也曾说过："我曾经像拉裴尔那样作画，但我却花费了终生的时间去学习像儿童那样作画。"我想这是由于艺术的独特魅力在于原始性、神秘性、不可言喻性。而早期儿童依靠直觉行动，直指瞬间的、朦胧的、对生命的追求，这一时期是幼儿艺术发展的黄金时期，或许这是极为短暂的、极为宝贵的时期。遗憾的是有时在成人的干预下，儿童这一时期的创作灵感也可能完全被剥夺了。

一、综合法教育的特点

1. 创造性培育与技能技巧的结合

这里，我所指的技能技巧，并不是把着手教孩子如何画、如何制作，而是指儿童对形状、结构、特征的知觉把握，对色彩性质的了解，对设计构思中表现美的法则的运用等。而儿童的创造性则表现在儿童的直觉、联想、象征和隐喻方面。要使儿童的创造性和技能技巧的联合运用，意味着教师要在充分唤醒儿童潜意识创造力的同时，渗透理性的指导。大量的欣赏、评论、练习、操作是必要的。目前，在我国盛行着用简笔画教儿童直接临摹的方法，认为这种方法简易可行，儿童画画进步甚快。对此,笔者不能苟同,因为简笔画的教学是以单纯摹仿为基础的,大量的模仿容易使儿童画概念化,使儿童失去敏锐的感觉、思考和想象,失去对新鲜事物的敏感性,扼杀他们潜在的创造意识。

2. 感知、思考、创造相结合

学前时期是感觉教育最重要的时期,美术又是充分运用感觉器官去看看、做做、玩玩。但是,理性因素不可否认地同时存在,艺术思维在孩子很小的时候就发生了。所以,我认为看看、做做、玩玩的提法不全面。实际上,儿童美术活动的过程是看看——想想——做做,或者是做做——想想——看看。其中,想是核心。儿童在做的过程中需要思考,需要有丰富的联想和灵活的思维支撑。而儿童在看的过程中要加以筛选,建立整体的表象,其中也包含了思维的因素。做和看,都离不开想。传统教育的缺陷是把“想”字遗漏,或者由成人代替儿童想。比如:做一个玩具,画一张图画,成人把办法都设计好了,教育的过程就是按部就班地、仔细地教给孩子怎样模仿,就如同把嚼碎的东西喂给孩子吃,造成了孩子极大的依赖性。

3. 各种知识的有机结合

美术、音乐、文学在学前课程中占有举足轻重的地位,各门艺术课程之间是否存在共同之处可以沟通、渗透和相互促进呢?根据我们的初步实验,回答是肯定的。这种沟通不仅仅停留在内容上,还深入到美的潜在形式方面,透过各门艺术中的审美内容和形式,培养敏锐的审美感知能力、审美兴趣和情感,促进审美的表现力和创造力的提升。

4. 序列化

把课题按单元组织起来,由易至难有顺序地推进。在一段时间内,相对集中地学习一个单元序列,比较容易取得成效。材料和媒介物的变化,亦要按步骤逐渐增加和变化。

这里,要提一下当前美术教育中的一个误区,即只是把美术作为完成德育、智育的任务的一种手段,作为完成某一中心任务的从属部分。例如:配合综合教育课“高高兴兴上幼儿园”单元,画幼儿园的图画。配合“爱科学”单元，组织幼儿做手工。我认为，美术需要与各门课相结合，但它仍然应保持独立的体系，有顺序地完成自身的任务。美术本身是一个具有极大潜力的领域，它的任务是既培养儿童对艺术美的欣赏、识别，学习对美的对象形态的描绘和表现，同时，更重要的是培养孩子的素质、能力和个性，形成幼儿独有的把握世界的方式。这是一项巨大的工程，必须从早期教育抓起。

5. 谁是主体

以儿童为主体，体现在美术教育中应当是把儿童作为创作的主动建构者。我们要强调在整个美术活动中，儿童的自发艺术倾向，必须更加开放。让幼儿能够主动选择材料，主动提出目标，独立操作，独立解决难题。保证儿童在没有心理压力的条件下工作，让他们充满自信，自由创作。

教师应在相对自由的情境中，给予幼儿有限的指导。所谓相对的自由，指不是让孩子绝对地、盲目地、兴之所至地自由活动，而是教师根据儿童兴趣和发展水平，有计划地设计课题和系列，鼓励儿童积极参与。使孩子在一定的氛围中，在集体的相互影响下，充分调动他们的创造潜力。所谓有限的指导，是指教师不包办代替，不直接插手孩子的活动。孩子有了问题、差错，不直接指出或手把手地教孩子改正，而是启发他们自己发现和修正错误。在评价儿童作品时，不是老师说了算，而是按美术课的目标和要素，让孩子们讨论。教师要清醒地认识到：教师的创造性并不等于发挥了孩子的创造性。衡量一个课题成功与否的标准，除了有教师创造性的设计以外，更重要的是儿童是否全身心地投入，是否发挥了他们的全部智慧和才能。在美术活动中，孩子要完完全全地以主人翁的身份投入到活动中去，真正作为活动的主体。

二、综合法的实施过程

1. 命题的设计与研究

按美术的内容和形式分类制订目标，以单元的形式加以实施。以色彩的单元为例：包括基本色训练，色彩的秩序与分化，色彩情感象征，色彩装饰等系列，命题则以此为纲，选择与儿童生活接近，能引起儿童兴趣的题材。

2. 提出培养目标

技能设计方面的目标，包括：造型的基本要求、手段、材料用具等。如，造型的目的是从侧面表现两个并列的人物头像，表现手段是用对印法画出人物的轮廓和细部，材料用具是水粉。创造性方面的目标，包括：直觉、联想造型、象征和隐喻。低幼儿童主要凭直觉、联想来造型，象征性的表现较为普遍，年龄稍大或天才儿童能用隐喻作画。

3. 预热阶段

充分调动情感因素，丰富儿童的内在图式，使幼儿对即将进行的题材有足够的体验。

4. 辅助材料

精心设计些能帮助幼儿学习概念、原理和技巧所需要的辅助教材、教具。

5. 组织过程

可以采用下列几种方式组织教学：(1)发现式。以解决问题为中心，注重儿童的独立自主活动能力的培养，教师根据命题提出问题，鼓励儿童独立观察、思考，在反复操作练习中学习。(2)陶冶式。创设符合命题的情境，使儿童在情绪洋溢的气氛中体验生活，激发审美想象，领悟主题及情感基调，投入制作和创作活动。(3)对话式。以语言为中心，教师与幼儿讨论命题，以孩子的已知经验为基础，展开生动的对话，启发孩子的潜在智慧和闪光思想。

6. 评价

学会诊断作品，按培养目标组织儿童讨论，提出意见和建议。

三、综合法教育指导中的几个关键问题

1. 命题和概念

除了自由画以外，教师为了不断提高儿童的水平，需要为儿童精心设计各种各样的命题画，每一个命题，都要求包含重要的概念，包含美术的要素和种类。具体地说：内容要素——情节、主题；形式要

素——线条、形状、色彩、构图；美术的种类——蜡笔画、水粉画、水墨画的性质和区别等。每一个命题包含了对儿童创造性的要求和技能技巧的要求。

2. 审美情感和审美形式

一种强烈的情感体验是引发儿童灵感的动力，审美愉悦产生于生命的自我发现。充满着活力的活动，化静为动，化有声为无声，使儿童与表现的形象息息相关，全身心地投入美术活动中去，学会在活动中，有计划地通过线条的方向，形状的形成、分化和象征，色彩的冷暖、明暗等渗入形式美的因素。

发表于《学前教育研究》，1993 年。

21 世纪幼儿教育工作者的使命和远景

——美术教育领域改革的思考

21 世纪即将到来，人类在开发智能、保护人类生存环境方面的一个重要课题——对人自身的研究，已提上了议事日程。审美—艺术教育作为一种教育和自我教育的方式，在提高人的生存质量，完善人性的塑造和改造方面，起着不可替代的作用。审美—艺术教育的目标是从人的整体发展出发，培养人的审美心理结构，使人的整体人格与外界环境达到同构和对应，使人与自然、社会协调一致，最终达到人在实践中的全面自由发展。也就是说，人通过这种发展达到感性与理性的统一，个人与社会的统一，自然与人的统一。这是人类自我实现和自我解放的最高理想。由于艺术教育能充分地发掘人的感情潜能，从而使人的感情世界无比丰富。同时，艺术形式又能将人的感情纳入理性，使理性得到调节和升华，艺术教育使受教育者的感性和理性得到统一。艺术作品是在特定历史条件下的特定社会环境中形成的，在艺术活动中，人的个性能得到充分自由的发展，社会适应性也得到提高，促进了个人与社会的统一。艺术教育教会人以审美的态度观照自然，以审美的角度改造自然，从而实现自然的人化。同时，通过艺术作品对自然美的再现，重新唤起对自然美的情感，从而促使人向自然的回归，实现自然与人的统一。艺术教育本质上属于审美教育的范畴。审美教育的核心在于培养一种素质，一种把握世界的方式，使人从自然的人变为审美创造的人，这是全面和谐发展教育的重要组成部分。

为达到上述目的，必须从基础教育做起，从儿童早期教育开始。当今国内学前儿童美术教育领域正在实施一系列的改革。原因之一，我国建国以来，幼儿园美术教育受前苏联教育体制影响较大，在教育目的、内容、方法和教学组织方面，建立了比较完整的体系。在教育上主张以课堂为中心，教师为中心，教学为中心的思想深刻地影响着幼儿美术教育领域。改革开放以后，西方教育思想很快传播开来，学习皮亚杰思想掀起热潮，相关的立法确立了以幼儿为主体的基本观念，幼儿美术教育中儿童的主体性和独立性得到重视。原因之二，近年来，美术教育中一再强调发展儿童创造性问题，对过去的直观临摹教学作了客观的评价，教师开始注意改进教学方法。但总体来说，幼儿美术教育改革的力度不大，旧有体制和框架仍占主流地位，存在的主要问题是：

1. 在培养目标方面，早期美术教育中出现了两个误区。其一，把美术教育等同于技艺教育，认为教会孩子画出一张美丽的图画、做出一件有趣的玩具就完成了任务，把重点放在培养孩子的正确描写和表演能力上，把技能技巧的培养作为主要任务。其二，把美术作为实施德育、智育的手段，作为完成某一中心任务的从属部分，没有本身的独立体系。殊不知美术教育本身是一个具有极大潜力的领域，它的任务是既培养儿童对艺术美的欣赏、识别，学习对美的事物的描绘和表现；同时，更重要的是培养儿童的审美心理素质，帮助他们学习用美的眼光来把握世界。

2. 在教育内容方面，强调对自然的模仿和再现。模仿现实生活中的简单物体或图片是美术教育的主要内容，造成儿童作品中的模式化倾向非常突出，无论是在幼儿园里，还是在儿童作品展览会上，从花花绿绿的、各式各样的作品中，我们都看到许多模式化的人物、动物形象。固然学龄前儿童在从以自我中心转化到以客体意识为主的过程中，概念画的出现是不可避免的，然而，我们也发现教师、家长在这方面起了推波助澜的作用。因为依靠学前儿童自身的能力是很难有“好”作品出现的，为了“早出成果”，教师往往采用简单化的临摹方法，用孩子的手，画出成人“期望的”画，不断地临摹，造成儿童思想僵化，失去了探索的兴趣和能力。充斥于市场的儿童图书、练习册，电视中的动画片又为儿童提供绘画范例，于是，大量的儿童失去了原有的稚拙天性，也有些儿童画在成人的加工下，故作天真，真正的童趣在这种“天真”中消失殆尽。

3. 在教学方法方面，灌输法仍然被大量使用。在我国灌输法从漫长的封建社会流传至今，已有数千年的历史。在西方，从古希腊到工业文明的初期，同样是以灌输法为主的。在美术教育中，用简单的几何形体作为标准模式，让儿童临摹学习，逼真地画出各种形状。教师是美术活动的中心，教师提供的形象是孩子们的典范，培养出来的几乎是一个模子里倒出来的式样，没有“自我”和“感觉”。同时，“简笔画”应运而生，席卷全中国，为灌输法大开方便之门。现在，关于“简笔画”的功过，还在激烈争辩之中，我们认为根本问题在于教育观，希望培养什么样的孩子？把简笔画提供的种种图式直接灌输给孩子，从表面上看，孩子的画面内容丰富，也能把习得的图式画出想象画。但是，孩子们学多了，画出来的画就模式化了，它代替了孩子的感觉、思考和想象，使他们失去了对周围事物的敏感性，失去了绘画中天真的喜悦，失去了孩子自己的绘画语言和个性风格，最重要的是扼杀了孩子潜在的创造力和摧毁自我创造意识。

在进行艺术教育的改革研究和实施艺术综合教育过程中，同时对美术教育加以全面革新，改革的特点概括起来从以下三个方面人手。

一、以培养深层次的审美心理结构为中心

美术教育内容和形式的多样性、丰富性，为儿童的审美心理建构提供了丰富的审美客体和探究刺激。儿童在美术活动中，运用审美感官，在遗传获得和以往实践中形成的心理结构基础上，通过同化作用，形成同形同构或异质同构的关系，融入新的艺术对象，丰富了原有心理结构；或者在新旧信息相互比较、分析、综合中，发生顺应作用，充实、改组和重构原有的心理结构，使之发生质的变化。

审美心理结构以系统结构的方式内化，沉淀于人的心理，构成审美心理的整体结构系统。美术教育可以帮助儿童进行整体的、系统的审美感知，形成完整的心理结构。美术实践使儿童产生了审美的需

要，形成了特定的审美情感，推动了创造美的意志行为。不是每一个人都具有独特的审美个性，只有长期的艺术熏陶、艺术实践和审美环境才能使一个普通的人建构和发展较为完善的个体审美心理结构，成为审美和创造美的人。从这种意义上看，美术教育就是塑造个体审美、创造美的个性教育。

1. 培养敏锐的审美感知能力

视觉是人接受外界审美信息的主要媒介，由形、线、色构成的形象信息，通过视觉在头脑中留下美的表象和意象。因而，我们可以说视觉是人们接受美的窗口。

幼儿的审美感知特点：一是直觉性。幼儿对事物的认识在于对感性经验的全面依赖。在他们的心目中的事物就是他所看到的、听到的、接触到的那个样子。二是整体性。幼儿对事物的感知是从笼统到具体。幼儿的视知觉一开始把握的材料，是事物整体的、粗略的结构，先认识树，再进一步认识它是由树干、树枝、树叶构成的整体。三是同一性。幼儿常常拟人化地看待世界，把外部的一切都看成和自己一样具有生命力，认为自己感受到的东西，其他客观事物也一样能感受到。

美术作为视觉艺术，拥有增强感知能力最强有力的手段，通过美术活动可以培养幼儿审美器官的灵敏度、活跃性和统摄力，激活幼儿对生命特有形式的感受能力。

按照格式塔派心理学的解释，我们身体内部充满了大量的空间、时间和深度感觉结构，有各种感觉的点、接合和中心。人对事物的某些形式之所以很容易体验，就是因为外在世界的力和身体内部结构上有同形同构或异质同构。例如：我们见到火光就会有温暖、热烈的感觉；见到月光，会产生宁静、温柔的感觉。儿童对力的式样的知觉能力比成人强，这是因为他们不受理性思维的干扰。例如：一条曲线，儿童说："这是小山""一条蛇""汽车走的路"。而成人可能会凝视良久，注意它的波长、弯曲弧度、非规则性等。由此，我们推论儿童与艺术家有更多的相似之处。他们总是寻求自己的内心感觉，从内心运动和发展中寻找轻和重、动和静的对比格局的布置和方向的变化。他们表现的是根据他内心的、流动的感受中获得的线条、形状和韵律。

依据上述分析，在美术教育的内容设计上更加重视引导儿童去亲身体验和感受现象世界。利用审美直觉，强化儿童对事物包含力的式样的感知。例如：线条的练习课题《大雨和小雨》，不仅仅要求儿童画出雨线，更重要的是体验下大雨时，黑压压的天空中，雨点沉重地倾泻下来的感觉；体验下毛毛雨时，轻柔飘忽的感觉。启发孩子们将这种不同力度的体验用粗或细的线条、轻或重的色彩表现出来。又如：画“树”，让儿童体验树是繁密的，还是稀疏的？是强壮的，还是瘦弱的？是上升的，还是下垂的？幼儿不仅仅学习画出某一物体的形状，更重要的是有意识地引导儿童领会和体验生命运动的特有模式，学会用情感和感受表现出鲜活的生命特征。

敏锐的感受力最容易在观察宇宙中最活跃、最有秩序性和多样统一性的生命活动中获得。运动是生命的基本标志。大自然有着无数与生命同构的运动形式，四季的更换，花开花落，从青虫到蝴蝶的蜕变……这些生动的自然现象可以不时地引起儿童的惊奇和兴趣。通过外在现象与内心无数次的相互作用，就可能逐渐内化为他们的理性认识，构成结构，提高他们对审美感受的敏感性。

2. 培养丰富的审美情感

在美术活动中，只有投入大量的情感因素，才能使儿童画从自然表现升级为艺术表现。强烈的情感体验是引发儿童灵感的动力，因为审美愉悦产生于生命的自我发现。艺术活动的形式和内容必须要充满活力，带有适中程度的紧张以获得生命的动态平衡。利用主客体的对立、矛盾，激发幼儿探究美的欲望。选择包含两个以上方面的力的相反作用，如：运动与静止、重复与变化、勇敢与懦弱、快乐与悲伤等对比明显的矛盾，使幼儿在完全相反的精神状态下，出于无意识的冲动，唤起情感与美感。例如：故事画《羊和狼》，用一段诗歌启发：“小河边，高山下，有只可怜的小山羊，咩咩咩，老狼要吃它……”画面表现的是凶残和柔弱的对比，儿童边画边说：“打，打，打死大灰狼！”又如打针，儿童有亲身体验，打针时既要表现出勇敢，要面对现实，又有止不住的疼痛,儿童在画面上表现的那种惶恐的表情,正是他内心的写照。美术教育中充分利用快乐和悲哀、胜利与失败、勇敢与懦弱等儿童内心的情感抗争引起强烈的美感体验,从而引起情感的愉悦。

美术教育的设计意图,是在情感作用下促使个体无意识和理性领悟力与原始的秩序达到结构上的同形。也就是说,必须积极地引导儿童内在心理与外界美好的景物的有节奏的、和谐的运动,使内在心理结构的深层秩序与自然的秩序达到同构。

3. 发掘与培养儿童审美创造潜力

儿童具有表现形象的潜在能力。由于他们年龄小,认识不完整,常常会毫不费力地把局部的、不同特征的事物杂乱地融合在一起,组成新的、非现实的、怪异的事物。他们依靠直觉行动,用瞬间的和虚幻的感觉表现生命形式,因而比平常人更能接近意象、隐喻。1 岁半的孩子把“下雨”和“面条”联系起来,把从凉鞋里露出的脚拇趾说成是“小鸡”。3 岁的孩子能在无意的色彩涂染中,构成一幅幅美丽的画。

对尚未摆脱自我中心的低幼儿童,积极引导儿童内在的创造意识,使之与有意识的经验多次相互作用,形成一种受内在深层结构本身秩序制约的,并和外部世界各种具体事物的形象达到同形或同构的新模式。这时幼儿表现出以独特的方式重新组合和排列的图式和新奇意象,决不是成人能够代替的,也是不可抑制的。例如:一个 3 岁半小男孩观察了煎蛋的全过程后,用成人意想不到的紫色、橙色、蓝色、绿色的渐变,画出一幅奇妙而生动的作品。《在阳光下吃草的羊》《愤怒的爸爸》等作品,也是在闪电般迅速的过程中完成的。这种偶然性的成功意味着低幼儿童对色彩象征的理解和应用。也许只有在这个年龄阶段,孩子们才敢于无拘无束地表现心灵,应该说这是孩子艺术发展的黄金时期,过了这个时期,一直要到成年艺术家才能有意识地应用这种比拟、隐喻的象征手法。

美术教育中,教师遵循着不向儿童灌输、不违背生命发展规律、不抑制儿童自发创造性的原则,在充分唤醒潜意识创造力的同时,渗透着理性的指导。这种理性指导是通过教师设计的系列化的命题来达成的，每个命题都隐含着一定的概念、结构，与主体的深层结构息息相通。

二、以美术的要素为纲，有系统、有顺序地组织和设计美术教育活动

美术的内容指的是构成事物的内在要素的总和。美术的形式指内容诸要素的组织、结构和表现形态，它是美术存在的具体方式。具体地说，美术的内容包括主题、情节、形象；美术的形式是传达形象外观的结构形式，包括线条、色彩、构图等。

美术教育内容的设计必须注意内容与形式的统一，发掘其内在的审美本质，也就是注意主题内容的丰富性，题材的多样性，情节的曲折性、趣味性，形象的鲜明性、可感性。这些内容通过具有深刻内涵的审美形式反映出来，表现在线条的力度、方向，形状的象征性、复杂性，色彩的明度、鲜度和情感性，构图的对称和均衡、统一和变化等方面。

在长期的实践中，美术教育往往未能有效地发挥其原有功能，追究其原因在于对美术教育的实质缺乏清晰的认识，往往把美术内容与形式相分离。比如，教师往往满足于儿童图画内容是否丰富，主题是否鲜明，忽视在美术形式方面有意识地培养和训练；或者是在美术形式的训练上不得法，以临摹一些成人设计的简单形象为主要手段，因而造成儿童画过早地步入“模式化”的局面。

我们认为美术教育的根本在于，必须着眼审美教育这条主线，从提高幼儿艺术素质入手，以美术要素为纲，系统地、有顺序地组织和设计儿童的美术教育活动，使幼儿艺术审美素质稳步提高。

造型是美术的主要特征，美术要素主要体现在用光、色、形和点、线、面等造型手段，构成能概括反映生活事物审美属性的静止图像。在幼儿美术教育中，必须把线、形、色、构图等最基本的要素作为美术教育内容的核心，培养儿童对形状、结构、特征的知觉把握，对通过色彩性质和设计构思表现美的法则的了解和体验。

1. 对形状结构特征的知觉把握

H. 加德纳在《智能的结构》(Frames of Mind)中，对空间的智能作

了相当的研究。他提出："空间智能的核心能力是准确地知觉到视觉世界的能力；是对一个人最初所知觉到的那些东西进行改造或修正的能力；是能够重造视觉经验(即便在有关的物体刺激不在的情况下)的某些方面能力。"①

皮亚杰对儿童空间理解的发展作了好几种研究，他提到幼儿期所出现的对空间感觉运动的理解问题，有两种关键的能力，一是对所见物体的轨迹的最初理解能力，另一种是最终能在不同场所寻找路径的能力。儿童在感知—运动阶段的终末，就能形成大脑意象了，这时，儿童已充分获得了掌握模仿的能力，他们不仅对延迟模仿的概括有了可能，而且出现内化了的模仿，这种模仿能产生表象，形成初期的绘画。

最初，儿童的图画是粗略的轮廓或先验图式，这种意象在儿童早期一直是静态的，4岁儿童基本上是用线条勾画平面的、二次元的物体轮廓。由于知觉的不完善和缺乏概括能力，描绘的大半是直觉的象征性图式。随着儿童视敏度、辨别颜色的色度和辨别形态的精确度的提高，7岁儿童便能操作这种静态意象，图画中出现简单的情节、人物动态，表现事物之间的相互联系和某些细节关系。

对形状结构特征的知觉把握，始终是整个学前期儿童需要不断练习掌握的。较小的儿童从学习线条开始，从杂乱无序的线条开始，逐渐意识到线条的上、下、长、短，出现平行的直线和有弧度的曲线，知道线条有粗、细、疏、密，以及线条之间相互碰撞所产生的变化。幼儿教师对线条的性质及其表现力必须很明白，例如：线条的种类(直线、曲线、折线)，线条的方向(平行、交叉、插入)，线条的质感(粗、细、疏、密)，线条的长度(长、短)，以及线条的变化(线与线之间的碰撞、变化)等。幼儿在练习中是无意识的，但教师应该有意识地把线条美的因素贯注到为幼儿设计的美术活动中去。

艺术品形状，不全是几何图样，它有规则的、不规则的，有空心的、实心的，有分开的、重叠的，有完整的、不完整的等。培养儿童对形状

---

① [美]H. 加德纳：《智能的结构》，光明日报出版社，1990年版，第200页。

的精确观察能力是十分重要的。根据皮亚杰的研究，6 岁儿童和成年人对图形的探究反应具有两个显著的差异："第一，儿童的注视是不如成年人那样正确，分布的面积也较成年人为大(与两线的距离可达几个厘米)；第二，儿童因前后观察所引起的从这部分到那部分的眼球转移运动和比较运动发生次数较少，仅出现随便的简单的'位移'。"①皮亚杰认为儿童的动作具有不规则的中心点，好像他们指望能观察到所有的东西。而成年人的观察则比较积极主动，他们具有一定的策略来指导自己的探究活动，以期获得最大量的信息和最小量的损耗。儿童这种缺乏探究的特点，说明 7 岁以下儿童知觉具有混沌的性质，即指在一个复杂图形中儿童仅仅觉察到整体印象，而对各部分不加分析，对各部分间的关系也不加综合。例如：梅利-德沃雷特斯基曾经将一个内容含糊的图形呈现给被试，该图形既可看成是一把剪刀，也可看成是一个人的面孔，许多被试儿童说："这是一个人，有人把一个剪刀丢在他脸上。"这种混沌现象说明他们缺乏一种有系统的探究活动。

在为幼儿设计美术活动时，必须让幼儿通过练习，培养他们对形体的清楚辨认，对对象结构特征的把握和能在瞬间捕捉对象的重要信息的能力，注意感受和分辨形状的大小、方向、质感，以及形状之间的关系(单个与几个之间和内部的变化关系)等。

2. 对色彩性质的了解

新生儿出生后不久，便出现了颜色视觉，约从第 9 月起开始对颜色有分化反应，已能辨别颜色和无彩色，波长较长的暖色(红、橙、黄)比波长较短的冷色(蓝、紫)更易引起婴儿的喜爱，红色的物体特别容易引起儿童的兴奋。3 岁幼儿已能正确辨别红、黄、蓝三原色和绿色，但对于大多数的混合色，如紫色、橙色等还不善于区别，对于各种颜色的色度，也还不能辨别，从 4 岁起，他们就逐步学会区别各种色调的明度和饱和度。

了解颜色感觉的规律对幼儿教师至关重要。在幼儿美术教育中，

① [瑞士]皮亚杰、英海尔德：《儿童心理学》，商务印书馆，1980 年版，第 33 页。

发展儿童认识颜色的能力，通过美术活动揭示以颜色感觉的规律性为基础的色彩学规律，有助于审美趣味的培养。

明度、色度、饱和度是颜色的三种要素。对幼儿来说，主要学习分辨和使用基本色——原色和间色，也有几种复色，如棕色、酱红色等，以及无彩色，进而学习分辨色彩的明度及其饱和度。

要想发展一双敏感的、不断发现的眼睛，这种敏锐的感觉的发展越早越好。人的色彩本能自发的情感冲动有三种情况：其一是色彩的冥顽性。有的儿童始终保持着对某种色彩的特殊感情，并抵制外来因素的影响，这是一种具有主观色彩但又非常狭窄的色彩本能表现，它受基因和后天环境因素的共同影响。其二是本能性的自发的较普遍的色彩情感。这种色彩的反应大多数人都比较相似，从和原始人对色彩意义的选择再到现代的儿童时期都反映出色彩感情的普遍性。其三是全面展开的人的本能色彩情感。这是向色彩感情丰富的个性发展的基础。

在幼儿时期应充分利用儿童本能自发感情冲动，提供给他们更多的颜料、工具、纸张，训练他们使用工具的必要技能，让儿童在早期就获得丰富的色彩经验和充分表现潜力的机会。

3. 对设计构思表现美的法则的体验

引导幼儿亲自体验、感受现象世界的运动感、力度感、节奏感、和谐感等美的总体特征，形成幼儿对这种特征的敏锐的选择能力，这是教师设计课题时必须考虑到的。

动感是构成形式美的重要因素之一，年龄越小的儿童，把世间一切事物，不管是动的还是静的，都看成具有生命和意识的对象。稍大一点的，则开始以事物运动与否作为是否有生命的标准。比如，会动的小汽车是有生命的，而不动的桌子是无生命的，活动的东西能够长久地吸引着儿童的注意。向儿童展示生命特有的运动形态，并引导他们在画面上表现出线条的流动、形体的动态、人物的动作、色彩的跳跃、图形的距离等，这些都能构成画面的动感。

力度与动感是紧密联系的，它包括量的力度、势的力度和动感力度。其中量的力度,儿童比较容易理解。物体的重量,所占有的空间,图形的面积都构成量的力度变化,可以用线条的粗、细和色彩的浓、淡来表现。动感力度如奔马、飞机等,以动作的急、缓,表现出力度的强弱。

和谐与平衡感构成了客观的心理上的秩序,这种秩序体现为有规律的节奏和韵律的变化,韵律是动感和力度构成的波动曲线,而节奏是波动的幅度与波动的间距。

不同的动感、力度感,不同的节奏感与和谐感等诸种因素的综合利用,就构成了不同的形式美的总体特征。

教师为了不断提高儿童的水平,首先要对美术的要素有深切的理解,要具备一定的美术素养;其次,要深入了解儿童的年龄特点和阶段水平,研究儿童的兴趣和爱好。在此基础上为幼儿精心设计一系列课题,来促进儿童美术能力的发展。

命题的设计可以按美术的内容和形式,以及儿童各阶段的年龄特点制订目标。每一个命题都包含着重要的概念,包含着美术的要素,这些命题可以以单元的形式组织起来。以小班的色彩单元为例:"基本色的训练"包括,①色彩游戏:通过撕贴红、黄、蓝色纸,以及使用红、黄蓝色吹画等游戏认识基本色。②底色和点的练习:"种豆豆""吹肥皂泡"等命题是用黑色底纸或白色底纸让儿童点上三原色。③底色和形的练习:"草地上开满鲜花""大海和鱼",要求儿童先在白纸上大块面涂上底色后,再用红色、黄色在绿色和蓝色底纸上画花和鱼。④块面色彩的练习:"天空中的红太阳""煎蛋""生日蛋糕"等,要求儿童使用红、黄、蓝、白等几种颜色作块面涂染。

将课题按单元组织起来,在一段时间内,可以相对集中地学习一个单元序列,比较容易取得成效;美术的材料、种类的变化,亦要按步骤逐渐增加和补充。每个单元既是相对独立的,又是相互联系的。按其复杂程度,由易到难,有顺序地、螺旋式地加以推进。

三、以情感为激活因素,推动审美联想和创造

艺术表现实质上是内在情感的外部表现。苏珊·朗格认为,艺术

是一种表现人类情感的符号。她说:"艺术品是将情感(指广义的情感,亦即人所感受的一切)呈现出来供人欣赏的,是由情感转化成可见或可听的形式。它是运用符号方式把情感转变成诉诸人的知觉的东西,而不是一种征兆性的东西。艺术形式与我们的感觉、理智和情感生活所具有的动态形式是同构的形式,正如亨利·詹姆斯所说的,艺术品就是情感生活在空间、时间或诗中的投影。因此,艺术品就是情感形式或能够将内在情感系统地呈现出来以供我们认识的形式。"①她认为艺术作为符号,必须表现人类情感,而不是再现某些现实;艺术是情感生活的意象,它是一种动态的生命形式的意象,艺术家领会了它,找到了表现它们的具体活动式样,通过绘画的空间、色彩或音乐,将它构成了艺术的表现。

滕守尧把这种符号形象归纳为10种不同类型:①静态的形象;②简单的动态形象;③以复杂的"情景"出现的意象;④标志某种具体的"情势"的意象;⑤通过某种可见的或动感的身体表情或活动来表现意义的符号;⑥通过某种效果描述来表现意义;⑦运用某种感觉与感受作为主要手段来表达意义;⑧用某种语言解释作为符号去表达意义;⑨以某种比喻作为符号;⑩正规的或本来意义上的符号。

应当指出这些符号形象都是具有生命力的。形象本身的紧张力所暗示出的一种活力,是与生命同形同构的力,它代表生命本身。

我们发现每个人都具有某些神秘的、直觉的知觉方式,具有某种洞察力,有些人对生命不可思议地敏感,因为外界的能量的形式、大气的形式和固体物质的形式,必定会涉及其他生命造物的形式。实际上,外部世界中的形式和运动都在人类有机体内部运动中再现着。

艺术家和天才儿童在画某样的东西的时候,他们并不是临摹它的线条、形状、轮廓,而是画他们内心的感觉,他们会从自己内心运动中寻找轻和重、动和静、格局以及方向。一些孩子会用圆形画人体的头、躯干,用线表示腿和手。这是他们内心的感受,是对与生命一样的形

---

① [美]苏珊·朗格:《艺术问题》,中国社会科学出版社,1983年版。

状的感受。

要组织儿童观察、领会和体验生命运动的特有的各种模式，如：宇宙的图式、植物生长的图式、生命运动的图式、有机体的形态、大地的颜色、自然界的色彩表达等，以各种形式美的“内在感染力”引起他们的审美快感，诱发强烈的创作动机，推动儿童的审美联想和创造。

发表于《香港教师教育国际研讨会议论文集》，1999 年。

学前儿童绘画教育

第一节　儿童绘画心理发展阶段研究

孩子喜欢画画，如果你给 2 岁的儿童一支笔，他就会在纸上、地上、墙上乱涂乱画，不受任何拘束，自由自在地享受着这份快乐。儿童画是儿童表现自己的一种天真的语言，儿童画的常常是他自己心中所想的、所看到的东西。它与儿童生理、心理的发展具有明显的相关性和一致性。

一、学前儿童绘画心理发展阶段研究的相关论述

20 世纪初叶以来，许多心理学家和美术教育家们对儿童心理的成长和绘画的发展作了深入的调查和研究，并由此划分出儿童绘画心理发展的阶段，这对我们了解儿童的造型能力、造型特征无疑是有很大帮助的。应该指出：儿童绘画发展是一个连续的过程，发展阶段不可能严格地划分出明确的界限；但在迅速变化的时期，儿童出现较为明显的差异特征，因而可以相对地划分出一定阶段，每一阶段都以不同的速度从前一阶段中预示和产生出来，又并入下一个阶段发挥作用。下面列举几位著名心理学家对儿童绘画发展阶段的分析。

1. 法国儿童画研究者吕凯(G. H. Luguet, 1927)把儿童绘画分成四个阶段：

(1) 偶然的写实阶段：又称涂鸦期。这一阶段画的大多是一种“错画”“乱笔画”“搔笔画”的线条，没有其他的意义。有时，自己画的像什么，就说画的是什么。或者说要画什么，都用线条表现。

(2) 不完全的写实阶段：这时儿童想画一些像实物的东西，但由于技术的欠缺、注意力不集中和缺乏综合能力，所以不能很好构成。

这是象征表现的时期，其最终意图是趋向写实。

(3) 知的写实阶段：儿童常画自己所知的，而不是画自己所看的。从儿童的X光透视样的画法和视点移动等画面的形态上，可以看出儿童在这一时期是画他所知道的。

(4) 视的写实阶段：这时儿童能按照所看的形状、远近、明暗变化写实，达到成人的表现阶段。

2. 心理学家柏特(C. Burt，1922)把儿童绘画的发展阶段分成七个时期：

(1) 搔笔(2—6岁)：①无目的的线画：通常是由右至左，由上而下的，是肩以下纯粹肢体的运动。②有目的的线画：能注意到线的焦点，并能说出所画的线的名称。③模仿的线画：是兴趣和肢体的活动，由手臂、手腕和手指来运动。④局限的线画：试着画出对象的特征，是线的过渡时期。

(2) 线画(4岁)：喜欢以人为主题，但所作的线画，多半是不完整的轮廓线。

(3) 记叙的象征主义(5—6岁)：大体上已能画出人的形态，但人的容貌、五官位置却画得混杂不清，是幼稚的象征图式。

(4) 记叙的写实主义(7—8岁)：是想象和记忆描绘的阶段，儿童在这一时期画的画不是看到的，而是他所知道的。

(5) 视觉的写实(9—10岁)：这一时期是由记忆和想象的阶段向自然描绘阶段的过渡，也是由“二次元期”单调的轮廓线使用，转而进行“三次元期”立体性的试验；并能注意到物象的重叠、透视以及明暗关系。

(6) 压抑(11—14岁)：这个阶段的儿童，由于自身的成长发展，对自然的观察有了客观的认识，虽试图把自然进行再现的描绘，但进步迟缓，因而丧失信心，降低了绘画的兴趣，多喜欢图案设计之类和人的形态模仿等活动。

(7) 艺术的复活(15岁)：此时的绘画兴趣再度复苏，艺术能力也突飞猛进。女生能表现丰富的色彩、优美的形态，并喜欢优美的线条。男生则倾向技术和机械等用具的使用。但大多数人无法达到这个水平，原因是不能越过前一个阶段的压抑，因而最终对绘画产生厌倦情绪。①

3. 哥仙修泰纳(G. Kerschesteiner)把儿童画发展分为五个阶段：

(1) 错画期：乱画各种乱线。

(2) 图式期：儿童能描画稍具形状的记号、象征或图式。

(3) 对线及形发生感情的时期：儿童稍大一些会对用线描画形状产生较大的兴趣。

(4) 想表现得像实物的时期：在这一阶段已没有图式期的表现。其特征是想照实物描画。然而，常使用轮廓线，还不谙远近法，因此不能画得像实物。

(5) 正确地表现形状的时期：从这一时期开始使用远近法及明暗的变化，会写实表现。

4. 布莱德拉(W. Pfleiderer)把“错画”和“空想的象征表现时期”亦即儿童画渐具绘画的形象以后的时期，分为三个时期：

(1) 概念画时期：相当于图式期，将各种概念，如房屋、花等用画来表达。

(2) 用线表现画的时期：专用线描画的时期，儿童画表现的大部分属于这一期，他将这个时期视为将进入正式表现的过渡时期。

(3) 以颜色构成空间画的时期：亦即经过单色画阶段，进入多色彩画时期。②

5. 美国心理学家罗文斐尔德(V. Lowerfeld, 1952)把儿童绘画发展分成五个阶段：

(1) 错画期(2—4 岁)：从乱画到有控制的涂鸦，要经过好几个阶段的发展：①乱线涂鸦，②有控制涂鸦，③命名涂鸦。4 岁以前，儿童不能画出他所认知的形象。

(2) 前图式期(4—7 岁)：儿童开始象征性地描写尝试。在纸上出

---

① 夏熟：《儿童美术之开拓》，台湾世界文物出版社，1969 年版，第 27—29 页。

② 陈辉东：《幼儿画指导手册》，台湾艺术家出版社，1978 年版，第 49—50 页。

现杂乱的物体形象和用头、脚画成的人，大小变化无常。儿童会用语言补充说明自己的画。

(3) 图式期(7—9 岁)：儿童用一定的图式描画周围环境，建立起有较为固定模式的概念画。他们常常一而再、再而三地重复用一定的图式画人。在图式的表现中，显示其意义，强调其特征及主观意义。

(4) 写实初期(9—12 岁)：儿童社会性意识萌芽时期。在绘画方面逐渐脱离图式而进入写实。儿童已不满足于用几何形状表现物体，而更希望描绘得像实物。

(5) 拟写实时期(12—14 岁)：从自发艺术活动过渡到理性活动阶段。随着对周围环境认识的提高，开始注意物体的比例、深度。希望表现得酷似实物，但表现不十分完整。常用儿童的手法表现远近、凹凸，这个阶段是具有儿童画韵味作品最多的一个时期。这时，儿童对绘画的成品渐渐加以重视，并热衷于发展艺术技巧，注意临摹一些流行的艺术形式和风格。但这个时期在艺术形式上的表现还是肤浅的。[①]

6. 我国儿童心理学家和儿童教育家陈鹤琴把儿童绘画的发展分为四个时期：

(1) 涂鸦期(1—2 岁)：波形图，从左下向右上方重复画弧线；乱丝图，画着不同方向的曲线和直线；圆形图，顺时针方向画圆圈。

(2) 象征期(2—3 岁)：普遍性的象征阶段，圆圈既可代表物，又可代表人。类别性的象征阶段，以一种图形代表一类事物；个别性的象征阶段，能表现事物。

(3) 定型期(3—7 岁)：其特点是从简单到复杂、从正面到侧面、从呆板到有生气，并有时间、空间观念，懂得构图，也懂得用画来分辨性别与年龄，还能用语言来解释自己的画。

(4) 写实期(7 岁以后)：能以绘画技术反映客观现实。[②]

---

① 屠美如：《学前儿童美术教育》，江苏教育出版社，1991 年版，第 56 页。

② 孔起英：《学前儿童美术教育》，南京师范大学出版社，1998 年版，第 51 页。

二、儿童绘画发展阶段划分的研究

综合大量的研究,得到的结论大致可以把儿童画发展归纳为四个阶段:

1. 涂鸦期

大约在1.5—4岁之间,儿童开始画一些紊乱而不规则的线条,包括:直线、波形的线、圆弧线、折线等。这些线条杂乱地混合在一起,它们并不代表什么意义,纯粹是儿童一种本能的、无意识的活动,也可以说是个体最初的绘画活动。

涂鸦期按进程,又可以划分为三个阶段:

(1) 无意识涂鸦:1岁半左右的儿童,当他们有机会接触到纸、笔时,他们就会在纸上画断断续续、弯弯曲曲的不规则线条。(图1、图2)这是一种乱笔画,可以说它是不受视觉控制的纯肌肉活动,线条的方向和长短靠手臂的前后摆动决定,因而出现的线条杂乱。可是,儿童会感觉到这是一种快乐的游戏,可以获得精神上的满足。

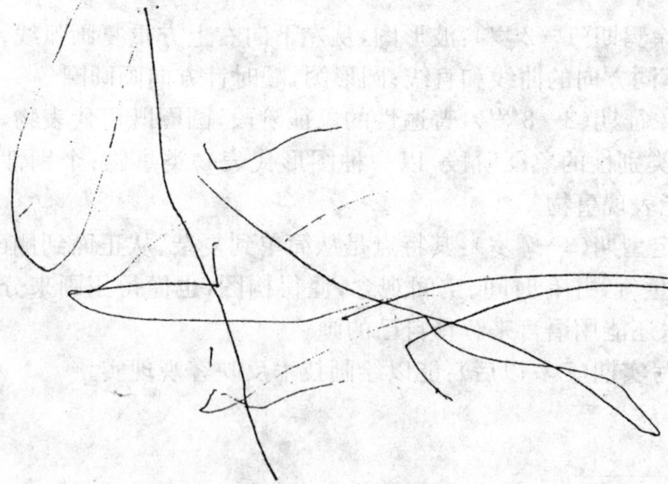

图1 无意识涂鸦 1岁

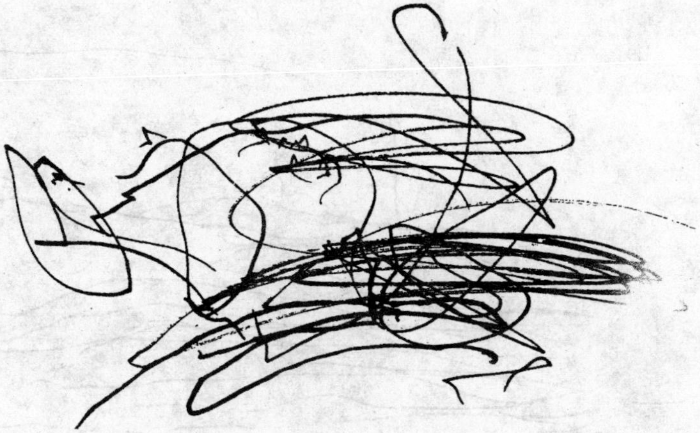

图 2　无意识涂鸦　1 岁 8 个月

(2) 有意控制的涂鸦：2 岁以后，由于生理的发育和适当的练习，儿童的动作已较能受到视觉的控制，手、眼之间协调性加强了。他们能在纸上画出一些上、下、左、右，有一定方向的直线、斜线、锯齿线等。(图3、图 4)幼儿手腕肌肉、腕关节运动更灵活，手的动作有了一定的控制。

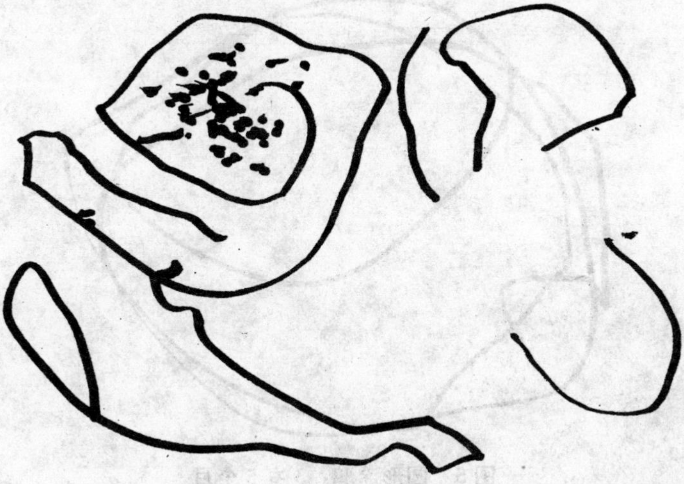

图 3　有意控制的涂鸦　3 岁

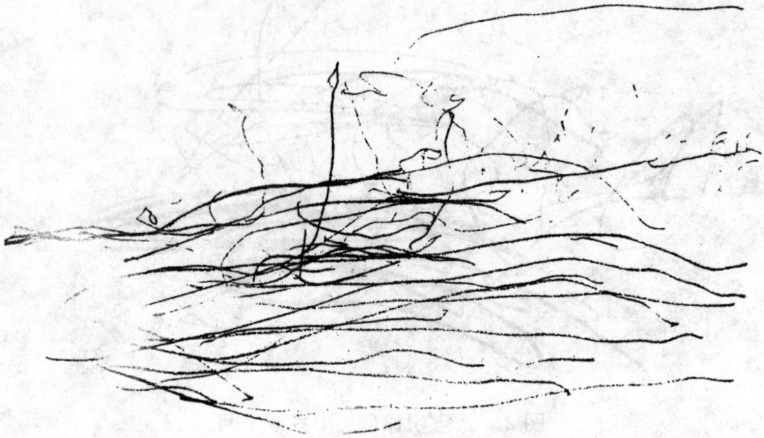

图 4　有意控制的涂鸦　3 岁 1 个月

（3）圆形涂鸦：儿童能注视涂鸦时笔的运动方向，在纸上反复地画圆圈。形状有封闭的圆、未封闭的螺旋形、涡形线等，他们用这些大大小小的圆形来表现一切事物。（图 5、图 6）

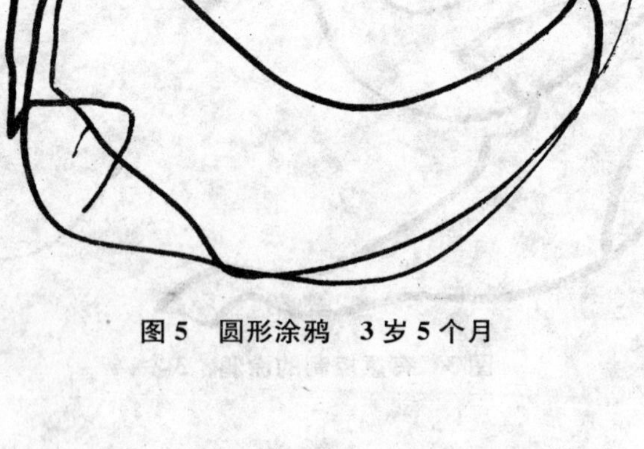

图 5　圆形涂鸦　3 岁 5 个月

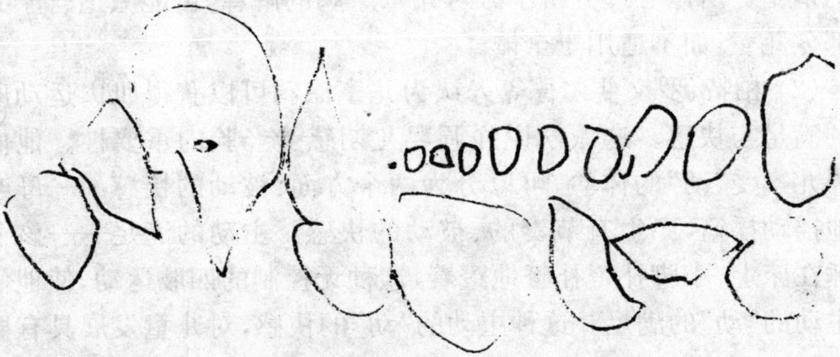

图6　圆形涂鸦　4岁3个月

(4) 命名涂鸦：这时，儿童开始意识到所画的线条与自己体验到的实物有一定的联系，他们虽然不能画出很具体的形象，但已有明显的表达意图。他们一边画一边喃喃自语，说出要画物体的名称，如：太阳、人、鱼……并出现类似的线条符号。(图7)命名涂鸦对儿童来说是个很重要的关键期，这时儿童已表现出凭借绘画与别人交流思想的意向，他开始加强观察与学习，然后摆脱涂鸦期而进入新的阶段。

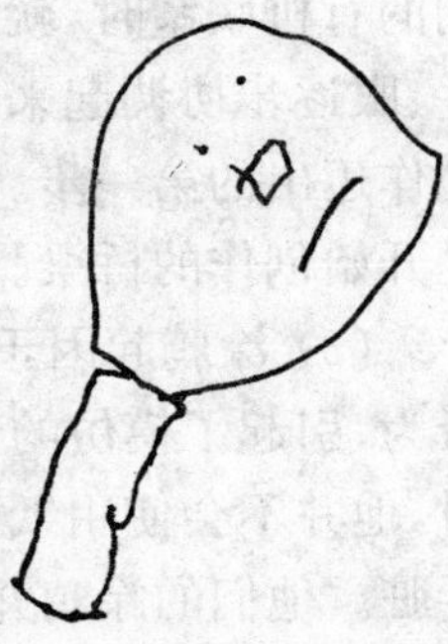

图7　命名涂鸦：鲸鱼　3岁7个月

为什么儿童会产生涂鸦现象呢？许多学者都研究了这个问题，其中较著名的解释有下列几种：

(1) 心理分析学派认为婴幼儿的涂鸦是一种反抗和报复行为。他们把这种行为比作婴儿时期想弄脏衣服、弄湿尿布、弄坏玩具一样，是为了引起成人的注意，吸引母亲的关注。幼儿在涂鸦过程中，因弄脏纸张而获得快感和满足，渐渐地，把原来为了得到母亲的爱，以及反抗、攻击等动机，升华而成为创造。

这种分析的不妥之处在于，2岁以下的婴儿对“脏”和“干净”的概念还不是很清楚。婴儿在纸上涂鸦，并非想弄脏纸张。相反，从他们涂画的神情来看，十分专注而快乐，并没有表现出什么反抗、报复或攻击的情绪。所以心理分析学派对儿童涂鸦的解释,可能只适合于某一小部分儿童,而不适用于全体。

(2) 柏特、罗文斐尔德等人认为儿童涂鸦可以获得肌肉运动所产生的满足与快感。这派学说强调婴儿期感受经验的重要性。他们认为婴儿享受"动"的体验,可以分为两个方面:被动的快感——母亲轻轻地摇动摇篮,产生有节奏的、被动的快感。主动的满足——孩子自己睡在床上,小脚扑噔扑噔地蹬着,这种无控制的四肢运动,使他们获得主动的"动"的满足。这种主动的"动"的快感,对儿童发展具有极大意义。

罗文斐尔德等学者认为幼儿开始涂鸦时,是一种无控制的动作,没有任何创造的意向。儿童只是享受笔画在纸上有节奏涂抹的主动地"动"的快感。渐渐地,当儿童发现自己的动作与纸上出现的线条之间的有机联系时,就增强了他对涂鸦的兴趣。在涂鸦活动中,儿童的手、眼逐步协调起来,用手能够在纸上画出一些东西来,这就是幼儿向创作迈出的第一步。所以,他们认为涂鸦是达到动作协调的关键,也是开始创作的桥梁。

(3) 涂鸦起因于模仿。荣格认为幼儿看到成人或其他儿童绘画行为,引起了模仿的动机。幼儿看到别人写字、画画,自己也想学,这时,他并不会使用纸张和笔,有时把笔含在口中,有时把纸弄破、弄皱、弄脏。他们的涂鸦并非完全是无意识的肌肉运动,而是在他的智力发展到一定程度后,在外界的刺激影响下,开始模仿他人所致。在涂抹的过程中,他一方面感受到有节奏的、主动的运动的快感,同时,线条的出现也起了强化作用,促进他加强练习,希望使这种涂鸦变成一种表达的方式。

综上所述,我们认为:幼儿涂鸦是一种积极的学习活动。这种学习活动表现为:

(1) 认知能力是儿童产生涂鸦活动的重要因素。儿童开始涂鸦时,并不知道纸、笔的用途。笔可以在纸上画出图形,是他经过学习获得的经验,这是认知的结果。只有 1 岁或 1 岁半以后的孩子,才会涂鸦,因为涂鸦动作要求有相对准确的拿笔姿势,并能控制住笔在纸上的运动,不使笔画出纸外。儿童开始涂鸦时,已能相当小心地以纸的某一部分为中心,围绕着中心涂抹。涂鸦也是训练儿童手、眼协调的一种学习活动。

(2) 涂鸦是儿童有意识的模仿活动。涂鸦的动作并不像走路、拿东西那样是生活中不可缺少的。虽然,婴幼儿的动作能力,已具备了涂鸦的条件,但他不一定从涂鸦入手,进行学习。一些没有条件看到成人写字、画画的孩子,即使到了涂鸦期,智力发展正常,也不一定进行涂鸦活动。只有当幼儿受到启发,具备一定的画画条件时,才有可能产生涂鸦活动。所以,幼儿涂鸦是一种有意识的模仿活动。

(3) 兴趣和练习是儿童涂鸦发展的动力。婴幼儿开始涂鸦活动以后,涂抹的律动感,使他获得了动作的快感和满足。纸上出现的有色线条刺激着他的视觉,使他感到惊奇和欣喜。在反复练习过程中,他的手、眼逐渐开始协调,纸上的线条渐渐成为某些有意味的形状。在成人的赞许和鼓励下,婴幼儿的涂鸦得到了正常的发展。

在这个时期,一些不了解儿童心理的成人,往往认为孩子乱涂乱画,糟蹋纸张、弄脏环境,因而加以训斥和制止,使孩子在萌芽状态下的创造力受到压抑。相反,假如成人能认识到婴幼儿的涂鸦是一种积极的学习活动,成人就要为儿童提供纸张、蜡笔、粉笔、黑板等工具,让他们有机会自由涂抹,享受“机能的快乐”。这样,孩子在活动中加强观察和学习,顺利地摆脱涂鸦期,进入下一个新的发展阶段。

2. 象征期

4 岁左右的儿童,知识经验逐渐丰富,已积累起对物体的多方面印象。同时,在涂鸦活动中,学习了控制手的小肌肉运动的能力,为幼儿进一步有意识绘画创造了必要的条件。这个时期,幼儿的心理符号是由直觉控制的,凭主观直觉印象描绘出物体的粗略形象、象征性的外形轮廓,多半是不完全的、遗漏的,表现的是瞬间的、不明确的感情和意图。心理学家皮亚杰认为 2—4 岁幼儿的认识过程,是一种“符号化的智慧发展”。这个时期,儿童以自我为中心,为满足自我需要而行动，不受社会评价的约束，他们的心理符号由直觉控制，在没有成人干预的情况下，他们能大胆地、独立地按照自己对周围世界的认识，创造出直觉的象征性图式。

由于知觉的不完善，且缺乏综合概括能力，因而，描绘的形态多半是粗略的、不完全的，常会遗漏某些部分。如：把圆圈当作头部，两只大眼睛占据了头的主要部分，用单线条表示手和足，或加上一些注意到的细节部分，创造出了奇怪有趣的“蝌蚪人”。（图8）他们画的房屋、动物、太阳等，也是根据直觉创造的符号，表现象征性的物体形象。（图9、图10）事实上，儿童画本身并未脱离涂鸦形式，可以说这个时期是从涂鸦到形成图式的过渡阶段。

图8　蝌蚪人

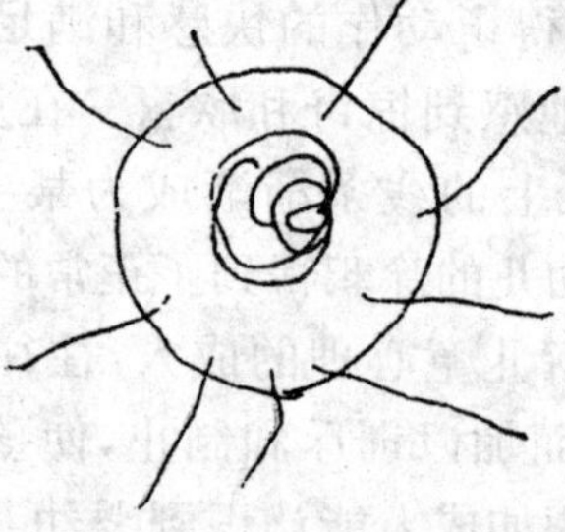

图9　太阳

图10　动物

3. 图式期

随着儿童视敏度的逐渐精确，他们对外界事物的观察也就越来越精细、客观；同时，儿童通过电视、电影和大量的图书、画片，逐渐了解社会上通用的艺术手法。这个时期的儿童画基本上是在模仿、练习中形成的。他们采用线条，勾画出平面的、“二次元”的物体轮廓，因为这种轮廓线较容易把握和表现物体的特征，在自我为中心的前提下，表现自己的经验，构成儿童自己独特的图式画。应当说，图式期的形成，需要儿童把握物体的本质和基本特征，这是较象征期更复杂的、以认识过程为基础的时期，预示着儿童抽象化能力的萌芽和发展。

图式初期，大约5—7岁，是儿童的形象思维发展最敏感的时期。

想像力特别丰富，储存在儿童头脑里的形象常常是鲜明的、直观的、充满情绪性的。儿童画内容比较丰富，能够画出简单的情节，表现物体的某些细节，以及物体之间的相互联系。从个别物体形象的塑造来看，儿童画的轮廓清楚，能表现出物体的基本特征；色彩鲜明，能注意到物体的固有色；但所画图式还是简略的，物体之间缺乏正确的比例关系、空间关系；构图几乎是拼凑而成的。儿童喜欢把他们主观感觉比较强烈的部分，加以夸大，无法摆脱自我观点的影响。

图式后期，约七八岁，相当于学龄初期的一二年级学生。他们已表现出对周围事物强烈的求知欲望，和对学习活动的兴趣。这时的儿童画，仍属于“知的写实期”。儿童画所表现的形象特征比较具体完整，比例大体正确，能够较细致地刻画某些事物的特征和细节，画面有较好的整体感。但这时儿童还没有摆脱“画我所知”的状态。为了表达自己的所知，“透明画”和“展开式画”相当普遍地被运用，常常用内、外混合，正、侧面多种角度组合在一起，形成奇特的画面。在色彩使用方面，能够选用多种颜色的配合，使画面美丽。

从象征期到图式期，儿童画的特殊表现，主要有以下几点：

(1) 表象符号的形成

心理学家皮亚杰认为 2—4 岁儿童的认识过程，是一种“符号化的智慧发展”。这时，儿童的心理符号是由视觉形象组成的。他们渐渐地能使用各种符号，并开始学习分析符号和实际事物之间的区别。

罗达·凯洛格列举了大量世界儿童画资料：从偶发的图形开始，经过结合体、集合体，到曼陀罗、太阳、放射型、人的符号发展的详细历程。“曼陀罗”是圆的意思，指具有同心结构的几何图形。儿童所画的曼陀罗是以结合体、圆、正方形，由一个或两个以上的十字形分割而成的。(图 11)曼陀罗是儿童画发展的重要一环，标志着幼儿已能画出具有构造意义的图画。“太阳”的构造虽然简单，但对儿童而言，在画复杂的集合体之前是不会出现的。在儿童的乱线形状中，有些象征着太阳，但在能够画曼陀罗之前，像太阳的形状却看不到，由此可见，儿童绘画是由一个形状连带地引发出另一个形状的。由曼陀罗而画出天

图 11　曼陀罗式的乱线，线条明显的增加了控制，也表示了进步 28 个月①

空的太阳，其典型是沿着中心的圆形周边画出四射的光芒。（图 12、图 13）曼陀罗和太阳，为儿童初次画人，提供了刺激源泉。从画太阳的脸孔，到以圆形作为人的整体的象征符号，在头上添上两只手，使画像具

图 12　有轮型光芒的“太阳”48 个月②

图 13　有轮型光芒的“太阳”48 个月②

① ［美］罗达·凯洛格：《儿童画的发展过程》台北市：世界文物出版社，1988 年版，第 78 页。

② ［美］罗达·凯洛格：《儿童画的发展过程》台北市：世界文物出版社，1988 年版，第 96 页。

有曼陀罗式的均衡性。(图 14)这种有趣的蝌蚪人,代表着幼儿认知进程中一个很重要的转折点,他们已可以把握外界物体的形体概念,具有创造符号及使用符号的能力。除了画人以外,初期的儿童画,还包括了画动物、工具和建筑物等。把人的图形转换成水平型的动物,对四五岁儿童而言,已不再有什么困难,他们仅在画的构造上作小幅的改动后,发现有几分相似,因而信心大增。(图 15)植物是在太阳、放射

图 14　人的头上添加了其他形状　4 岁①

① [美]罗达·凯洛格:《儿童画的发展过程》,台湾世界文物出版社,1988 年版,第 111 页。

图 15　是人还是动物　5 岁①

线、曼陀罗等图形的基础上发展的。最初的树木和没有手臂的人十分相似，花和树木没有按照与自然实物相同的比例描绘，曼陀罗式的构造的树木具有均衡性的特征。也有与太阳形象有关的放射型的树木。（图 16）

交通工具和建筑物就图形的结构本身来看，是用几个结合体拼凑而成的，儿童画中特有的原型，都用这样的方式完成。（图 17、图 18）

儿童表象符号的形成，是在儿童把握了物体的本质和基本特征后，形成概念，并用简化的线条符号，把自己的直觉表现出来。这是一个相当复杂的认知过程，是儿童抽象化能力发展的萌芽。这个过程与人类在掌握事物的共同属性，形成概念，用符号表达出来的历程是相当一致的，尤其是某些十分具体、十分直觉的概念。这些符号成为超越时空的语言。从原始到现代，从儿童到成人，都可以理解和使用这一类符号。这类符号的形成，除了直觉地掌握那些事物的“形的属性”以外，不可否认地，它还包含了两种因素：模仿和本身对该事物认知的

① ［美］罗达·凯洛格：《儿童画的发展过程》，台湾世界文物出版社，1988 年版，第 130 页。

图 16　曼陀罗的构造且具有均衡性的树木　5—7 岁①

经验。以“太阳”这个符号为例，儿童对太阳的认识是圆形的、红色的、有许多四射的光芒。同时，他还看到别的儿童把太阳画成这种符号；看到故事书、图片、电视、动画片、广告等，都是以差不多的符号代表太

① ［美］罗达·凯洛格：《儿童画的发展过程》，台湾世界文物出版社，1988 年版，第 145 页。

图 17　各种交通工具　5—8 岁①

阳，于是在他的图画中，自然地就画出他所熟悉的符号。在我们的实验中，曾经为儿童提供有关太阳的常识和传说，当儿童知道了阳光是七色的之后，他们画出了各种色彩的太阳；当他们听了“后羿射日”的

① ［美］罗达·凯洛格：《儿童画的发展过程》，台湾世界文物出版社，1988 年版，第 158 页，138 页。

故事后，儿童便画出十个有表情的太阳。

图 18　建筑物　5 岁

由于种种原因，一些教师、家长、出版工作者们，可能是对儿童表象符号形成的过程不了解，在急功近利的思想促使下，为儿童提供了大量现成的图形模式，供儿童临摹。于是，成人的概括代替了儿童的思索，阻碍了儿童抽象化能力的进程。这是当前美术教育中非常值得关注的问题。

(2) 感觉的强调和夸张

从发展心理学的观点来看，幼儿期被认为是感觉敏锐、反应强烈的时期。不但视觉、味觉、嗅觉等十分灵敏，而且皮肤薄，皮肤上各种感觉器官已接近成熟，所以触觉也十分敏锐，并有很强烈的反应。由于具有以上特点，儿童在绘画中，很自然就会把他们的强烈感觉略带夸张地表达出来，构成儿童画中一个特殊的世界。

罗恩菲德曾经做过一个有趣的试验。他看到小学一年级的儿童在画人的嘴巴时，常常用一根直线符号来代替。于是，他在口袋里装了许多硬的糖果,他摇晃着口袋,故意使糖果索索作响。他问儿童:"这是什么东西?""糖果。""硬的还是软的?"从索索的声音中,儿童直觉到是"硬的。""你们喜欢吃糖果吗?""当然喜欢。"罗恩菲德遂把糖果分给孩子们,然后宣布开始吃。小朋友们高高兴兴地咀嚼着那硬硬的糖果,这时罗恩菲德出了个题目,要孩子们画《吃糖果》。结果,小朋友们不再用一根线代表嘴,他们不但画了嘴,还画了牙齿。这个试验说明,儿童在绘画时,常常会不自觉地把一些强烈的感觉,夸张地表现出来。

《吃西瓜》这张作品反映的是一块又红又大的西瓜和吃瓜人的两排十分尖锐的牙齿,于是,画面突出的西瓜比人还要大,牙齿在人的脸上占了突出的位置。这时,问题在于手怎么样去捧这片西瓜呢?幼儿只好把捧西瓜人的手作了变形处理,手臂变得又长又弯,才能恰好把这片西瓜捧住。(图19)[①]

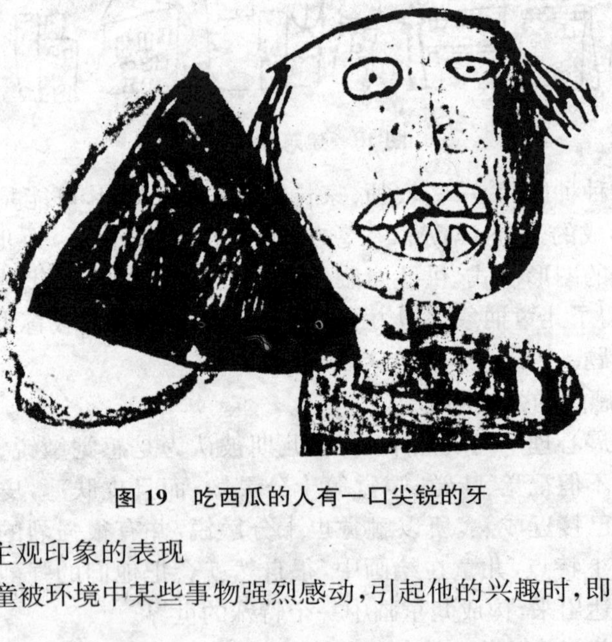

图19 吃西瓜的人有一口尖锐的牙

(3) 主观印象的表现

当儿童被环境中某些事物强烈感动,引起他的兴趣时,即使那些事

① 赵云:《儿童绘画与心智发展》,台湾艺术家出版社,1986年版,第54页。

物已不在眼前，但他心中所留存的感觉经验，依然十分清晰，他会很直觉地选取知识经验中的某些事物特征表达出来，并由此组成了对该事物的一种相当稳定而持久的印象。这种知觉的恒常性一旦形成，不管距离远近，不论换了怎样的角度，在他们的知觉经验中仍然保持原有的形状。从儿童图画的形状、大小、色彩中，可以看出其影响。例如：让幼儿在高楼上俯视街道上的一辆汽车后，要他即刻画出所看的那辆汽车，他画的常常不一定是俯视图，而是幼儿通常情况下画的那种侧面的、有轮子的汽车，因为那是他存留在脑子里较为稳定的汽车形象。又如：儿童知道桌子是由桌面和四条腿组成的，所以他们画的桌子不论从哪个角度看上去总是加上四条腿。在儿童画中，画面上物体不论远近，都保持同样大小。儿童的知觉经验中，树叶是绿色的，所以在儿童画中，不管明、暗和冬、夏，树叶总是绿色，而苹果不论在树上或室内，永远是红色的。

皮亚杰曾作过一个小小的试验。他把三座大小不同的假山模型放在桌上，桌子四边各放一把椅子，然后，让被试儿童坐一边，把三个娃娃各放在另外三边。要求被试儿童从娃娃的角度出发，把在三个不同角度看到的三座山的形状的关系图画出来。（图 20）

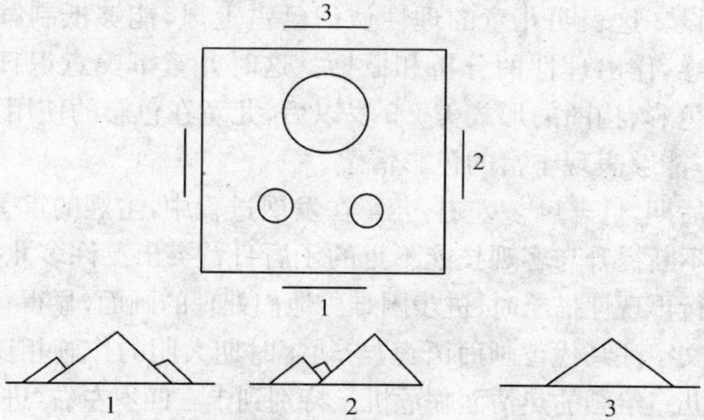

图 20　皮亚杰做的小试验①

① 图中央是该实验的俯瞰图，下方是三个娃娃在 1、2、3 位置所应看到的三座山的形状关系。皮亚杰发现 10 岁以上的儿童，才能正确地画出从娃娃角度看三座山的形状的透视关系。

结果，皮亚杰发现，只有10岁以上的儿童才能画出正确的透视图。10岁以下的儿童，其自我中心的观点仍然相当严重，一般只能画出视点不固定，或是作特殊组合的图形。而7岁以下的儿童，则完全无法摆脱自我为中心的画法。由此可见，以自我为中心，受主观情绪支配的绘画方式是7岁以下儿童的主要特征。

4. 写实期

随着儿童思维性质发生变化，儿童画从记忆画、想象画，转向自然描绘阶段。这时儿童画的内容基本上是写实主义的。由于儿童视野的扩大，绘画形式多样，内容丰富生动，并能反映某些细节。为了力求真实，儿童开始学习“三次元”的立体描绘方法。

写实初期，8—11岁左右。儿童开始对那种不分里外，赤裸裸地把所知道的一切搬到画面上的那种“透明画”的表现方式表示不满，探索着用简单的透视原理，隐去那些不该看见的部分，并注意到物象的重叠关系。如：画房屋时，不再室内、室外不分，以室外房屋、风景为主体的画，就略去室内的陈设；而以描绘室内家具陈设为主的画面，则采用剖视图的方法，表现室内的场面；还有的透过窗户、门缝画出被半遮掩的室内陈设。这表明儿童的理性认识已占上风，能够抵制鲜明、强烈对象的诱惑，作出理性的分析和概括。这时儿童审美意识日益加强，能注意到色彩、构图的形式美。9岁以后，儿童在色彩的使用上会有飞速的发展，能够表现丰富的色彩情感。

写实后期，11—14岁左右，儿童在发展过程中，主观的审美意识、审美要求的不断提升与客观技能不足的矛盾日益突出。许多儿童在尝试对自然进行再现性描绘时，进步困难。他们处理的画面，显得很单调，有的干脆用文字注释代替画面语言，与幼年时期大胆的作画相比，极为逊色。因而儿童绘画的热情面临危机。特别到十三四岁左右，进入初中阶段后，两极分化的现象极为普遍。部分儿童由于绘画困难而失去信心，把兴趣转移到其他学科上去。少数绘画基础好的，创作上会有明显改善。个别学生对绘画产生迷恋，主动在课外进行练习，他们的绘画逐步脱离纯粹的写实方向，朝着有意味的创作阶段过渡。

第二节　幼儿园不同年龄班儿童绘画的各种表现

一、小班(3—4岁)

大多数初入幼儿园的儿童,不懂得绘画的含义。当孩子们第一次拿到纸和笔时,不知从何下手,处于无意识、无目的纯肌肉运动的状态。可是当他们惊奇地发现自己的笔划能产生效果,通过线条的反馈刺激,产生了进一步想画画的要求。

线的产生　线条是儿童画中最基本的成分。早期儿童画都是用线来表现现实事物的结构及其等同物的。线条也是人们用来表现二度空间最简单的式样。

由于人经常用手势比划出一个事物的轮廓线,因此描画轮廓线的活动,与模仿性的手势运动十分相近。人为了表现知觉对象的性质,常常会有意做出某种姿势,或用手臂,或用整个身体,表示眼前的某个物体是大的还是小的,是方的还是圆的,是快的还是慢的,是离自己近的还是远的。这种用手势比划一个事物的轮廓线方式,成了人类心理状态的最简单的、最习惯的表现技巧。儿童绘画活动一开始就是上述描画线条的活动。对一个儿童来说,让他画出一条像样的直线是十分困难的,必须要经历一种复杂的运动过程。

圆的世界　圆形产生于手的旋转运动,就像胳膊围绕着肩部旋转而形成的圆形轨迹一样。动作越熟练,轨迹就越圆滑。儿童从混乱无形的状态中,逐渐形成圆的形状的活动。同时,圆形对视觉来说,更易于把握。圆,它没有方向,没有棱角,是最简单的视觉式样。圆形的完美性特别能引起人的注意,如果让儿童从一堆形状不同的物体中挑选的话,儿童总会不自觉地把圆形的物体挑出来。这说明知觉对简单的圆形是多么偏爱。开始时儿童画中出现圆形的轨迹是杂乱的、无规则的。当儿童不断地用圆来重现事物直到能够完全靠自己的力量画出一个清晰、有次序和完美的圆形时,这对儿童来说实在是一件很不平凡的事,说明儿童的视觉分析器和运动分析器得到了发展,他们的手、眼协调能力加强了，同时，儿童的肘部、手腕和手指关节肌肉的发育也日趋完善。

这时，儿童发现可以用自己描绘的圆形，代表某些事物，于是，他开始以圆形为主要式样，画他所知道的一切事物：苹果、梨、小白兔、小孩、汽车等。据有关实验研究资料表明，小班儿童的原始作品中，出现大量用圆形来重现的事物。对参加实验的12名儿童所作的三次作画统计显示，用圆形表现各类物品的有以下22种：①

类别 内容	食物类	日用品	交通工具	植物	动物	人和动作	自然现象
儿童作画内容列举	鸡蛋	毛线球	汽车	花	小蝌蚪	小孩	太阳
	苹果	金鱼缸			小白兔	游泳的人	
	西红柿	小木鱼			蝴蝶	打针	
	梨子	伞			鸟		
	香蕉				金鱼		
					海里的鱼		
					小鱼		
合计	5	4	1	1	7	3	1

鲁道夫·阿恩海姆认为：当儿童处于圆形式样为主的绘画阶段时，他还根本不能分辨形状。因此，对这些儿童来说，圆圈并不代表圆形本身的性质，而是代表某个具体事物的性质②。然而事实上，儿童并不是把所有东西都说成是圆形的，他们已经能辨识圆的基本特征并在反复练习的过程中，逐步建立起较为清晰的形状轮廓线。这正符合皮亚杰研究中所提出的信号性功能是儿童前运算时期认知发展中出现

① 屠美如：《3—4岁儿童绘画表征能力发展的实验研究》，载《儿童美育文教》，1997年第7期。

② [美]鲁道夫·阿恩海姆：《艺术与视知觉》，四川人民出版社，1998年版，第240页。

的新能力的观点。儿童在反复练习和运用过程中，对形状轮廓的掌握越来越清楚、正确，绘画能力开始得到发展。

二维空间的影响　从儿童最初的画面来看，他们所观察到的物体基本上是通过二维空间形式出现的。没有前后、上下、远近之分，不能把握物体的立体性，而常常是一个用轮廓线包围着的物体的表层面，正、侧面混杂在一起。例如：3 岁男孩冯炜画的公共汽车，表现了两排方向不同的轮子围绕着由二维空间组成的平面的车厢，他把汽车表面层的轮廓线用俯视的方式画出来了，而不是具有三维空间的汽车的侧视图。（图 21）

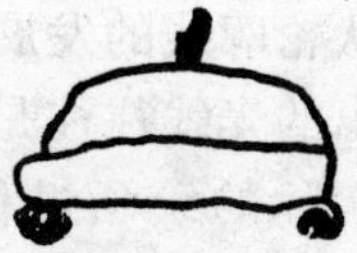

警车

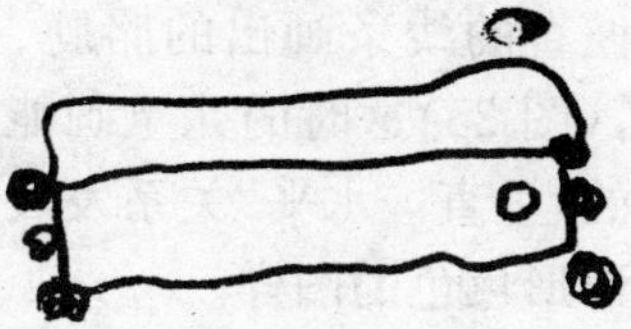

公共汽车

图 21　孩子画的汽车

无独有偶，在儿童的泥工活动中，也发现儿童造型的平面化现象。当儿童自发地用泥塑造立方体、圆柱形、立方柱体、三角形的积木块时，令人惊讶地发现儿童是将泥搓成轮廓线条来表现立体的三角形、圆柱体的。（图 22）

当教师转动一个立方柱体，让儿童观察它可见的三个面后，一个孩子用三根泥条并列在一个平面上组成了所谓的“立方柱体”。（图 23）这可能是由于儿童对泥的可塑性不甚了解所致，但从另一方面也反映出儿童造型中所受二维空间的影响。小班儿童在知觉物体的深度方面是存在一定困难的，但并不是说儿童完全不能感知物体的三维空间。一个 3 岁半的小女孩用四根柱子做成空心的圆柱体，（图 24）表现了它的深度。她画的公共汽车，实际上试图把汽车不同的三个面反

图 22　泥塑立体三角形

图 23　泥塑立方柱体

图 24　泥塑空心圆柱体

映在二度平面的纸上，但是，幼小的孩子是无法自发地完成这项任务的。

形状轮廓线的发展　阳光放射式样射出的光线往往是由直线构成的。在实际的绘画过程中，儿童常常使用直线，从儿童画中，可以看到用僵直的线条画出的胳膊、手指和腿，（图 25）这时的儿童画能按照简单的“垂直—水平”关系发展出大量的形形色色的图样。

要求初入园的儿童就用四条边线组成方形物，非常困难。由于儿童尚处于“方向性”无区别的阶段，直线式样是表现这种事物的最简单的结构式样。同时，也因为儿童不明白如何把四条边线组成直角关系，而它往往用一笔是画不出来的，办法是沿着长方形的纸边画，可是由于急于合拢的心态，或者受到衣袖或其他物品的阻挡会画成缺角的、似方非方的形状。大约经过半年以后，情况就大不一样，几乎绝大部分儿童会画出圆形和方形。这时，儿童具备了能够画出简单物体的形状轮廓线的条件。

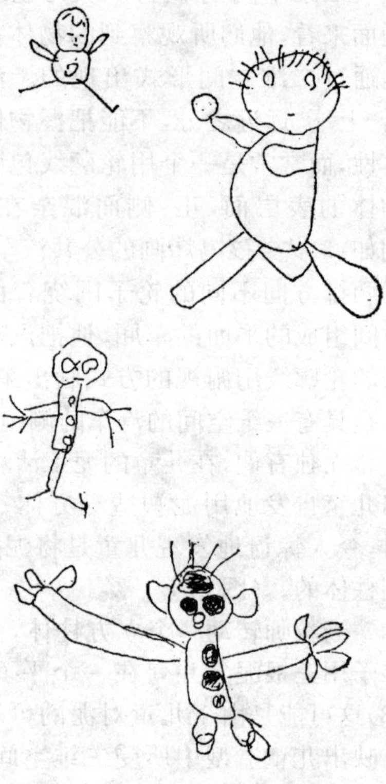

图 25　人

一个物体的真实形状是由它的基本空间特征所构成的。人所感知到的形状，主要依赖于物体的边界轮廓线，同时结合他以往对这个物体的经验。因此，他描绘的该物体的形状，并非单纯由眼睛所看到部分的形象来决定的，而往往出现的是体现这个物体主要特征的主轴线。儿童观察一个物体，往往一眼抓住该物体最粗略的形状结构，用最简化的办法描述它。例如:写生画《剥开的橘子》形象结构比较复杂,儿童先画了一个大圆圈,然后在大圆圈上画一排半圆形的橘子瓣。(图 26)《猫头》,儿童没有画出猫头的轮廓,只是画出了猫的眼、鼻、嘴、胡须,表现了粗略的形态。(图 27)

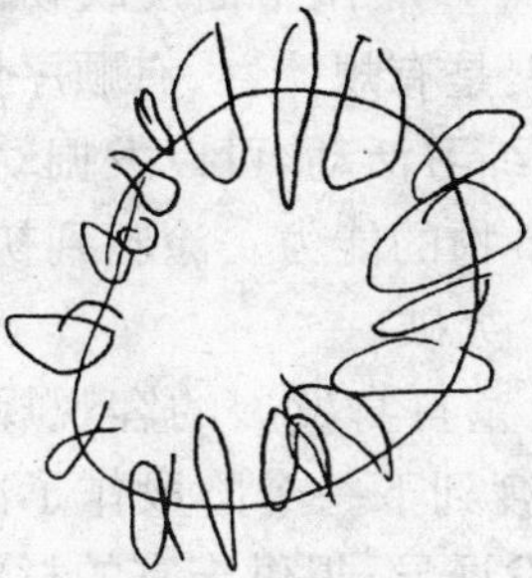

图 26　剥开的橘子

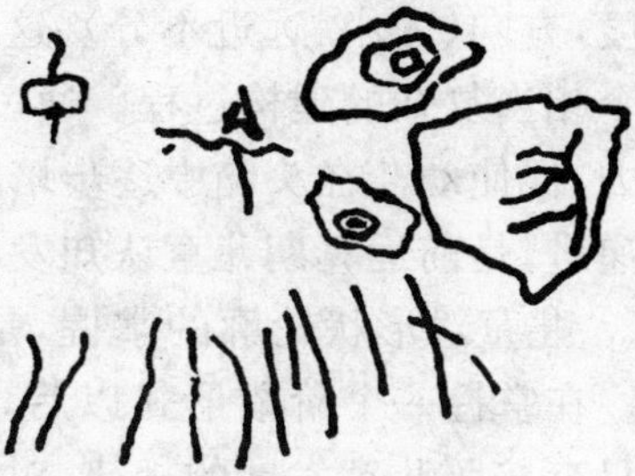

图 27　猫头

无论如何,儿童画东西均非单纯地把他所直接观察到的物体画出来,而是把他所看到的与他的已知经验融合在一起的整合形象的体现。这说明儿童作画的过程,是在原有图式的基础上,吸收并同化看到的物体,在矛盾和冲突中,通过顺应而产生新的图式的心理内化过程。这个时期的小班儿童,可以从涂鸦过渡到以圆形为主。学画圆形轮廓,如圆饼干、橘子、打开的鸡蛋、生日蛋糕、一盘水果等,从单个到多个圆,到同心圆,再到圆的相似物。小班后期,可以开始练习画正方形、长方形等。

以平面为主的表现方式是小班儿童绘画的主要特征,但必须加强培养空间观念,泥工、积木、结构游戏对加强三维空间概念是最适宜的手段。

各种感官的综合运用,能加强儿童对物体的印象和兴趣。要有系统地训练儿童进行观察,把视觉形象转化为视觉—运动形象,并在绘画中表现出来。这是一项长期的、复杂的任务,每一个短短的训练,不会发生奇迹,但会促进儿童运用某种智慧能力,来解决一个过去没有遇到过的问题。有系统、有顺序地根据幼儿发展规律,对幼儿实施美术教育,无疑对幼儿身心发展具有积极的作用。

教育的作用

1. 儿童绘画的发展是与儿童认知发展同步进行的。3—4 岁的儿童绘画发展处于由涂鸦期至象征期的过渡阶段，经历了从无意识的纯肌肉运动，向有意识、有目的地用简单图像反映现实生活中事物的过程。乱线——圆形涂鸦——形状轮廓的产生——用平面反映物体（缺少深度，方向、大小、远近不分），这样的发展是有规律性、有顺序性的，是一个相当复杂的建构过程。通过绘画的练习活动，可以发掘幼儿认知潜力，促使幼儿在头脑中逐步培养重现事物的能力。涂鸦到初期绘画的递进，是前运算期儿童认知发展的一个突破。

2. 儿童对形状轮廓的掌握，是按照儿童自身发展的客观规律前进的。在掌握一个阶段形式以后，就为过渡到下一个阶段作了准备。教师只有按照儿童发展的规律，对他们启发诱导，提供丰富的材料，促使幼儿重现事物能力的形成，才能收到最大的效果。“揠苗助长”“越俎代庖”，按教师主观意愿向儿童灌输绘画技巧，不利于儿童艺术情感和思维的发展。对 3 岁儿童来说，最重要的是不要养成单纯摹仿的恶习，导致丧失儿童自己的直觉能力。教师应当明确，随着儿童心理发展的成熟，他们是能够依靠自己的感觉和已知经验，用自己的头脑和双手，自发地表现物体的结构特征，并且在练习中逐步发展这种能力。

3. 儿童是学习的主体。教师的作用是帮助儿童选择各种探索活动，通过各种刺激促使其内部的认知结构发生变化，为有机体提供发展的最佳条件。对 3—4 岁儿童来说，要加强操作练习，如：指画、棉签画、蜡笔画、油画棒、彩色水笔画等多种工具画的练习；要加强综合性的艺术活动，如：粘贴与画画的结合，手工、泥工与画画的结合，积木、结构游戏与画画的结合等，帮助儿童学习从单纯的操作到形象的概括，从外部操作到头脑内部的操作。

4. 教师必须根据儿童对形象轮廓知觉掌握的规律，设计各种课题。这种课题一定要符合儿童的已知经验、兴趣，略高于儿童现有水平，以促进儿童心理从不平衡到平衡的发展过程。他们认识事物过程中，对一些复杂的事物只是粗略地看它们的主要部分，于是常习惯用他原有的圆的图式经验去同化它们。

从简单的圆形向比较复杂的圆形发展的第二个简单式样，是由多个圆的初步结合而形成的同心圆的式样，把小圆包含在大圆之中，如：打开的鸡蛋、盘子里的水果等。在更高的阶段上设计的“包含关系”有：猫头、一个人住在房子里等。

阳光放射式样是在一个同心圆或几个同心圆结合体上放射出直线线条或长方形线条而得到的。它表现了事物的方向性。如：光芒四射的太阳、盛开的花朵、一棵长满树叶的小树等。

圆形涂鸦，大约持续一个学期，之后儿童逐渐学会用圆重现事物，从粗略的圆到逐步掌握物体的基本特征，表现各种圆形及其相似物。学会画圆形，为他们进一步学画打下了基础。

二、中班（4—5岁）

符号性表象能力的发展是这个时期儿童画发展的重大特征。儿童的知觉随着能够逐渐地把握住事物的突出结构而发展起来。这时，儿童已能用粗略的图式结构表现他们认识的事物。就像原始人使用象形文字记载事物那样，他们按照自己的直觉了解世界，创造性地使用象征图式把所认知的物体记录下来。

线　条

线条仍然是这个时期儿童画中最基本的成分。直线和横线是他们普遍运用的，用它画出人、树木、房屋等各种物体。对中班儿童来说，画出一条像样的直线，仍然需要经历一种复杂的运动过程，需要视觉控制和手指、腕力的配合，用均匀的速度进行，经过无数次的练习后方能获得成功。斜线、弧线、曲线在视觉上没有直线简单，但它能表现出更丰富多样、逼真生动的事物和现象。随着观察能力的逐渐敏锐，儿童有了想要更加真实地反映现实生活的愿望，经过多次的失败和尝试后，他们的画上开始产生更复杂的线条、角度关系。例如：儿童第一次画树时，老师组织他们观察秋天的梧桐树，从下面粗粗的树干慢慢地向上看到树枝分叉，以及剩下的稀疏的树叶，部分儿童仍然是用垂直和水平线条表示树的生长，（图 28）但不少孩子使用了斜线条，（图

29)这是高明(女)画的树,树对称地分成三个杈枝,显得均衡、挺拔。丁叶明(男)则巧妙地使用多种角度斜线,(图30)使人感到有随风飘摇的动感。当儿童观察了这棵枝干纵横交叉的梧桐树后,能够凭直觉用几根线条简化概括出树的基本特征是何等不易。

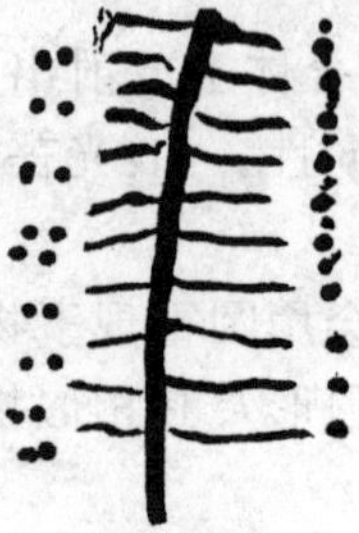

图 28

图 29

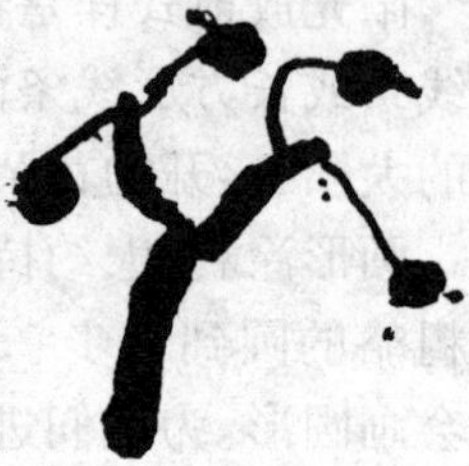

图 30

在画《一串香蕉》和《剥开的橘子》时,儿童画中出现了相交的弧线和锯齿线。(图31)但是,准确、灵活地使用这类线条,对这个年龄层的儿童来说,还是很困难的。除了极个别的孩子作了艰难的尝试外,几乎没有一个孩子能够画出唐老鸭的弧形大嘴。画花瓶时,同样遇到了这个问题,所有的孩子都用圆圈和长方形组合的方式来代替交相出现的弧线,(图32)只有在教师再三强调了花瓶的整体结构后,少数孩子开始使用弯曲的弧线而不是用两个封闭的图形连接花瓶,(图33)但大多数儿童仍然达不到这个要求。

图 31

图 32

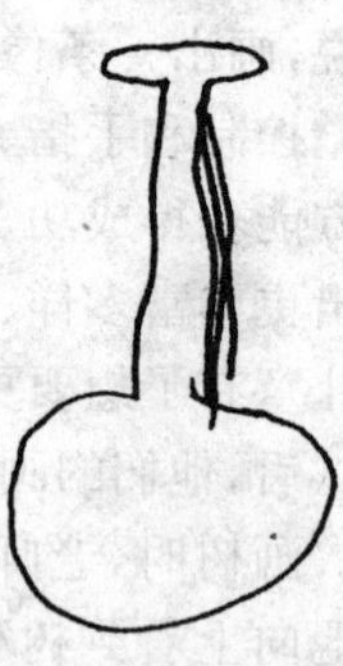

图 33

形　状

这时，儿童把握的是事物的粗略结构特征，以二度平面表现物体的空间。可以说，儿童正处于表现主客观矛盾时期。儿童对客观事物已有一定的认识，产生了积极探索的愿望，想要表现出物体的真实面貌，然而，由于缺乏表现技巧，于是在画面上出现了客观现实与主观模式的冲突。一方面力图反映他自己所注意到的某些特征，另一方面添加了自己内心的主观图式。这个时期的儿童表现事物和物体形状的基本手段是通过他已有的认知结构来同化或理解外界事物。一般的过程是审视眼前的物体，确定它的结构框架，然后用他已知的图式——几个封闭的几何形式样，把它们的各个部分与它的整体联系起来，组成简化式样的物体轮廓。圆形轮廓仍然是儿童最偏爱的，椭圆形、长方形具有一定的稳固性，更多地出现在画面上，用以表示人、动物的身体，房屋、汽车的支架，偶然还出现梯形和三角形。例如：在故事画《金色的房子》中，儿童用梯形画房子的屋顶，用方形画窗子和门；用近似圆组成身体、翅膀和尾巴，画出了天空飞的小鸟；家门前的小狗则是用长方形组成身体，用线条表示四条腿和尾巴。这类表现形式都是在儿童掌握了物体几何形结构，单个物体的一定比例和色彩要素，在大脑中形成清晰的结构图式后画出来的。就是利用这些简单式样的不同组合，儿童不断地改变自己头脑中的原有图式，创造出自己独有的表现方式。每个儿童都有着独具特色的形象表现方式，按照他们个人的认识水平、感受能力从不同角度反映物体。有的幼儿的画，属于大胆的、视觉型的，常常采用俯视结构表现物体。有的幼儿的画是属于触觉型的，能灵活巧妙地将多样结构结合，创造出众多的图式。还有的幼儿的画是写实型的，注重色彩，力求逼真。不同儿童画表现风格的差别与儿童个性差异有密切的关系。但从总体来看，儿童表现的方式还是拼凑式的，处于较低水平，作品停留在再现一般性特征的水平，类似原始人创造象形文字那样，看上去是简陋的、似像非像的，然而，却是经过他们反复观察、辛勤试验以后得出来的。从这个角度看，这是他们的重新发现和创造的伟大作品。

大小和方向

儿童通过视觉已经能够区别大小，但在儿童的画面中，大、小的准确性却很低。这是因为知觉对象的形状、方向，并不因为事物变大或缩小而发生改变。因而，他对事物大、小的心理反应显得不十分重要。在小班期间，作者曾尝试让儿童观察两座房屋，一座是真实的庞然大物，另一座则是小巧玲珑的玩具小屋。结果在儿童画面上的反映几乎没有大与小的区别。中班儿童，已经注意到在组合一个整体时的大、小比例关系。一般来说，树干要略长于树枝，人的手、足比例要相对协调。仅从整幅画面来看，事物与事物之间的比例关系很不协调。有时，房屋比人小，小鸟却有人的一半大，只有当儿童对所表现的事物赋予主观价值时，儿童才会注意到事物之间的大小比例关系。

这时，儿童已逐步建立起一个统一的空间框架概念，以垂直定向作为基础，可以说这是视觉把握最简单的式样。儿童画中所有的人、动物、树木、房屋等大多都是以地面垂直关系表现的正面图像。在《猿猴》的静物写生画中，要求儿童从不同的角度观察猿猴。11 名儿童，有 6 名完全不顾眼前的猿猴姿态，仍按自己的原有经验画出垂直或水平图式，有的因垂直图式不能反映四肢，而干脆用俯视—水平图式作画。（图 34）有 5 名儿童，经过种种困难的尝试后，画出一定的动态线，试着表现前长后短的透视关系。（图 35—37）这意味着，儿童开始接受物体除了正面的垂直—水平关系以外，有着多角度、多方向的变化关系的观念。

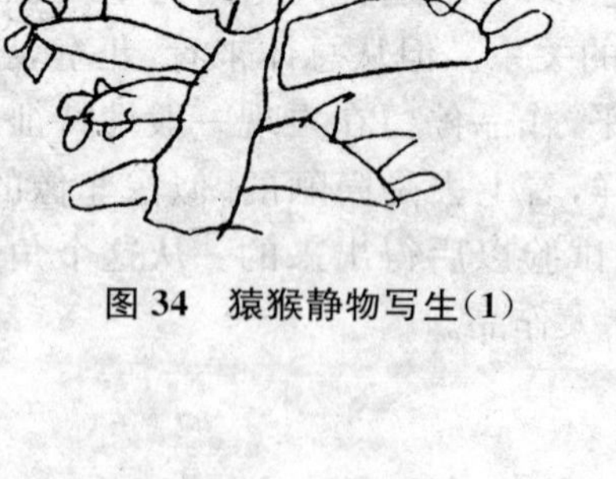

图 34　猿猴静物写生(1)

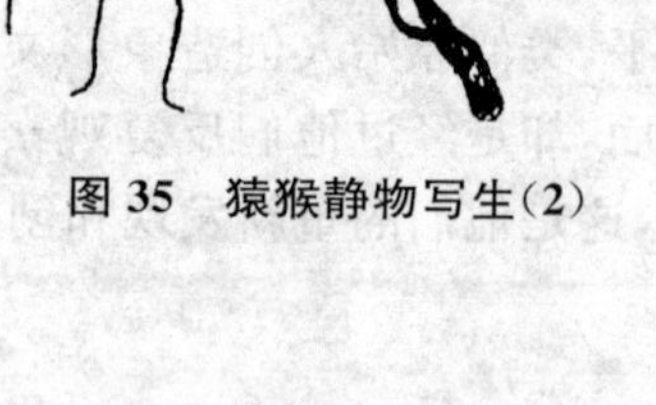

图 35　猿猴静物写生(2)

图 36 猿猴静物写生(3)

图 37 猿猴静物写生(4)

色　彩

早期儿童画的发展，形状先于色彩。4 岁儿童开始对颜色发生兴趣，他们会对有强烈视觉感染力的色彩进行选择，不再使用单色作画，常常自发选用 3—5 种颜色涂染。加上外在物体本身色彩对人的刺激，儿童在选用色彩时，部分选择产生于直接经验。例如绿色的树叶、红色的花朵等，并形成一些轻易不加变更的定势。但在使用色彩中，更多地受情感的支配，喜欢按自己的喜爱任意涂染。红、橙、黄、绿、棕、紫、黑等颜色是这个时期儿童最常选用的。对色彩选择的情绪性反映，明显地表现在《高兴和不高兴》的对比画中，表示不高兴的色彩有绿、暗红、黑。明显的，儿童喜爱明亮的颜色，喜爱五彩缤纷，讨厌灰暗色调。他们能够凭个人的直觉，选用强烈的对比色，如紫和橙、红和蓝，以鲜明的彩色突出主题。有时，在一张画中，常常集中地把自己喜爱的颜色都挑选出来，使画面五光十色，毫不考虑和谐美。男、女孩子比较起来，女孩子更爱色彩的装饰性，而男孩则对形状变化更感兴趣。

想象和情感

儿童用直觉来表现各种印象，创造出基本符号，表现情感和生命。当儿童掌握一些圆、直线、方形、三角形、曲线等形状技能以后，学习用极其朴素的线条记录下他的视觉经验，画在纸上似乎是一个人、一棵树……每一个结构的出现，都是传达他思想的链接，作为象征以表达他的情感。

在《猪八戒吃西瓜》的故事中，儿童按自己的意象，创造了形状、姿态各异的猪八戒形象。（图38、图39）有趣的一点是他们共同反映了猪八戒的安闲自得的神态。在作两张情绪对比画时，房颂小朋友把胜利的孩子画得扬扬得意，石头和孩子相比显得渺小，而失败的孩子，伤心地哭泣，旁边的石头显得如此巨大。在想象画《可怕的妖怪》中，沈娜画了一个似人似怪的物象，头上戴了奇形怪状的帽子，身上长着棕色的毛，尖利的爪子，张着血盆大口。（图40）房颂在《米老鼠的故事》中创造的米老鼠形象又是那样文质彬彬，和蔼可亲。（图41）透过这些生动有趣的儿童画，可以看到孩子们的心灵，他们的喜好、追求、希望和情感，通过稚拙可爱的形态、大胆的色彩所表达的情感符号，创造了具有一定生命力的表象。

图38　猪八戒吃西瓜（1）

图39　猪八戒吃西瓜（2）

图40　可怕的妖怪

图41　米老鼠的故事

教育的影响

中班儿童画是在以儿童为主体、积极鼓励儿童主动地探索和创造的环境中产生的。每一根线条，每一种形体，都来自于儿童直觉的感知、观察和想象，是他们探索发现的结果。老师的作用是创设一定的环境，向儿童提出具有挑战性的课题，提供必要的线索，引起他们的联想和想象，使他们在头脑中保持明晰的印象，直至表现出与情感和生命相一致的形式。应当说，这个时期儿童绘画还是粗略的，是以个别形象为主的直觉的原始绘画，还不能成为艺术作品。这是儿童画发展阶段中的必然过程，教师不能对他们提出过高的要求，只有在不断的激励、赞赏之中，才能使他们顺利成长。

三、大班(5—6岁)

随着语言的发展和社会化的进程，儿童发现了一个超越于他本身，具有意外丰富内容的现实世界。这时，儿童的思维还是直观性的，保留着感知运动图式的特征，同时，已经具有了表征和重新改造感知运动经验，及预测未来的能力。6岁左右，儿童画向描绘较为精细的、具体的形象方面过渡。这个时期，儿童情感的发展是与智力发展相辅相成的，由于内在的主观世界中对物质宇宙的认识尚未完全分化而产生了“泛灵论”思想，使他们把事物和现象视为有生命的和有意向的东西，一切现实的东西都是按照自我的模式予以解释，他们尚不能完全摆脱自我中心的状态。

用二度平面表现物体的各个方面

正如阿恩海姆所说，用轮廓线表现事物适合人类心理状态的最简单的和最习惯的表现技巧。儿童画的空间是通过二度平面表示出来的。这时，儿童已掌握多种图式表现人、动物、树木、房屋等具有普遍意义的形象。较4岁的儿童来说，大班的儿童已能表现物体的主要特征和某些细部，例如，画的人有烫发的、梳辫子的、戴帽子的；穿的衣服有领子、口袋，还有其他一些装饰。(图42)能有区别地画出马和骆驼，骆驼全身是毛，有驼峰，而马颈上有鬃毛，奔跑很快。(图43)表现的物体大部分是正面形象——正面的人、房屋、树木、花朵，而动物则是侧面的。这可能与儿童追求完整、对称、简洁的倾向有关，儿童较易接受规则的、完全的形状。绝大多数儿童用垂直—水平关系作画。随着对曲线、弧线和方向的掌握，儿童画中偶然出现某些将整体形状和部分形状连接在一起的式样，如骆驼弯曲的驼峰，身体和腿部轮廓线的连接，以及侧面人的眼、鼻、嘴的曲线等，这说明儿童对轮廓线的把握能力提高了，线条表现更加流畅。

图 42 正面人和侧面人

图 43 骆驼和马

基底线的突破——空间表现之一

用纸的底部或者画上一条底线作为地平面，在地平面上一字排列着物体，这种使用基底线的作画方式，是早期儿童画的特征之一。实质而言，儿童这时尚处于平面与空间无区别阶段。水和陆地在同一纬度线上，前后物体都以同样的大小站在同一地平线上。当然，五六岁的儿童已不满足于此。如何在二度平面上表现三度空间的各个方面呢？他们创造了多种多样的方式。在一幅画面上，表现垂直的上、下关系是比较容易的。如百货大楼的二层楼房，用上、下层线隔开，就可表现“竖式空间”，而当儿童需要表现一个较大场面的情景时，需要用两个维度显示其水平面积，于是，他往往采用一个大的封闭性圆圈或者矩形来表示。例如，儿童乐园、公园是用封闭的近似方形表示，而飞车是用另一个封闭圆圈画的俯视图表示，旋转马是在封闭圆圈里。（图 44）在儿童用垂直—水平方式画的侧面形象中可以看出，正、侧、俯

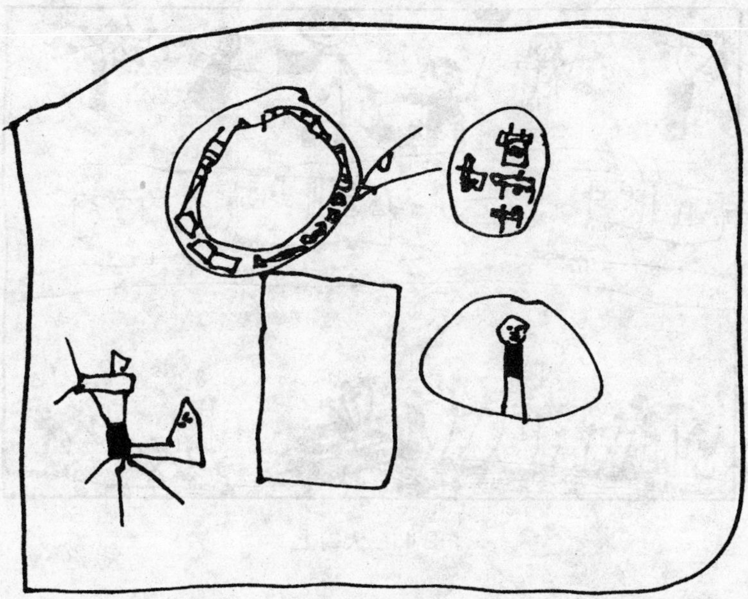

图 44 儿童乐园

视的混合，完全受表现的难易程度来决定，毫不考虑它的统一视点及其合理性。这种以“水平空间”为主的画法，是儿童的又一创造。为了表示远近关系，孩子们创造了一种简便的方法。在画《大街上》时，在纸中间画三条横线，中间表示马路，行走车辆，纸的上面表示马路对岸的行人、树等，纸的下部是马路近岸种植的花草。三排物体基本上是等距的，表示了一个远近并列的空间。(图 45)当儿童表现崎岖不平的山路时，又有一番别出心裁：近处山峦接着山峦，爬山的人呈放射式排列。中间有一条地平线，远处又有群山。近处的树大，远处的树小，把博大的空间处理得层次分明。爬山人看起来似乎一个个横挂在山上，但在孩子心目中，爬山人正一步一个脚印向上攀登，因而，人与山路轨迹是呈垂直关系的。(图 46)

图 45　大街上

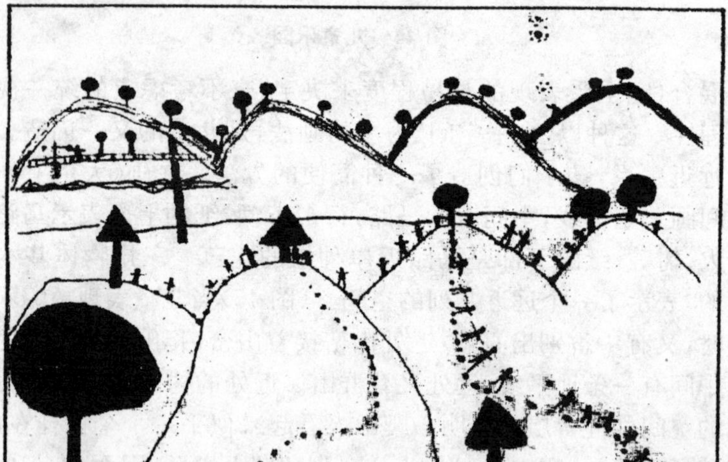

图 46　爬山

深度关系——空间表现之二

随着儿童认识事物逐渐增多和观察能力的提升，儿童对画面的处理更深入细致。儿童不仅画出物体的表面特征，还希望解剖内部，于是，出现了“透明画法”。大部分 5—6 岁的儿童在画《我的家》主题画时，都用透明画法，使房间内部的人、家具、装饰一览无余。与年龄较大的儿童相比，他们缺少对物体的深层次关系的认识，更多地受直观感觉的控制，在画中把他所知道的和盘托出。他们缺乏“重叠”概念，不考虑所见到物体的前、后位置。例如：儿童在观察了图片中的高矮重叠的楼房后作画，大部分儿童将楼房一字形展开，个别孩子在教师提醒下勉强地画出遮掩关系，却把前、后物体连接到一个平面上，使人感觉一座楼房重压在另一座楼房之上。(图 47)写生画《正面开来的卡车》，孩子们面对着的是车头、车厢、货仓几个不同层次、不同距离出现的透视面，不少孩子干脆回避了这种场面，仍然画他心目中的侧面卡车形象。少数孩子努力地寻求、探索表现的方法。6 岁女孩姚远的正

图 47　楼房

面卡车，已具有某些透视原理，但轮子仍然是平面的圆，以致让人觉得似乎卡车轮胎被压扁了，有开不动的感觉。（图 48）

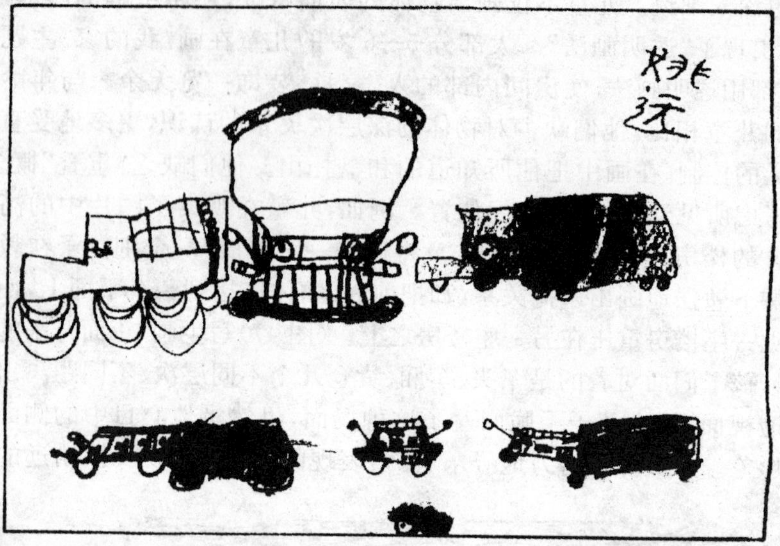

图 48 正面开来的卡车

构 图

较幼儿园中班儿童来说，大班年龄的儿童更注意画面的整体效果。不仅是内容，画面也组织得合乎逻辑，具有一定含义，物体之间有相互联系；从形式上也更讲究画面的平衡、对称和统一。一般来说，儿童很注意画面重心的稳固性。画的底面常常将他所设计的主要形象一字形展开。为了达到空间平衡，儿童喜欢画天空、太阳、云彩、小鸟等等，使画面上下呼应，显得丰满。画面中的人物、动物、树林、花草的组织结构，具有一定的对称、平衡感。并且常用一对、二对，或是三个一对组成的对称手段排列。有一定绘画经验的儿童，还能在对称中求变化。例如，在《跳舞的女孩》画中，三个女孩以不同服饰、头饰和统一的舞蹈姿势出现，在中间偏右的位置，舞台后排出现的两个女孩，一大一小，则在偏左方，前、后、左、右的安排恰到好处，获得不对称的均衡感。(图 49)在《火焰山》的画面中，右边偏下方④的大火，与左上方的下雨中的人群相呼应，画的中心是孙悟空拿了一把大扇子在拼命扇灭大火。画面布局合理，构思独到。(图 50)笔者在实践观察中得出，这

图 49　跳舞的女孩

图 50　火焰山

个年龄层中的不少儿童画构图生动、巧妙、疏密得当合理，似乎由儿童的一种直觉审美心理所支配。用格式塔心理学（即完形心理学）提出的大脑视皮层本身就是一个电化学力场的论点可以来解释视觉力。阿恩海姆认为，一个观赏者视觉方面的反应，应视作是大脑皮层中生理上追求平衡状态时所造成的一种心理上的对应性经验，笔者认为不无道理。

色　彩

儿童使用色彩的范围扩大了，经常用的有：红、橙、黄、绿、蓝、黑、赭、紫等。同时，对色彩的辨别力提高了，不再用纯度极高的红、绿色，而是有选择地使用大红、玫红、粉红、翠绿、草绿等不同亮度的色彩。儿童对一般物体的固有色已具有一定概念，能比较准确地随类赋彩。喜爱运用装饰性色彩，则是这个时期儿童画的又一特色。他们喜欢自由地用各种色彩点缀房屋、人物、景色。色彩斑斓的屋顶、七色的花朵、仔细装扮的服饰，使儿童画具有神话魅力，反映了儿童心目中的彩色世界。在选择用色时，儿童为了使色彩鲜明，自发地运用冷暖、对比色。红色衣服配上蓝色的裤子，橙色和紫色相配也用得较为普遍。色彩情感的流露十分明显。红色、橙色、黄色以及天蓝色等明快的颜色是与快乐的情绪相联系的，而褐色、紫色、绿色、深蓝等则与讨厌、可怕的情感相联系。使用色彩的范围与每个儿童的个性特点和智力因素有关。活泼开朗、属于强型的孩子，使用色彩明快的颜色较多；胆怯、反应迟钝的孩子在使用色彩上杂乱，举棋不定，喜欢用中性色彩；自信、有主见的孩子喜欢用对比色表示强烈的情感。

情感、兴趣、想象

这个时期儿童的"泛灵论"思想，即把事物视为有生命、有意向的一种倾向，在绘画中有明显的表现。儿童之所以喜爱绘画的原因之一，不仅是因为它的艺术表现，更多的是把它作为表达内心世界的一种语言。他常常边画边喃喃自语："这是机器人，手里拿着冲锋枪，啪啪……子弹打穿了坏蛋的胸膛。"伴随着自己的手部动作，津津有味地边画，边说，边想。"孙悟空，变变变，变成一只小虫，飞进了铁扇公主的耳朵里”,画中出现了栩栩如生的人物形象,寄托着孩子的幻想。儿童画的生命力就在于作画者是投入自己全部的身心和情感。未经修饰加工的儿童最初的画,画面也许是混乱的、不明确的,但构思却是生动活泼的,每一张乱糟糟的画面中寓意着孩子们许多天真的想象。

这个年龄的儿童喜欢画想象画。在题为《小云的梦》的想象画中,姚远画了睡着的小姑娘小云,突然腾空而起,飞入了仙境。在那儿鲜花盛开,闪闪发光的彩色房屋和穿着仙女般美丽服装的孩子在欢迎着她。(图 51)在这种有主题的想象画中,每个孩子都充分发挥了他们的联想,设计了许多不同的情境。但应当指出,这时,儿童画还是以再造想象为主。他们所画的人、房屋、风景等虽然经过一定的装饰和变异,但仍摆脱不了储存在记忆中的图式原型的影响,同时,也受到知识经验以及表现技巧的限制。还必须注意,这时,儿童的创作并非深思熟虑的结果,而是在瞬间生成的,因而,常常受到时间、地点、场合以及本人情绪的影响。在活泼自由的气氛下,当某些新异刺激触发了他的情

图 51　小云的梦　姚远

感、思路后，他们就能完成较为理想的作品。所以，图画课不宜在时间上有过多的限制。

教育的影响

大班儿童画正处在迅速发展阶段，在教师正确的组织和引导下，儿童有可能对绘画产生兴趣，并获得较为满意的成绩。教师必须不断丰富儿童的知识经验，让儿童主动地体验生活，培养他们对周围事物的敏感性。老师要充分利用环境布置、节日活动、大自然欣赏，以及各种艺术品的欣赏，以提高幼儿的审美能力。教师还要选择适当的课题，激发儿童积极探索和表现的愿望，重视培养儿童的艺术思维。不可否认，绘画需要掌握线条、色彩、构图等最基本的技能。然而，由于这个时期儿童的模仿性强，直接传授容易造成儿童画的模式化，窒息自由的创造意识，所以，我们主张教师有意识地在绘画主题中包含美术的技能要素，并设计系列化的课题，促使幼儿在一定的绘画主题和情景的刺激下，主动探索、发现，使技能和创造性得到同步协调的发展。

第三节　幼儿园儿童绘画造型的基础练习

一、线的练习

线是点运动所造成的轨迹，是一切造型表现的基本要素，也是幼儿从涂鸦开始进入绘画世界的途径。线有直线和曲线之分，它的粗细、长短、软硬、强弱等变化，是造型艺术中必须理解的先决条件。

线的构成练习，通常以直线和曲线为主。直线有垂直的直线、水平的直线和倾斜的直线。垂直的直线，在视觉上给人以高洁、挺拔、正直以及向上、下发展的感觉。水平的直线，具有平和、安定、静止以及向左、右方向运动的感觉。倾斜的直线，较之垂直和水平的直线，富有变化、运动、紧张和不安的感觉。

儿童用以表现思想的最原始的图画是从线开始的。2 岁的孩子用杂乱的线条涂鸦，透过这些无意识控制的线条，可以看到他们混沌的思想。他们逐渐发现线条是可以控制的。直线和曲线是儿童最初掌握的两种最基本的线条类型。在此基础上可以作许多变化，如直线连着曲线，曲线接着直线。这些直线与曲线的组合是无穷尽的。

线条的造型内容有：

1. 表现线的力度和方向的直线与曲线。

(1) 感受力的轻和重，用线条的粗和细来表现。课题如："大雨和小雨""小兔和大象走路的脚印"等。

(2) 感受力的方向，用单向或多方向的放射线条表现。课题如："滚动的车轮""太阳""仙人球""叶脉""雪花"等。

(3) 感受力的角度，用网状线条表现。课题如："菠萝""向日葵"等。

(4) 感受力的旋转，用螺旋形线条表现。课题如："耳朵""蜗牛""水纹"等。

2. 重力线和悬浮线。我们的眼睛衡量每一样见到的、有生命的东西，都与我们的平衡感有关。对重力和浮力的迅速反应，帮助我们辨别两种最基本的力量，使我们保持平衡。重力线和悬浮线是无形的力线，但绘画中的一切符号都与这两种无形的线有关。假如我们的眼睛把地平面作为重力的标记，那么所画出的基底线是沉重的，而向上运动的、上升腾跃的飞鸟则是轻快的，两者相结合就具有无限的生命力。这类课题如："大地和小鸟""水里的石头和泡泡"等。

3. 旋转、重叠的线。曲线是一种运动着的线，它预示生命的运动。这种线以弧状前进，作环形运动，又回到自己的轨迹上，然后，又以 4 拍的节奏收缩、填充、排出、放松，我们的心脏、呼吸也是以这种节奏运动的。空间的行星旋转轨迹，是一种波浪旋转的变异，旋风是银河形式在三维空间中的变异。

一根旋转的波状线围绕一个点转，假如运动时持续保留在同样的轨迹上就会产生一个"圆圈"。如果围绕着自身形式盘绕，不再聚合，就产生"螺旋环形"。如果旋转的波形线围绕着一个轴点运动，开放的一端变得越来越大时，就成为"螺旋形"。许多植物都是仿效这种形式的，如玫瑰花、甜豌豆的花，人的内耳也是这种形式。这类课题如："向日葵的籽盘”“龙卷风”“水的波纹”“旋转的陀螺”“飞机的螺旋桨”等。

4. 生长和构造形成的线。大自然中有生命和无生命物体的生长结构，以有序的方式存在。动物世界中，肌肉的结构以一种长短线条的组合存在，皮肤的细胞、骨质的结构、神经血管的网状分布等均以线状结构存在。植物中，木质的纹理、茎干的纤维、树叶的茎脉等形成了层层的生长构造线条。这类课题如：“叶脉”“手掌的印纹”“菠萝写生”“树干上好看的花纹”等等。

5. 流动的线。平静的水流可以描绘成一种简单的、弯曲的波纹。当它流入大海时，出现分支的交叉线、网状线，以不同的时间和速度变化着，它以旋转波状运动，然后反折或转进去。云的形状没有一块是相同的，它受风的制约。烟是以旋转的波状旋升直至完全消散。这些流动的线条，变化无穷，不妨让年龄较大的孩子作几分钟详细的观察，并尝试作一些绘画表现。

二、形的感觉

形状是由点、线、面积、体积等要素组成的，并通过对形状的轮廓、内部形态和结构形态的掌握来表现。幼儿主要掌握的是轮廓线，也就是能用轮廓线画出物体的外部形态，当然，一些简单的内部形态，内部各部分的界限，如人的脸形轮廓之内有眼、鼻、嘴等也是儿童学习描绘的对象。一般说来，随着年龄的增长，儿童在形态的掌握上越来越精确、细致，而形态越复杂，越能引发审美的内在感觉。

儿童画最早出现的形状大多是平面的、二度空间的，大都是较规则的圆形和椭圆形，即使两部分相交时，也是方正垂直的。他们不是见猫画猫，记录原物，而是对原物作大幅度修改后，画看上去极为“简约”的画。由此，阿恩海姆认为这是由于在知觉中占优势的简化倾向所致。

1. 圆和圆的组合。在阿恩海姆的研究中，他指出：“圆形在绘画形式的发展过程中早于特殊事物的形状而最先出现。”[①]当儿童发现可

① [美]鲁道夫·阿恩海姆：《艺术与视知觉》，中国社会科学出版社，1987 年版，第 241—242 页。

以用自己描画的圆形式样来代表别的事物时，他就开始用他掌握的圆形式样来描绘一切事物。儿童可以练习画圆的大小，圆的分开、重叠，多个圆结合而形成的同心圆等。这类课题很多，如："一只打开的鸡蛋""一碗汤圆""向日葵""一串紫葡萄"等。

2. 方形和长方形。按照垂直—水平关系式样发展起来的方形，儿童要到 4 岁左右才能真正把握。开始可以学习沿着纸的边线画长方形，与画面所在的长方形基底边线，在空间上结合为一个整体。课题设计有方形的宽和扁、分开和重叠等，如"火车""电视机里看到的画面"等。

3. 部分与部分的组合和融合。儿童早期的图画都是由封闭的轮廓线组成的、各单位相加而成的一个整体，这种简单的组合，帮助儿童比较容易地表达一个比较复杂的物象，如人物、动物、较复杂的物体等。随着儿童技巧的熟练，到大班后期，有的孩子开始用连续不断的线条将各部分融合为整体，增强了整体的运动感。课题设计可以从小面积连接开始，如"鱼""小鸡""侧面人的脸"等，这类形状稍加变形就可能连成一体，用一定视觉象征记号来表现他对周围世界的事物和现象的认识和经验。这种象征性形状，不仅仅是个人情感的表现，而且也是作为与他人沟通的传递符号，因而需要有正确的描绘和分化能力。象征的形成和分化最重要的就是分析能力，也就是能够感觉到物象的含义，把握住物象的特定感情、想象、内容；又能够赋予物象以抽象的能力，把它转换成具有独创性的象征形状，为此必须发展儿童视觉分析性知觉，培养他们对物体、现象敏锐的感受力。

三、色彩的感觉

色彩是造型艺术重要表现手段之一。形状与色彩的结合对于创造绘画是必需的。儿童对色彩反应是强烈的、敏感的，他们具有某种天赋能力。即使如此，对色彩性质的了解，还需要经过一段时间的训练。

1. 基本色训练。年龄小的儿童可以先从认识三原色红、黄、蓝开始。在他们的玩具和使用物品中，多呈现这几种色彩。在作画或进行色彩游戏时，首先提供这几种色彩，教会他们说出红、黄、蓝色的名称，然后设计一些课题，如“生日蛋糕的烛光”（认识红色、黄色）“蓝色的天空和大海”等。

2. 认识间色。绿、橙、紫。花朵、蔬菜、水果的颜色几乎包含了全部纯光谱色，番茄、青椒、茄子等都具有鲜艳的颜色，可供儿童认识和描绘。在色彩游戏中，陀螺的填色游戏（在红色、黄色、蓝色之间填上橙、绿、紫色）可以帮助儿童了解将两种颜色对等地调和可以产生第三种颜色；红、黄、蓝色的吹画，让其中的两种色调自然混合，同样可以得到上述的效果。

3. 认识无彩色。黑、白、灰。儿童很早就能辨别黑色和白色，用白色底纸或是黑色底纸画画，可以使他们感觉到白色和黑色所起的调和作用。对灰色的掌握要到大班后期。例如，下雨时灰蒙蒙的天色，有时用灰色作底色，效果也很好。

4. 学会辨别深色和浅色、冷色和暖色。年龄稍大的儿童学会调色时，在纯色中加一点白色或黑色，就可以使颜色变浅或变深。冷色和暖色的辨别，完全凭儿童的感觉。例如，课题“暖烘烘的太阳”，孩子们会用红色、黄色、橙色等暖色调，而“寒冷的冬天”，则喜欢选用绿色、蓝色等冷色调。一般来说，孩子们更喜欢用红色、黄色等暖色调作画来表现他们的快乐心情。

5. 背景色和主体色。年龄小的孩子可以学会先在整张纸上用水彩或水粉颜料涂满，等稍干后再画上主体，使画面更美丽，使主体更突出。年龄稍大的孩子要学习进一步考虑主体色与背景色的对比关系等因素。

6. 用色彩表达自然界。对自然界颜色的认识所作的指导，使儿童使用色彩的技能与对自然界中色彩的认识相一致。

7. 色彩的情感。要求孩子用色彩表现快乐、悲伤、愤怒，热闹、宁静、喧哗等。课题如：“愤怒的爸爸”“我哭了”“友情”等。

8. 色彩的装饰。学习用色、线、形的排列、组合，体验所产生的动势和韵律感。

四、材料的体验

现代造型艺术在材料的使用方面已随着技术的进步而逐渐复杂起来。绘画、泥塑、建筑、工艺等在材料使用方面已没有明显的界限。材料的性质对于作品的形成起着决定的作用。要尽量鼓励儿童在多种材料中,发掘新的思想。对于材料的色彩、质感、光泽、粗细、厚薄等的了解,是发展造型感觉不可缺少的经验。

从儿童时期就给予学习材料的机会,使之逐渐养成手脑并用的习惯,这对他造型能力和生活能力的发展将至关重要。不同材料的不同特性,会给儿童带来兴趣和快乐,也是激励儿童创造性的手段之一。材料难易程度的选择,要根据儿童成长发展情况来决定。

材料会给人在视觉、触觉上产生不同的造型感觉,因而在材质感的练习上,有两种具体方式。一是视觉的材质感练习,一是触觉的材质感练习。这里重点介绍视觉方面的,也就是通过不同的笔、纸或其他材料的运用所形成的平面视觉效果。

1. 手指画。将色彩和糨糊混合,使之成色糊,然后放在玻璃板或厚的图画纸上,在未干时,用手指、木片、竹签等直接刮、抹、点、涂,可以画成各种有趣的、不同变化的纹样。

2. 吹画。在白纸或色纸上滴以水彩颜料或墨汁,将纸的一端略微倾斜,使颜料自由流淌,再用力吹动颜料,将获得火花般美丽的图样。儿童们在游戏中,自然而然地熟悉了使用材料的手法,从造型的效果中发现新奇的趣味,创造出生动有趣的画面。

3. 蜡笔画。这是用彩色蜡笔或油画棒所绘制的图画。蜡笔色彩鲜艳而有光泽,简便安全,适合幼儿练习作画。蜡笔笔头比较粗,着纸面大,线条浑厚、粗犷,不但可以用于轮廓画,更适合于涂满整个画面的块面表现。使用这些材料时,采用有纹理的或平滑的纸张都可以。

4. 彩色铅笔画。彩色铅笔色彩丰富,勾线流畅,适合于画线条画。年龄稍大的儿童,可以用彩色铅笔作细密而生动的线描画,也可以用以涂染出丰富色彩的彩色画,还适合于精细地描绘细部。

5. 彩色水笔画。色彩艳丽,手感舒适,适合于笔力不够的幼小儿童，也适合于画线条画。用水笔涂染的色块亮丽，但不能体会区分浓淡的趣味性。

6. 水彩画。使用毛笔和水彩颜料作画。利用颜料和水分互相渗溶的方法，表现出色调的浓淡，取得轻快、湿润、透明等特有的绘画效果。

7. 水粉画。水粉颜料不透明，色泽鲜明、厚重，有覆盖力，表现的范围很广，是幼儿十分喜爱的画种。颜料只要加少许水在调色盘里混合即可使用，纸张则以吸水性较好的图画纸为宜。

8. 水墨画。以毛笔、墨、宣纸为工具的中国画具有独特的艺术效果。它在造型上注重对象本身的结构特点，以线为主，重视用笔用墨。构图不受时间、空间的限制，具有极大的灵活性。水墨画的作画方式，在某种意义上，与幼儿强调物体外形轮廓，忽略细节和比例关系的作画特点有相似之处。一笔下去即出现深浅、粗细不同的线条和色块，作画迅速，造型简练、概括，形象新奇、有趣，容易为幼儿所接受。

五、装饰与美化

儿童具有爱美的天性。我们可以从幼儿的图画中看到那些出于装饰意图的线条或式样，如在屋前画一排整齐的、一般大小的花朵，水里的鱼儿排起了队。这些极富装饰意味的绘画，说明儿童从小就有美的意识和追求。

学前儿童的装饰设计包括色彩、形态等自由的构成活动，造型游戏、造型技巧等学习活动，学习用简单的纹样装饰自己使用的物品，日常生活的美化等。通过装饰积累儿童对美的韵律、秩序、均衡、对称等造型的感性经验。

1. 线的游戏。画几根曲线，像散步似的，由画面的某一点开始，顺着手的运动方向，自由地运转，组合成一幅形态曲折交叉的图画。优美的曲线所形成的动势，加上和谐的色彩，造成一种美感秩序，为线的游戏注入美的要素。

2. 线和色的自由分割。用垂直线、水平线、斜线的排列与组合自由分割画面，利用其相互间所产生的和谐与美的效果，在视觉上产生美的感受。这种练习对儿童来说，充满创意并具启发意义，使他们在视觉上慢慢养成观察的习惯，加深对形、色变化的体验，由无意识的活动诱发其丰富的思想情感，过渡到有意识的创造。

3. 方形的结合。方形有长方与正方之分。它们都由水平线和垂直线组成。方形给人以稳定、坚固和向外扩展的感觉。把许多方形组合在一个平面上，用重叠的方式，使之相互结合，造成一个对称、均衡的空间。在单纯的画面中，赋予统一和变化；在杂乱的构成形式时，给以秩序的整理；加以和谐的色彩配置，可以给画面的形式增加美的感觉。对幼儿来说，还可以采用彩色方形纸剪贴的练习。

4. 三角形的组合。三角形是由三根直线所围成的图形。当三角形的底边与画面的水平线呈平行时，具有安定、稳固的感觉；当三角形的两侧倾斜、长短不一时，则给人以运动的感觉。游戏的方式：先在纸上任意点许多点子，再用直线将不在一条直线上的任意三点连接，可以获得许多变化有趣的三角形；也可以用方形纸，沿对角剪成三角形后，作反复的组合、拼贴。

5. 圆形的组合。圆形是由曲线组成的一种基本图形。它的空间具有充实、圆满及向外扩张的感觉。用大小不等、色彩不同的圆形纸片，在白纸上粘贴，使之形与形反复地重叠、色与色相互关联，产生一种有节奏的、旋律的、周而复始般的动势和美感。

6. 图案装饰。运用简单的图案花纹，如点、圈、线（直线、曲线、折线、水波线等）、几何图形、民族传统花纹等，在不同的纸形上装饰。可以用一个单独纹样在纸的中心装饰，也可以用同一个形反复产生连续的纹样，在纸的左右上下均齐排列地装饰。由于它具有律动、均衡、对称的形式，将促使儿童的秩序感的产生。

6. 日常用品的装饰。引导儿童观察日常生活中大量接触到的工艺品，如茶具、餐具、水瓶、脸盆、伞、毛衣、手套、帽子等上面的装饰图案。提供相应的纸形让儿童练习和设计装饰。

第四节　幼儿园儿童绘画活动的指导

幼儿园儿童绘画的种类很多,可以有各种不同的分类方式。按题材内容分,有实物画、动物画、人物画、风景画、故事画、装饰画等。按使用材料的性质分,有蜡笔画、油画棒画、彩色铅笔画、彩色水笔画、棉签画、手指画、印章画、水墨画、水彩画、纸版画等。按绘画教学的形式分,有命题画、自由画。

现以幼儿园采用的主要教学形式为例,重点分析命题画、自由画的指导特点。

一、幼儿园绘画教学形式的类型

1. 命题画

教师提出绘画的主题和要求,幼儿按指定课题完成作品。命题画的基本任务是发展幼儿对周围事物和现象的观察能力,帮助幼儿学习新的技巧,使幼儿学会从特定条件的相互联系中去描绘物体、表现情节。教师提出的主题,是以周围环境为依据,以幼儿的经验为基础的。透过命题,教师帮助儿童较有系统地学习掌握造型、设色、构图等形式语言去表现心中的想法;帮助儿童较深入、全面、整体地观察周围环境,丰富知识经验,充实绘画内容;帮助儿童寻找最好的切入口,启发和诱导幼儿绘画的潜能,使之有充分的发挥机会。因此,命题画是幼儿园绘画教育中主要的教学形式。

2. 自由画

自由画是在绘画题材、内容、形式和表现手法上,对幼儿不加任何限制,完全按照幼儿自己的意愿去作画。在自由画过程中,教师不作示范和暗示,给幼儿以充分的心理自由、精神自由、想象自由和表现自由,鼓励幼儿的独创发展。

自由画的创导者是维也纳美术教育家法兰兹·西泽克(Franz Cizek, 1865—1946)。他在长期的实验、观察中,发现儿童的绘画不是把看到的实物画出来,而是把心中的印象、记忆、思想率直地表现出来,因此,儿童绘画是在表现他们自己。他认为必须给儿童以更多的表现机会，使儿童具有强烈的创造力和表现力。他的自由画教学方法的构想和实践，获得了巨大的成功。

自由画的目的是为了给儿童提供充分表现自己对周围生活的认识和情感的机会，使他们在没有压力、没有限制的条件下，得到抒发情绪的机会，以促使他们独立性、创造性的发挥。

自由画的范围，不仅仅以实物为对象，记忆画、想象画、幻想画都属于此列。儿童在自由画中，可以自由地反映对周围生活的各种印象，独立运用在某些其他活动中获得的技能，根据自己的构思把熟悉的和新颖的事物结合起来，因此，有可能出现许多新颖、独特的作品。

自由画的指导原则：

(1) 创设自由而快乐的气氛。提供可供选择的作画工具。

(2) 由于自由画是孩子们兴之所至，有明显的个人作画动机，不需教师引发。但教师必须仔细观察儿童的作画意图，在他们需要帮助的时候，适当地引导、暗示，使他们实现自己的构思，而不至于丧失信心。

(3) 对幼儿的绘画技能不作过高的要求，以鼓励创造性、独特性为主。对那些构思独特、想象丰富、题材新鲜的作品，应加以表扬。

(4) 自由画既可在园所分组活动、游戏活动时进行，也可在家里进行，也可以配合教学活动在课堂中进行。

二、幼儿园绘画创作过程的指导

命题画和自由画在由谁确定绘画主题方面是有区别的，但是教师在指导幼儿创作过程方面，是有许多共同之处。

1. 引起和激发儿童对绘画的兴趣

在引发儿童对绘画的思考时，需要有强烈的刺激，使他们对自己的构想感到兴奋，引起对那种经验鲜明的回忆，并从自己的库存中选择适合于表现自己某种目标的资料，然后，用原发和创意的方式表现他的构想。指导儿童绘画造型，面对的便是如何刺激儿童的绘画思考，发展儿童的美术造型技巧，并用适当的美术媒介表现出来。

引起儿童对绘画的兴趣的范围包括：

（1）学习美术技能的动机。如美术材料的运用，设计的学习，对自然物和人造物形体美的敏感性。让儿童了解形状、色彩、线条、肌理等基本知识。

教师可以指导儿童观察和发现物体的形状，以培养儿童对美的感受性，要他们去收集各种石头、树叶、贝壳和其他便于收集的东西，指出形状的相似之处和差异之处。如，石头：有的长，有的短；有的尖锐，有的圆滚；有的弯曲，有的奇形怪状。鼓励儿童自己去发现，并把自己的发现提出来讨论。引发儿童这类动机的可以有：尝试蜡笔、水彩笔、毛笔和刷子的不同效果，水彩颜料的调色，形状、肌理的观察，色彩的发现，排列、组合的设计等。

（2）掌握知识的动机。目的在于发展儿童对自然物和人造物的概念。儿童只有在知识经验丰富的基础上，才有可能画出生动的形象。例如，教师要求儿童画鸟，可以把小鸟带进活动室，或者欣赏一段鸟类的录相，或者参观动物园。有了印象以后，组织儿童讨论"你们看过鸟吗？它有……""它的羽毛是怎样的，都一样大小吗？""鸟儿是怎样停在树枝上的？""所有的鸟类颜色都一样吗？""鸟儿的嘴巴长得像什么样子，会说话吗？它吃虫子时是什么样子呢？""如果你是一只鸟，你高兴吗？""你停在高高的枝头上，会感觉怎么样？"这类问题要一步步地提出来。有必要的话，可以再重复看录相。当儿童对鸟有了相当的认识以后，请他们作画。

（3）想象的动机。重点是引导儿童的构想、观念的独特性，强调个人的构思技巧和独特地解决问题的能力。教师要学会用"非凡"的方法来刺激儿童创造性的想象，不受传统美术材料使用的拘束，学会接受儿童异于寻常的思路，如发明一架什么也不是的机器，变成一只小虫子，在月亮上散步，假如你长了翅膀，假如你变成了一个怪物等。

引起兴趣的方法：

（1）视觉刺激和语言讨论是激发儿童思考的一种基本的方式。

视觉经验。录像、幻灯、图片是诱导儿童观察的重要手段。录像可以根据需要拍摄、剪辑，它能显示细部、动态，加深儿童心中的意象，并能引发儿童强烈的兴趣。

（2）亲身体验。现场参观、询问、调查，包括参观动物园、农场、花房、菜场、工场等。通过观察现场，引导儿童作深入的探讨和研究。

（3）材料经验。鼓励儿童直接对造型材料作尝试、实验和研究。如通过使用黏土，了解黏土的性质；在使用两种水彩颜料中，颜色之间发生碰撞时产生的变化；了解颜色的生成等。

（4）感觉经验。充分运用各种感觉器官，获取外在信息，训练敏锐的感知能力。

2. 从生活经验中挖掘题材

无论是命题画还是自由画，应当让幼儿感到绘画是他自己的事情，是自己要画的，自己一定能够画，而且能够画得好。选择适合于儿童生活经验、能力水平的适中课题是指导儿童命题画的关键所在。

日本园田正冶的研究指出：现代娱乐、电视、漫画等对儿童绘画的影响很大。他发现儿童在家中特别喜欢画空中的超人、火箭、怪兽、宇宙飞船、科学机械等内容。美国学前艺术教育家罗达·凯洛格（Rhoda Kellogg）研究发现，儿童在6岁前喜欢画人物，其次是动物、各种建筑物，然后是船、车、飞机、火箭等。我国心理学家在调查中发现3—6岁幼儿在绘画中反映最多的题材有：人物、太阳、植物、动物、交通工具、各种建筑物等。

由此，指导儿童绘画就要从孩子们的生活经验中挖掘题材。

（1）从儿童生活的经验，包括直接的和间接的经验出发：对儿童自己生活的描写，是儿童画最主要的题材。如“我”“我的妈妈”“我在刷牙”“我在吃饭”“我在跳舞”“看谁跑得快”等。

（2）从他们觉得惊异、好奇，希望进一步探索的心情出发。命题画不仅要画出自己生活的内容，更要画出自己内在的感情，而不是千篇一律地画花、房屋、汽车等缺乏创意的画。如“牛奶从锅里溢出来了”“吃人的鳄鱼”“小青蛙找伙伴”“叶子变色”“昆虫的世界”等。

（3）从看到的事件、听到的故事出发。生活中有许多突发事件会引起儿童的关心和注意，有的深深打动他们的心灵，如“救火”“花会”

"时装表演"等。

有许多神话、童话、民间故事、诗歌特别能扣动儿童的心弦，也适合于用绘画来表现，如"猪八戒吃西瓜""后羿射日""黑猫警长""三只蝴蝶"等。

3. 重视观察和引发各种感觉

使儿童学会用观察的眼光对待各种事物，鼓励他们运用所有感觉器官，去感觉世界上一切美好的东西，以扩大儿童的视野，扩展他们的想象范围。

幼儿观察时不是只有视觉在活动，事实上，触觉、嗅觉、听觉等一切感觉器官都同时在活动。换句话说，当幼儿在看东西的时候，他们各种不同的感觉器官都在不约而同地、尽其所能地把握着观察对象。各种感觉在视觉底下聚合在一起，帮助他们把握住世界。

听觉经验方面，可以启发儿童分辨声音，听到声音后有什么感觉？

触觉经验方面，可以比较不同物体是光滑的，还是粗糙的？柔软的还是坚硬的？轻的还是重的？

嗅觉和味觉方面，可以闻一闻，尝一尝。

各种感官训练对发展幼儿创造性知觉是很重要的。一个具有敏锐知觉的儿童，比较能够探索、研究和表现事物的关系。在艺术的表现方面，他们比较有能力表达原发而有创造性的观念。

4. 培育生动的构想

围绕主题，创设一定的情景，提供各种与主题有关的资料，启迪幼儿的情感，使他们广开思路。在特定主题的条件刺激下，幼儿将通过视知觉得来的原材料与储存在头脑中的意象融合在一起，经过头脑的加工改造，就有可能出现内容丰富、构思独特的画面。这也是艺术体验和反思的过程。

学前儿童的知觉处于对自己的经验不加区分的阶段。4岁以前的儿童，他们觉得一切事物都与自己一样，具有相同的心理。4—6岁的儿童则认为只有活动的对象才有生命。处于这种泛灵论的阶段的儿童对视觉获取的对象倾注了极大的热情。在他们看来，蓝天是白云的家，飘零的落叶是离开大树妈妈的可怜的孤儿，愤怒的爸爸头发上自然会冒出火花。这样的体验一方面加深了儿童对外界视觉对象的印象，使他们的心理意象更加鲜明、生动；另一方面也激发了儿童充满情感的创作热情。

在绘画活动过程中，教师的精心设计、周密的布置、巧妙的安排，能够使绘画的动机、构想得到延伸和扩展。例如，主题画《在运河里看见的船》(陈辉东设计)，如果老师说："把前天在运河里看到的船画一画。"孩子们画的船自然不会生动。假如我们不单带孩子们去看过真的船，还要求他们去收集有关船的资料，漫谈所看到、所想到的很多有关船的事件。这时，儿童的思维开始活跃起来。总括他们看到运河里的船联想到的有："我想坐船""我当船长""海盗船""潜水艇""快要沉没的船""捕鲸船""美丽的游艇"等 15 种。又如主题画《香喷喷的稀饭溢出到锅外来》(赫尔曼·布克哈特设计)，首先使人想到香喷喷的稀饭溢出到锅外来的具体景象，儿童脑中渐渐浮现出稀饭溢到各处的情景。孩子们讨论："香喷喷的稀饭从家里流出去，又从窗户流出去了。""有泡泡出来。""稀饭一流出来，咝咝地冒着热气。"为了使造型具有动感性，老师可以组织儿童观察各种物质，配合儿童的想象，刺激儿童对活动着的对象的喷出、流动、溢动等动态的认识与发挥，显示出儿童掌握运动、力量、关系等的造型基本能力。

5. 绘画的评价

孩子完成作品以后，应当有机会让他说说自己的画。老师也要表示："我好喜欢你的画。"可以用启发对话的方式，和孩子们一起讨论。其目的主要是谈谈一些造型要素，鼓励儿童美的感知觉和潜能的发展。

(1) 讨论非具象的画。可以寻找儿童画中的一二种造型要素，如图画中，线的长短、曲直，线条的移动等；色彩有哪几种，它的深浅、鲜灰等。老师可以说："你用了许多线条和形状，把画画满了。""在你的画里，我看到了一条又细又长的线(同时，手指着那条线，沿着线移动)。""你在画的下方，用绿色画了 3 条波浪线，每条波浪线都不一样长。”“你是用蓝色、绿色、粉红色和一些橙色画这张画的。”

（2）讨论具象画。可以寻找孩子画中的具象表现，把他们的注意力移到造型要素的特质或构成特色方面，如线条、形状、色彩的处理，鼓励儿童的审美意识。老师可以说：“啊！这幅画颜色真漂亮，有房子、树，还有一排排的花。花有大，有小，还有不同的颜色。”“这画看起来好像太阳躲在黑云里偷看。右面的太阳和云和左面的烟囱很相称。”

孩子的失败之处，也可以讨论。例如，孩子的贴画，纸上的糨糊涂得太多，纸破了。老师可以这样说：“纸破了，令人难过，你愿意用比较厚的纸再试试吗？”或者说：“你很认真做贴画，不小心撕破一小块，下次你怎样才能不撕破薄薄的纸呢？”

摘自《学前儿童美术教育》（全国高等教育自考指定教材），西南师范大学出版社，2000 年版。

中国画欣赏教育

第一节　中国画的传统及其审美特色

中国传统的绘画艺术历史悠久，风格独特，在世界画坛上独具风采，自成一套完整的绘画美学体系。

中国绘画的发展历史，可以追溯到原始社会，历经夏、商、周三代，春秋战国，秦，汉。其中最古老的绘画是距今约4 000—8 000年的仰韶彩陶，其分布在黄河中、上游一带。画在陶器上的图案纹样，由蛇纹、人首蛇身纹、人形纹、人面鱼纹等及各种抽象的几何构成。这些纹样主要是作为巫术的道具或传教的工具。两汉的墓室壁画，是绘画遗存中更为珍贵的，题材主要取之于礼教和神仙、天上与人间的同形同构的一体化观念；艺术作风上倾向于追求整体动势、不求细节模拟的粗线条，以气势与古拙的完美统一，创造出雄深雅健的美学典范。

东晋的顾恺之是魏晋南北朝时期最负盛名的大画家，他博学多艺，才华横溢，提出了不少在绘画史上具有深远影响的理论观点，其中最重要的是“传神”。代表作《女史箴图》《洛神赋图》勾勒周密，作风细腻，形神兼备。

南齐的谢赫在绘画史上最大的贡献是撰写了一部绘画理论专著《古画品录》，并提出了绘画六法的准则，成为中国传统绘画创作史上具有划时代意义的经典。

隋唐文化的特色是辉煌灿烂。表现为：一、礼教绘画的复兴；二、宫廷绘画的玩赏化；三、文人绘画的深化。开始出现人物、山水、花鸟分科独立的趋势。代表画家有：阎立本，其传世之作为《历代帝王图》《步辇图》。吴道子，一生主要从事宗教绘画的创作，其作品特点是笔势流畅，色彩简淡，人物须眉奋张，气魄雄放。他的传世之作为《天王送子图》。张萱的《虢国夫人游春图》，画卷线描精湛，色彩华丽，极其辉煌灿烂。周昉的传世之作《簪花仕女图》，流畅飘逸的线条，与浓艳鲜丽的色彩交相辉映，和谐统一，富丽堂皇的氛围和明快的情调，使人赏心悦目。

五代两宋的绘画艺术高度繁荣。宋代的宫廷画院是当时绘画创作的一个中心。绘画更注重于纯艺术的审美愉悦作用。宗教绘画也趋于平民化、世俗化。卷轴画的高度发达，后来成为中国传统绘画的主要形式，是五代两宋绘画的另一成果。五代两宋期间，不同题材的画科，获得了全面的发展。可以说，在中国绘画史上，这是人物画的最后一个光辉时代。南唐人物画的传世之作《韩熙载夜宴图》是中国绘画史上一件显赫的名作。北宋山水画、花鸟画的繁荣和发展，取得了丰硕的成果。宋后期张择端的《清明上河图》是一幅介于人物画和山水画之间的典范作品，更是负有盛名的不朽之作。

元代的文人画达到鼎盛时代，创造出中国绘画史上文人画的最高成就。以赵孟頫为代表，他主张“画贵有古意”，他要求摆脱工细靡丽和刚劲粗放的作风，直接从北宋、唐、晋的古老传统中汲取重建汉族文化的精神力量，创造一种简率蕴藉、典雅文静的中和之美。他的传世作品有《红衣罗汉图》《秋郊饮马图》等。元代的山水画成就非同凡响。其中以黄公望、吴镇、倪瓒、王蒙为代表的元四家，他们的画作既各有鲜明的特点，又呈现了时代的共同风貌。

明、清的绘画特点，一是宫廷绘画的复兴；二是文人画的转向和绘画商品化的兴起；三是西洋绘画的传入；四是各种画派的蜂起。浙派，以戴进为代表的一批浙江籍的职业画工，在明代前期借助宫廷复兴力量甚为兴盛。吴门画派，以沈周、文徵明、唐寅、仇英为代表的“明四家”，是以文人为主体的。在艺术作风方面，浙派多追踪南宋院体，以粗放刚健见长；而吴派则以效法赵孟頫、元四家为主，以文静蕴藉取胜。直到清朝中期，吴派始终衰而不息。以董其昌为代表的华亭派的出现，标志着文人画传统的中兴。他致力于心境和笔墨技法两方面的追求，并提出了“南北宗”论。清初的“四高僧”“龚贤”“四王吴恽”的出现，使董其昌的理论结出丰硕的成果。“四高僧”指的是清初的弘仁、髡残、朱耷和石涛四位高僧画家。他们满怀对明末亡国的悲愤，不愿与清的统治者合作，遁身空门，以诗文书画作为人生的寄托。朱耷以荒寒、悲怆的结构和干涩而显圆浑、蕴藉的笔墨，使水墨大写意的花鸟画派真正进入文人的审美范畴。石涛不仅才华横溢，他的“搜尽奇峰打草稿”“不似之似”等观点，对后世产生深远的影响。海上画派代表画家有赵之谦、虚谷、任颐、吴昌硕，他们立足传统，又吸收西画之长，以个性为贵，又表现了市民的理想，对20世纪的画坛，产生了巨大的影响。

20世纪的中国画，受到西方文化的激烈碰撞，发展的动向大体表现为恪守传统型和中西交融型。由此产生了一大批杰出的画家，他们是齐白石、徐悲鸿、林风眠、潘天寿、张大千、傅抱石、吴湖帆、李可染等。他们在继承、发扬传统方面，或在中西交融方面，各有其创造性的贡献。

中国画的审美特色

意境深远

意境是我国传统美学的一个重要范畴。中国画的意境主张“以意为主”，强调“表现”，要求表现于描述之中，使“意造境生”，使山水、人物、花鸟中寓入画家的情和意，同时，又凭借有限的视觉感性形象，在虚实结合中，诱发联想和想象，使观者在感情的“不尽之境”中，受到感染，领会其景外之意、意外之妙，潜移默化地发挥其审美作用。

在“意”与“情”的方面，要求“情真”“意新”。意由情而发，画家受到感动后，产生作画的意图，这种意图比较深远，既能使人感动，又能使人玩味思考。所谓“意远”“意深”，它不仅表现画家的自我，也表现了人们普遍的内心需要；不仅通过具体入微的描画反映了画家的抒情写趣，也体现了人们的审美理想和对生命的追求与渴望。

在“境”与“景”的方面，主张“景真”“境真”“境实”“境深”。画家描画的景是真实的，但又是经过提炼的，景以少胜多，含蓄不尽。如：画中山、林，就好像可以步入，身临其境一般。山水的形象，形神兼备，引人入胜。

在意境的创造过程中，有两种情况：一种是以意"造境"，即"意造境生"。画家在景物的构思上，有更大的自由度，能充分地抒发主观的情和意。这种在文人画中体现尤为明显。如：清朝朱耷，即八大山人，他是明代的宗室，明亡以后，为了表达其家国之痛，寄情于笔墨之中。他画的山水，用荒寒的结构，干擦的笔墨，使人有地老天荒的荒寒寂寞之感。他画的花鸟，怪诞乖张的形象，奇特冷峻的表情，是被扭曲了的心灵的真实写照。特别表现在所画的禽鸟上，眼睛特别地大，黑而圆的眼珠倔强地顶在眼圈的上角，喷射出仇恨的火焰。鸟的姿态则是：有的拳足敛羽，有的耸肩缩颈，有的白眼向天，虽然饿得只剩下一身骨头，但一种坚韧不拔的气概，逼人心目。朱耷以泪和墨表达自己内心的隐痛和高风亮节的品格。其笔墨狂肆、奔放、凝练到了点滴如冰的苍凉和含蓄之中，由此进入更高的审美境界。同时，也开创了以意造境的典范。另一种是以境"写境"，着重描写外部的景物，而把"情""意"隐含其中。如：北宋郭熙在画山水中，提出了山水有四季的差别："春山淡冶而如笑，夏山苍翠而如滴，秋山明净而如妆，冬山惨淡而如睡。"把山水的性情与画家的心情融合起来。齐白石画鱼、虫、虾，栩栩如生，却又较实物更加单纯简洁，蕴涵着他以纯真童心看待世界的独特创意。

意境是艺术的灵魂。意境的基本特征是情景交融。一幅耐人寻味的画，就在于画家通过客观景物的描绘，显示出一个寓意深刻、富有魅力的艺术境界，能使欣赏者如身入其境，展开联想和想象。中国画的意境，往往是画境与诗境、画境与笔墨相联系。当一首诗、一幅画在我们的眼中呈现出一片清新、宁静、悠远、空旷……的空间景象时，就能使欣赏者受到感染而意境万千。

气韵生动

气韵生动是中国传统绘画突出的美学准则。气韵生动是谢赫"六法”中最重要的第一法。汉魏以来，评论人物画的风格、风韵，用的是“风气韵度”。气韵是“风气韵度”的略语，实际上，就是表示一个人的思想性格、才能气质的总和，表现在外部，是一个人的精神面貌。谢赫的时代是以人物画为主的时代，他所说的气韵，也就是要求画家在创作中，把人物的精神、性格，“生动”地表现出来。相传吴道子画中的钟馗，破衣褴衫，蓬头垢面，一只眼眯着，一条腿用皮革包裹着，左手捉鬼，右手挖着鬼的眼睛，用笔苍劲有力，是画中珍品。此画献给了刘备，刘备很喜欢，常挂在卧室欣赏。一天，他召画家黄筌来看这张画，黄筌称绝。刘备对黄筌说：“这个钟馗假如用大拇指挖鬼的眼一定会更有力，你能为我改一下吗?”黄筌答应一试。几天以后，黄筌用另一张纸画了一个用拇指挖眼的钟馗，并吴道子的原画一起献上。刘备说：“我要你改，你为什么要重画呢?”筌答：“吴道子所画钟馗，一身之力，气色眼貌，都集中在第二指上，不在拇指，所以不敢乱改。而我画的虽不及古人，但一身之力，均在拇指，所以只好另画一张。”可见气韵是画的灵魂。后来，评论家对“气韵生动”一语，加以发挥，并广为应用。山水画也要重气韵，气韵是天地之真气。山气从石内发出，所以，晴天时，山间苍茫润泽，腾腾欲动，山水之象，气势相生。画家们在山光水色中，发现自己的情操寄托，为山水传神。如：元人的山水，在具体的描绘上，大多表现出一种超地理学的倾向，更注重以笔墨的简率蕴藉来抒发一种淡泊宁静的精神，高超的隐逸点缀，使画面生动。至于花鸟题材，牡丹鸾凤之宝贵、松竹梅菊之幽闲、松鹤之轩昂、鹰隼之击搏、以形写神，迁想妙得，融物我为一体，极大地拓展了“气韵生动”的艺术天地。

明清的绘画，对“气韵生动”又有新的发展。提出了气韵由笔墨而生，气韵出于墨，而生动出于笔。笔要圆浑而显雄壮，顺快而显流畅。墨要浓淡相宜，干湿得当，不滞不枯，是得墨之气。笔墨达到“淋漓尽致”，也就是整幅作品的意境达到了“气韵生动”。

“气韵生动”的表现，在晋唐侧重于人物对象的“传神”，宋画侧重于山水、花鸟对象的“传神”，这都是由客体的“神”表现出画面的“气韵生动”。进入元代以后，主体用神和意抒发胸中情感，从“写意”的角度来表现“气韵生动”。到明、清的绘画，则进而到用本体的笔墨来表现“气韵生动”。

形神兼备

谢赫的六法提出了“应物象形”，说明绘画反映生活离不开具体的形。形与神的关系是对立的，又是统一的。形是揭示事物外在的、表象的、具体的、可视的形象；而神是揭示事物内在的、本质的、抽象的、隐含的形象。形是神赖以存在的躯壳，神是赋予形生命的灵魂。绘画中，对人的精神面貌的刻画，往往不是能很鲜明地从外形上看出来的，一些典型的风貌特征，常常稍纵即逝，如果对描绘的人物缺乏深刻的认识，仅仅重于外表的描绘，结果形似而气韵不生。然而，为了传神，对形也有严格的要求，顾恺之认为相应的外形变化，如：长短、深浅、上下、大小，只要有一毫小失，就会造成“神气与之俱变”的后果。他的“以神写形”“形神兼备”“逼真如生”的论点，代表了早期绘画品评的一个基本标准。

宋代以后，这一论点有了新的发展。在形和神矛盾对立的两方面，神是主要的，起主导作用的。中国的肖像画，不叫写形、写貌，而称传神、写真、写心。即使是山水花鸟画，也要求传神。元代的倪瓒倡导“不求形似”以“写胸中逸气”。石涛更反复强调：“天地浑融一气，再分风雨四时；明暗高低远近，不似之似似之。”这种“不似之似”的观点已为大多数画家所认可。因为，除了画家主体情感表达的需要以外，中国画特有的笔墨表现技法，也需要用不求形似的写意，充分表现它的节奏和韵律。随着笔墨功能越来越被重视，不似之似，已成为中国画的一个重要的造型观念。齐白石更将此阐释为“妙在似与不似之间”。如：齐白石画虾，不在于形象的逼真，而妙在形象的生动活泼。又如：黄宾虹画山水，也不在于形象的逼真，而妙在形象的浑厚华滋。这种神似的理解，已由主体的“意似”，扩展到进一步发掘客体的内在美的表现。为什么历代的绘画批评家，无不以“神”作为绘画的最高标准呢？这是因为神似的作品能够更深刻地揭示出物象的本质，塑造出感人的艺术形象。

诗画一律

中国画与诗、书、印有密切的关系。上古时期的礼教与叙事诗往往通过绘画使之由抽象向直观具体形象转换。进入魏晋南北朝以后，新的诗画关系建立。以唐代王维为代表，他既是诗人，又是画家，相传他画的“江山雪霁图卷”，看后自然而然使人想起他的“江流天外地，山色有无中”的诗句。这种诗与画内在的结合，是中国画独具的特色，是谓：“诗中有画”“画中有诗”。诗中的画意或画中的诗情，通常称之为意境。其特点是情景交融、虚实相生、形神兼备，虽以客体有形的景物为依托，但侧重于主体的、无形的、虚灵的情思，由此进入超脱空灵的境界。诗画以意境为归，使两者关系更为密切。

苏轼提出了“诗画本一律，天工与清新”，认为诗、画本是一律的。诗是有声画，画是有形诗。“诗画一律”说的主要贡献在于它为绘画的意境，树立了一个非视觉、非造型的目标，诗为心声，画为心画，这是两者可以一律的主要依据。

新的诗画关系的提倡，因文人画的兴起而盛行。由于诗情的画品更为高雅，耐人寻味，既能抒发画家的强烈感情，又能激发欣赏者的想象和联想，产生强大的艺术魅力。诗画结合所含诗趣，有两种形式：一为有形诗。依诗作画，称为诗意画。宋徽宗时期的画院曾以古人诗句为考题：“踏花归来马蹄香”，许多画家画了一匹马在花丛中漫步，显然不切诗意；受到推崇的一幅作品，画面上不画一花一草，只画了几只蝴蝶，围绕着马蹄上下飞舞追逐。此画含蓄地表达了诗意。为画题诗，称题诗画。如：郑板桥的《墨竹图》题诗说：“衙斋卧听萧萧竹，疑是民间疾苦声。些小吾曹州县吏，一枝一叶总关情。”二为无声诗。是诗与画的内在结合，也就是画的构思、章法、形象、色彩的诗化。画上没有题诗，却有诗的意境。

至于画与书的关系，则是从一开始就相通的。所谓“书画同源”，基于书法文字的起源是象形，同时又以毛笔为工具，讲究用笔的生动感。用书法的笔法、笔意、笔势、力势去滋养画法的用笔，从而取得更为潇洒空灵的生动感。清朝笪重光《画筌》所谓:“点画清真,画法原通于书法;风神超逸,绘心复合于文心。”把诗、书、画三者的关系说得非常清楚。

印章也是中国画的组成部分。它能用篆刻的语言,阐发画面的意境和画家的真切感受,同时也能增强画面的整体美感,填补空白。印章除姓名章外,还可用闲章,刻上自己的格言、座右铭,或是因感而发、与特定画面相呼应的词语。印章有助于画面的布局经营,鲜艳的印和水墨相辉映,经过精心选择的适当的位置,足以起到平衡画面的作用。篆刻的刀工又十分讲究,既是艺术欣赏品,又是画家真迹鉴定的重要依据。

第二节　中国画欣赏

中国画的分科

中国画经过数千年的发展,通常分为三大科:人物、山水、花鸟。

人物画　在中国绘画史上,人物画的历史最为悠久。战国时代已具有一定水平。在晋唐的数百年间,人物画创造了辉煌的成绩,反映了整个社会政治、宗教以及人文景观,成为当时画坛的主流。五代至两宋,虽不及以往鼎盛,但仍占一定的优势。元明以来,人物画地位逐渐被山水、花鸟画所替代,但其间也出现一些颇有成就的画家。本世纪以来,人物画借鉴了西方写实方法,并与传统笔墨融合,开拓了崭新的创作局面。

人物画的画法有工笔和写意两种。它们都以线为造型的主要手段。工笔人物画,用笔工整细致,色彩浓重鲜丽,富有装饰趣味。写意人物画,用笔简练奔放,墨色酣畅,淋漓尽致,另有一番韵味。例如:东晋顾恺之的《女史箴图》,表现手法是工笔线描,他运用的高古游丝描,像春蚕吐丝那样优美、轻柔,使得人物刻画千姿百态,变化多端。

山水画　以描绘景观为主,高山大川为自然景观,宫室舟车为人文景观，均属山水画科。早在两汉三国时，山水画已经萌芽，南北朝以后，逐渐成为一个独立的画种。发展到唐代时，出现了“青绿”“水墨”两种画法。宋代，山水画十分注重对象的客观真实的描绘，更发挥了气韵、理趣。元代山水画的成就非同凡响，出现了大批有造诣的山水画家，如：元四大家的山水画，既有各自的鲜明特色，又有时代的共同风貌。山水画成了当时画坛的主流画种。明清山水画更多追求笔墨技法，如：以董其昌为代表的华亭派。20 世纪，山水画的发展较快，从传统又推进到一个新的高度。

山水画成为中国最大的画科，标志着人对复归自然的追求，对人文精神的最高境界的向往。中国山水画不拘泥于对客观自然景物逼真的临摹，反对刻意求工，而把意境作为山水画的灵魂。特别讲究布局构图，采用散点透视，画面气魄之雄壮是任何画种的风景画所不及的。在造型上，随意性较大，笔墨技法最丰富，除勾线外，还有皴、擦、点、染等多种手段，且要求十分严格。

花鸟画　以花卉植物、翎毛、虫鱼、虎猿兔犬等作为画面主体。花鸟画在唐宋开始繁荣，经历代画家的实践创造，已形成体系完整、技法精深、风格鲜明的独立画种。

花鸟画从技法上，可分写意花鸟画和工笔花鸟画两大类。工笔花鸟画要求工巧色丽、笔韵高简、形神兼备。这个画种在宋代已达到相当高的水平，当时一批宫廷画家，以珍禽瑞鸟、奇花异草为题材作画，画法是双勾填彩，风格富丽，和谐统一。并且重写生，所画禽鸟花木很生动，成为当时极有影响的一派。现代工笔花鸟画在继承传统的基础上，有很多创新，表现了时代的新风貌。

写意花鸟画造型概括，笔墨简练。大写意画笔势豪放，墨如泼出，用夸张的手法表达物象的形神，又称泼墨画。泼墨画多见于元代作品中，在技法上不求工细富丽，而强调笔墨的表现力，在作品中发挥墨色和笔法的独特效果。小写意画兼工带写，赋色五彩缤纷，用笔生动流利，水晕墨章的变化丰富。一些文人还以书法的笔墨趣味作画，外加诗文题跋，以梅、兰、竹、菊表达自己的情感。明清写意画有了更大的发展，石涛、朱耷的作品对后世影响很大。

现代杰出的花鸟画家齐白石、潘天寿，继承发扬大写意画的传统，形成自己独特的风格。

中国画的材料和工具

中国画的工具和材料是笔、墨、纸、砚。

笔　中国画笔的种类很多，通常把笔分成硬毫、软毫、兼毫三类。狼毫属于硬毫，它挺拔、有弹性，常用于勾线，有叶筋、衣纹、山水、兰竹等。羊毫属于软毫，笔性柔润，吸水饱满，一般用于渲染着色。兼毫是在羊毫中掺入其他硬毫制成的，它软硬适中，能勾能染，有大白云、中白云、小白云等。

墨　分油烟和松烟两大类。油烟是用桐油和胶制成，一般胶重一些；松烟是直接以松取烟和胶制成，一般胶轻一些。一般作画多用油烟，它黑而有光泽，画时要现磨墨。磨好的墨汁，可浓不可淡，浓了可以加水冲淡，淡了作画效果不好。

纸　分宣纸和皮纸。以水的渗透力来区分生宣和熟宣。写意画需要用渗透力强的生宣，也可以用皮纸或高丽纸，以达到水晕墨章的变化效果；工笔画要用熟宣，也可以用绢，便于勾勒和反复涂染。

砚　以石细腻，不吸水，易下墨为上。

中国画的用笔与用墨

用笔、用墨是中国画的基本功。中国画用笔有以下几种方法。

中锋与侧锋　中锋，执笔端正，笔杆与纸成垂直状，线条稳重、圆浑、厚重。由于运笔的轻重、转折、顿挫，使线条产生各种丰富的变化。侧锋，手腕转动使笔与纸面成一定倾斜度，产生的墨线粗犷、毛糙，有时一边光、一边毛，有时会顺着笔势产生飞白[①]变化。

① 编者注：飞白，指在书法创作中，笔画中夹杂着丝丝点点的白痕，且给人以飞动的感觉。

顺锋和逆锋 顺锋的笔头在纸上顺着执笔的方向，从左至右运行，线条挺拔而柔顺。逆锋，笔头在纸上倒逆而行，如犁破土，线条毛糙多变。

皴、擦 是指在勾勒的轮廓中加的一些短线，用以表现物体表面的纹理和阴阳面。皴笔可用干笔或湿笔，而擦只能用干笔。可以先皴后擦，也可以连皴带擦。一般在山水画中画石、画树、画水等，为刻画其纹理凹凸，阴阳向背的形状用得较多。

点 笔尖在纸上骤起骤落成点。用中锋、侧锋、逆锋均可画点。按笔的轻重、聚散，含润若滴，带渴为焦，细等纤尘，粗同坠石。点法的变化无穷。

中国画用墨讲究。古人有"五墨""六彩"之说。用墨方面，讲究淡墨、浓墨、泼墨、积墨、焦墨以及破墨、飞墨等方法。而所谓"六彩"是指黑、白、干、湿、浓、淡。黑白不分，是无阴阳明暗；干湿不备，是无苍翠秀润；浓淡不辨，是无凹凸远近。所以画山、石、树木，六彩缺一不可。

积墨法 是用水墨或浓或淡，层层积染而成，这在山水画中用得很多。

泼墨法 是用墨块痛快淋漓地洒泼，有时与勾勒相结合，是大写意特有的表现方法。

破墨法 趁墨色未干时，用浓墨、淡墨、清水或颜色加以冲化，就是破墨法。

蘸墨法 将饱含淡墨的笔，临下笔时，在笔尖上蘸一点浓墨，稍许渗化后，一笔下去产生浓淡不同的变化。反之，笔含浓墨，临画时，在笔根或笔尖上滴一点清水，也能产生类似效果。

中国画的用色，重视物体的固有色和固有色的明度变化，不追求光和色效果。重视色彩的对比、调和，运用强烈的对比色，取得调和的效果。大胆夸张，善用变色，追求装饰趣味，讲究墨色交融等。

着色方法有：

涂 就是平涂。

染 可以是同种色明度的渲染，也可以是不同色的接染。如：花瓣的浓淡变化就是染出来的。

罩　在一种颜色上面罩上另一种颜色。如：在浅绛山水中用花青、赭石罩在墨色上。

托　在宣纸或绢的反面上色为托。

中国画的用笔、用墨、用色方面，经历代画家长期实践，积累了极其丰富的理论及技法经验。画家的个性不同，对于笔墨的使用也不同。所谓用笔无定法，“神采生于用笔”，笔之所到，留下了画家情感波动的痕迹。平淡天真、不露锋芒、简率蕴藉、遒劲温和、秀丽脱俗等等，成为笔法的基本要求。在欣赏中国画时，要十分仔细地观察和欣赏画面的笔墨气势。优秀的笔法是纵横飞走、有神气、有活力的；拙劣的笔法是僵死的。优秀的笔法是苍老浑厚的，拙劣的笔法是污浊邋遢的；优秀的笔法是雄劲有力的，拙劣的笔法是软弱无力的。

现代中国画家及其作品介绍①

中国画经过四五千年的演进，名家浩如烟海，风格各异。为使低幼儿童走进祖国的文化宝库，我们选择了以近现代画家为主的作品欣赏资料，也向教师提供有关画家的生平和绘画风格的介绍。

齐白石

曾有人评价说：“齐白石的绘画，其笔墨意趣是传统中国的，其绘画形式是现代中国的，其绘画艺术的整体包括其思想应属于20世纪世界性的。”的确，20世纪的中国画坛，没有任何画家的影响能超过齐白石。他是近代中国艺坛上知名度最高的书画家。他在自己毕生的勤奋研习中，为中国传统绘画的延续增添了新的财富；不止于此，他用他的智慧，敏捷地从现实生活中取材，用纯朴的童心看待世界，表现浓郁的乡土生活气息。齐白石作品的“雅俗共赏”是他胜于任何画家的突出标志。

齐白石，湖南湘潭人。小名阿芝，名璜，字渭清，号濒生，别号白石

① 本段为许雪玲供稿。

山人。他生长在世代农民的家庭里，少时家境清贫，只念了不到一年的书，便辍学归农，只能于劳动之余练字、习画、读书。青少年时代的齐白石对乡土风物有深切的感情，他看惯了院子里的小鸡，溪流里的鱼虾，草间的蚂蚱，河边的青蛙。他仔细观察、揣摩，抓住每一种动物和植物的习性，苦学苦练。两件事对齐白石的一生有决定性的影响。一是15岁开始学雕花木工，因其描绘、雕花的技艺精湛，被称为“艺术匠”。二是27岁时拜胡沁园、陈少藩为师，此后逐步开拓自己的艺术道路。可以说，40岁之前，无论在眼界上，还是在学问上，齐白石都受着时空的局限，最多也只能算是手艺高超的画工罢了。40岁之后，齐白石在朋友的再三催促下，曾先后五次离乡远行，广交朋友，既领略了祖国山河的无限风光，又受到许多饱学之士的启发。凭借着自身的禀赋与勤奋，伴随着时间厚度的日积月累，齐白石的画由稚嫩而趋于老辣遒劲；高人的指导，又使齐白石的艺术由“旁门左道”而最终臻于最高的画道。60岁之后，齐白石正式寓居北京，以篆刻、卖画为生。这时，他受陈师曾的影响很大。齐白石在《自传》中写道：“我那时的画，走的是八大山人冷逸的一路，不为北京人所喜爱，除了陈师曾之外，懂得我画的人，简直是绝无仅有……师曾劝我自出新意，变通画法。我听了他话，自创红花墨叶一派。”他以极大的决心关门谢客，潜心研究，摸索适合自己天赋、气质和修养的艺术道路。他自己有两句诗：“扫除凡格总难能，十载关门始变更。”反映了齐白石的“衰年变法”的历程。在漫长的十年时间里，他改变了自己对原作的临摹路径，仔细玩味原作的笔墨、构图、色彩等，用强概括力、重点突出、大胆删减、力求精练的手法，进行新的创造。为了达到“扫除凡格，自成一家”的目的，付出了异乎常人的精力和代价，可以说，如果没有这十载关门的艺术实践与探索，就没有我们今天所认识的齐白石。

齐白石艺术上的高度成熟期在65岁左右，即“衰年变法”之后。他最动人、最精彩的作品大多是在最后30年间创作的。依照心理学的解释，人在60岁以后会出现第二童年期，如果有意识接受这一转变，它将把人引向新的更高的起点。在这个时期，人的精神因素比人的生理因素更能显示出生命力和价值。把握新的外部世界的能力虽然衰退了，但内视、回忆、咀嚼自己曾有过的生活，把生命的历程重新在内心里过滤一遍，用智慧和爱的光辉照亮那些焕发过生命意义的东西，却是60岁以后的老人所特有的能力。齐白石"衰年变法"之后的作品，一个突出的特点，就是反复地刻画他对家乡和童年的回忆。白石老人有着一颗童心，正是从他晚年作品中反映出来的。

中国传统绘画的创作群体，向来有文人画家和职业画家之分。职业画家以绘画作为谋生的手段，他们的创作必须迎合雇主或买主的欣赏趣味；文人画家则以绘画作为词翰余事，不求娱人，只为自娱。以至于传统文人画的题材，不外林泉高致、梅兰竹菊之类，以表征其清高脱俗的意绪心怀。在齐白石的创作中，自然也有这些方面的题材内容。但是，其基本的取材范围，则又是在传统文人的情调之外的。他曾自述："余日来所画，皆少时亲手所为、亲目所见之物，自笑大翻陈案。"这清楚地表明，他的绘画内容不仅是他亲身体验的真实写照，而且是他"少时"即以儿童的纯真之心所为、纯真之眼所见之物的真实写照。确实，从他所画的题材来看，如大白菜、红辣椒、稻黍、荸荠、莲蓬、蚱蜢、知了、青蛙、虾、鱼等，都是传统的绘画中很少看到的，一股清新的生活气息，扑人眉宇。

齐白石对于形象塑造的要求，主张"妙在似与不似之间"。类似的意思，他还曾在《画虾》自题中表述过："凡画动物，欲不似，画家本来不能为；欲似，又不能免俗。此画难处。"之所以"欲不似，画家本来不能为"，是因为画家作画必须以生活的真实对象为依据的缘故；之所以"欲似，又不能免俗"，是因为画家作画必须对生活的真实对象加以提炼、概括。以这幅《群虾图》而论，其"妙在似与不似之间"的形象塑造，用极其简练的手法组织笔墨，一笔不多，一笔也不可少。与真虾相比，他作了这样一些处理：拉长了虾头，夸大了双螯，强调了划水的腹足，加粗加长了触须等。画家虽然没有勾画半丝水纹，我们却能感到群虾似乎在水中通体透明，游来游去。究其原因，关键在于白石老人对笔墨的驾驭力，在淡墨的虾头上点上浓墨，没有深厚的功力，很难把握住这细微的一点。小小的虾子在造型上有着点、线、面的结合，在用墨上有浓、淡、干、湿的变化。看似简单，实际最能显示画家的功力。提到齐白石，几乎无人不说他笔下的虾是一种前无古人的创造。那晶莹透明的笔情墨韵，标志着齐白石艺术成就、尤其是笔墨成就的登峰造极。后人学习画虾，均以齐白石的虾为标本。学其形貌还不算太难，但要达到齐白石那种自由洒脱又老辣遒劲的笔墨情韵，则难上加难。此外，齐白石常在自己的画幅上题诗吟句，以这幅《群虾图》为例，齐白石在画面的左上方题诗云："苦把流光换画禅，工夫深处渐天然。等闲我被鱼虾误，负却龙泉五百年。"他的诗、书、画、印与他的画是一种完美的结合，他的书法率意挥洒，有着不矫揉造作的天趣。齐白石曾自我鉴定，认为自己的艺术"以诗第一，治印第二，绘画第三，写字第四"。从中可以看出，齐白石对于自己诗才是颇为自负的。这又恰恰印证了一点：大凡在中国绘画史上留有一席之地的画家，其胸中学养是至关重要的。他说："我 60 年来的成就，无论在刻、画、诗、文各方面说来，不都是从古书中得来的，有的是从现在朋友和学生中得来的。我像是吃了千千万万的桑叶，才会吐出丝来；又似采了百花的汁水，才酿造出甜蜜。"这些"桑叶""蜜汁"包含着创新的意识、情感和创作方法。

齐白石还喜欢以极细笔的草虫与极粗放的花叶相结合。如《蝉》《蚂蚱》等作品，粗放与精细的结合，率意与严谨的结合，使画面的整体产生出一种粗放而不失精细，精细又不落于俗气的效果。一棵小草或一只小虫在他笔下全充满着生机。齐白石童心不泯，对生活始终抱有美好的向往，创造了情趣健康、令人愉快的艺术形象。他在早年从事民间艺术的过程中，培养了纯朴、热烈和大众化的艺术趣味。越到晚年，齐白石越是反复画那些生活情趣浓厚的东西。所谓"民间味"丝毫没有降低他的艺术成就，相反把他和其他大师区别开了。而这种"民间味"不只是体现在齐白石敢于突破前人的题材选择范围，还在于他用色、造型、构图等方面大胆创新。说到用色，人们会想到中国画所特有的墨色概念。如"墨分五色"即利用墨的浓、淡、干、湿、清来表现所见物体。齐白石大胆地突破这一常规，把热烈、响亮的大红、藤黄、胭脂红等带进了画面。以《桃》《桃实图》为例，深黑的墨叶与极鲜艳的红桃相结合。虽然是墨叶，但不是漆黑一片，而是有浓，有淡，有转折，有空白。这来自于齐白石对线条和墨的驾驭力，齐白石的用笔，力能扛鼎；他的用墨，老到自然。其作品的妙处正在于“雅与俗之间”“老成与天真之间”：论其“雅”，是因为作品所洋溢着的清新的自然氛围，恰恰是符合雅人对于自然的理想；论其“俗”，是因为作品所洋溢着的浓郁的生活气息，又恰好是符合俗人对于生活的愿望；论其“老成”，是因为出于老画家之手，虽然稚拙但绝不稚嫩，正好合于成人的审美理想；论其“天真”，又恰好符合儿童的审美理想。

齐白石由木匠而成画匠，由画匠成为画家、艺术大师，其间他所受的影响是广泛的。他致力过对自宋元以来的绘画传统的研究，也不辞辛劳地向民间艺人学习，又进行了大量的深入观察以体验生活，故他的作品不仅题材多样，而且画得亲切动人，没有一丝勉强的孤傲气息。和一般表现超脱、自娱，以笔墨情趣取胜的传统文人画相比，白石老人的作品刚健、清新、明朗。人们说他的画“雅俗共赏”，原因之一是可以从画中感受到老人的喜怒哀乐，可以窥见一个亲切的大千世界，可以在画上彼此会心、共鸣，而不会感到幽玄、怪异、深奥、不可思议。单是一个聪明的有情感的农民不能成就大师齐白石，单是士大夫的修养和传统笔墨技巧也不能成就大师齐白石，唯有兼有两者，并在长达近30年的辛勤研习中，升华了自己的生活经验和内心世界，才成就了独一无二的大师齐白石。

徐悲鸿

徐悲鸿先生是我国现代艺术大师，又是杰出的艺术教育家。如果综合他的崇高品德，卓越的艺术造诣，振兴中华民族艺术的宏伟抱负以及在艺术教育方面所作的巨大贡献这四个方面来认识徐悲鸿，我们不得不承认：五四以来，一人而已。

徐悲鸿，江苏宜兴人。原名寿康，改名黄扶，更名悲鸿。他9岁开始跟父亲学画，每日临摹一些人物画。17岁那年，父亲身染重病，于是年轻的徐悲鸿开始担负起养家糊口的重担。他同时担任宜兴女子师范、恩齐小学和彭城中学的美术老师。随着父亲的去世，他不堪沉闷与压抑的环境，毅然背井离乡，去上海寻找理想的影子。最初，在上海的境遇是极其困苦的，所幸的是，一次偶然的机会，他结识了康有为、王国维等当时的社会名流，更重要的是他可以通过与真正的学者接触看到第一流的私人收藏的金石书画作品。康有为对徐悲鸿特别器重，誉他为天才。徐悲鸿在《自述》中说："南海先生（康有为）雍容阔达，率直敏锐……而其奖掖后进，实具热肠，余乃执弟子礼居门下侍从。观其所藏，如书画碑版之属，殊有佳者。"往后徐悲鸿对于国画的评论，从康有为的真知灼见中得到不少启迪。

1917 年 5 月徐悲鸿第一次跨出国门，到日本学习美术。在东京的半年时间，徐悲鸿几乎每天出入博物馆和私人家中去观看藏品，并对日本绘画作了系统的了解。尽管徐悲鸿在日后的创作中没有受日本绘画影响，但日本艺术家渐能脱去积习，而会心于自然的探新精神无疑对他有所启发。1919 年，徐悲鸿第二次出国，由政府派到法国去留学。他考入巴黎高等美术学校，教师是当时颇有名气的历史画家弗拉孟。徐悲鸿以刻苦钻研的精神博得了教师的好评。1920 年，徐悲鸿经人介绍开始受教于当时以写实风格而著称的画家达仰。达仰对徐悲鸿的影响极为深刻。可以说，徐悲鸿坚实的素描功底和他对造型的严格要求在很大程度上是得力于达仰的传授。在欧洲废寝忘食地苦学了 8 年，徐悲鸿终于载誉而归，成为中国艺术界受人瞩目的艺术家和艺术活动家。1927 年春回国，任南国艺术学院美术系主任，与田汉等人一起，大力提倡现实主义艺术观。徐悲鸿之所以成为现代绘画史上的一员骁将，他的开拓精神最突出地表现在他义无反顾的社会责任感上。他对当时中国绘画事业的凋零状态痛心疾首，念念不忘以"继承吾先人之遗绪，规模其良范，而建立现代之艺术"。在这一点上，徐悲鸿是永远值得推崇的。

作为艺术教育家，徐悲鸿办学有系统而且更有规范，他早年的艰难经历和在法国深造时所学，奠定了他在艺术上的基本信念根基，即徐悲鸿毕生提倡的"写实主义"。徐悲鸿在当时的时代背景下，试图振兴中国的艺术，其中有两个主要原因促使了他一心追随古典大师的队伍。首先，强烈的社会责任感始终伴随着他，使他激动不安。在艺术中寻求真理几乎成了他一生想要完成的课题。艺术家应与科学家同样有求真的精神，这是徐悲鸿的理解。他把造型艺术中的形当作视觉中的客观真实的物象来要求，强调造型的严格和准确，强调艺术反映实际生活。他深感西洋绘画以师法自然为基础的传统可以促进中国画的改良。蔡元培曾提出，中国画始自临摹，外国画始自实写。徐悲鸿则认为："画之目的，曰：惟妙惟肖，妙属于美，肖属于艺。故作必须凭实写，乃能惟肖。"

素描是一切造型艺术的基础，是徐悲鸿教学思想中最突出的地方。徐悲鸿认为，西洋的素描是一种科学，因为它能够充分地反映客观的真实性，在这一点上，素描确实比我国传统的造型技巧来得完备而先进。作为一种造型科学，它包括全局与局部的统一、整体与细节的统一。这就要求画家在观察对象时既充分地掌握材料，研究细节，又要科学地找到它们之间的相互关联，把种种细节和局部统一成为一个完整的形体。徐悲鸿在教学上首先强调的是造型的基本功。他提出了"新七法"：位置得宜、比例准确、黑白分明、动作自然、轻重和谐、性格毕现、姿态传神。徐悲鸿在素描教学的实践中，十分注重要点的把握。比如，人体结构在运动中的鲜明倾向及其转折点，肌肉、骨骼紧张突出的重点记号，光线明暗变化的紧要处等，要求在作画时心手并用，画后还要能背出来，并和写生的习作加以对照。

正是基于现实主义的原则，徐悲鸿的中国画与传统中国画拉开了相当大的距离。传统中国画大多从临摹前人的典范图式入手，进而通过写生的实践加以印证、修正，最终形成自己的个性风格，即所谓"先师古人，后师造化"。徐悲鸿则直接从生活对象的写生、写实出发，通过深入细致的研究、刻画对象的现实性和典型性，来涵容大千世界的内在生命律动。他是一位全能的画家，动物、花鸟、人物、山水无所不能。所谓现实主义，不仅指艺术的创作，必须以现实的生活为源泉，更指艺术的目的、动机必须为现实生活服务而言。既服从，又服务于现实生活，这就是现实主义艺术的全部原则。《愚公移山》取材于历史故事。徐悲鸿创作这幅画时，正是中国人民遭受着日本帝国主义的侵略，处于水深火热的年代；画家以古喻今，号召中国人民用愚公移山的精神打败日本侵略者。徐悲鸿利用线描来给人物造型，他笔下的线描，绝不是单纯的笔墨趣味，而成为既反映人物结构关系，又具有质感、量感的造型手段。它随着体、面关系而呈现出轻重、徐疾、干湿、浓淡的变化，通过疏密的安排和相互间的对比、呼应，赋予对象以毫不亚于明暗法的体积感和空间感。画面中的老者只是个侧面，但坚毅的外表和不怕困苦的决心跃然纸上。儿童的稚嫩天真，壮年男子的健康体魄，令人过目难忘。

马，在中国人的心目中始终是作为人才的象征，作为民族振奋的象征。徐悲鸿翻来覆去地画马，作为自己的"托兴"和"自况"，正是由所感而发，令人有惊心动魄之感。他画马，其速写稿难以数计，并熟悉马的解剖、结构、骨架、肌肉，又详细审度其动态、神情，终于达到心手相应的地步。无论表现马的奔走、仰立、俯食、回顾、正面、侧面、背面……均能曲尽其态，出神入化。

传统的画马方法以线条勾勒为主，烘染衬托为辅，这种方法具有较强的装饰性，却缺少了严格的造型性。然而，徐悲鸿画马却大胆地突破了传统笔墨的束缚。以《奔马》为例，他采用西方绘画中体面、明暗分块造型的方法，与传统的线描技法相结合，大块的灰墨摆出马的体态，刚柔并济的几笔写出四肢的主要肌骨，浓墨点五官，焦墨扫马尾。在这些描绘中，不仅充分注意到传统笔墨轻重急徐、枯湿浓淡、疏密聚散的节奏韵律的抒情性，而且充分注意到笔墨作为造型语言的严格写实、写生的造型性，并使二者达到高度的完美融合。

《群狮》一图也表现了画家对于民族腾飞的渴望之情。作为东方雄狮，中国在黑暗中长睡不醒，令画家深感焦虑。画面上，群狮奋起，雄立山头，个个跃跃欲试，大有一展雄风之势。画家用雄强的笔墨，准确地勾勒出群狮的身体结构，表现了画家深厚的西画功底与扎实的国画技能。水墨柔毫，在画家手中转化为雄强如铁的笔墨表现，使传统中国画的水墨渲染焕发出鲜明的时代气息。这是中国画表现技法的一个重要特点。“笔墨当随时代。”在构图上，画家也变用了南宋山水画一角取势的构图之法，使群狮长啸欲奔之势更为突出。南宋山水的一角构图，寓示中国半壁江山之意，用于此图，正合画家金戈铁马之梦，愿中华早日腾飞。

徐悲鸿以正直勤恳的一生创作出了数以千计的素描、油画，包括中国画。他的中国画的一个重要特色，在于直面社会现实与时代，与人民同呼吸、共命运的现实主义精神。他的许多作品寄寓了画家作为一个热爱祖国、具有正义感的中国人，为民族危亡深深忧患的匹夫意识，渴望振兴中华的焦灼、迫切愿望。徐悲鸿以大关怀、大悲悯的人文精神，突破了传统绘画清高静逸的超现实的精神境界，而赋予作品异常炽热的现实意义。

徐悲鸿服从于现实生活的创作原则，其作品生动逼真的形象和酣畅写实的笔墨，给予观赏者以广大精微又自由清新、蓬勃向上的艺术感受。在中国现代画坛中，徐悲鸿真正享有桃李满天下的美誉。吴作人、张安治、俞云阶、宗其香等都做过他的学生。同时，受过徐悲鸿帮助和提携的画界人士，更不计其数，如齐白石、傅抱石等。很难找到能像徐悲鸿的学生那样真诚地捍卫老师的声誉以及推崇老师的成就的事例，这也足见徐悲鸿作为一代宗师的坚实基础。

傅抱石

傅抱石，出生于江西南昌市的一个穷苦人家，幼年刻苦好学，他十几岁时开始学画，启蒙老师是西邻一家裱画店的左姓师傅，专门负责复制石涛的作品。傅抱石常去画店看画，引起左师傅的注意，遂带他去看一些古代真迹，而且给他作了许多讲解，于是由石涛而渐入绘画之堂奥。

傅抱石在临摹学习中国画时，渐渐发现许多山水画中袭旧的摹古画风，千篇一律，毫无生气，束缚了山水画的发展，而石涛的笔墨得自真山真水，生动而又气度非凡，使傅抱石发自内心地佩服，从此一意于石涛，正如他后来在《石涛上人年谱》中所说："余于石涛上人妙谛，可谓癖嗜甚深，无能自已。"因此自号"抱石斋主人"，后来则干脆改名傅抱石。

一个偶然的机会，他结识了当时享有盛誉的徐悲鸿，经过徐悲鸿的推荐和介绍，傅抱石于1933年东渡日本，开始了他的留学生活。他在东京美术学校专攻雕塑及东方美术史，并继续钻研绘画和篆刻，对日本画家横山大观、竹内栖凤等人的作品进行了深入研究，从中汲取自己所需要的东西。在日本的三年时间是傅抱石在眼界和艺术上大进的时期，也为他奠定了坚实的功底。

抗日战争时期，傅抱石进入四川，一住就是8年，傅抱石在重庆的寓居"金刚坡下山斋"，左倚金刚坡，泉水自山隙奔放，当门和右边，全是修竹环绕。山川的雄伟秀丽，足以启发画家的灵感。傅抱石以其亲身的体会，认为"着眼于山水画的发展史，四川是最可忆念的一个地方"。8年中，傅抱石走遍了长江两岸，以及成都附近的青城山、峨眉山、凌云山、乌龙山、都江堰、岷江和大渡河。这些气势磅礴的祖国河山，都成了他提笔即出的胸中丘壑。四川雄伟的山川孕育了傅抱石的生花妙笔。这时期的创作，不仅数量多，而且在艺术技巧上也日趋成熟，逐渐形成他独特的风格。

解放以后，傅抱石的艺术生涯进入了一个崭新的时期。他除在南京师范学院（现南京师范大学）美术系任教授之职外，还兼任美协江苏省分会主席。后来他主持江苏省国画院工作，同时担任中国美协副主席。1957年，傅抱石到东欧旅行访问，用国画作欧洲风景写生。1960年，傅抱石一行作了一次二万五千里长途旅行写生。1961年，他又作了一次东北旅行写生。这些经历，不仅为他在创作上提供素材，更重要的是接触到新的现实生活，促使他思想上产生变化，感情上得到启发。他认为，笔墨技术，不仅仅源自生活并服从一定的创作主题内容，同时它又是时代的脉搏和作者的思想感情的反映。由于时代变迁，生活、感情也跟着发生了变化，新的生活感受，不能不要求艺术家在原有的笔墨技法的基础上，大胆地赋以新的生命，大胆地寻找、补充新的形式技法，使笔墨能够有力地表达对新的时代、新的生活的歌颂与热爱。1965 年，年仅 61 岁的傅抱石突然病逝。他在时间不长的艺术生涯中，取得了不平凡的成果，成为中国现代绘画史的重要画家与美术史译论家。

傅抱石像所有研习中国画的人一样，是按临古、写生、自创的渐进之路走下来的。所不同的是在他后来的创造风格中，几乎找不到他早年下过的摹古苦功的痕迹。傅抱石一反传统，凭一支秃笔横涂竖扫，将自己的感受真切地表达出来。就以他的抱石皴来说吧。皴法，是中国山水画中用来表现山石的画法。历代画家结合表现对象的特征，创造出各式各样的皴法。抗日战争期间，傅抱石在四川一住就是 8 年，四川的山岳气势雄伟，云雾湿润，既有华茂的树木，又可见裸露的山骨，有石质的，有土质的，也有半土半石质的。傅抱石不满足于用古人已有的皴法去表现山峦的变化，经过不断实践，逐渐形成了独特而变化多姿的用笔。

傅抱石喜欢用皮纸作画，这种纸半生熟且不渗水，墨色反应极佳。在布局上，他常将山峰的顶峰伸出纸外，不大留出天空，打破了传统的格局，形成遮天盖地的磅礴气势。以《西陵峡》为例，傅抱石用硬毫大笔饱吸浓墨，运用泼墨法，由上至下落笔，由于纸质熟，山顶形成大量积墨，再用干笔下拖颇有一些拖泥带水的味道，为了表现西陵峡的峻峭山势，傅抱石运笔较快，以直皴为主，间以转笔横皴，表现石壁坚硬的地质特征。另外结合多层次的渲染以表现石壁凸凹变化和厚重的感觉。渲染时傅抱石亦注意皴法中的虚实变化，在山峦的交接处，只以淡淡的赭石渲染，仿佛是山中的云气环绕着群山，加强了山峦的空间氛围。画面的右下方，傅抱石画一小船顺水而下，给寂静的山川增添了“动”的艺术境界。

《不辨泉声抑雨声》作于 1962 年 8 月，此时的傅抱石在对笔墨技法的运用上已经达到了炉火纯青的地步。四川的烟雨雾锁、苍茫雄奇的景象给傅抱石留下了难以磨灭的印象，以至于多少年后，傅抱石仍能把给他以震撼的四川雨景信手画来。画中隐现于烟雨之中的山峦，用"抱石皴"皴染而成，虽然总体色调较淡，可形成的效果却并不单薄，看似不经意而实际上必不可少的留白，把瀑布的水口巧妙地表现出来。倾盆大雨的处理手法则是以矾水甩出，然后以大笔蘸淡色斜刷几道，风雨的气势异常强烈。从来描绘烟雨之景，多平淡天真、宁静致远，傅抱石所表现的却是狂风骤雨、扑面而来的气势。

画面下半部分，傅抱石为了表现流水水花的色感，在处理水边岩脚的坡边时，往往采用较重墨色的点法加强水的对比关系，突出显示流水的造型效果。古人画水一般都用勾水法，即勾出流水的水纹以表现水的漪纹。傅抱石画水极富创造性，他不满足于沿用古人的方法，在长期创作实践中积累了一整套画水技法，表现不同的环境采用不同的方法。此图中，他侧重用横皴画水，表现流水波漪的变化，不仅能表现流水的动感与质感，甚至能给人以有声的感觉。"抱石画水，如闻其声。"有人这样称赞傅抱石画水的技法，真是太贴切了。流水部分结合乱石安排，有些空白，这样便取得了动感。在处理水纹时，同时要考虑到画面空间变化，近处的水纹大一些，逐渐推远，达到水域宽阔的感觉。

在《不辨泉声抑雨声》这幅画中，还必须提到傅抱石的墨法，他把水、墨、色三者密切结合，泼墨挥洒，浑然一体。由于傅抱石非常重视画面中春夏秋冬四季不同的特征和晴雨雪雾等各种气候变化，追求气氛，强调笔墨韵味，所以就必须在墨法上下功夫。他主张"墨即色，色即墨"，作画时，常在墨中加色，色中加墨，取得墨与色相得益彰的效果。树木、岸石、茅草亭虽浑然一体，但又相互对立。傅抱石并不着意于精细地刻画它们的外形，而是以饱蘸激情的用笔一气呵成，在重墨处注意把树、石、亭巧妙地区别开来，着色不多，但浓淡深浅，层次毕现。

《初春》创作于1957年，画家并不是以春花烂漫、柳树发芽为描绘对象，而是在画面右下角画出两棵老树，老树干上长出了许多嫩绿的新枝。由近及远，排列着一些小船。傅抱石以重墨的没骨画画出枝干的各种变化，既有墨色韵律节奏，又充分体现出树木本身的空间感觉。

“点法”在山水画中对笔墨的处理至关重要，所谓“点法”是指山水画中点叶、点苔、点树、点山等。傅抱石以浓墨点充分表现出树干的圆润转折，显示出他对笔墨的理解与控制，“点法”在傅抱石的写生中被灵活运用，取得新的效果和成就。

为了充分表现自然风貌的神韵，傅抱石非常强调染法的运用。《初春》中，傅抱石以石青、石绿渲染画面，又不经意地留出一些空白，像水面上的反光，波光船影，老树新枝，一个春意盎然的画面呼之欲出。画家通过笔、墨、水与宣纸相碰撞时微妙的水晕墨章原理，制造出一种特殊的肌理效果，破而毛的笔势均力敌墨痕，有时粗，有时细，有时浓，有时淡，有时枯，有时湿，粗细、浓淡、枯湿交织成一片，模模糊糊，浑浑沌沌，奔放而淋漓，赋予观者以强烈的视觉感受。

傅抱石的学识和素养是被人广为称道的。他靠着苦学和天赋而登上画坛的尖顶。他敢于创新并创造了属于他自己的绘画语言。必要的学识是一个重要方面，傅抱石说过自己“对于美术史的研究，总不感疲倦”。他对画史如数家珍，他认为艺术的生命在于不息的创造。他一生写的文章(包括著作)近 200 万字，可见他在画外又花费了多少心血！真所谓“烟云生于腕底，波涛起于胸中”。这对今天的画家应该也会有一定的启示吧！

吴冠中

吴冠中，一个中国人的名字，在世界画坛被越来越多的人刮目相看。1919 年 7 月 5 日，吴冠中出生于江苏宜兴。童年的天地虽然狭小，却是自由快乐的。山区乡村的孩子，是用大自然来装饰自己童年梦幻的。他忘情于山上的树、山涧的小溪、铺砌在小溪底下的圆滑鹅卵石、空中浮动多变的云以及植物的气息、流水的絮语。这些生灵，它们纵然不会说话，却毫不吝啬地把美灌输给童稚的吴冠中。晚年的吴冠中以痴情的诗句描述他的家乡：“漂浮在水乡上的梦，水乡青草育童年，遥远的童年古老的屋……画不尽江南村镇，都缘乡情！”

15 岁那年，吴冠中考入了浙江大学校园里的工业职业学校。他完全没有料到，这所校园只不过是他的临时栖身之所，而在西子湖畔有一座更具诱惑力的“天堂”——艺术的殿堂正等待着他。在一次军训中,吴冠中与当时在杭州艺专的朱德群相识了。听朱德群说出一连串闪闪发光的名字:莫奈、毕沙罗、凡·高、高更、塞尚……他的心灵颤动了!在人生征途上度过了16年之后的吴冠中,仿佛现在才找到了他真正的目标。他要跳出浙大,投入艺专,重新当一名真正的艺徒——艺术之神的忠实信徒。吴冠中重新用无锡师范初中毕业的文凭报考了杭州艺专,他竟然被录取了!

1935年前后是杭州艺专最宁静的时候,依山邻水,远离尘世,不受干扰,典型一座艺术至上的“象牙之塔”。吴冠中所在的绘画系,前三年预科,主攻素描;后三年本科,学习油画。课余时间便出门去水彩写生:苏堤垂柳、断桥残雪、接天莲叶、平湖秋月……西湖美景俯拾皆是。校长林风眠,教授吴大羽、刘开渠等诸位前辈,几乎都是清一色留法归来的,这使杭州艺专与法国画坛有着特殊的血缘,一些当时在中国尚鲜为人知的艺术大师如凡·高、塞尚、马蒂斯……早早地被引进了西子湖畔,为他们的学生所熟知了。吴冠中一见凡·高的画,胸中的热血便立即被烈火燃烧,自然因为他与凡·高有类似的禀赋和气质,心有灵犀一点通,但也要感谢那些先行的盗火者,他们功不可没。吴冠中既崇拜潘天寿(浙江宁波人,其作品以雄浑、豪放见长),又迷恋凡·高。吴冠中白天画西洋画,晚上画中国画,“鱼和熊掌都不肯割舍,竟想二者兼得,异样风格兼收并蓄”,吴冠中自己说:“在艺术上,我是一个混血儿!”

1946年7月,吴冠中在重庆考区参加了教育部全国甄选试。这是中国首次向国外选派公费留学生,美术专业只有两个名额。数月之后,甄选试发榜了,两个美术专业名额中,吴冠中名列榜首!他进了巴黎高等美术学校,在绘画系苏弗尔皮教授工作室进修油画。苏弗尔皮教学认真,画风类似毕加索、勃拉克(美国著名的点彩派画家),正适合吴冠中偏于现代的口味。3年的公费留学生涯很快就结束了,吴冠中毅然决定回国,被安排在中央美术学院教素描。1953年,吴冠中离开了中央美术学院,应聘到清华任教,再后来,为了加强中央工艺美术学院基础绘画的教学力量,他又落脚到中央工艺美术学院,这里成为他的终身任职之所。离开了美院,离开了他抱定终生志愿的油画,这是一大损失,一大遗憾,但是,他由此却拓宽了艺术道路。由于教学的需要,他不得不接触水彩、水粉、中国画,甚至工艺美术,这也完全符合他"杂食"的个性,不同门类、不同科目之间本没有不可逾越的鸿沟,广泛的涉猎使他的艺术眼界大大地丰富了。年轻时候练过的十八般武艺,不但没有荒废,到了中年又得以全面施展,应当说,这是一个艺术家的幸事。

作为油画教师,他不仅仅满足于教给学生油画的技巧,也不仅仅在西洋绘画范畴内打转,而是着眼于东西方艺术的源流发展和相互交融,启发学生的悟性。这正是他的许多学生在离开学校多年之后仍念念不忘这位老师的原因,他教给他们作为一个艺术家最重要、最可贵的东西:穿透世界的眼睛和再造世界的头脑,而不仅是一双熟练的手。

吴冠中笔下的中国画,是现代化了的中国画。娴熟于画布与油彩的他挥洒起水墨来,雪白的宣纸上,浓墨淡彩,铁画银钩,龙蛇腾跃,元气淋漓。是中国画?是西洋画?画中的东方韵味、东方情调、东方色彩扑人眉宇,其中涌动着东方血液,跳动着东方的心脏,这也正体现着吴冠中艺术的生命力。

吴冠中的线条,是音乐,也是舞蹈。

中国画是平面的视觉艺术,但是吴冠中的画满纸飞动,是一根根富于韵律的线条在载歌载舞。《森林》是一幅典型的作品。那一根根黑色的线,挽起了一根根灰色、黄色的线,于是,不知道是线的舞蹈构成了森林,还是整个森林在翩翩起舞。在大自然中发现韵律,应该是画家作画的秘密。当大自然的歌,在他心中盘旋,大自然的舞,在他手上跳动,画家腕下的笔墨就不再是十八描了,从此,画家就为大自然歌唱,为大自然舞蹈了。你看,那文静的《白桦》,修长挺拔,清新拔俗,画家竟然画出了它清纯的微笑。在画家眼中,节疤不再是树杈的断痕,而是白桦流露心曲的眼。

这就超出了视觉艺术了。

这是一种心灵的对话。

所以，读吴冠中的画，是需要用耳朵、用心聆听的。看着《森林》，我们的耳边响起了欧阳修的《秋声赋》；看着《白桦》，我们的耳中是雪落无声的天籁。

这样我们就可以进入《小鸟天堂》了。其实，即使看不见那一只只可爱的小鸟，我们的耳中，已经是天堂之歌的旋律了。画中的线条，在奔走欢歌；画中的彩墨，似音符在跳跃。当虬枝舒展开去时，串起的不再是点点彩墨，而是小鸟的天堂般的歌声。

《荷塘》不再有风声。我们感受到的是秋风乍止、片刻的宁静。水，于是更清了，一池秋水，并非因枯枝败荷而清，而是因为风声刚刚停息。画家表现的是这样的瞬间，我们看见的也是这样的瞬间。“落红不是无情物”，零落池塘为秋声。

再不能找到中国画传统的笔墨。即使是泼墨渲染，也不再是传统技法的意义了。《冰天雪地》同样叮咚有声。那是积雪的塌落，是融冰的滴水。这里已没有《森林》和《小鸟天堂》的喧闹，但每一声过后，《冰天雪地》留给我们的却是令人几近窒息的等待。但还是要等待的，这是画家为我们留住的大自然的声音。

春天的声音有很多，画家选取的是雨后春笋。《笋林》的妙处，在于把每一笔浓墨都变成了音符。你看，当每一个竹笋破土而出的时候，浓墨不再是一笔墨色，而是清脆的拔节之声。

这是通感的读画法。吴冠中的画，打破了传统笔墨的形式特征，给我们带来了全新的视觉冲击，结果是感官的互通——当我们看见吴冠中的画，我们听到的是画中之声；当我们能听见吴冠中画中的声音，我们不仅是看到，而且是感受到了吴冠中的心声。

用感觉去画，用心去画，这样的画才是为感觉画的，为心画的，而不是仅仅为眼睛而画的。

吴作人

吴作人，出生在苏州一个清贫的知识分子家庭。原名之寿，字作人。1921 年，入苏州工业专门学校预科，1926 年升入该校建筑系就读。1927—1928 年，先后在上海艺术大学和南国艺术学院美术系学习，同时参加“南国社”。从那时起，深受徐悲鸿、田汉等师长的影响，在积极参与进步文化运动的实践中迅速成长。1930 年留学法国，同年 11 月转入比利时布鲁塞尔皇家美术学院，在著名写实主义画家巴思天教授工作室研修了 5 年。其间曾以全校油画专业人体会考第一名获金质奖章和桂冠生荣誉。这一时期，他主要是在美术院校学习，为日后的艺术创作奠定了扎实的基础。1935 年学成归国，成为 30 年代美术界中根底扎实、思想开阔的中坚力量，并出任南京中央大学艺术系讲师。在他绘画风格逐渐形成的同时，他的艺术观也逐步地确立起来。他认为，艺术家应以正义感为观察的出发点，其作品是赞美奋斗的人生，描写自然中一切的真实，这真实也是艺术家自己心灵的反映。1943—1945 年，吴作人先后两次赴甘肃、青海、四川、西藏写生。中国西北地区的风土人情给了画家以鲜明、强烈的感受，辽阔、开朗、刚健、质朴、坚韧等构成了吴作人一种壮美的艺术追求，为吴作人确立了一种新的美学基调。同时，在表现技法上，画家也发生了转变。他的油画创作开始吸收中国传统绘画的营养，已经明显地出现了追求概括、单纯、简练、讲究神韵的特点。

从 50 年代初至 60 年代中期期间，是吴作人艺术创作历程第三个阶段，也是吴作人艺术创作的第一个高峰期。同当时众多的艺术家一样，吴作人怀着喜悦和兴奋的心情投入了一个新时代的艺术创作之中。他的油画创作吸收了更多的中国传统艺术的成分。同时，他还创作了相当数量的中国画作品，如《奔犛图》《远瞩》，这些作品成为他下一阶段中国画创作高潮的先声。

吴作人画过多幅关于鹰的作品，以《远瞩》为代表，鹰作为花鸟画家习惯表现的内容，在吴作人的笔下，被赋予了时代的精神。他曾经说：“我感到鹰首先是具有雄强的气概。所以，我要画它的‘雄猛’，而不是‘凶猛’。”在他的画中，鹰象征着中华民族坚忍不拔、勇敢豪迈的精神。

“文化大革命”使吴作人中断了 6 年多的艺术创作。从 1972 年开始，吴作人的艺术发展进入了第四个阶段，这也是他的第二个艺术创作高峰期。已经进入耄耋之年的吴作人，完全转向中国画创作，题材也集中于动物、鱼、虫和西北高原风情。吴作人对中国画进行了深入的思考和勤奋的实践探索，《熊猫竹石图》《天高地远》《池趣》等是标志其中国画艺术最高水平的代表作品。

吴作人在中国画创造上，继往开来，推陈出新，坚持“师造化、夺天工”，以象征性、寓意性的手法创造了崭新的形象，笔下刚劲的苍鹰、雄健的奔犛、坚毅的骆驼、憨态的熊猫、悠然的金鱼……都反映了他对民族复兴、人民解放的热望，表现了中华民族奋勇拼搏、顽强奋进的精神，也反映了他对生活的热爱和对人格力量的赞美。

《奔犛图》作于 1963 年，是画家对自己精神的寄托和理想的表达。那高原上成群的奔犛，把寂静的原野，翻腾得云雾迷蒙。40 年代中期的西北之行给吴作人留下了难以磨灭的印象，以至于在许多年以后，吴作人依然能够娴熟地描绘出雄健、强悍的奔犛。“知白守黑”，语出《老子》，是指有无相生、虚实互补的辩证关系，后引入画论中，指黑白、虚实相反相成的形式法则。吴作人的许多中国画作品的形式构成都体现了这一画理与哲理。图中最前方的两头奔犛，一头用淡墨绘身躯，另一头则用较浓的墨来抒写身躯，一浅一深，给观者造成远近错落的视觉效果。在奔犛的眼、鼻、脊背处，点以浓墨，使奔犛的形象立即跃然纸上，神气十足。深远之处，一牧人骑着马狂奔，更衬托出天地的广阔无垠，使画面向纵深发展。虚空之中，并非真的一片虚无，而是给观者以想象的空间，引起画外的联想与思索。

《竹石熊猫图》作于 1978 年。熊猫是我国特有的珍稀动物，由于其憨态可掬而受到人们普遍的喜爱。以熊猫入画，在吴作人之前是少有人问津的。但吴作人却能用简洁而朴实的笔墨，充分地表现出熊猫憨态之下的灵气。一只熊猫席地而坐，正在品尝美味的嫩竹；另一只俯身下探，试图采折石边的翠竹。两只熊猫似乎各自专心于自己的事情，但画家巧妙的构图，却使两只熊猫仿佛又在喃喃细语。上面的一只也许在请下面的熊猫帮忙摘几枝竹子，或者，它可能正在馋涎欲滴地看着下面的熊猫啃竹子。给读者充分的想象空间,是中国画的一个特点。熊猫的动态与取位,不仅在情节上给读者以较大的想象余地,而且在构图上,也是全画静中生动的关键之笔。

在构图上,全图以静为主,稳固的石头,亭亭而立的翠竹,席地而坐的熊猫,无不给人平和宁静的感觉;而上方熊猫下探一臂,全图立即活了起来。中国画每每折射出中国的哲学思想,静中有动,以静寓动,反映的正是中国的哲学。熊猫的笔墨表现,止于黑白二色,又似阴阳太极的阴阳消长、生生不息。全图的重心,在画面的右下部,但左侧拔地而起的墨竹,不仅使画面的重心得以平衡,而且撑出一方天空,使画面顿时开阔,尺幅千里之势夺画而出。

全图体现了对立统一格局。熊猫黑与白的对立,统一为充满活力的生动之躯;石头的面与墨竹的线条,构成了沉重与疏朗的对立统一。右下角一丛斜竹,既打破了巨石块面的沉闷,又与左侧的修竹呼应,经由图中几组淡竹的穿插,把全图的内容豁然贯通。这就是此图神不散、形也不散的原因。

吴作人画熊猫最大的特点,就是他能用最简练的笔墨,既表现出熊猫可爱的神态,又表现出熊猫身体的质感。不论是《熊猫竹石图》还是《熊猫爬石》《熊猫》,画家只用两笔浓墨,熊猫传神的双眼即呼之欲出。不仅如此,画家还巧妙地运用中国画表现材料的特点,通过水墨在绵白的宣纸上恰到好处的渗化,表现出熊猫双眼的质感,我们仿佛可以感受到绒绒皮毛之中,熊猫双眼的专注之态。同样的技法,也见于熊猫四肢与身体的相接之处。笨而不拙的体态,皮毛的质感,仅仅运用水墨的渲染即可完成。画家对水墨、笔法的控制能力,在熊猫的描绘上,已是炉火纯青了。

如果说吴作人画熊猫时的水墨运用是轻灵的,那么他画的《黑天鹅》用的水墨则无疑是厚重的。黑天鹅重笔浓墨,略加皴擦,即表现出天鹅健硕的身态,不禁使人去联想它们一飞冲天的矫健与潇洒。两笔殷红,实借喙而点睛,两只天鹅虽无眼无珠,也悠然自得在纸面上随波而去,给读者留下一串回旋的音符。一收一放,表现两只天鹅的颈部的体态特征，是吴作人对中国画构图法则成功的运用。这在《闻于天》一图上也明显可见。仙鹤与天鹅，都有着优美的长颈。《黑天鹅》与《闻于天》虽然都是前颈收，后颈放，但两画毫无雷同之感。为什么呢？因为画家在运用一收一放的方法时，又兼用了一疏一密的构图。《黑天鹅》中，两天鹅是平行相伴；《闻于天》中，两仙鹤是重叠相随。所以，《黑天鹅》是疏式，《闻于天》是密式。但《黑天鹅》的疏式，又因其身体的浓墨重染而疏中有密；《闻于天》的密式，也因其羽毛的减笔和长足的疏落而密中有疏。

黑白关系的处理得当与否，是中国画生动与否的关键。在这一点上，《闻于天》的画法与《熊猫竹石图》一样，都考虑到黑白的阴阳相生之意。计白当黑，未必一定运用在所绘动物的身体上，《黑天鹅》以水为地，略勾水纹，满纸气韵生动，也是计白当黑的典范之作。

李可染

李可染，江苏徐州人。童年的李可染聪颖好学，古老的徐州所具有的文化环境，也给予他多方面的熏陶，这里有丰富多彩的民间艺术，有不少可观览的书画店铺。一个偶然的机会，李可染看到几位老者在一片园林亭榭间挥毫作画，其中一位名叫钱食芝的老画家愿收他为弟子，在艺术上给予悉心的指点和鼓励，成为李可染毕生不忘的启蒙老师。

16 岁时，李可染考进了上海美术专科学校，22 岁时又考入杭州西湖艺术院研究生班，开始系统地研习素描与油画，并取得优异的成绩，深得林凤眠（中国现代美术教育创始人之一，曾任国立北平艺术专科学校校长，国立杭州艺术学院院长）的器重和法国教师克罗多的赞许。对西画的研究，开阔了李可染的艺术视野，丰富了他的艺术素养，尤其是对西画的造型和色彩的研习，更为他后来革新民族传统绘画，形成自己的风格面貌提供了有益的启示和借鉴。

1946 年，李可染应徐悲鸿聘请赴北平（今北京），执教于北平国立艺专。后经徐悲鸿介绍，拜齐白石、黄宾虹为师，这成为他师承前辈大师传统，提高笔墨功力，形成自己绘画艺术独特风格的转折点。解放后,长期担任中央美术学院中国画系教授。

李可染追随齐白石、黄宾虹两位前辈,梭巡笔墨达10年之久。他长时间在齐白石身边,为他理纸磨墨,悉心静观齐白石落笔作画,齐白石擅长的花卉,他纵然一笔不画,但他极为重视学习齐白石独到的用笔、用墨方法和严谨的作画态度。他曾幽默地说:"看齐老的画,兴至时每每写着'白石老人一挥',实际上我从来没见他'一挥'过。"

黄宾虹是与齐白石同时代的大师,名质,字朴存,中年更号宾虹,对考古、金石、书法、印学、诗文、书画鉴赏等均有研究。黄宾虹擅长积墨,圆点、侧点、短线都可以层层相积,笔笔相垒,轻、淡、浓、焦、宿,各种墨色反复积累。尤其是宿墨,平添几分生涩;其画以繁取胜,浑厚华滋。李可染兼取两家之长,从齐白石那里学到一个"慢"字,从黄宾虹处学到一个"厚"字。的确,用笔的慢与用墨的厚是李可染中国画的重要特征,再加上李可染自己对现实生活的敏悟,对自然美、光暗、明晦、远近、虚实规律的某些新发现和大胆运用,创造了极为丰富、神奇多变的艺术语言,从而形成他自己独特的个性风格,也大大丰富和发展了传统绘画的表现力。

李可染爱画牛,个中原因,他自己解释说:"牛也力大无穷,俯首孺子而不逞强。牵犁驾车,终生劳瘁,事农而安不居功,性情温驯,时亦强犟。稳步向前,足不踏空。皮毛骨角,无不有用,形容无华,气宇轩昂,吾崇其性,爱其形,故屡屡不厌画之。"他的牛,从春画到夏,从夏画到秋。

《初见疏柳挂新绿》是一幅春牛图。画家用淡墨写牛,骨骼结构,见笔见墨。不论牛头、牛角、牛脊背,画家都有一反浓墨作牛的画法,用淡墨一一写出,直至牛身、牛腿、牛尾,当用浓墨点出牛蹄之后,一头驯顺忠厚的水牛虽只占画面的一角,但已成为一幅画的主体。画家对全图的处理是举重若轻的。淡墨勾挑几枝柳枝,全画大面积空白,但却仿佛春光明媚,空气清彻得透明,读者似能呼吸这春的气息。题款和印章更是匠心独运。牧童的目光所至,看到的不仅仅是"初见疏柳挂新绿"这几个字,而且也是未染绿色却绿意盎然的淡墨垂柳。上部的题跋笼住全画，留下右部的出口，使画面气韵周流往复，笼而不塞，空而不散，处处可见中国画“以少少许胜多多许”的特点与气韵生动的境界。

乍看画题，《雨势骤晴山又绿》似为一幅夏牛图，其实不尽然。这是一只行进中的孺子牛。通过作画的步骤分解图，我们清楚了画牛的过程和用笔的基本方法。这幅画中，牧童已从春牛图中的观柳变为看山。从牧童的短衣短裤来看，似应为一夏牛图。但图中所绘季节，实未入夏。李可染是山水画大师，其山水画，春山如笑，冬山见骨，曲尽其妙。画中，雨后骤晴，山色又绿，显然是草木所致。画中山如骨立，树林全无，可知山色之绿，还属新绿，未至夏初草木茂盛之时，但天气回暖，雨势骤晴，可见春的气息已悄然而至。此中又可见画家之妙运巧心。画春牛不言春牛，但题“雨势骤晴山又绿”，一个“绿”字点出春耕的开始，牛的重要不言而喻，可见画家画牛的深意。

夏牛图当然是不可少的，《归牧图》二牛戏水，是典型的夏日情景。二牛一浓一淡，笔法一粗一细，但有一点细微之处却是共同的：二牛皆眯缝着双眼，沉浸于水中，全身心地享受戏水之乐。画家同样是借地为水。不画一丝水纹，却满幅皆水，这就是中国画的一大特色：虚实相生，有无相成。画中因为有牛这一实体，则满纸虚空皆有水意；画面又因满纸皆水，牛的神情才更为传情。

如果说，这是一幅“流水”的夏牛图，那么，《暮韵图》则是一幅“流火”的夏牛图。与《归牧图》的满纸虚空不同，《暮韵图》可谓浓墨满纸。夕阳密叶之下，牧童赤膊树上，吹箫引风。层层树叶，在夕阳的余晖中闪闪发光，使人记起了“七月流火”的诗句。高枝密叶，浓笔重墨，满占了画面的三分之二，但画面并不见塞迫，此可见山水画大师的手段。原来，画家墨分五色，枯涩浓淡，光影疏密，写意取神，再重的墨彩也会灵动如生。近处，老牛酣然入梦，不为箫声所动，真正对牛弹琴，又可见画家幽默的巧智。

然而，真正“流火”的画面，可能还是一幅秋牛图：《秋风吹下红雨来》。画面上，画家老笔纷披，信手写来：无边落木，萧萧而下；满天红叶，如火如荼。秋风中，老牛昂首而走，红雨里，牧童引吭高歌。浓墨、枯笔、重彩、红点，交相辉映，浑然一体，气韵生动，神光飞扬，一幅秋牛图，是一个流光溢彩的世界。画外有画，是为中国画。

李可染独特的个性风格无疑是得力于他渊博的知识修养。他少年和青年时代即擅书法，精胡琴，谙戏曲，通音律。书法和音乐的韵律感，一旦注入艺术家对大自然万籁音响的敏悟之中，通过雄强浑茫的笔墨，就能步入充满乐感的博大和谐的境界。李可染的艺术世界，最引人入胜之处，是充溢着大自然的万籁音响。秋风起时，蟋蟀伴随落叶的奏鸣。盛夏浓阴里，牧童悠扬的牧笛声、蝉声，雨后青山，万木梢头的滴翠声，乃至种种能感觉到而说不出的各种声音……这是一个生机勃勃的世界，一个永恒的运动之中迸发着生命音响的世界，它唤起我们由衷的喜悦、无尽的欢乐，激荡着我们对生活无比爱恋、深深陶醉的感情。

第三节　中国画欣赏教育活动案例

对 5—6 岁儿童实施为期一年的美术欣赏活动实验，是幼儿美术教育改革的一项创举，实验取得较好效果。现将中国画欣赏设计案例介绍如下。

课题　欣赏齐白石的《墨虾》《群虾图》

目标

1. 欣赏齐白石用粗、细、浓、淡的墨色和线条画出的栩栩如生的虾。

2. 使儿童知道墨色分浓淡、线条有粗细的道理，并学习浓、淡墨的不同用法。

3. 培养幼儿的观察能力和表现力。

准备

1. 作品《墨虾》《群虾图》。

2. 一盆在水里游动的河虾。

过程

1. 组织儿童观察虾在盆里游动的情景，重点观察一只在游动的虾。

提问：虾在游泳时是什么样的？注意虾的头、身体、腿和尾部的活动。你觉得虾子什么地方最好看？

2. 欣赏作品《墨虾》《群虾图》。

提问：

（1）齐爷爷画的虾好看吗？你喜欢吗？你觉得虾什么地方你最喜欢？为什么？（注意观察用浓墨点的虾头，透明的躯干，长须的弯曲、开合变化）

（2）齐爷爷画的虾都是一样的吗？哪些地方不一样？（注意观察游动着的虾和静止的虾的腿部和钳子样子不一样）

（3）虾在一起好看吗？齐爷爷是用什么墨色表现虾的？（注意墨色的浓、淡、干、湿的变化）

3. 教师边讲解、边示范，用浓、淡墨画出虾的头部和身体，用粗细线条画出虾的腿、钳子和长须。

4. 教师小结：齐爷爷画虾时很认真，他仔细观察虾的动态变化，巧妙地用浓、淡不同的墨色，画出虾的透明身体，黑亮的眼睛，虾的头和胸部感觉很硬，腹部一节一节的，好像能够蠕动。虾的长臂钳分成三节，最前一节较粗，显得很有力。虾的长须有直、有弯，是有变化的。齐爷爷画的虾很自然，很生动，就像活的一样，非常可爱。

5. 幼儿自由作画。

课题　欣赏齐白石的《桃》《桃实图》

目标

1. 让幼儿感受画家作品中浓郁的生活气息，感受由鲜、暖色彩而引发的喜悦。

2. 学习和运用湿画法，并用这种方法画瓜果。

准备

1. 齐白石作品《桃》《桃实图》。

2. 投影仪。

过程

1. 出示作品《桃》《桃实图》。

提问：

(1) 这是什么？什么样的桃？你们吃过桃吗？你喜欢吃什么样的桃？

(2) 看了齐爷爷画的桃，你有什么感觉？你想到了什么？

教师小结：又红又大的桃让人看了又喜欢又高兴，齐爷爷画的就是这种让人看了又高兴又喜欢的桃。

(3) 你们为什么喜欢齐爷爷画的桃呢？它是用什么样的色彩画的？(观察桃子的色彩，大红、藤黄、胭脂红与浓墨相配而产生的强烈效果)

(4) 齐爷爷画的桃是一样的吗？你觉得齐爷爷这样画好看吗？为什么？(观察桃子有的向上、有的向下生长)

(5) 猜一猜这幅画齐爷爷用什么样的笔法画出来的？(让儿童知道，调色时加上许多水在两种颜色相连接的地方就可以产生相融的感觉，这种方法就是湿画法的一种)

2. 教师示范如何用湿画法画出一只苹果。

3. 教师小结：《桃》《桃实图》是齐爷爷年龄很大的时候画的。他用大红色、藤黄色和浓浓的墨把鲜艳的桃子画出来，画得很生动、很自然。仔细看画的色彩有浓、有淡，在转折处，还留一些空白。齐爷爷画的画都是从生活中来的，所以大家都很喜欢它。

4. 幼儿自由作画，启发幼儿用湿画法，画出各种喜欢的水果。

效果分析

谈话部分：幼儿一看到这幅画，立即就显示出高兴、兴奋的情绪，口里发出"啊""呀""好大呀"等感叹，说明强烈的色彩让孩子产生强烈的感觉。

(1) 问：看了这幅画你有什么感觉？

答:"想吃呀!""口水流出来了!""很漂亮的大桃子。""很喜欢!""很多水。"

(2) 问:为什么?

答:"因为这个桃子又红又大,我吃过桃子,这个桃子里面一定有很多水。"

"这个桃子好像要掉下来似的,已经熟透了。"

"这个桃子一定又甜,又有很多水。"

"这个桃子的皮好像很软,很好撕掉。"

(3) 问:画上的桃子有什么不一样?

答:"有的朝上,有的朝下。"

"有一个桃子被叶子挡住了。"

问:这样好吗?

答:"这样就好像在后面的感觉。"

(4) 问:齐爷爷画出又红又大又甜的桃子,看了这幅画会让人产生什么样的心情?

答:"很高兴。""很甜蜜。""很幸福。""很丰收。"这就是幼儿对这幅画纯真的理解,对画家的理解,也是对美的理解。

课题 欣赏齐白石的《蔬菜》《丝瓜》

目标

1. 欣赏齐白石画的瓜果蔬菜的笔墨。

2. 学习破墨法、破色法以及初步的构图能力。

3. 通过欣赏名画,让幼儿体验画面的构图、设色,提高幼儿审美情趣。

准备

各种形状不一、色彩鲜艳的新鲜蔬菜。

(白菜、红辣椒、红萝卜、青菜、丝瓜、藕等)

过程

1. 出示各色各样的蔬菜,引起幼儿的兴趣。

提问：

(1) 看到这些蔬菜，你感觉到什么？什么地方让你有这种感觉？

(2) 如果请你用这些蔬菜组成一幅画，你怎样组合呢？(请个别幼儿上来摆放蔬菜，并回答为什么要这样做)

2. 出示齐白石的作品：《蔬菜》《丝瓜》。

提问：

(1) 齐爷爷画了些什么？我们平常看到妈妈买的菜有这么美吗？

(2) 他为什么把白菜画得这么大，把辣椒画得这么小呢？

(3) 齐爷爷在丝瓜上画了这朵小黄花，你感觉到好不好？为什么？

(4) 看了这两幅画，你有什么感觉？什么地方让你有这种感觉？

(5) 什么地方叫你感到舒服？你最喜欢它什么地方？

(6) 你觉得齐爷爷在画面上的安排好看吗？好看在什么地方？为什么？

3. 小结：

齐白石爷爷很热爱生活，他常常仔细观察生活中各种植物、动物，还有让他感觉很亲切、很新鲜、很熟悉的蔬菜、水果。他画的蔬菜让人看了以后感到一种清新、舒服、鲜明的感觉。

4. 创作活动。

教师出示大白菜，请小朋友想想看，齐爷爷是怎样画白菜的大叶子的？(示范侧锋、淡墨、浓墨勾线的画法)告知儿童齐爷爷画丝瓜时，用的是破色法，也就是先用色再用墨勾，用这种方法还可以画萝卜。(适当的示范)

5. 练习和评价。

效果分析

本次活动分为三个部分：

1. 感知蔬菜活动。

(1) 幼儿在活动中比较自由地摸、看、闻一些新鲜的瓜果，孩子的兴趣一下子被吸引、调动起来，效果比较好。回答问题时，也能很好地把看的、摸的感受讲出来，如：软软的、滑滑的、大大的、湿的、辣的感觉等。

(2) 要求幼儿用蔬菜组织画面过程中，能讲出色彩、形状的对比，方向的变化等。用多媒体把孩子摆置水果的画面，清楚地反映给大家看，效果非常好。

2. 欣赏名画部分。

(1) 第一幅画，幼儿能根据自己的感觉讲出白石老人构图的特点和美感。如：白菜很大，辣椒很小，辣椒的红色很漂亮等。然而教师在整幅画给人的感受上引导得还不够多。

(2) 第二幅画，幼儿能够很好地挖掘出丝瓜鲜嫩的感觉，特别在欣赏黄色小花上，讲出“好像是从树上刚摘下来的”那样的意境，“湿乎乎的”，也是孩子对画面新鲜感的表达。但对昆虫在整幅画中的动静观察得还不够，而太在意孩子“不喜欢昆虫”的表达。

3. 再次感受和创作部分。

在休息时间让孩子有目的地再次感受蔬菜，并尝试用它组合静物画面，孩子很活跃，很感兴趣，活动气氛也非常好，为创作提供了感性的基础。

本次活动，教师大胆用了技法传授的方法，观察、欣赏、讨论齐白石用笔的方法，同时，自然地演示破墨、破色的用笔效果。孩子们很快地吸收，用以作为自己创作的“扶手”，使他们在创作活动中增加了自信心。看来这种技法传授的方法是可取的，在有的活动中也是必要的。

课题　欣赏吴冠中的《笋林》

目标

1. 欣赏画家别具风格的写意画。

2. 欣赏画家用墨色的浓、淡变化表现幽静而深邃的林带。

3. 激发幼儿对美的整体感受，并学习大胆地用逆锋、破色法作画的方法。

准备

1. 用摄像机录下幼儿观察竹林的外景实况。

2. 投影仪、作品欣赏图片。

3. 幼儿作画工具。

过程

1. 请幼儿观看录像，引起幼儿的兴趣。(配上《竹笛》音乐)

提问：你们看到了什么？走进竹林，你们感到怎么样？

2. 出示作品《笋林》。

请幼儿静静地随音乐完整地欣赏作品。(可局部放大浏览，也可渐渐拉远，让幼儿有一种从局部到完整的感受过程)

3. 提问。

(1) 你看到这幅画有什么感觉？

(2) 为什么会给你这种感觉？什么地方让你感觉很美？

(3) 这幅画上画了些什么？你喜欢吗？你最喜欢它什么？

(4) 你觉得这是在什么时间？为什么？

(5) 请小朋友看一看竹林的颜色有什么变化？画家用什么样的墨色去表现的？(注意画面前后色彩的深浅变化)

(6) 竹子的形状上有什么不同？(粗细、长短、直斜)它们看上去为什么有长、有短？有深、有浅(远、近)？这样画法好看吗？为什么？

4. 教师小结。

画家吴冠中画的是一片竹林，他用粗细、疏密不同的线条，用带有跳跃式的彩墨，把静静的竹林画得很美，给人一种很清凉、舒服的感觉。这是在一个春天，刚刚下过蒙蒙小雨，春笋破土而出，画家用粗细不同的浓墨，把一个个鲜嫩的笋头画得像跳舞的小人，它们好像在快乐地唱歌。

5. 听一遍音乐，静静地全面欣赏这幅画。

效果分析

欣赏部分：总的谈话思路是好的，如在整体感觉作品、表达作品的形式美方面，孩子们充分表达了自己对实景的体验，他们非常兴奋。在技法教育方面，本活动采用了对话的方法，如：破色法，在幼儿讲到竹节的表现时，教师用启发、引导的语言让孩子轻松自然地接受了这个技法。再如：逆锋也是由孩子自发地讲出竹林生长时的状态，而用由下而上的方法画出向上生长的自然趋势，这种技法教育能够让教师轻松教，幼儿轻松学，是由于孩子需要学而得到满足，而不是教师需要教而教。不足的地方是在感受美的描述时，幼儿讲出漂亮、美、好看等词汇后，教师应继续引导幼儿挖掘什么地方让你感觉美，为什么觉得漂亮，美在什么地方，引导幼儿领悟作品内在的意境。

创作部分：幼儿作画时，在技法上都能灵活地运用了侧锋、中锋、浓墨、淡墨、破色法、渲染的效果，他们还能注意到远、近的关系，作品反映非常丰富，色彩也很协调、丰润。提供的纸为长方形，孩子表现的竹林也格外丰满，创造性得到充分挖掘。孩子作画的兴趣是从来没有过的浓厚，对自己的作品都非常喜欢、爱惜，不愿离开画室。作画过程中边画边交流，表现得非常兴奋，当出现某种效果时，会高兴得大叫起来。

课题　欣赏吴冠中的《森林》《白桦》

目标

1. 欣赏吴冠中简洁、明快、洗练、概括的线条画。
2. 感受和体验画面的形式美。
3. 增加对干、湿法的理解及焦墨的运用。

准备

作品《森林》《白桦》，投影仪、作画工具。

过程

1. 欣赏作品《白桦》。观察白桦树的照片。

提问：

（1）你们看到了什么？它们叫什么名字？生长在什么地方？（说明白桦树生长在寒带，因为需要阳光，所以拼命地向上长，它的树干是

笔直的）

（2）白桦树给人的感觉是什么？（高大、直、冷）

（3）画家是怎样把自己的感觉画出来的呢？（用细细的、流畅的线条，用干墨、焦墨）

2. 教师可演示双勾画线条和使用干笔和焦墨的方法。让儿童感觉线条挺拔的力度。

3. 出示作品《森林》。

提问：

（1）这幅画吴冠中爷爷画的是什么？他是用什么样的笔法画的？（仔细观察画面的黑色、灰色、黄色密布的线条，在冷灰色的背景的衬托下的透明感）

（2）看了这幅画以后你感觉到什么？为什么有这种感觉？什么地方给你这种感觉？

（3）你们有没有看见过大森林？它是什么样的？它的树枝是怎样生长的？（大树枝上又长出小树枝，弯弯的、密密的树枝紧靠着，向上长高，为的是吸收空气和阳光）

（4）你能看出这是在什么季节？画家用什么墨色点染树叶？浓墨、淡墨相间，这样看上去有什么感觉？

4. 教师小结：画家吴冠中在森林里仔细地观察，他被色彩斑斓和密密匝匝的森林深深地感动了，他感觉很美，他用流动的、强而有节奏的线条表现凝固的形体。树木枝条纵横交叉、浓淡相间，使人感觉森林很深、很远。透明的空间，配以清晰明净的色彩，在春回大地的光辉中，显示出一派生机。

5. 让儿童观察周围的树，然后在轻松的音乐声中作画。

效果分析

谈话部分：欣赏作品《白桦》时，幼儿能讲出他们对作品中白桦的特殊感受，“很冷”“很多都是白色的”“很高”“因为看不到树顶”“看不到树根”“很清爽的感觉”“没有很多的树枝树杈”“树干上的眼睛”。欣赏作品《森林》时，也谈得比较活跃，如：“感觉树林很好看！”“很怕人！”

（因为有大老虎）“很烦！”（因为它有许多许多树枝）“很冷！”（因为它们没有树叶），对于形式美，幼儿能说出墨色的深浅、形状的粗细，树枝有的直、有的弯。孩子在给这幅画起名字时，能很准确地描述，如“森林”“大树林”“没有树叶的树林”等，有一部分孩子表示不喜欢这幅画，因为害怕树林里有狼、老虎等，说明对森林这幅画的背景加上了自己的想象。

创作部分：有少部分幼儿将白桦树的干用焦墨和流动的线条表现出来，还有一部分幼儿对双勾线不太熟悉，没有充分表现出白桦树的高和直。画森林的孩子由于对向上的枝干、繁杂的枝条、粗细不同的形状和深浅不同的墨色有了认识和了解，所以作画非常自信、投入，而且作品反映非常生动、活泼，许多孩子在枝干上洒上喜欢的色彩，很像远处的树叶，非常漂亮，孩子们作画的兴趣很高，幼儿的创造性得到了充分的发挥。

课题　欣赏徐悲鸿的《奔马》

目标

1. 欣赏作品中奔马的动态、形体，以及它们的激昂情绪，感觉奔马的气势和力度。

2. 激发幼儿用体态、动作表现美的欲望，培养良好的审美情趣。

准备

音乐《赛马》《牧民新歌》。

录像片《群马奔腾》。

徐悲鸿作品图片《奔马》。

过程

1. 听音乐《赛马》。

提问：

(1) 从音乐里你能感觉到一种什么动物？你觉得它在干什么？

(2) 你从哪里看见过马？它是什么样的？

2. 看录像《群马奔腾》,配上《赛马》的音乐。

提问:你喜欢马吗?为什么?

3. 以故事的形式简述徐悲鸿先生爱马,观察马,画马的故事。

4. 出示作品:《奔马》。

(1) 提问:

① 画面上的马在干什么?

② 什么地方看出马儿在跑呢?(启发跑时马的动态描述)

③ 你觉得这些马的体魄怎样?什么地方可以让你感觉马很强壮?(肌肉的分布、结构)

④ 这些马和我们看到的给人骑的马有什么不同?(引出野马的奔放、自由)

⑤ 它们狂奔的心情会是怎样的?

(2) 配上《赛马》的音乐,整体感受作品的力量。

(3) 小结:今天我们看到画家徐悲鸿画的奔马,这是一群非常健壮的野马,我们可以看到它们自由、欢快、悠闲,有一股很强大的力量,特别是在草原上奔驰时,让人感动、让人兴奋,真是太美了,你们想不想学一学小马在草原上奔驰、欢笑呢?

5. 跟着音乐表现马的欢腾,同时放录像,渲染气氛。

效果分析

感知部分:开始的视听感受,效果非常好,一下子就把儿童引入到激昂、奔放、兴奋的氛围中去,孩子们的注意力高度集中,兴趣十分浓厚。特别在看录像时,体会到奔马造成的"风、沙、尘"等。

欣赏部分:儿童观察很仔细,下面是回答的记录。

幼1:马蹄子在抬起来。

幼2:尾巴向上(甩)起来了。

幼3:马脖子上的"头发"也飘起来了。

幼4:我感到后面也有很多尘土。

在谈到马的形体时,儿童的评论是:

幼1:马肥肥的!很壮!

幼 2:(指着画面说)臀部有肌肉。

幼 3:(指着画面说)大腿有肌肉。

幼 4:(指着画面说)脖子底下有肌肉。

在分析马的动势时,儿童说出了自己的感觉:

幼 1:没有人管它!

幼 2:它们很自由!

幼 3:它们都发狂了!

表现部分:孩子们模仿马的姿态,伴随音乐自由跳舞,情绪高涨,气氛热烈,课堂效果达到高潮。这次活动,可以说很成功,孩子的情绪调动得好,教师启发得轻松,课堂气氛非常自然,融洽。

课题　欣赏傅抱石的《不辨泉声抑雨声》

目标

1. 欣赏画家用湿笔、饱墨,把水、墨、色融合,画出狂风暴雨的动势,领略作品的意境、韵味和美感。

2. 学习用泼墨作画和用皴法画水。

3. 培养幼儿细心的观察力和丰富的想像力。

准备

傅抱石作品图片《不辨泉声抑雨声》,风雨声录音和录像片。

过程

1. 放录像:狂风骤雨的片断。

让幼儿感受风雨雷电的氛围。提问:听到这风雨声,你感觉到什么?

2. 出示作品《不辨泉声抑雨声》。

提问:

(1) 从这幅画里你看到了什么?

儿童回答:山泉;是狂风暴雨;树要被劈开了;山洪要冲下来了。

(2) 听听看,从这幅画里你能听到什么声音?

儿童回答:哗啦啦,嘭!山上的瀑布、泉水的声音。

(3) 你觉得这是一个什么样的天气？从什么地方可以看出来呢？

儿童回答：这里的水有波浪，说明有很大的风；我害怕小亭子要被雨水冲倒了。

(4) 如果你就是站在小亭子里的人，在这个风、雨、泉声分不清的地方，你感觉怎么样？为什么会有这种感觉？

儿童回答：很害怕；很高兴；感觉孤单；感觉我是一个很勇敢的人。

3. 提示儿童观察画家是怎样把狂风、暴雨的情景画下来的，用什么样的笔法表现。

教师示范用泼墨、用皴法画山和水。

4. 你能给这幅画起一个名字吗？（风雨历险记，夏天的雷雨）

5. 教师总结：画家傅抱石在四川住了很长时间。我们知道四川有许多大山，气势磅礴。四川的烟雨茫茫，给画家留下了很深的印象。在这幅画中，他用大笔蘸很淡的颜色斜刷几道，看上去像是朦朦胧胧的远山，又像哗哗流下的大瀑布。在风雨中，大树在飘摇，茅亭、石头在雨水的冲淋下都融合在一起，浓墨和淡墨层次分明地把雨中的景色画得宁静、平淡，气势磅礴。

6. 幼儿创作活动。

效果分析

对话部分：幼儿的反应非常兴奋、投入，很感兴趣。整个活动中，孩子的思维丰富活跃，对作品观察也非常仔细，想象丰富、奇特、有趣，对傅抱石作品的分析也很透彻。教师抓住孩子思考的问题，紧紧抓住风雨、泉水的整个气氛，孩子处在这个氛围中享受美、理解美、欣赏美。

创作部分：儿童对皴法很感兴趣，学着把笔横下来画山、画溪水。对用浓墨和淡墨也有了一些经验。

课题　欣赏傅抱石的《西陵峡》

目标

1. 欣赏作品中雄伟壮丽、险岭丛生的高山。

2. 培养儿童对中国画笔墨的兴趣，并通过学习皴、染等技法，体验水墨山水的表现方法。

准备

山水风景的图片、录像和三峡风情的歌曲。

投影仪，欣赏作品图片《西陵峡》。

过程

1. 创设山水风景的氛围，放《山路十八弯》的录音，放大山大川的风景录像。

提问：看到了什么？到了什么地方？你现在的心情怎样？

你去过我国的三峡吗？你看到的大山是什么样的？

2. 欣赏作品《西陵峡》。

提问：

(1) 你看到了什么？什么样的大山？(启发幼儿发现山和山之间的变化，大山的远、近)儿童回答：我看到山和水了，有的山大，有的山小；有好多好多悬崖，有很陡的感觉。

(2) 还看到了什么？

儿童回答：有的山近，有的山远；用浓墨画的山在前面，用淡墨画的在后面。

(3) 大山稳稳地站着不动，像个巨人，你们能不能感觉一下。再看看画里有没有活动的东西？

儿童回答：有水，水在翻滚，好美呀！有光的感觉；有云在飘；有小鸟在飞；还有船。

(4) 你们注意画中的小船，画家为什么要将船画得很小？

儿童回答：因为是小船，这样看起来，山就好像很大了。

3. 听音乐。整体感知作品的艺术内涵。

教师用描述性语言引导：老师带你们到一个很远很远的地方去，那里有许多许多高山，层层叠叠，弯弯曲曲，有的高入青天，有的低矮逶迤。大山稳稳地屹立着，就像一个巨人、一头雄狮，威严地站立着，替我们看守大门……高高的山、静静的水，一艘小船开过来了……远处有一座小小的灯塔，红光一闪一闪的……多么美丽的地方，我想……

提问:如果你跟着音乐到了这个美丽的地方,你会感到什么?你想干什么?

儿童回答:我想呆在那里,有点害怕,像要掉下去似的……我在船上,想爬山了;我要在那里玩,看风景,还要画画。

4. 教师用皴、擦、染方法示范画一座高山,要儿童注意皴、擦时墨的枯干,染时的水湿感。

5. 幼儿尝试用水墨画画山和水。

6. 评价。

分析儿童画面因使用皴、擦的疏密而产生的不同效果,让幼儿自己发现存在的问题。

效果分析

感知部分:导入活动的设计是很成功的,孩子们在看到电视中高山急流后,情绪一下子被激发,很兴奋,他们集中注意力观看着,不时发出惊叹:好美啊!像狂风暴雨似的……

欣赏部分:根据教师的引导、启发,幼儿非常投入,思维异常活跃,表达得也很有趣,理解得比较深。能区别、欣赏大山的形式美,如很雄伟、很陡的感觉。能感受动静对比,如静静的大山和流动的水。能注意大小对比,如高山和小船,高山下有一座小小的灯塔。在欣赏的氛围中,展开想象。整个欣赏过程,孩子的回答非常踊跃,争先恐后,气氛也非常融洽,说明孩子对山水画是能理解和欣赏的,也非常感兴趣。

创作部分:通过皴、擦、染简单技巧的学习后,幼儿创作的山水画非常有气势,干、湿、浓、淡也都能表现,是一次比较成功的尝试。

课题　欣赏吴作人的《熊猫竹石图》

目标

1. 欣赏作品中熊猫活泼、憨厚的姿态,培养幼儿对动物的美好情感,并感受作品中物和景的和谐、恬静之美。

2. 继续学习使用浓墨和淡墨,学习湿画法。

准备

幼儿参观动物园或通过录像欣赏熊猫的活动。

吴作人作品图片《熊猫竹石图》《熊猫爬石》《熊猫》。

过程

1. 欣赏录像熊猫。

提问：你觉得小熊猫可爱吗？什么地方让你最喜欢？你看到过的小熊猫喜欢吃什么？

2. 以故事的形式简单介绍画家吴作人。

3. 出示作品《熊猫竹石图》《熊猫爬石》《熊猫》。

提问：

(1) 吴作人爷爷画了许多各种姿态的熊猫，它们是什么样子的？(要求儿童描述和模仿做出熊猫的不同姿态)

(2) 你觉得它们很好看吗？你喜欢哪一张，为什么？(分析熊猫的体态、双眼和耳朵的表现方法；熊猫的皮毛的质感；熊猫的憨态和灵气)

(3) 你们知道吴爷爷是用什么样的笔墨来画熊猫的呢？为什么能使我们有毛茸茸的感觉呢？

4. 教师示范画熊猫的局部，并简单介绍湿画法。

5. 重点观察和欣赏《熊猫竹石图》。

提问：

(1) 这幅画给你什么感觉？(从静静的竹林、沉稳的石头、坐着和半睡着的熊猫等分析画面很安静)

(2) 两只熊猫在做什么，它们是朋友吗？为什么？(从两只熊猫的相互呼应中，分析画家巧妙的构图)

(3) 你是否觉得这幅画很美，为什么？(从造型的简练、墨色的黑白对比、构图的疏密穿插等角度作分析)

6. 教师小结：吴作人爷爷用简洁朴实的笔墨画出了很有灵气的熊猫，他画的熊猫有点像真的，又不像真的。你看熊猫的眼睛，画家用的是两块有点圆、有点方的，不很均匀的浓墨块，看起来挺精神的。画家用淡墨勾出了熊猫的身体，又用饱蘸浓墨的笔画出了熊猫的四肢，水淋淋、毛茸茸的，黑白分明，使得熊猫看上去很可爱。画面的背景用疏密相间的竹子衬托，在安静的林间，天真活泼的熊猫在嬉戏，使画面充满了生气和活力。

7. 幼儿创作前，可以让孩子用身体来想象、模拟熊猫的动态、变化。

效果分析

幼儿对熊猫的生活习性是非常熟悉的，所以描述、分析得十分生动丰富。在欣赏作品中，吴作人笔下的熊猫可爱憨厚、笨拙的神态也描述得很好，甚至能说出作品中熊猫与熊猫之间的相互关系，并加以想象。在观察画家的用笔、构图方面，幼儿观察得很仔细，特别是吴作人用湿画法画出的毛茸茸的感觉，幼儿很感兴趣。所以教师在这里稍加讲解和示范，使幼儿掌握了湿画法，也就是学习画熊猫的方法，为他们的创作活动提供了帮助。整个活动共欣赏了3幅作品，幼儿反应都很强烈，对作品中背景的衬托，幼儿有自己的想法和画法，这是受吴冠中《笋林》的影响，自然地接受了吴冠中画竹的方法，幼儿作品反映出了两种画法的结合，幼儿作品看上去也非常生动、有趣、自然。

课题　欣赏李可染的《秋风吹下红雨来》

目标

1. 欣赏画家气韵生动、生机勃勃的深秋景色的作品。

2. 欣赏画家用浓墨、枯笔、重彩、点染等绘画语言描绘出来的多彩世界。

3. 学习点洒法。

准备

李可染作品图片:《秋风吹下红雨来》。

有关秋景的录像片，配乐《牧童短笛》。

过程

1. 带领孩子们去树林中散步，感受秋风吹落叶的意境。

2. 放录像:美丽的秋色。

提问:

(1) 这是什么季节? 为什么?

(2) 你觉得秋天是不是很美? 美在哪里?

3. 欣赏作品:《秋风吹下红雨来》。

提问:

(1) 你看到了什么?

(2) 这是在什么地方? 坐在牛背上的小朋友在做什么? 他看上去是什么样子的?

(3) 这是在什么季节? 画家用什么样的笔法来表现的?

发表于《现代儿童美术欣赏教育研究》,教育科学出版社,2001 年版。

儿童美术欣赏课程框架

20 世纪 60 年代，以杰罗姆·布鲁纳(Jerome Bruner)为代表的学科中心课程的出现，反映了现代课程论的进步。它的最基本特征，就是强调以学科的基本概念为中心，使学科内容结构化。课程以概念、关键概念、原理、探究形态为中心，组织各门学科的知识。布鲁纳强调："正是知识的结构——它的相互关系或因果关系——应当成为教育的重点。"

在艺术学科方面，列维(Albert William Levi)首先提出了把"审美教育"视为人文学科的理想。他对当今世界的人文学科的重新界定，为证明以多学科为基础的艺术教育的可行性提供了哲学框架。他认为人文学科最显著的特点是人的经验有富于情感和意志色彩的价值的一面。他以独特的方式将人文学科重新界定为交流、延续、批评的艺术。"交流的艺术"被语言和文学、音乐和视觉艺术所取代，"延续的艺术"就被历史取代，"批评的艺术"就被哲学取代。简言之，人文学科教育培养的目的就是培养三种能力：批判性的思维能力，成功的交流能力，欣赏自己文化遗产的能力。

属于人文学科的艺术教育，应内含交流艺术、延续艺术、批评艺术和创造艺术的内容。这种人文学科的艺术教育不再是以艺术技法教育为主，也不同于抽象的美学理论教育，而是一种以多学科为基础的，综合的、全新的艺术教育。由于"交流的艺术"根植于人们渴求表达的需要，而艺术教育所提供的是一种审美方式的符号，与其他形式符号不同的是它以自身特有的一种扩散性、朦胧性、渗透性，向观众展示它的审美特征，牢牢地吸引住人们的注意力，使观者产生审美的体验，使创作者产生表达的需要。"延续的艺术"则扎根于人们对时间的知觉，包括对历史本身的理解，以及在艺术品被作出适当解释以后，进一步理解作品的历史、创作背景和艺术品在时代背景下的价值。“批评的艺术”源于人类对理性的追求，用反思、批评来澄清艺术的真正价值。这种综合的、全新的艺术教育，将使受教育者具有更高的艺术境界，更开阔的胸怀和视界，更丰富多彩的审美经验和人文修养，更富有魅力的人格，更具有进取精神。

巴肯(M. Barkan)吸取并改进了布鲁纳的思想，阐述了与以多学科为基础的艺术教育运动相关的重要思想，提出了课程的内容是相互关联的；教育应当强调一个学科的构架，也就是在一门学科里的那些最重要的概念和原理。巴肯首次确认艺术批评、艺术史、美学、艺术制作等学科与艺术教育课程体系有关，形成了“学科取向课程”的理念。埃略特·艾斯纳(Ellut Eisner)进一步确立了艺术教育学科取向的本质理论，提出了根据描述性活动、解释性活动和评价活动构成的课程模式。埃德蒙·B. 费尔德曼(Edmund B. Feldman)提出的由描述、分析、解释和评价活动构成的模式是至今在艺术家中享誉最高的模式。格利尔(Greer, 1984)以学科观念提出了艺术教育的内容与结构。经过许多学者的努力，形成了以学科为基础的艺术教育课程(Discipline-Based Art Education)的坚实的理论基础。

儿童美术欣赏课程借鉴了以学科为基础的艺术教育课程理论。我们认识到以艺术欣赏为中心，发掘艺术的内在价值，是艺术教育高层次的本质价值。而对艺术的了解与欣赏应当是艺术教育的重要目标。

第一节　儿童美术欣赏教育的内涵

美术欣赏是美术教育的一个关键组成部分。它是对美术作品的一种和谐的、令人愉快的、思想上无拘无束的探索。其目的在于加深对美术作品美的理解，提高审美意识，培养儿童的审美敏感性，从而在生活中更加有信心，能主动地、充分地发挥自己的才能。

理解和欣赏艺术的能力对儿童将来的发展来说是很重要的，是儿童应当具有的艺术素质。让儿童从小就接触经典，与大师直接对话，使他们的眼界开阔了，对美的知觉和选择也更敏感了。艺术欣赏涉及儿童对艺术作品形式的感受、意义的领会等方面的内容，作品背后还必然涉及人类文明的诸多领域，乃至整个人类文化。面对不同时期的艺术作品，教师有意识地引导儿童把该作品与其背后所蕴涵的特定时期的时代特征联系起来，这将有助于学生对艺术作品的进一步认识，并形成一定的历史感，养成多角度把握事物的有益思路和习惯。

美术鉴赏与美术欣赏

美术鉴赏的理论内涵应包含：

1. 审美经验

审美经验产生于个人与美术作品之间的相互作用。把作品作为知觉的对象加以欣赏，并从中得到乐趣，不涉及任何功利性的目的，是一种真正的审美态度。用这种观赏态度所得到的整体经验，就是审美经验。审美经验的五项准则是：

(1) 对象的导向性。所提供欣赏的作品应当是具有审美特性，可以引起审美者的注意和为审美者所接受的。

(2) 感觉自由。某些东西凭借其引人入胜的特性，突然间唤起我们的兴趣，使我们放松自己意识的支配，自由地投入审美之中。美的典型特征在于突然间打动我们，使我们自由自在地听凭美的摆布。

(3) 超脱的感情。观赏者与观赏对象在情感上拉开一定距离。这样，即使我们在欣赏富有现实主义色彩的作品时，也能把它与现实本身区别开来。拉开差距，可以使我们意识到自己超越这些东西的力量。

(4) 主动发现。积极主动地发现艺术作品，较之被动地感受有着很大的差异。一种积极主动的对于各种关系与组织结构的洞识，可以由一种神经紧张状态升华为振奋的情怀。这种感觉具有理智性。

(5) 完整性。一种作为个人的完美感，一种体验各种要素的连贯性，一种从支离破碎的印象中恢复了完整性的感觉，一种相应的知足感。

2. 艺术批评

艺术批评是对艺术品质量和意义的评价。它包括解释艺术品的内涵,评价艺术作品的价值。艺术批评采用的是一种探索的形式,探索作品的意义、对观众的启迪和对个人的意义。批评探索要达到三个目的:(1)知识目标——生平知识,背景知识,美学概念和审美类别。(2)技能目标——其中最重要的是感知技能和批评思维技能。(3)态度和习惯目标——对评价对象的态度和批评思维的习惯等。三大目标与批评的三个焦点:艺术家、艺术作品、观众密切度相关。

3. 艺术史

艺术史是从时代、传统、风格等方面来研究和探讨艺术作品。发展儿童的艺术鉴赏能力,必须有艺术史的基础,才能运用适当的术语,获得更细致的说明与解释。更可通过艺术史的学习,使儿童了解不同时代的文化、社会现象,以及人们的情感与经验表现。还可增进对视觉感知的敏锐性,提高他们的创作能力。

学前儿童美术欣赏的性质,它与一般的美术鉴赏是有区别的。欣赏更多地强调主观的审美活动,对自己喜爱的艺术作品加以肯定、赞赏,主要依靠的是儿童的感受和体验,相对地在分析和评价方面要求比较低。由于学前儿童的知识经验有限,他们偏重于从感性层面来认知艺术作品,对自己喜爱的作品加以玩赏和赞美;对作品的背景知识、艺术基本要素只有在教师的点拨下才有所关注。学前儿童美术欣赏的教学重点应放在开发孩子们的审美特性的意识上。通过学习,他们更加关注周围环境中的审美特性,进而认识到艺术作品特有的审美特性,获得艺术世界的初步概念。

儿童欣赏美术作品要发展的能力

一、发展美感知觉形式的能力

美感经验产生于个人与作品的交互作用。对视觉艺术的知觉不仅有赖于一般知觉能力的发展,而且还需要欣赏艺术形式的特定技巧。也就是透过各个层次的分析，才能了解作品的意义，感受作品提供的经验。艾斯纳提出可以透过六个层面来把握。

1. 经验的层面。作品给予我们什么感受？注意作品形式和该形式引发的理念。这是对作品的第一个感觉。

2. 形式的层面。注意作品的形式结构，着重对整体结构的观赏。

3. 象征的层面。对作品图像意义的了解。

4. 主题的层面。掌握作品的主旨与基本意义。

5. 材料的层面。欣赏材料的特质和由材料引发的视觉经验的性质。

6. 环境的层面。了解作品的背景与条件，以及在艺术史中的地位与重要性。

在艺术教学中，引导儿童对艺术品的形式、内容、媒介三部分作整体的欣赏，使各种视觉要素呈现不同的表现内涵，并注意体验艺术家在作品中想表现的理念与情感，使儿童获得美感经验的满足。

二、适当地叙述视觉形式的能力

艺术欣赏学习不仅对视觉形式能美感地反应，还要能够适当地加以描述。可以通过三种类型的叙述方式：描述、解释、评价。

1. 描述。观赏者用直接的感觉、知觉和美感意识去接触作品，然后对作品的初步印象加以描述。

2. 解析。对于作品的形式、设计、组织与关系加以知觉。注意艺术的认知层面，进行有意识的观察，并对作品的形式要素进行分析和描述，解释作品所传送的情感、气氛、理念，对作品的内涵加以探讨。

3. 评价。对作品价值的判断。谈论作品的结构，用创造性的知觉发现艺术作品具有的潜在美感价值。

第二节　儿童美术欣赏课程的目标

美术欣赏课程有远期和近期的学习目标。从长远来看，艺术欣赏应为实现以多学科为基础的艺术教育的长远目标发挥其应有的作用。

它包括:提高学生的艺术意识,丰富生活的意义;培养学生的审美敏感性,并最终帮助他们通过艺术充分发挥自己的才能,实现自己的抱负。

美术欣赏对培养人格有着重要的作用。在培养学生发现视觉艺术的含义和价值的过程中,他们学会了从审美的角度去感受事物,用深刻的洞察力、敏感性对待艺术,用自己的感情、自己的思想,真实地展现自我。艺术作品还使学生必须面对他人的观点、信仰、态度和价值观念,通过了解艺术家及其作品创作的相关背景资料,明确这些艺术家的人格,获得对他人的更积极的理解和对世界更深刻的认知,因而为自我理解和社会理解的达成提供了可能性。

培养艺术欣赏力和艺术理解力,是美术欣赏课程的重要目标之一。艺术是通过激发和扩展人的直接的知觉能力,提高一种艺术的"洞察力",来发挥其最突出的功能的。正如哈罗乐德·奥斯本所描述的那样,洞察力是一种直接的、充分的知觉能力,它要求我们把注意力集中于眼前对象,直到这个对象的各种特性和性质按照各自的强度,一目了然地显现于我们眼前[①]。优秀的艺术作品之所以能激发知觉能力,并促进它的发展,是因为它总是以自己特有的复杂性和生动性,引起这种知觉能力处于高度兴奋和活跃状态,使欣赏能力作出最大限度的领会和把握。当然,一种理想的审美知觉或审美洞察,应当是各种不同的审美眼光的综合。必须具有独立的批评能力。

艺术的理解,按照尼尔德·古德曼的观点,艺术经验是认识性的,人们从艺术中能得到的是一种理解,一种全新的观看世界和创造世界的方式。有两种类型的理解:即与目的有关的理解和审美理解。与目的有关的理解是按照艺术家的思路、艺术家在干什么和想干什么去理解一件艺术作品的。而审美理解是把作品放到思想观点、信仰、类别等更大的范围去认识,放到艺术家还没有意识到的角度去理解、去重新建构。迈尔尼·帕森斯(Michael Parsons)通过对不同年龄的实验

① Harold Osborne, *The Art Appreciation* (New york: Oxford University Press, 1970).

对象的调查，提出了儿童审美理解的五个阶段[①]。第一阶段，孩子们对绘画表现出直觉的喜爱，主要对作品的具象的内容和色彩感兴趣。第二阶段，儿童主要集中于对作品主题的理解。用是否画得像和是否美丽作评价的标准。第三阶段，对作品的表现力具有越来越强的意识。第四阶段，能把作品的表现力与作品的可感知特性联系起来。第五阶段，只有少数最成熟的人才能达到这个阶段，开始有一种批评的意识，并考虑作品的价值等问题。

由此，作为人文学科课程的艺术教学，可以划分成下列几个阶段：

第一阶段，从幼儿园到三年级，对周围世界美好的事物和现象，开始非正式的发现和探索，通过艺术作品获得愉快的体验，并具有较敏锐的感受能力。

第二阶段，从四年级到六年级，掌握基本的艺术概念，发展对艺术品的知觉技能，对艺术品的结构、表现性和风格有进一步的了解。

第三阶段，初中阶段，接受更正式、更系统的训练，能够在时间变化之中认识艺术，发展历史意识，具有在历史文化背景中思考的能力。

第四阶段，高中阶段，具备较成熟的审美知识和审美批评能力，掌握一定的审美判断标准，能对某些美学问题进行讨论。

拉尔夫·史密斯提出了从幼儿园到12年级的美术欣赏教学大纲，可以供我们参考借鉴。

从幼儿园到12年级的美术欣赏教学大纲[②]

目的：通过讲授这门人文学科，掌握艺术的概念和技能，形成一种感受和欣赏艺术品的审美性质的倾向。

交流的艺术	传承的艺术	批评的艺术	创造和表演的艺术
语言	时期	态度	表现
结构与特性	状况	价值	技能
风格	观众	信息	通过表演解释

① ［美］沃尔夫、吉伊根：《艺术批评与艺术教育》，四川人民出版社，1998版，第323页。
② ［美］拉尔夫·史密斯：《艺术感觉与美育》，四川人民出版社，1998版，第215页。

续 表

初步接触与知识训练⟶历史意识⟶欣赏、批评、分析艺术杰作。 第一二阶段：幼儿园—6 年级。第三阶段：7—9 年级。第四阶段：10—12 年级。
整个教学是一个循序渐进的过程，从初步接触、熟悉和感知艺术，到对艺术的历史意识，再到欣赏和批评艺术大师的杰作。它强调的是一种接受式的学习、教诲式的辅导、对话式的教学方法。对审美学习的评价要依照“审美地图”的标示进行，还要参照有益于审美学习的条件。按照列维的模式，还要加进创造和表演的艺术。史密斯把它扩展到从幼儿园到 12 年级的教学。

学龄前儿童处于审美理解的第一二阶段。这时，儿童具有欣赏作品的某些潜力。他们能够较长时间地注视作品，并按照自己已有的知识经验，对作品的色彩、形象作简单的描述。在观察作品的内容方面，儿童对作品主题具有一定的知觉敏锐性。他们主要凭借直觉感知，对局部的物象观察比较仔细，能够描述某些细节部分，对非具象的图画往往从具象的角度加以猜测。对作品的形式方面，每个孩子都有自己潜在的爱好，一般来说，对色彩鲜艳的、形状逼真的图画较容易接受。在色彩对比、形状轮廓、疏密关系、构图、比例等美的要素方面能有所关注，作出某些简单的判断。在艺术思维方面，以具体形象思维为主，对作品的体验与认知，依赖于知觉运作和已有经验的直接推理。对美的要素的各个层面理解尚存在一定的困难。缺乏整体性的分析判断能力。

因而，学前儿童美术欣赏的教学目标是这样的：

1. 培养幼儿对周围美好的事物和艺术作品的兴趣，开拓他们的视野，使他们对某些名作名画有初步的印象，并在欣赏中获得愉快的经验。

2. 培养幼儿对艺术作品较敏锐的感受力，使之具有知觉美的某些基本要素。

3. 掌握简单的艺术术语，有叙述和表达对艺术作品感受的能力。

4. 通过欣赏活动使幼儿产生自由表达的兴趣、愿望，激发他们潜在的创造力。

具体地说，在这个阶段应着重培养儿童对艺术和艺术世界的基本感觉，使他们对周围美好的事物和艺术作品表现出直觉的喜爱；对作品的具象的内容、色彩、形状感兴趣；对作品主题有一定的理解。实际上，这个阶段的学习，主要是对世界的审美性质作非正式的探索，开始对艺术品和艺术世界有初步了解和兴趣。

在早期阶段，注重培养儿童对生活和事物的直观感受力，使他们能随时对事物的样式、感觉、声音、气味等作出反应；对大自然的风云变化、四季特征，对那些周围环境中值得看的、值得听的美的事物有感觉。激发和诱导儿童这种自然的审美愉悦感，从而使他们对周围世界更加敏感，并逐渐过渡到能够欣赏艺术品。

第三节　儿童美术欣赏课程的内容和结构

儿童美术欣赏课程主张将美术教育置于一个内容较为宽泛，以美感教育为中心的课程结构。课程内容涉及美学、艺术批评、艺术史、艺术创作四个方面。

格利尔(W. D Greer, 1987)曾详细规划“学科取向的艺术教育”(Discipline - Based Art Education, DBAE)学科概念的结构，说明如何运用四个艺术学科领域的特性，形成具有结构性的课程。他把艺术学科的结构分成三部分：(1)艺术学科领域/学术团体，(2)艺术学科概念的研究方法，(3)艺术学科概念的内容。(见下表)

DBAE 四学科概念之结构①

学科	研究法	概念内容	学术团体
创作	灵感	独创力	艺术家
	分析问题/描绘	技法	
	作品创作	技术	
	展示	过程	

① 郭祯祥：《当前我国国民美术教育新趋势》，台湾师范大学出版，第40页。

续表

学科	研究法	概念内容	学术团体
批评	描述内容	主题	艺评家
	分析形式	内容	
	解释	意义	
	评鉴	辨明	
艺术史	修复	归属	艺术史家
	分析风格	图像学	
	归类	源流	
	真实性	功能	
美学	描述品质	经验	
	反应之分析	艺术品	
	详述	意图	
	鉴赏	价值	

很明显，格利尔的学科概念结构是为培养高层次的艺术团体服务的。然而，在四个艺术学科领域的特性方面和最终形成的具有结构性的课程方面有值得借鉴的地方。艺术欣赏课程以艺术批评为主要内容，也就是学习对艺术作品主题的描述、作品形式美的分析、作品意义的解释、作品的辨明和评鉴。

为了使儿童能够完整地了解艺术，课程应从欣赏入手，将四个领域的内容加以整合。在欣赏课程中，要整合美学的知识，要通过观察、体验大自然和大社会的美感品质来丰富和扩大儿童的视界，使他们产生对艺术作品更深刻的情感和体验。在欣赏课程中，要整合艺术史的知识，要通过对作品的背景、历史和文化的了解，使儿童进一步加深对作品的印象，产生对作品的兴趣。在欣赏课程中，要整合艺术创作的知识，要通过欣赏，使儿童有机会广泛地认识艺术，通过对艺术家创作的表现形式、不同艺术家使用的不同媒介和技巧的介绍，以及对他们创作思路的分析，提供给儿童学习和模仿的条件，发展儿童的想象和创造能力。

儿童欣赏教育与美学、艺术史和艺术创作之间，要达到最佳的组合，互生、互补、交叉融合、相互渗透，使敏锐的艺术感与艺术创造融汇贯通，形成整体性的艺术素质。

上述内容可以透过下列四个层次进行教学。

1. 感觉层次。教师以开放的态度，利用艺术作品本身的感染力激发儿童的探究欲望，要求他们用自己的感觉、知觉与美感意识去接触作品。这时，教师要避免用自己预定的期望去影响儿童。

2. 智慧层次。艺术活动有赖于智慧的运用，而艺术认知层面的活动是需要学习的。在儿童欣赏以后，引导儿童从主题、形式、象征、材料、构图等方面进行有意识的观察，并作扼要的陈述，在教师的指导下，进一步了解画面的形式及其内涵。

3. 表现层次。要求儿童表达对作品的感受，在教师的启发诱导下，对审美要素进行分析、描述和谈论。教师可以着重分析作品中视觉元素的特色，作者是如何安排或组织，以达到创作的预期效果的。教师在和儿童的交流中，用隐喻、暗示和解释等方式巧妙地阐释艺术品的内涵与意境。并将所知觉的作品结构加以必要的说明、解释和评价。

4. 创造性层次。教师和儿童共同发掘所欣赏的艺术品的潜在美感价值，扩展其新奇性、原创性，并鼓励幼儿在作品的潜移默化中创作自己的作品。

确定儿童欣赏教育课程结构的方针是：

1. 儿童。深入了解儿童对欣赏的特殊态度、情感、信念和价值观，他们对美术表现形式的情感和理念。每个孩子的能力是不一样的，一定要以儿童能接受的程度作为课程教学的起点。

2. 教师。具备一定的艺术素养，有较为广泛的艺术知识和技能，并能不断学习，富有挑战冒险的精神，为儿童提供丰富的美感经验，用富有创意的课题吸引儿童的兴趣。

3．艺术品。选择经典性的作品，向儿童作系列的介绍，可以开拓儿童的视野，训练儿童艺术的敏感性。

4．教学环境。要创设良好的学习环境，有足够的画册、幻灯片、录像、录音等设备。能经常有机会接触画家、参观美术馆、博物馆，有供创作练习活动的场所。

第四节　儿童美术欣赏课程实施的原则和方法

一、儿童美术欣赏课程实施的原则

（一）高度的艺术性与儿童的可接受性原则

课程的内容要根据幼儿的兴趣、经验和接受能力来选择，同时课程内容要具有多领域性和前瞻性。也就是要选择能够激发儿童的内心感受，培养丰富想象的、多样化的、具有艺术魅力的作品，安排具有挑战性的课题。原则上要用名人名作或者是为社会公认的、有艺术欣赏价值的作品。

以学前儿童美术欣赏课程为例，选择在艺术领域中占重要地位的中国画、西洋画、民间艺术、雕塑和建筑作品供儿童欣赏。其中，中国画以现代名家作品为主，而作品的内容则以动物、风景、儿童生活题材为中心，使之与儿童生活方式有直接或间接的联系。如一些名家喜欢画一些富有生活情趣的小品，恰恰与幼儿经验相吻合，齐白石画的昆虫、小虾，吴作人画的熊猫，李可染画的牧童等均深受幼儿的喜爱。西洋画以色彩鲜艳、不断流动变化的现代派作品为主，因其新鲜与多变容易吸引儿童的好奇心和注意力。如凡·高的《星空》、马蒂斯的《舞蹈》、蒙德利安的《红黄蓝构图》等非具象的、无定形的作品，符合幼儿自由自在、不受约束的特点，容易为孩子所接受。民间艺术作品以其原发性、恒常的主题、功利的色彩极易为儿童所接受；同时，儿童艺术与民间艺术渊源同一，在对生命的自然追求和艺术表达的纯朴稚拙方面有许多共同之处,因而适宜于儿童欣赏。至于手工艺术品,由于它的立体性、可操作性,因而很适合于幼小儿童欣赏。

(二)潜移默化的原则

作为一种文化传递现象,欣赏课程是一个由接受主体对外在信息进行反映、选择、联合、内化等多环节构成的复杂的认识过程。儿童接受信息时不是消极被动的,而是积极主动的,因此教师在欣赏课程中必须充分发挥其主体作用。

暗示是用含蓄间接的方法对人的心理和行为产生影响,从而使人按一定方式去接受一定的信息。情景,气氛,教师的言语、表情都可能起一种暗示作用。感染是人的一种同化反映方式,表现为个体对他人和特定情景自觉地产生共鸣或类似的心理状态。当儿童处于弥漫着某种情绪的情景之中,会受到情绪气氛的感染,而使自己的心理活动不知不觉地发生变化,与他人的情感或心理气氛相一致。采用暗示、感染使儿童接受信息并产生心理体验,是欣赏教学中经常采用的手段。它通过潜移默化的、间接的方式影响儿童,在环境和个人之间不断的交流中,建立无意识的心理倾向,激发儿童的内在潜能。

(三)渐进性和程序性原则

艺术欣赏需要有不间断的、充分的时间和机会,这样才能使幼儿积累起一定的经验。欣赏间隔的时间不宜过长,以免儿童兴趣消退。欣赏材料的选择要由近及远、由简至繁,系统安排欣赏内容和主题,使之与儿童生活方式有直接或间接的联系。

艺术欣赏课的组织有一定的学习程序:从观看作品开始,到熟悉作品背景、作者,引导儿童描述作品的内容,对作品的形式作出分析和价值判断,最后由教师总结并作相应的创作练习。

由于儿童对艺术作品的接受有一个从生疏到熟悉的了解过程,需要有外界和文化力量的影响才能达到目标,因而要选择适合的教学模式和教学策略。这种模式不是一成不变的,一般来说,可以有两种指导方式:一种是传统的、具有权威性的高支配型教学,教师事先决定教学目标、教学策略，包括讲述、指导和示范。教师可以全权决定要教什么，什么时候教，以什么方式教，这种指导方式是以教师为主体的。另一种则是自由放任式的，儿童可以自由自在地按照自己的兴趣选择欣赏对象，进行各种欣赏活动，教师为儿童创设环境，根据儿童需要，加以适当的点拨。在欣赏教学中，可以由高支配低统整的指导式开始，逐渐过渡到高支配高统整的合作式，也就是教师根据儿童的需求确定目标，师生共同协作完成既定目标。应当说，这是在幼儿园最常用的方式。当儿童对欣赏发生浓厚兴趣，并掌握了一定的欣赏技能以后，可以过渡到低支配高统整的独立式，也就是以儿童自定目标为基准，教师可以参加，必要时予以适当的指导和帮助。最后，发展为低支配低统整，也就是放任式，教师只提供环境，完全不干涉儿童的活动，儿童在解决问题时可以自由选择。指导式——合作式——独立式——放任式，逐渐由教师的高支配过渡到儿童的自由独立，需要有一个漫长的过程，可能一直要从幼儿园延续到小学、中学，使儿童成长为有知识、有技巧、有艺术素养的和对视觉艺术高度敏感的成人。

二、儿童美术欣赏课程实施的基本指导方法——对话法

对话法是指美术欣赏教育中教师、儿童与美术作品三者之间的相互作用与相互交流。德国现代解释学美学大师伽达默尔（Hans-Geong Gadamer）认为“艺术作品本身就是那种在不断变化的条件下呈现出来的不同东西”。也就是说，艺术作为文本是无限开放的，艺术作品的意义不是固定不变的。一方面，因为艺术作品中不仅仅有创作者自觉意识到的东西，还有由于传统、文化等方面积淀于作者意识深处的那些无意识或潜意识的东西。这些东西即使创作者没有意识到，它仍然存在于艺术作品之中，因而艺术作品的意义远非创作者本人的意图所能限制。另一方面，艺术作品被创作出来以后，不仅存在于当代，而且在今后的年代里继续存在着。这样，在不同的时代、不同的场合甚至不同的对话中，艺术作品会不断地显示出它的新的意义。这样艺术文本自身就成了具有生发作用的主体。艺术文本的多种意义只

有在与欣赏者的对话中,才可能生发出来。

在学前儿童美术欣赏教育中提出对话法,是因为长期以来,学前儿童美术欣赏教育所采用的灌输法会带来某些遗憾。灌输法也就是高支配低统整的直接指导法。它以教师为中心,将教师掌握的有关美术作品的知识无条件地灌输给儿童,儿童缺乏自身的感知与体验,没有直接与美术作品对话的机会,长此以往,会使儿童丧失自我感受、自我加工信息、自己主动创造的能力,最终导致审美素质的下降。因而在美术欣赏教育中运用协同合作式的对话法,使教师与儿童之间不再是一种灌输与被灌输的关系,而是一种平等的、对话式的、双向交流式的关系。儿童不再被动接受,而是积极参与,他们的潜力在不断的对话碰撞中得到新生和成长。

对话法的主要特征是主体与主体之间相互交流。在艺术活动中,艺术家有一种向亲密的人倾诉自己深切感受或强烈印象的愿望,而欣赏者则是从自己心灵世界出发,与艺术家、艺术作品进行独特的对话活动。可见,欣赏者与艺术作品的对话,是主体间的相互交流,即艺术作品对欣赏者说话,欣赏者对艺术作品说话。

欣赏者与艺术作品之间的相互交流,更多的是通过审美体验和领悟而进行的非语言的信息沟通。苏珊·朗格认为,艺术是通过幻想、交流和沟通生命的情感和艺术意味,它在直觉过程中把人的潜力激活,使其丰富、充实、秩序化。艺术欣赏中的对话是欣赏者在审美心理体验的基础上进行多通道的相互交流,欣赏者调动了自己的感知、想象、情感、思维、灵感、无意识等多种审美心理功能,把艺术家的情思意念、审美创造,弥散、渗透到自己的内心深处,从而达到一种潜在的心灵沟通和内在的自我交流。维果茨基形象地描述了这种对话:“读者从两个方面观察悲剧:一方面他通过哈姆雷特的眼睛查看一切;另一方面,他又用自己的眼睛查看哈姆雷特,所以每个观众既是哈姆雷特,又是他的观察者。”正是艺术欣赏者在这一过程中的巨大的主动性和创造性,才给他带来了独特的体验和丰富深刻的审美愉悦。

在对话法的实施中，教师应注意下列几点：

1. 对话双方的关系应该是平等的，教师不能强求儿童接受某一权威的结论或自己对美术作品的看法，而应让儿童有自己的探索。

2. 教师自己要首先学会与文本进行对话，并做好儿童与文本之间的“审美期待”的中介。

3. 教师要为儿童提供大量的欣赏机会，扩大他们的视界。

4. 教师要为儿童创设和利用多通道感受、体验的条件和充分的时间。

5. 教师要引导儿童学会提问，并能用多种方式来表达自己的审美感受。

附：对话法课题实录——《缠线》

执教：南京市第三幼儿园实验组　唐松梅

评点：南京师范大学教科院　边　霞

（活动前老师与幼儿一起玩绕毛线的游戏）

师：今天我们一起来欣赏一幅画。请你仔细看，你在画上看到了什么？

幼1：有两个女孩子在跳舞。

幼2：她们拿着毛线球，手上有线，在绕毛线。

幼3：我看到了山和大海。

师：嗯，这是远处的东西。

幼1：远处还有沙滩、地、风景。

幼2：这是一个桶，里面装满了毛线球。

幼3：地上也有毛线球。

师：你们看得很仔细，这是近处的。

在这里，教师并不直接提出“画面上远处有什么”“近处有什么”之类的问题，而只以“你在画上看到了什么”这样的问题引入，放手让儿童认真观察，自由讨论。在美术欣赏活动中若教师提出的问题过于具体，不仅容易限制儿童的观察思路，使他们无法按照自己的已有知识和兴趣点，从不同角度和不同视点对作品进行独立自由的观察，还会助长儿童形成凡事依赖老师的习惯。此处教师虽然并未直接以过于具体的问题来引导儿童，但也并不是完全的放手。在儿童根据自己的观察自由描述后，教师及时归纳总结，使儿童了解到观察可以有一定的顺序，自己所谈到的只是整个顺序中的一点，这样儿童今后在欣赏作品时就渐渐能够意识到观察应该是有序的，尽管这个"序"可以有很多方向。可见，在儿童的美术欣赏活动中，教师一方面是活动的组织者，这体现在教师能够有效地调动和组织起自己与幼儿及作品之间的积极对话；另一方面又是儿童发展的指导者，这体现在教师能够帮助儿童在现有的知识、认识和领悟水平上有所提升。

幼1：还有花草树木。

幼2：有一个无名岛。

幼3：在她们的旁边还有一道墙。

师：你们说的这道墙是怎样的呢？

幼1：这道墙很矮。

幼2：它围着一个阳台，一个大平台。

师：你感觉这幅画里的天气怎么样？你是从哪儿看出来的？

幼1：晴天，天气很好。

幼2：晴天，我看见天上的云很白。

幼3：晴天，因为晴天大海就很蓝。

幼4：晴天，我看见有阳光照在身上。

师：阳光在哪里？

幼：在天上。

师：你们看这边，无名岛上，还有这两个女孩子的身上，你看到了什么颜色？

幼1：黄色，无名岛上黄得不得了，像沙滩。

幼2：她们身上也是黄的。

师：有了阳光的颜色，再看这幅画，你感觉怎么样？

幼1：很暖和，感觉暖洋洋的。

幼2:我感觉好像坐在阳台上绕毛线,很高兴,很暖和。

幼3:我有一种很好的感觉,因为是晴天。

幼4:看起来是春天,树叶很绿,很美。

幼5:我看见她们脚上没穿鞋,很舒服。

幼6:我感觉很舒畅,很满意。

幼7:很温柔的感觉。

幼8:要是我和一个小伙伴在大海边的一个阳台上光着脚绕毛线,那多开心啊。

孩子们畅所欲言,自由地谈论着自己的感受。他们的感觉抓得很准,谈得也很美,而且很会设身处地,仿佛自己的整个情绪都融了进去。通过这样的谈论,不仅儿童对画面的感受能力有所提高,而且他们的想像力、创造力、情感体验能力、语言表达能力以及自信心和积极的情感态度等也得到了同步提高。

师:在她们的身后是什么?

幼:是海水,很蓝。

师:蓝色给你什么感觉呢?

幼1:很冷,很安静,很平静。

幼2:我看到这儿有一个斜坡,有一点往这边倒,有点害怕。

师:其他小朋友说说看,你有什么感觉?

幼1:斜坡只有一点点斜。

幼2:我感觉一点也不害怕,斜坡有一点点斜,像沙子堆上去的一样。

幼3:(虽然)有一点斜,(但)因为有沙子,光着脚上去也滑不下来。不害怕。

在美术欣赏活动中,惟一、绝对的正确答案几乎是不存在的,这便为儿童提供了可以充分自由地联想、想象和创造的空间。但另一方面,对美术作品的解释也不能是完全的"什么都是"和"怎么都行",它毕竟还是有一定的规律可循的,如人们对同一种形或色彩的感觉总是基本一致的,特别是对于写实性的作品来说,人们对画面所描绘事物的识别，对作品情感表现倾向的判定，也总是大致相当的。在以上这段对话中，教师首先承认儿童各种不同感觉的合理性，在允许儿童有自己不同的感觉的同时，又在对话中鼓励儿童发表各自的不同见解，使儿童通过讨论和争辩，得出相对更合理的结论。讨论的目的只在引导和提升，而不是硬性说服，更不是压制不同意见，使儿童丧失自信，只迷信权威，不敢再大胆表述自己的看法。

师：远处的海水、沙滩给人感觉很平静。我们再来看看这两个人，她们给你什么样的感觉？

幼1：很高兴，像跳舞一样。

幼2：她们在绕毛线，我感觉好像妈妈在给我织漂亮的毛衣。

幼3：这两个人很温柔，很安静。

师：（出示米勒的《拾穗者》）我们再来看看这幅画。

幼：米勒的画，《拾穗者》。

师：画上的三个人在劳动，她们的动作怎样，心情又怎样？

幼1：她们弯着腰，很累。

幼2：她们不高兴。

幼3：她们很忧愁，很可怜。

师：（重新出示《缠线》）她们也在劳动，你觉得她们的动作和心情又是怎样的呢？

幼1：很快乐，很开心。

幼2：坐着，很舒服。那个站着的小女孩，光着脚，不用弯腰，也很舒服。

幼3：她们很开心，蛮幸福的。

《拾穗者》这幅画儿童在前次活动时已欣赏过。将两幅同是描绘劳动场面，但所表现的情感截然相反的人物动态画进行比较，这是一个很好的设计。通过比较可加深儿童对两幅画的印象，加深儿童对不同色调、人物动作和姿态所传递情感的感受和辨别。

师：你们来给这幅画起个名字，好吗？

幼（吴开维）：荒凉的小岛。

师:你是看到画上的东西来起名字的。

幼(冯笑):幸福的画。因为我觉得这幅画很幸福,两个人好像在做游戏。

师:你是根据自己的感觉来起名字的。

幼(张浩天):绕毛线。因为她们本来就是在海边绕毛线的。

师:你是看到画面的主要内容来起名字的。

在儿童每起一个名字后,教师都给出一个简洁、适当的反馈。这些反馈中又暗含着对起名字的各种思路的提示,既有评价作用,又有提升意义,儿童从中可以了解给一幅画起名字主要有两个依据:一是根据画面的主要内容,二是根据画面给人的感觉。

师:你们喜欢谁起的名字,为什么?

幼1:吴开维的,他起的名字好听。

幼2:冯笑的,是好名字。

幼3:冯笑和吴开维的。他们起的名字跟这幅画很像。

师:为什么你觉得是荒凉的小岛呢?

幼:(笑)把这些东西都去掉就像了。

师:有没有去掉呢?

幼:没有哇。

师:那你觉得这幅画叫"荒凉的小岛"怎么样?

(幼笑)

幼1:张浩天的名字好,这上面本身就有两个人在绕毛线,而且她们在画的中间。

幼2:张浩天的名字好,这个画家画的主题就是绕毛线。

幼3:冯笑的画中的女孩子很快乐,冯笑的名字也很快乐,跟这幅画很配。

这三个名字很有代表性,通过自由地比较、讨论,既可以选择更适当的名字,也可以深化儿童对作品的认识和感受。教师对"荒凉的小岛"并没有采取简单否定的态度和方法,而是通过适当的提问,引导儿童自己发现问题。这样的讨论既有民主宽松的气氛,又不失原则性。

师:看来大家还是比较喜欢“绕毛线”和“幸福的画”这两个名字。画家给这幅画起的名字叫《缠线》,就是绕毛线的意思,这和张浩天起的名字是一样的,看来画家想的也和你们一样。

此处还可以进一步比较“绕毛线”和“幸福的画”这两个名字,看它们哪个更合适。其实“幸福的画”虽然抓住了整个画面的感觉,但过于笼统,它的适用范围较广,一般表现积极情感的画都可以用这个名字。教师可以给儿童看一些这样的画,让儿童明白这个道理。正如儿童自己所说,这个画家画的主题就是绕毛线,而且两个绕毛线的人在画面的中间,是最主要的视觉意象,因而“绕毛线”这个名字是更合适的。当然,对于幼儿园的小朋友,不进行这样的比较也是可以的。

幼:这幅画的画家是谁呀?

师:这幅画的作者是莱顿勋爵。(此处儿童表现出自觉主动的探究态度和求知欲)

师:《拾穗者》和《缠线》这两幅画,虽然画的都是劳动的场面,但他们通过不同的颜色,画不同的动作,给我们的感觉就……

幼:(齐)不一样。

师:待会儿也请小朋友们自己画一幅画,画出你生活中最快乐的一件事。希望小朋友画画的时候也能用不同的动作、线条、色彩把画画得更好,把自己心里快乐的感觉画出来。

幼儿休息片刻后开始下一个操作活动。活动的过程为:先请幼儿互相讨论、交流,你准备画一件什么快乐的事?主要想用什么样的色彩?人物有什么样的动作?然后开始画画。画完后再互相评议、欣赏。

第五节 儿童美术欣赏过程的指导

儿童对艺术作品的体验也就是欣赏、探索的开始。这种体验不是被动的，它包含了主动探求作品含义的行为。对儿童来说，确定一幅画的好、坏的惟一标准是这幅画能否使他们喜欢，能否引起他们的注意和兴趣。他们对绘画的讨论都是随意性的、自由联想的、随感而发的。然而，美术欣赏的过程包含了许多复杂的、微妙的、变化多端的刺激，这不仅需要敏锐的审美感受力、审美理解力，还需要一种对复杂的视觉以及它的深奥意义的整体把握的能力。因此，对儿童美术欣赏过程的指导，必须在深入了解儿童心理发展、知识经验积累的基础上，帮助儿童掌握一定的欣赏技能和审美概念，引导儿童一步步地从对作品的最初印象到对作品的形式美的感受开始，进而深入体验作品的内在涵义。

一、描述阶段的指导

对作品的第一印象是一种瞬间的强烈感受，一种单纯的视觉快乐，是儿童直觉地面对作品产生的闪光式的认识。这种印象具有鲜活的生命力，它把儿童带入神秘的艺术世界之门。为了使儿童产生对作品强烈的第一印象，在观看作品以前，教师要做许多准备工作，特别是丰富儿童生活经验的准备，如：看齐白石的画以前，教师让儿童观看在水里活泼地游着的金鱼、虾子，给孩子们讲齐白石小时候的故事；看傅抱石的山水画前，让儿童先看录像，看三峡风光，感受雄山峻岭之美。

对第一印象的描述，是很重要的。也就是要儿童描述美术作品外在的、可立即指称的视觉对象，它并不涉及对作品的含义及其价值的认定。这时，教师要给儿童以足够的观看欣赏时间，然后，让他们用简洁的语言说出自己的真实感受。教师提出的主要问题是："你看到了什么？"

以印象派画家修拉的作品《大碗岛的星期天》为例，教师可以这样提问：

"小朋友，你们在画中看到了什么？"

"这些人在干什么？他们有些什么样的姿态？"

"画中除了人以外，还有些什么？"

"你能猜出他们在什么地方吗？"

“从画面上你能看出这是在一天中的什么时候吗?”

“除了这些,你还看到了什么?”

在描述阶段,教师要耐心倾听儿童的讲述,让儿童充分表达。只有当儿童需要帮助时,教师才可以用启发、提问的方式给予线索帮助,引导他们观察、想象并进一步地陈述。

在一般性描述的基础上,要对作品的特征和要素的识别方面作进一步的观察,包括:主题、形象、材料等方面作出较为详尽的描述。在陈述过程中,儿童往往会简单地说:“我看见有许多人”“有狗”“我看到海里有船”……实际上,这时儿童所见的还只停留在一般性认知方面,它并非审美知觉。教师需要提出一些补充性问题,如:“这些人是什么样子的?你有什么感觉?”“这是在什么季节?有什么样的风光?”让儿童使用一些独特的形容词,如:“明亮的天空”“悠闲的人”“慢慢的散步”“凉爽的天气”等。

二、形式分析阶段的指导

所谓形式分析是指分析视觉对象之间的关系,也就是分析作品所表现的美的形式,如:造型、色彩、构图等形式语言,以及对称、均衡、节奏、韵律、变化、统一等构成原理的应用。通过形式分析,加深儿童的审美体验,提高审美理解能力,因而是学前儿童美术欣赏教育的关键环节。

对美的形式的感觉与理解,儿童似乎有一种天性的流露。儿童对色彩的偏爱,从单色到多色,从红、黄到绿、蓝色,从暖色到冷色,遵循着人类色彩偏爱的演变规律。这说明儿童是有可能理解和接受艺术家们用激情和生命所描绘的色彩。一个艺术家对色彩的选择和强调是带有许多主观意味的,例如:凡·高对黄色的执著,鲁奥对红色的崇拜,而达·芬奇却对光所造成的“真色”顶礼膜拜。每个艺术家都有个性,因而产生多姿多彩的艺术世界。但色彩对人类生理、心理的刺激所引发的情感也有许多共通之处,在这方面克拉因和大庭三朗的研究可供参考(见下表)。

克拉因色彩情感价值表①

色彩	客观感觉	生理感觉	联想	心理感觉
红	辉煌、激动、豪华、跳跃(动)	热、兴奋、刺激、极端	战争、血、大火、仪式、圆号、长号、小号、罂粟花	威胁、警惕、热情、勇敢、庸俗、气势、激怒、野蛮、革命
橙红	辉煌、豪华、跳跃(动)	烦恼、热、兴奋	最高仪式、小号	暴躁、诱惑、生命、气势
橙	辉煌、激动、豪华、跳跃(动)	兴奋(轻度)	日落、秋、落叶、橙子	向阳、高兴、气势、愉快、欢乐
橙黄	闪耀、豪华(动)	温暖、灼热	日出、日落、夏、路灯、金子	高兴、幸福、生命、保护、营养
黄	闪耀、高尚(动)	灼热	东方、硫磺、柠檬、水仙	光明、希望、嫉妒、欺骗
黄绿	闪耀(动)	稍暖	春、新苗、腐败	希望、不愉快、衰落
绿	不稳定(中性)	凉快(轻度)	植物、草原、海	和平、理想、宁静、悠闲、道德、健全
蓝绿	不稳定、呼应(静)	凉快	海、湖、水池、玉石、玻璃、铜、埃及、孔雀	异国情调、迷惑、神秘、茫然
蓝	静、退缩	寒冷、安静、镇静	蓝天、远山、海、静静的池水、眼睛、小提琴(高音)	灵魂、天堂、真实、高尚、优美、透明、抑郁、悲哀、流畅、回忆、冷淡
紫蓝	静、退缩、阴湿	寒冷(轻度)、镇静	夜、教堂窗户、海、竖琴	天堂、庄严、高尚、公正、无情

① 丁宁:《美术心理学》,黑龙江人民出版社,1994年版,第135页。

续 表

色彩	客观感觉	生理感觉	联 想	心理感觉
紫	阴湿、退缩、离散(中性)	稍暖、屈服	葬礼、死、仪式、地丁花、大提琴、低音号	华美、尊严、高尚、庄重、宗教、帝王、幽灵、豪绅、哀悼、神秘、温存
紫红	阴湿、沉重(动)	暖、挑逗的、抑制、屈服	东方、牡丹、三色、地丁花	安逸、肉欲、浓艳、绚丽、华丽、傲慢、隐瞒
玫瑰	豪华、突出、激烈、耀眼、跳跃(动)	兴奋、苦恼	深色礼服、蔷薇、法衣	安逸、虚荣、好色、喜悦、庸俗、粗野、轻率、热闹、爱好华丽、唯物

大庭三朗色彩情感价值表①

色彩	联想的东西	心理上的感受
红	血、太阳、火焰、日出、战争、仪式	热情、激怒、危险、祝福、庸俗、警惕、革命、恐怖、勇敢
橙红	火焰、仪式、日落、罂粟花	典祀、古典、警惕、信仰、勇敢
橙	夕阳、日落、火焰、秋橙子	威武、诱惑、警惕、正义、勇敢
橙黄	收获、路灯、橘子、金子	喜悦、丰收、高兴、幸福
黄	中国、水仙、柠檬、佛光、小提琴(高音)	光明、希望、快活、向上、发展、嫉妒、庸俗
黄绿	嫩草、新芽、春、早春	希望、青春、未来
绿	草原、植物、麦田、平原、海洋	和平、成长、理想、悠闲、平静、久远、健全、青春、幸福

① 丁宁:《美术心理学》,黑龙江人民出版社,1994 年版,第 136 页。

续 表

色彩	联想的东西	心理上的感受
蓝绿	海、湖水、宝石、夏、池水	神秘、沉着、幻想、久远、深远、忧愁
蓝	蓝天、海、远山、水、日夜、果实、钢琴	神秘、高尚、优美、悲哀、真实、回忆、灵魂、天堂
紫蓝	远山、夜、深海、黎明、死、竖琴	深远、高尚、庄严、天堂、公正、不安、无情、神秘、幻想
紫	地丁花、梦、藤萝、死、仪式、大提琴、低音号	优雅、高贵、幻想、神秘、宗教、庄重
紫红	牡丹、日出、小豆	绚丽、享乐、性欲、高傲、华丽、粗俗
淡蓝	水、月光、黎明、疾病、奏鸣曲、钢琴	孤独、可怜、忧伤、优美、清静、薄命、疾病
淡粉红	少女、樱、春、梦、大波斯菊	可爱、天使、天真、诱惑、幸福、想念、和平
白	雪、白云、日光、白糖	洁白、神圣、快活、光明
灰	阴天、灰、老朽	不鲜明、不清晰、不安、狡猾、忧郁、不明朗、预感
黑	黑夜、墨、丧服	罪恶、恐怖、邪恶、无限、高尚、寂静、不祥

儿童和原始人第一次画出一条随意的线条时，他们的主观的、情绪性的东西一定远远超过了写实的形象。艺术作品中的线条，饱含着极其丰富的表现力，内涵着文化的底蕴。曾经有学者粗略统计过名画中直线的含义，惊讶地发现其中有相当的一致性。譬如，一条简单而

没有变化的直线，会使人感觉单调、平静；曲线的变化缓慢、连绵，可以引发人的注意，使人感到柔和、流动；放射线使人感到舒展、充满活力。而图形的变化同样如此，正方形显得稳定、刚直、呆板；圆形则活泼、柔和、流动。线条和图形在具体的美术作品中的细腻变化使画家的表现达到鲜明而美妙的效果。凡·高的《星月夜》用了许多波浪形和螺旋形的线条，漩涡般地将星星和月亮团团围住，表现了画家强烈的不安和忧郁的心情。而蒙德里安的《百老汇的爵士乐》把作品中的一切曲线都取消了，取而代之的是垂直线与水平线的分割和各种矩形、四方形色块的分布，画面是平面化、几何化的，色彩减至几块原色，色块的大小、比例、位置也是经过精心安排的；作者通过大小不一的方格和红、黄、蓝、浅灰的小色点，面积较大的小色块，表现一种跃动、活泼、节奏明快的爵士音乐感。

色彩和线条是构成一幅作品的基本要素，但是在分析作品中，需要注意它们之间的相互关系。形体轮廓的大小、线条的粗细曲折变化、色彩的深浅明暗，它们之间的节奏与韵律、对称与均衡、多样与统一所构成的形式美，这是一种整体的关系。凡是优秀的作品，总会表现出它的流动性、变化性和统一性。要善于发现作品中那些最突出、最重要的部分，注意到它们与那些次要的、较为隐蔽的视觉点的相互衬托关系，感受作品的情感和情调。

在分析阶段，要求儿童表达对作品的感受。教师的主要问题是："你喜欢什么？为什么？"启发儿童对作品形式美的感觉。在此过程中，教师的作用尤其重要。首先，教师不仅自己要对美的形式有一定的理解和欣赏能力，能够掌握形式美的原理，体验作品的意味；同时，要用启发诱导性的语言，引导儿童反复多次地深入感知、体验作品，也可以自己用通俗易懂的语言，进行浅显而简明的描述，让儿童真正地理解这些艺术语言与形式美原理的内涵。再则，儿童对欣赏的基本艺术语言和形式美的原理的认识可以经由美术创作来获得。例如：在欣赏凡·高作品《星月夜》中，可以让儿童试验用波浪形、螺旋形的线条来画画，体验线条的运动和变化。在欣赏抽象派大师蒙德里安的后期作品后，可以让儿童用彩色纸剪贴各种几何形状。

下面以《大碗岛的星期天》为例，来说明如何引导儿童进行作品的形式分析。

画面描绘的是巴黎近郊一个小岛上，人们尽情欢度假日的情景。和煦的阳光将画面分割成受光和背光的两个部分。近处笼罩在一片透明、青紫色调的阴影中，冷绿色的草地上或坐或卧着几个静静观赏风景的人。中景呈现出一片强烈的午后阳光照射下带黄的暖绿色草地，与前景恰好形成鲜明而对比的补色关系。再远处，蓝蓝而平静的河面上，有几叶小舟在荡漾。天空和地面的分界线呈水平状，而河岸线和陆地的阴影面呈对角方向，暗示河岸向内延伸，这是两条主要的画面结构性线条，这种不对称的均衡构图，使整个大碗岛清澄、平和地展现在人们眼前。在草地上，几个穿着红裙撑着遮阳伞的女士，在草坪上悠闲地散步。近处有一组侧身坐着的男女老少和小狗，其中一位男士正在吹着小号。人物的造型倾向于机械的几何化和装饰性，增强了宁静感。在聚集了40多人的旅游胜地，本应是一片喧闹、一片繁华。然而，画面除了耀眼的阳光外，却给人以不可思议的平稳和宁静。整幅画面都是用色彩分割的、纯净的原色点绘，没有线条和块面，然而，色调与明度达到了高度的饱和，呈现出鲜亮的色彩效果和强烈的阳光感。

经过对《大碗岛的星期天》画面形式的详细分析以后，教师还可以补充性地向儿童提出下列问题：

“请看一看，画面上使用了哪些线条？”

“这些线条是朝哪些方向延伸的？看上去有什么感觉？”

“画面上有些什么人物？他们在干什么？你能不能表演一下？”

“画家画这幅画用了哪些颜色？这些颜色在画面上是怎样安排的？”

“画面上人物身上的颜色和背景的颜色合在一起，看上去感觉怎么样？”

“画面的前面画了些什么？后面画了些什么？它们看上去是一样

大小吗？哪个看上去更清楚些，为什么？”

“看完整幅画后，你感觉怎么样？”

教师在用问题引导儿童进行形式思考以后，要进行小结，以帮助儿童理清思路，进一步加深印象。

三、解释阶段的指导

所谓解释是指探讨一件美术作品所蕴涵的内在意义，帮助儿童把握具象的艺术形式所再现的东西，或抽象艺术形式所表达的微妙的情感、情调、意义或意味。

第一，具象性的作品。具象性作品是画家对现实中最美好、最典型的事物形象的再创造。由于画中形象栩栩如生，很容易刺激儿童的感官，链接他们原有的知识经验，产生种种联想。如：齐白石老人画的瓜果、蔬菜、鱼虾、昆虫，吴作人画的熊猫、骆驼，李可染画的牧童放牛，米勒的《拾穗者》，列宾的《伏尔加河上的纤夫》等，都深深地吸引着儿童。可以从整个画面的形象、色调、构图等方面来感受作品的意韵，通过人物的神态、身体动作和画面背景来感知作品所表现的主题，使儿童通过欣赏对美的事物更敏感，对人物情感体验更丰富。当然，对具象性作品的欣赏大多是需要联系一定的社会历史背景的，对这类作品的欣赏不必苛求儿童完全按照创作者的原意来理解。

其次，抽象性的作品。如：中国画欣赏中，选了吴冠中的《冰天雪地》《小鸟天堂》；西洋画欣赏部分，选取了波洛克的《会聚：第十号》《蓝色杠杆：第 11 号》，蒙德里安的《红、黄、蓝构图》，康定斯基的《抒情诗》《即兴 35 号》等现代派艺术大师的抽象作品。这些抽象画虽然没有真实的物体，也没有具体的人物，有的只是各种线条、形状、颜色的不同组合，但这些由“有意味的形式”所构成的视觉品质，这些形式层面的东西恰恰最容易为儿童所理解、欣赏和接受。研究结果表明，儿童对抽象作品所作出反应的热烈程度，他们对线条、形状和色彩的直觉感受和把握，他们就作品所表达的意象和情感表现性方面所展开的丰富想象，很多时候是绝大多数成人，甚至包括实验教师和专业研究人员所意想不到的。

揭示作品的内在意义或意味，必须对作品的符号含义和作品的形式和形象本身具有的意义或意味有所了解。一般来说，符号含义是一种具有象征意味的、由世俗决定的东西，如："龙"作为土地富饶的象征、帝王标志和驱邪的符号；"鸟"作为特别吉祥的符号；"神牛"是力量的象征；带角的头巾置于王冠上，是王权的象征。而作品的内容、人物形象的内在意义又往往浓缩或积淀于形式之中。例如：中世纪常见的主题之一起源于拜占庭，描绘一个长有翅膀的青年，脚下踩着轮子或是球，手持天平，另一个人在为他加冕，这样的场景被解释为具有"生命"的寓意，或是"时机""机遇"的意思。又如：毕加索的作品《格尔尼卡》使用了一系列象征符号与寓意。这是在 1937 年 4 月，德国飞机狂轰滥炸西班牙小镇格尔尼卡，毕加索怀着悲愤的心情，用立体主义的变形手法，以黑、白、灰三色对野蛮的战争罪行提出了无声的控诉。一间昏暗的地下室里，一盏孤零零的灯光下，一位母亲在为死去的孩子悲泣；一个男人倒在公牛的蹄子下奄奄一息；一匹马被炸开了肚子，摇晃着倒下；几个姑娘一边奔跑，一边尖叫；一个妇女双手举向空中绝望地呼喊。在这幅作品中被刺而嚎叫的马代表受迫害的人民，公牛代表野蛮与黑暗，从窗口探头而出的手里握着油灯的女人，象征真理与正义。折断的长矛，半截的剑，褪色的花，电灯周围尖锐的光，钢刀似的马鬃毛，更加深了阴森悲凉的感觉。一个个悲壮惨烈的场面触动着每个观众的视觉与神经。作品强烈的节奏，夸张的形象，寓意深刻的内容，充满紧张而刺激的立体主义表现方法，深刻地揭露了法西斯的暴行，呼喊出一种人世罕见的巨大悲痛。

在解释阶段，教师的指导应注意以下两点。

第一，探讨美术作品所蕴涵的意义，必须在整体与部分的辨证运动中进行。也即是必须根据美术作品的各个部分来理解美术作品的整体，又必须根据美术作品的整体来理解美术作品的各个部分，这是一个循环往复的过程。教师在引导儿童欣赏作品之前，可以对作品的意义有预先的设计，这种意义是教师个人对作品的解释，在引导儿童欣赏过程中，又不停地被修正着，形成一个或多个合理的解释。教师为了扩大儿童对作品的文化内蕴的理解，还可以适当地介绍作者的小故事、作品创作的背景等，帮助他们更深入地理解作品所蕴涵的意义。

以《大碗岛的星期天》为例，教师在引导儿童对这幅作品的部分形式进行感知、描述以后，可以用以下方法来引导他们体验和理解这幅作品的意义。教师请儿童闭上眼睛，把自己想象为画中的人物，然后跟着老师所说的话展开想象：

"我躺在这片嫩绿的草地上……我的身体很放松……我的周围有一些人，他们发出隐隐约约的声音……有各色各样的人……在这里，他们都很轻松地踏着同样的节拍……每一个人都感觉到别人的存在……阳光……树……水……很美妙的休息……我想逗留在这里……"

第二，虽然，教师在引导儿童欣赏美术作品之前，已有对作品意义的预期，但这并不意味着儿童必须无条件地接受教师的这种预期。儿童仍然可以有自己的理解，而且，教师还必须鼓励儿童不要拘泥于教师的解释，甚至不必拘泥于创作者原有的创作意图，而是要求儿童根据自己对作品所传达信息的体验和理解，充分发挥想像力、创造力，发表自己的见解。这时，教师可以这样提问：

"画家为什么要这样画？"

"这幅画使你想到了什么？"

"你能说出这幅画的画家想要表明什么观点和思想吗？"

"请你为这幅画取个名字。"

四、评价阶段的指导

对艺术品下判断需要综合艺术创作、艺术背景知识、艺术欣赏和美学的各方面知识，是一个更高级的阶段。按照美国美学家比斯莱的看法，判断艺术作品主要按照统一性、复杂性和强烈性标准进行。

统一性是指作品的完美程度、内在结构和风格的一致性等方面评价；复杂性指作品的丰富、变化、精细、微妙等方面；强烈性则指作品的新奇性、新鲜性、震撼力。美学上的活力只有在被承认是属于真正的创造时，才能维持。以上三种评价标准是有一定的互补性的，需要灵活运用。

对学前儿童来说，评价作品阶段不是美术欣赏的重点。如果儿童能够对优秀作品说出自己的喜欢之处，说出自己对作品含义的某些理解，或是吸收作品的某些方面，进行自己的创作，应当说就已经达到目的了。

例：评价《大碗岛的星期天》时，教师可以提出这样一些问题：

"你觉得这幅画美吗？"

"你喜欢这幅画吗？为什么？"

"你看了这幅画后，有什么感觉？"

"这幅画哪些地方最能吸引你？为什么？"

教师在评价阶段可以作较为综合性的、具有一定指导意义的总结，帮助儿童加深印象，提高审美判断能力。

《大碗岛的星期天》是一幅油画。大约在100年以前，一位年轻人名字叫修拉，在法国巴黎的大碗岛作画，画的是巴黎人星期天到岛上散步、钓鱼、划船，还有些人在草地上玩耍。修拉画得很仔细，一辆蒸汽拖船在河上行驶，一对夫妇带着一只狗和一只猴子……修拉在画画时，用很细的笔触，一点一点地把颜色点上去，点得非常均匀，两种颜色靠得很近，一点也看不出涂色的痕迹，整个画面使人感觉到很舒服。这张画非常有名。

第六节 儿童美术欣赏课程的评价

儿童美术欣赏课程的评价一般可以分为三个方面：对教师教学的评价，对儿童学习的评价，对课程设计和实施的评价。这里着重分析对儿童发展与学习的评价，目的在于了解和分析儿童学习的效果。

艾斯纳(Eisner，1972)曾经对评估儿童能力，提出了三种比较的方法：

1. 学生与自己的比较。根据学生自身的发展来评估，考察学生的能力，他们的感受能力与理解能力比从前进步了多少。可以用学期初对学生的系统记录和学期中、后期的作品资料作比较，以了解学生的发展和进步状况。

2. 学生与团体的比较。将学生与同学作比较，以了解学生的智力水平。

3. 学生与标准的比较。将学生与一般标准也即是所要达到的教学目标作比较，以增进学生的自我了解，同时改进教学与课程。

在创作领域的评价方面，艾斯纳提出可以从三个层面进行分析：其一是作品呈现的技巧，考查学生对材料的掌握能力和发挥的程度；其二是作品的美感与表现的层面，注意学生如何组织形式、发挥形式的功能，及其表现特性；其三是作品的创造性及带给人的想象程度。

在批评领域的评价方面，艾斯纳提出要注意两个层面：其一是学生对视觉形式所作叙述的内容和特性；其二是学生对视觉形式所作的非语言反应，如手势、动作、情感语言等。

郭祯祥提出了要从认知层面、情感层面和价值判断层面作完整的鉴赏教学评价。其评价标准为：

1. 知觉过程的评估，包括观察、描述、选择、归纳。观察是考查学生是否知觉到美术作品的存在，能描述作品的题材及作品的形式要素。描述是对作品的个别形式特征及其关系加以描述，并能对作品与其背景或环境的关系、作品的部分要素对整体作品的影响等进行描述。选择是指学生能否选出作品中主要特征之要素，如果学生能按专家的标准，选出作品的主要部分，并分辨出各要素对作品整体结构的重要性，排列各要素的顺序，则已具有选择的能力。归纳是评价学生最高层次的理解能力，学生能依据作品风格、创作年代、流派、技巧等描述各项视觉要素，并加以综合，解释其理由，则已具备敏锐的知觉能力。

2. 批评技巧的评估。批评能力是依学生能否积极使用艺术性词汇，以口头或书写方式描述作品的视觉形式及其关系而定的。假如能应用色彩、质感、形式、线条特质等词汇，则学生已发展了描述、分析作品所需的复杂语言。学生在评价作品过程中,也可以评估出学生是否能分析、解释作品表现的特性,并构筑自己的评价标准。

3. 美术史的评估,其内容包括:

(1) 知识部分。学生对美术史的事件、名称、传统、趋向或判断标准以及各项理论与一般原则的认识程度。

(2) 理解部分。学生能解释美术作品所传达的信息,以及重组新观点、新信息。能以已掌握的资料为基础,具有广泛地分析作品意义的能力。

(3) 分析部分。评价学生联系作品特质及其相互关系,分析美术作品的能力。

(4) 综合部分。评价学生通过作品的描述,用良好组织的理念、情感、经验来表达的能力。

(5) 评价部分。评价学生依据已有经验,用不同的标准来判断不同美术作品的能力。包括:以作品本身内在标准,或以其他标准来比较历代的作品等方面的能力。

4. 审美态度的评估。审美态度是指学生对美术作品积极态度的变化,可以按照目标分为五等:

(1) 接受;

(2) 反应;

(3) 价值评定;

(4) 价值组织;

(5) 依照价值或价值体系以形成个人的品格。这类评估主要靠教师长期的观察记录以及教师敏锐的判断,才能确实掌握学生行为的变化。

5. 价值判断的评估。鉴赏教学的最高目标在于内在一致的价值体系。这种内心的价值体系是很难评估的,但可以透过学生解释和说明其独立判断的理由,来了解个人不同的反应及其独立判断的能力。

美术鉴赏教学是学生、教师、美术作品之间的交互作用而形成的,教师需要灵活运用各种教学方法来实现，因而，美术鉴赏教学的评价很难做到科学化、客观化。

美术鉴赏评价的方法，戴依（M. D. Day）曾经提出 11 种评估方法：

1. 观察。观察学生在学习上的贯注程度，包括他观察作品的态度、描述分析的技巧、专注参与的情况。对沉默寡言的，教师要注意给予鼓励。

2. 晤谈。私下与学生交谈，以了解学生学习困难之所在。此外，教师为了解学生对艺术作品理解的程度，可展示其复制品或幻灯片，与学生讨论，向他们提出一些适当的问题。如："艺术品是如何产生的？""艺术家是如何从事其创作的？""艺术家所处的文化背景及其作品所要表现的内容怎样？"

3. 讨论。组织学生讨论美术作品的形式与内容，以了解学生对美术作品的反应和解释。

4. 作业或习作。从学生美术作品的习作中，考查学生对美术知识的运用与认知程度。

5. 检核表。如在讨论的名单上做记号，以便鼓励未发言者，并了解学生的学习成绩。

6. 问卷调查。用问卷调查评估学生对某一艺术风格、绘画特征，以及风格发展的理解程度。

7. 测验。把一学期来有关四大领域的内容，编成复选题或简答题进行测试。

8. 撰写报告。学生运用讨论时的批判能力，撰写美术鉴赏的心得报告。

9. 视觉鉴定。播放学生曾经学过的美术家作品的幻灯片，要求学生能分辨出幻灯中的作品是哪位画家所作，是属于哪种风格的。

10. 态度测量。学习一个单元以后，观察学生的态度表现，看学生继续探讨其他的作品的兴趣。

11. 美感判断。对艺术作品下判断是美术批评的一个重要层面，它综合了美术创作、美术史、美术批评和美学四个方面的鉴赏能力。为此，要评估学生的美感判断能力，教师需要有专门的美术技能，了解美的原理、原则，并知道如何细察作品，同时，要能运用各种工具，以实施能均衡地涵盖各个领域的评估计划。

由于美术欣赏教学大多用集体讨论、师生对话的方式进行，所以观察法、对话法、问卷调查法、收集学生作业或习作、学生的心得体会报告、态度测量、美感判断等，都很适合于评价学生行为的变化，便于教师了解和分析欣赏教学的效果。教师可以在课堂上观察学生的态度、语言、行为的变化，作有系统的记录；也可以用抽样法，与个别学生交谈，了解学生的能力与态度，以弥补观察、讨论的不足。

在开展实验研究过程中，为进一步查明实验对儿童发展与教育的效果，笔者与实验组成员共同设计了一个评价项目。

“现代儿童美术欣赏”评价表

设计思想：

假设美术欣赏是对儿童实施美术教育的重要内容之一。5—6 岁儿童存在欣赏美术作品的潜力，实验按教育规程对大班美术课的时间作出规定，在实验班实施一年以美术欣赏为主的课程教育。为进一步验证教育效果，特设计此项评价表，以测试儿童成长中的变化，来验证教育的有效性。

测试对象：实验班——5—6 岁儿童 80 名。

对比班——5—6 岁儿童 80 名。

测试工具：前测——呈现名家美术作品照片 4 张

《和平》(西洋画)

《小鸡》(国画)

《陶俑》(雕塑)

《老虎与娃娃》(民间艺术)

后测——呈现内容与形式和前测相似的照片 4 张

《格尔尼卡》(西洋画)

《虾》(国画)

《侏儒陶俑》(雕塑)

《虎年娃娃》(民间艺术)

测试题目:

1. 你看到了什么? 还有呢?

2. 你喜欢这幅画吗? 为什么?

3. 请你给这幅画起个名字。

4. 请你按照第一喜欢、第二喜欢、第三喜欢、第四喜欢的顺序给这4幅画排个队。

测试表格(前测与后测相同)。

姓名________ **表 格 一**

图画编号	注视时间	表 情	口头反应
1			
2			
3			
4			

姓名________ **表 格 二**

图画编号	喜欢第几张?	说一说,为什么这样排?
1	第 张	
2	第 张	
3	第 张	
4	第 张	

姓名________ **表 格 三**

图画编号	你看到了什么？还有什么？	你喜欢这张画吗？为什么？	请你给这幅画起个名字。
1			
2			
3			
4			
5			

评分标准：

一、注视时间

1 分　扫视一眼就离开了。

2 分　注视时间在一分钟以内。

3 分　注视时间在一分钟以上。

二、表情

1 分　表情与看一般的书籍无差异。

2 分　表现出一定的兴趣。

3 分　表现出非常的惊异和兴奋。

三、口头反应

1 分　不喜欢

2 分　喜欢

四、你看到了什么？

1 分　说出画面的主要形象和内容。

2 分　说出画面的主要内容及其简单的关系。

3 分　除说出画面的主要内容及其简单的关系外，还具体地描述画面的某些细节和画面整体。

五、你为什么喜欢？

1 分　因为画面上有某些自己熟悉的东西，或笼统地说很好看。

2 分　因为画面上的某些形象、色彩好看或情节有趣。

3分　能从造型、色彩、构图等方面(用描述性的、具体生动的语言)说出美在哪里。

六、你能给这幅画起个名字吗?

1分　起的名字只是画中的某个形象的名称。

2分　起的名字符合自己所陈述的内容。

3分　起的名字符合自己所陈述的内容,并有一定意味。

发表于《现代儿童美术欣赏教育研究》,教育科学出版社,2001年版。

学前儿童艺术综合教育课程研究简介

本课程(学前儿童艺术综合教育课程)的建构是以人本主义思想为核心,吸收了我国美育思想体系中天人合一的精神,试图通过艺术建立人与自然间的真正和谐;同时,也吸收了西方美育体系中以人定胜天观念为内核的理性精神,充分发挥人的主动性、创造性。研究试图以新的综合寻求建设现代人格的教育模式。由于艺术与人性中最深层的东西息息相通,人类往往通过艺术,保证人与人之间心灵的交流,往往通过艺术使人的天才和智慧得到充分的发挥和施展。艺术为由当今高度工业化造成的人与自然、人与人之间的隔离状态,踏出一条回归人的自我的道路。

审美艺术教育的终极目标就是从人的整体发展出发,达到人在实践中的全面自由发展。也就是说,人通过这种发展达到三个统一:个人与社会的统一,自然与人的统一,感性与理性的统一。这是人类自我实现和自我解放的最高理想。这是因为艺术代表的是最丰富的感性领域,最能发掘人的感性潜能。透过艺术的形式,使人的情感得到理性的调节和升华。所以,艺术教育能使感性和理性得到统一。

艺术离不开特定社会环境的影响。艺术教育能使受教育者适应社会需要,同时,使在艺术活动中人的个性,得到充分自由的发展,达到个人与社会的统一。一方面,透过艺术教育,人学会了以审美的态度观照自然,以审美的尺度改造自然,实现自然的人化。另一方面,大自然赋予人类基本的艺术语言,赋予艺术以活的生命力。在艺术活动中,人更贴近自然,回归自然,使自然与人达到统一。

艺术综合教育的研究,就是在这样的理念基础上发展起来的。对儿童来说，音乐、美术、文学是最富人性的学科，透过艺术充分地发掘儿童的感性潜能，使他们的感性世界无比丰富，同时，又让他们学习用艺术符号表现和表达，使他们的感性与理性得到统一。在艺术创作活动中，在有序的社会性和自然环境下，体验生命的奥秘，体验自身与自然、与社会的一致性。

在长达4年的幼儿园跟踪实验中，我们发现：实验班儿童表现出对艺术活动的空前的活跃性和主动创造精神，充分展现了自己独特的个性。这将对他们入小学后整体素质的提高，甚至对他们终身的生活情趣和生活追求，产生深远的影响。

(一) 艺术综合教育课程的理论假设

假设艺术综合智慧是存在的。美术、音乐、文学三种艺术形式存在着某些共同的审美要素，它们之间可以通过审美直觉、通感和情感同构而相互迁移、渗透和沟通。

这个论点的心理学依据是格式塔心理学的大脑力场论、异质同构论。

格式塔心理学美学认为：人对事物之所以发生特定的情感和情绪，是由于外界事物的力和场同人的内在世界心理的力和场，在形式结构上存在着同形同构或异质同构。

阿恩海姆运用韦太默的理论，认为人的大脑皮层有一个电化学力场，外界事物对大脑皮层的刺激，实质上表现为一种电化学力的式样刺激，这种力的刺激在人的大脑中产生一定的心理对应物。尽管物质的媒介不同，但力的基本式样是相同的。

所谓同形同构或异质同构，就是在这个意义上提出来的。阿恩海姆认为："外在的力"与"内在的力"之所以能够同构，是因为它们之间有一个共同的特点，即表现性。在阿恩海姆看来，物理世界、心理世界、艺术世界和人类社会在根本上都是统一的，在本质上都是一种力的作用。

一个具有审美知觉的人，会透过形状、色彩、空间及其运动等外在的形式，感觉到力的作用。那苍劲的青松、翩翩起舞的飞鸟、怒放的花朵、狂风骤雨、陡峭岩石、飘零的落叶，以至于一根抽象的线条、一片孤立的色彩，都具有表现性。这种外物的力的图式，与人类生理、心理的力的图式取得一致，构成异质同构。

由此，我们考虑到在艺术领域中，情感因素是最强烈的，沟通艺术的三大领域——音乐、美术、文学艺术，使之产生整体性的审美效应。用艺术综合教育课程不断作用于幼儿，引起幼儿多种心理功能的协调作用。动作、节奏、色彩、形状、音调等均越过了各自的感觉界限，能够相互支持和加强，形成心灵中的一种联觉经验。这种经验如果能与主体的各种感觉结构相对应，就会被吸收、接纳。艺术综合智慧就是在这样反复的建构中逐渐形成的。

（二）学前儿童艺术综合教育课程的设计

1. 学前儿童艺术综合教育课程的目标

实验设定的教育目标是培养具有审美素质的全面发展的儿童，促进幼儿审美心理结构的建构。在总目标的基础上，提出了具体培养目标：

（1）培养敏锐的审美感知能力；

（2）培养丰富的审美情感；

（3）培养审美创造能力。

2. 分层次的目标

- 艺术综合教育目标
  - 分领域目标
    - 音乐领域目标
    - 美术领域目标
    - 文学领域目标
  - 同构目标
    - 情感同构
    - 形式同构

3. 课程的内容编制

（1）审美情感的综合。当主体在欣赏的时候，透过音乐、美术、文学感受相似的艺术情感，产生共鸣、移情和创作的冲动，达到情感同构。

由于艺术形式的不同，情感体验的方式也不一样。在文学中，儿童主要是通过人物或事件的细节描述得到体验的；美术则是用色彩、线条和不同的造型来表现；音乐的形象和情感是不确定的，在三者的相互映照下，会产生强烈的情感体验。

（2）形式结构的综合。针对学前儿童能接受的程度，着重从对称与均衡、重复与变化、整齐一律与多样统一美的形式规律入手组织综合课。

4. 学前儿童艺术综合教育课程编制的原则

（1）整体综合性；

（2）多通道参与性：以一门学科为主，开放多种渠道，让幼儿获得更广泛、更深入的学科知识和技能；

（3）系列层次性。

发表于《学前教育研究》，2001年。

学前儿童艺术综合教育课程研究的总体构想

儿童审美艺术教育的重要性和当前幼儿园艺术教育的不相适应性，引发了我们对艺术教育改革的研究，并提出了艺术综合教育课程的总体构想。面临21世纪的挑战，教育由过去偏重智育向追求人格发展的教育转变，对人的生理、心智、情感、精神、想象层面都有不同程度的要求。单一的学科教育难以适应社会快速变迁的需要，新世纪的人才需要有更广阔的视野，有整体的、弹性的、有创意的思考能力；面对复杂多变事物的应变能力，善于寻找事物之间的关联的沟通能力等这一类高层次的认知技能和创造精神，这些能力的达成均非任何单一领域可以承担的。而近年来有关人脑及学习历程的研究结果告诉我们，人脑能在相同时间内处理及组织许多事情，综合的经验有益于内容涵义的组织及表达。同时，人脑有一套空间的记忆系统，可以快速而简便地检索已有的经验，唤起完整的表象。人脑对外界的刺激，常以有意识或无意识的方式加以处理，据此，综合教育在提供较有效的学习方式、改进教育的实施、提升人的潜力方面起到了物质基础的作用。

第一节　实验的理论假设

一、问题的提出

由于艺术活动是具有情感形式的创造活动，它的具体形象性，它的情感渗透性，与学前儿童本身特有的纯朴性、浓厚的生命色彩以及自由创造性质相契合，因而特别容易为幼儿所接受。早期儿童几乎都有某种艺术天赋。当前幼儿园艺术教育的问题首先在于：对审美艺术教育是当今社会全力开发人类智慧宏大工程中的一个基础组成部分缺乏认识，对艺术的审美价值及其无限创造特性没有足够的估计，对幼儿接受艺术的特点不甚了了。因而相对重视传统文化模式的传授和技能的练习，把教育的重点放在培养儿童的正确描绘和表演的能力、掌握制作和表演的技巧上；把艺术教育等同为"技艺教育"，忽视幼儿自身对艺术的感受和表现，扼杀了儿童的潜在的艺术生命力；把以"自由创造"为特征的艺术活动变成操作性的模仿活动，失去了艺术的"意味"。另一问题在于：学前儿童艺术教育是以分科的形式进行的，音乐、美术、文学艺术各自有独立的大纲和进度，忽视了它们之间存在的内在联系。从完整的心理结构着眼，从造就完善的人格出发，审美艺术教育是要培养人们一种整体的反映方式，而目前的艺术分科教育显然是不能承担这一责任的。我们探索如何使幼儿对多种艺术的审美特征产生兴趣和敏感，并在更高层次上对三种艺术形式的共同审美要素进行直觉的抽象、概括和相互迁移，从而培养一种综合性的艺术智慧，一种整体的反应能力。那么，这种综合性的艺术智慧是否存在？主体的审美心理对客体美的反映是单项的，还是复合型的？三种艺术形式是否可以沟通？在当今教育学和心理学界，这还是一个"谜"。我们试图利用幼儿浪漫幻想和泛化的特点作一些实验，在有意识、潜意识和无意识之间架起桥梁，在沟通三种艺术形式、培养综合性艺术智慧方面作零的突破。

艺术综合教育的目标是：发展音乐、美术、文学艺术中共同的审美要素，按同构的原理加以沟通，提高多种心理功能的协调作用，以不同的艺术形式使幼儿获得美的熏陶。艺术综合教育培养的不是给予儿童简单的技艺知识，而是一种结构、一种能力、一种把握世界的方式，最终将达到审美心理结构的塑造。

二、理论假设

（一）假设：早期儿童艺术教育通常指美术、音乐、文学艺术的教育，是审美教育的重要组成部分。它的任务不仅应当对儿童进行审美形象教育，培养儿童对艺术美的形态、结构的识别和欣赏，学习对美的对象形态的表现和创造，而且更重要的是培养儿童健全的审美心理结构，提高多种协调活动心理功能。

我们假设21世纪的人才，应当是全面发展的，既有丰富而敏锐的感受和直觉能力，又有抽象思维和理性认识能力的人。艺术教育不仅要把人当作艺术家培养，而且要当作一个有直觉能力的哲人来培养，也就是不仅要求培养感性知觉和感情，而且要培养哲理和理性的思考能力，最后归结到一个完整的、有机发展的个人，一个自我实现的个体。从人的文化心理结构分析，这样的人必须从伦理的、智慧的、审美的三方面来培养，使之成为一个全面发展的完美个体。那么艺术教育的任务，就必须从人的整体发展出发，从素质教育入手，从研究儿童的审美心理结构的建构入手（而不是从艺术的技术培养入手），使人的整体人格与自然、社会协调一致，与当代物质文明相对应，获得同步发展。

近年来，我国在审美教育和审美心理方面的研究获得了突飞猛进的发展，审美心理研究从心理元素的探究进而深入到从宏观上对人的审美文化心理结构的探讨。滕守尧在《审美心理描述》中，一再提到了审美心理结构的问题，并具体地提出了审美心理结构的建设要从感知能力、想象能力、内在情感、审美理解力的培育入手。邱明正在《审美心理学》中，具体而详细地分析了审美心理结构的建构、积淀和发展。相关学科的研究都为我们的实验提供了理论借鉴。

什么是审美心理结构？邱明正指出：审美心理结构是人在审美创造时，能动地反映事物的审美特性及其相互联系的内部的知、情、意系统和种种心理形式组合、运动的结构系统。[①] 滕守尧指出：所谓审美心理结构，就是人们在欣赏和创造“美”的活动中，各种心理能力达到高度活跃时构成的一种独特的结构，这种结构最容易在艺术家的心理活

① 邱明正：《审美心理学》，复旦大学出版社，1993年版，第22页。

动中体现出来。[①]

我们的理解是：审美心理结构是人脑的知、情、意心理系统中储存着的关于客体美的图式、式样或格式。当一个客体在眼前出现的时候，由于多种多样美的图式的储存，主体就会在已有的图式中进行检索，将其与原有心理图式相对照、筛选、匹配，相吻合的就被判定是美的，继而加以同化吸收；不完全吻合时，主体会调整内部结构以顺应外界环境；如果没有相应的结构，那么就无法对新的美的刺激加以同化，于是被判定是不美的，而加以拒绝。所以，审美心理结构也可以理解为主体作出审美反应，接受特定审美关系的“中介”或“过滤器”。

审美心理结构系统具有相对的稳定性，它是人类长期审美实践经验的积累、沉淀的结果，也就是指审美感知、审美想象、审美内在情感和审美理解、审美创造等心理形式，以及审美意识、审美观念、审美理想等审美心理内容在知、情、意系统中的积累、沉淀、凝聚和贮存。它是在后天审美实践的影响下不断地发展和完善的，因此它是一种动态的动力结构。

艺术教育与形成审美心理结构的关系是什么？不是每一个人都具有这种独特的结构，只有在长期的艺术熏陶和艺术实践中，才能帮助一个普通的人，建构和发展较为完善的个体审美心理结构。

艺术教育内容和形式的多样化、丰富性，为个体的审美心理建构提供了丰富的审美客体和探究刺激。艺术实践使儿童产生了审美需要，形成了特定的审美情感，推动了创造美的意志行动。爱美是人的天性，它萌发于早期儿童的心中。艺术教育能催化这种天性。艺术教育的特殊目标就是培养审美素质，使个体从一个普通的人，变为会审美和创造美的人。从这个意义来说，艺术教育就是塑造个体审美、创造美的个性教育，也是塑造完美人性的基础教育。

儿童的审美心理结构受先天遗传的影响，同时又是在后天的实践和经验中建构的。

弗洛伊德在《梦的解析》中，把艺术创造直接与人的心理结构中最

① 滕守尧：《审美心理描述》，中国社会科学出版社，1985 年版，第 367 页。

深层和最强大的领域联系起来，认为艺术想象是“Libido”（本我）转移升华的结果。荣格矫正了弗洛伊德这一观点的片面性，提出了“集体无意识”的理论，他把无意识纳入社会历史的范畴。荣格提出了“积淀说”，认为集体无意识原型是人类漫长历史的结晶和沉淀，是人类集体经过无数代、无数次的反复、重复，一代代遗传，在后人的大脑结构中留下沉淀的痕迹。他认为艺术是心灵的某种秩序或结构，这种深层结构把个体的种种经验和印象组成了美的形式——对称、和谐和富有节奏的简化形式，这就是一种审美结构。在实验中，我们发现人在生命的早年确实具有一种表现形象的潜在能力，具有某种洞察力，某种神秘的直觉的知觉方式，以及对生命不可思议的敏感。早期儿童对力的式样的知觉能力比成年人强，他们具有天生的简化能力。因而我们认为先天遗传，包括审美感官的生理的反射力、神经系统的传导、贮存功能、气质、秉赋，以及某些先天预成的深层结构是审美心理建构的生理基础。

审美心理结构主要还是在后天的生活实践中逐步建构的，是审美对象的系统结构内化到人的心理，并同原先心理结构相互作用的结果。皮亚杰肯定了儿童的智慧发展进程中存在着结构的特性，这种格式或结构具有对刺激作出反应的能力。主体之所以能对刺激作出反应，就是因为主体能把这个刺激的格式或结构加以同化和顺应。皮亚杰认为每一个内在结构都有它的发生过程，都是一点一滴地构造起来的。皮亚杰说：“知识在本原上既不是从客体发生的，也不是从主体发生的，而是从主体和客体之间的相互作用中——最初便是纠缠得不可分的——发生的。”也就是说，客体刺激人的感官、神经系统、大脑，大脑接受刺激又反作用于客体，认识就是这种主客体之间相互作用的结果。皮亚杰认为认识需要经过格局（结构）的过滤，才能输入内部，作出反应。过滤有两种方式：当客体与原有格局、经验相适应时，便被吸收和纳入原有格局，产生同化作用；当客体与原有格局、经验不相适应时，心理格局便会发生相反的机能变化，即修正原有经验，改变原有格局，产生顺应作用，原有的格局平衡状态便被打破。只有当同化和顺应发生后，人接纳了新的知识和经验，格局便又由不平衡达到新的平衡，产生新的心理结构。这种同化和顺应之间的平衡在个体发展过程中，有不同的水平，每一个连续阶段的平衡状态中都有其不同的结构，这些结构是动态发展的。

皮亚杰的发生认识论，可以进一步说明审美结构的建构过程。审美建构是审美主体与审美客体之间的动态的互动过程。首先，审美客体必须具有审美属性，所谓“有意味的形式”，它不同于一般的客体，而审美主体必须具有欣赏这种属性的能力，即所谓“有审美的眼睛才能见到美”。其次，审美客体刺激审美主体，并与主体原有的审美格局相适应，加强和丰富原有的审美结构，达到平衡；当客体与主体原有的审美格局不相适应时，则产生顺应作用，即引起原有审美心理格局的调整，产生了不平衡。由平衡到不平衡再达到新的平衡是一个动态的过程，是一种质的飞跃。

新的审美心理结构是在原有心理结构的基础上，接受了无数的审美对象刺激，作出各种不同的同化、顺应的作用，逐步改组和建构起来的。艺术积淀对于人类审美心理的建构起着非常重要的作用。大量艺术活动的刺激、艺术经验及艺术产品的沉淀和凝聚，使人的审美感官、神经系统、大脑机能对美的感应力愈来愈健全、发达、具有敏感性。而人类从原始时代就开始的审美、创造美的实践，形成各种各样的审美观念、审美情趣和创造美的能力，形成了个体相对稳定的文化心理素质。艺术文化、艺术美的发展是人类文化心理结构、审美心理结构的建构、积淀、发展的直接源泉。

（二）假设：综合性艺术智慧是存在的，美术、音乐、文学三种艺术形式存在着某些共同的审美要素，它们之间可以通过审美直觉、通感、情感同构而相互迁移、渗透和沟通。

格式塔心理学的大脑力场论、异质同构论为综合性艺术智慧的存在提供了一定的心理依据。

格式塔心理学的一个重要观点是整体性。我们认为一切事物及其审美特性都是一种内部联系、相互作用的整体性系统。人的各种感官之间、大脑皮层各区域之间也是相互联系的，人往往不是凭某一感官或大脑某一相应区域对审美对象作出反应，而是调动各种相关感官的共同感觉，感受对象的整体特征，对对象作出整体性反应，从而产生整体性美感。

审美统觉是指人在审美中调动已有经验、知识，对复合对象完整的感性面貌进行整体感知，并融入一定理智、情感内容的审美心理形式。[①] 它将众多的、相互关联的、单一的审美对象连成统一的整体，使知觉在更大范围内综合化，从而整体性地、系统性地感知事物的外在美。例如，孩子们在欣赏唐诗“春眠不觉晓，处处闻啼鸟。夜来风雨声，花落知多少”时，他们不仅聆听诗词铿锵有力的优美韵律和节奏，还再现了原有的审美经验，似乎听到鸟叫声、雨声和风声，看到花瓣纷落的景象，由此感受春意绵绵的气息，产生一种整体美感。审美统觉是形成儿童综合性艺术智慧的前提。

审美情感是人的审美心理结构的重要组成部分，也是综合性艺术智慧存在的立足点。格式塔认为，“表现性的惟一基础就是张力，这就是说，表现性取决于我们在知觉某种特定的形象时所经验到的知觉力的基本性质——扩张和收缩、冲突和一致、上升和降落、前进和后退等”。[②] 表现性结构是所有艺术的一个重要的基本特征，它与人类思想情感的深层相联系。阿恩海姆说：“我们发现，造成表现性的基础是一种力的结构。这种结构之所以会引起我们的兴趣，不仅在于它对那个拥有这种结构的客观事物本身具有意义，而且在于它对一般的物理世界和精神世界均有意义。像上升和下降、统治和服从、软弱和坚强、和谐和混乱、前进与退让等基调，实际上乃是一切存在物的基本存在形式。不论是在我们自己的心灵中，还是在人与人之间的关系中，不论是在人类社会中，还是在自然现象中，都存在着这样一些基调。”他又说：“我们必须认识到，那推动我们自己的情感活动起来的力，与那些

① 邱明正：《审美心理学》，复旦大学出版社，1993 年版，第 150 页。

② [美]阿恩海姆：《艺术与视知觉》，中国社会科学出版社，1987 年版，第 640 页。

作用于整个宇宙的普遍性的力，实际上是同一种力。”[①]由此，我们考虑到艺术领域中的情感因素是最强烈的，沟通艺术的三大领域——音乐、美术和文学艺术，使之产生整体性的审美效应，使幼儿的审美感知经验向整体的、综合的方向聚合、转化，以逐渐形成一种独特的综合性艺术智慧是有可能的。我们曾经作过一个有趣的实验，要求6岁的孩子根据老师提供的一组形容词(热闹、伤心、快乐、神秘)，用彩色纸自由贴画，结果发现：几乎80%以上儿童选择用红、黄等暖色和圆形、卵圆形、弧形等图形表现“热闹”和“快乐”。选择黑色、白色、浅蓝色等冷色调，以及长方形、三角形、尖锐的角等图形表现“伤心”和“神秘”，他们拼贴的图形绝大部分都是抽象形式的，这说明儿童存在着外在的力与内心情感同构的直觉天性。

人在审美实践中积累了大量的审美感性经验后，当某一感官受到特定对象刺激后，会把各种事物和经验沟通起来，产生联觉和通感。所谓通感，简单地说就是超越感觉器官的特异性。知觉所获得的表象之间会产生的相互替代，如听到音乐，会产生视觉表象；看到形状和色彩，头脑会产生冷热轻重的触觉表象。艺术通感是由于相关艺术有共同的规律、共同的审美特征而激起的。通感也常常出现在孩子的审美创美活动中，例如：孩子们聆听江苏民歌《拔根芦柴花》时，在轻快、活泼、鲜明、富有弹性的曲调下，画出了柔美、活泼的线条；听了《勇敢的苏格兰》的铿锵有力的雄壮曲调，画出了刚直有力的线条。我们认为这是艺术综合智慧的早期表现。它一方面取决于客体的特点：音乐的节奏和绘画的线条、形体运动的变化，有内在的一致性；音乐、美术、文学艺术三个领域中，声音、形状、色彩、结构都具有相通之处；它们的审美形式的基本法则——对称、均衡、节奏的和谐性基本上是一致的。因而，三者既各自独立，又相互沟通。另一方面儿童已拥有了处理这些沟通性问题的生理和心理功能。用格式塔大脑皮层心理电力场论来解释，这是由于外物刺激力到达大脑皮层，引起大脑皮层相应的生

① [美]阿恩海姆：《艺术与视知觉》，中国社会科学出版社，1987年版，第625页。

理电活动，于是产生具有特定方向和强度的张力。三种艺术本质上都是力的结构，所以会在大脑生理电力场中达到合拍、一致或融合。

艺术综合教育课程不断作用于幼儿，引起幼儿多种心理功能的协调作用。当动作、节奏、色彩、形状、音调等均越过了各自的感觉界限，便相互支持和加强，形成心灵中的一种联觉经验。这种经验如果能与主体的各种感觉结构相对应，就会被吸收、接纳。综合艺术智慧就是在这样反复的建构中逐渐形成的。

（三）假设：儿童艺术心理的发展，是在教学不间断的内部系统中、在前进运动中完成的，教学必须走在儿童发展的前面。

维果茨基在阐述教学与发展的关系时提出的"最近发展区"的理论是我们实施儿童艺术综合教育课程的依据。

维果茨基指出："教学与发展过程不是两个互不依赖的过程，也不是同一过程，教学与发展之间存在着复杂的关系。"[①]他认为教学过程具有自己的结构、自己的顺序、自己的发展逻辑，而教学所起的某些心理机能的发展则具有自己内部的规律，实际上是教学造就了心理的发展，并创造着完全特殊的新形式的心理活动。维果茨基提出了学前教学的心理特点的原理，以及"教学的敏感期"原理。

对幼儿实施综合艺术教育是通过艺术综合教育课程进行的。根据我们对综合艺术课程内涵的理解，我们认为音乐、美术、文学艺术各有其独立的领域。音乐、文学艺术属于时间艺术范畴，而美术则属于空间艺术范畴，它们必须各自完成自身的各项任务。同时，它们之间的某些共同的审美要素又具有同构的可能性，因而艺术综合教育课程必须有其独特的结构、序列和发展逻辑。

儿童接受课程有其自我建构的过程，教学应该按照能够引导儿童达到一定目标的体系来编制。如果说 3 岁以下儿童的全部意识是由知觉活动的多少所决定，那么学前儿童的意识发展已形成自己的机能系统。记忆是这个阶段儿童意识的中心，儿童开始用一般概念来思

① 余震球选译：《维果茨基教育论著选》，人民教育出版社，1994 年版，第 242 页。

维，儿童的需求和兴趣的性质也变了，他们是以自我为中心，按情境现实对自己的意义来决定好恶。儿童正过渡到一个全新的创造性活动的时期，也就是说儿童在活动中产生了完全独特的思想和行动。因而，他们完全有能力来接受艺术综合性教育，他们也有可能按他们自己的特性、兴趣和思维水平来参与这种教学，达到他自己的水平。

学前阶段，是儿童艺术发展的敏感期。一般来说，儿童对音乐的反应几乎与生俱来。2 个月的婴儿能模仿母亲歌曲中的音乐、音响和旋律轮廓，4 个月的婴儿还能模仿节奏结构……到 1 岁半时，儿童的音乐生活中便出现了一个重要的转移……[①]从 2 岁开始，儿童的语言发展迅速，4 岁的儿童能使用吸引人的修辞手段，儿童图画发展的关键期大约在三四岁。

按照维果茨基"最近发展区"的理论，应确定儿童的两种发展水平："现有发展水平"与"最近发展区"。教学的本质在于激发和形成目前还不存在的心理机能。最低教学界限和最高教学界限之间存在着"教学最佳期"。教学必须走在发展前面，用艺术综合教育的形式，在发展各领域艺术能力的同时，加强艺术情感教学的力度，把各种艺术形式美的要素加以综合、沟通，这样促进综合智慧的发展和审美心理结构的建构是完全有可能的。

第二节　实验课程的设计

儿童艺术综合教育课程的设计，分为分领域课程和同构课程两部分。也就是说，音乐、美术、文学艺术各自保持其独立体系，在此基础上，提取三个领域中共有的审美要素，以综合的方式加以统整和沟通，使其发挥更充分的作用。

实验课程的类型、结构、编制模式是实施课程的重要理论依据，是我们必须深入探讨的。

① [美]H. 加德纳：《智能的结构》，光明日报出版社，1990 年版，第 125—126 页。

一、艺术综合教育课程的类型

课程的类型是随着教育目的或教育哲学观的不同而不同的。

艾斯纳提出，近年来艺术教育课程呈现四种类型：(1)画室取向之课程，本质上是“创造的”立场之延伸；(2)艺术鉴赏取向之课程，基本上是依照“品质—美感”路线而建立的；(3)问题中心的课程，乃环绕“知觉与创造性解决问题之技巧的发展而建立的”；(4)人文学科之探讨的课程，沿着科际整合的路线而建立，包含所有文艺。①

我们认为以上四类课程，对改革我国传统以技艺为中心的行为主义课程有重要的参考价值。而各种类型之间并非互相排斥，可以根据实际情况，取其所长，建设新的艺术课程体系。艺术综合教育课程，拟取“创造的”“审美的”“学问为中心的”课程之所长，走科际整合的道路，建设人文学科的课程。从现代课程论的角度来看，原则上，艺术综合教育课程是属于人本论的课程范畴。

人本主义的课程是 20 世纪 70 年代发展起来的，它以“人的能力的全面发展”为目的，着眼于人的智慧、情绪、社会、身体、审美、精神的全面发展，把人培养成“自由的个人”，或者说是达到“自我实现”。自我实现的人格理想是人本主义课程的核心，这种人格的中心课题是“情意发展”和“认识发展”的统一。而新的教育则更加强调人的潜能的发展、强调理解自己与他人、强调满足人的基本需要、强调向自我实现发展。

正如麦克尼尔和辛普森所说：(1)人的存在，就是认知与情意相统一的整体的人格，所以，认知学习与情意学习必须统一。(2)学习是以内部动机为基础的。所以，课程内容必须同学生的要求、兴趣、爱好相适应，学习是一种探究活动，重点应从教材转移到每个学生的学习过程。(3)学生是作为一个完整的人而存在的，教育内容必须同社会合拍。②

艺术综合教育课程的特点：

(1) 从教育目标的角度来说，艺术综合教育的最终目标是要达到

---

① 刘丰荣：《艾斯纳艺术教育思想研究》，香港水牛出版社，1986 年版，第 105 页。

② 钟启泉：《现代课程论》，上海教育出版社，1989 年版，第 157 页、第 113 页。

个体的自我实现和全面发展，这是由艺术的本质决定的。也就是说，通过艺术实践达到感性与理性的统一、个人与社会的统一、自然与人的统一，达到人类自我实现和自我解放的最高理想。对早期儿童来说，课程利用文学、美术、音乐这些最富人性的学科，充分地发掘儿童的感性潜能，使他们的感性世界无比丰富；同时，学习用艺术符号加以表达，使感性与理性得到统一。课程通过社会和自然环境的有序性，引导儿童探究生命美的奥秘，激发儿童自由表现和创作的愿望，并体验到自身与自然、社会的一致性。课程从整体的人格培养入手，从情意发展与认知发展相统一的观点入手，发展儿童自我实现的人格。课程特别重视审美的敏感性和审美情操的培养，认为这是实现完美人格不可或缺的。

(2) 从教学方法的角度来说，艺术综合教育课程主张充分开拓和利用人的天赋和潜能。在自由的气氛中、在师生的相互信赖和尊重的条件下，摒弃教师的强制性教学，以儿童为主体，把儿童的兴趣、需要、经验摆在重要地位。

(3) 从教材的组织结构来说，强调学科的综合性和课程的整体性。儿童作为一个整体的人，无论一门学科在逻辑上如何严密，在学术内容上如何系统，儿童也不可能孤立地接受它的体系。音乐、美术、文学艺术三者有其独特的系统，但作为艺术学科又具有共性。假如我们在保持三类课程独立的前提下，又将它们从整体结构上加以综合，开放各科的教学内容，以培养审美心理结构机制为宗旨，则有利于“审美的人”的成长。

总之，艺术综合教育课程与传统的注入式课程不同，它是以开发与培育主体内在的、内发的价值为目标，以人为中心的课程。

艺术综合教育课程还吸收了学问中心课程的某些精髓，具体表现在：

布鲁纳说：“儿童在发展的每个阶段都有它自身的观察世界和解释世界的独特方式。”因此，“给任何特定年龄的儿童教某门学科，其任务就是按照这个年龄段儿童观察事物的方式去阐述出来；而且这些初次阐述过的观念，由于这种早期学习，在日后学起来会比较容易，也比较有效和精确”。所以在学问中心课程中，“学科的基本概念是以螺旋式上升的方式展开的，随着儿童进入更高一级阶段而愈益深广。作为螺旋式上升系列的一个原理，可以考虑第一螺旋为动作式认知的维度；第二螺旋为图像式认知的维度；第三螺旋为符号式认知的维度”。[①]学问中心课程的构造范型就是以此为基础的。艺术综合教育课程假设儿童可以在艺术知识技能和情意统一的课程结构模型下，在研究儿童特定年龄和独特的理解方式的前提下，从不同的“螺旋”维度向儿童提供挑战性的而且是合适的刺激，是可以使儿童获得进一步发展，促进他们审美能力的发展的。

知识的结构化是学问中心课程的特征之一，课程以概念、关键概念、原理、探究形态为中心，组织各门学科的知识。布鲁纳强调“正是知识的结构——它的相互关系或因果关系——应当成为教育的重点”。艺术综合教育课程强调学科中的基本要素、关键概念，音乐、美术、文学艺术是独立的知识领域，各有其专门的、不同的结构，必须抓住课程的核心和重点，抽取各个知识领域经过分析简化以后的符号化特征，然后加以综合协调，构成艺术综合学科的概念体系。

探究学习是学问中心课程所研究的学习的方法和过程问题，按布鲁纳对探究发现的解释：“它在本质上是这样一个问题，即用这样的方式重新整理或转换证据，以使一个人能够超越这样重新组织起来的证据而达到另外一些新的顿悟。”学问依存于学生如何构成和发现所学的知识，学问的各种知识是逐渐变化的，而学问的逻辑却是相对稳定的，因而重要的不仅仅是掌握知识的结果，而是教学生掌握科学探究的方法，以此可以进行新认知的探究，它比掌握知识本身更为重要。正如布鲁纳所说，“发现就像惊奇一样，要有心灵的准备”，也就是说教师要“引导他们发现，而非将自己知道的知识教给儿童，教师关心的不是将要学习的事实，而是学习者的儿童；不是隐含于知识中的结构，而

① 钟启泉：《现代课程论》，上海教育出版社，1989年版，第120页。

在协助儿童获得意义；亦即关心理解的发展而非知识的获得”。① 儿童综合艺术教育课程强调以探究发现式进行学习，整个教学是在教师指导下的学术性和创造性活动，也就是说，教师依据学科的知识结构、元素，设计和制定有组织的活动课程，研究能够刺激和激励儿童创造性的对策；提供儿童发挥主动性、创造性的场地、设备和条件，鼓励儿童在自由、安全的心理状态下，积极主动地从事艺术探究和发现，使儿童把学习掌握艺术技巧的过程，通过探究发现转化为创造艺术形式的过程。在发现过程中，儿童的认知是经由各种复杂的思考而形成的，因此提供儿童的活动不仅要适合儿童的兴趣理解层次，并且要对现存认知结构具有挑战性，以引起内在的动机，产生解决问题的动力。

二、艺术综合教育课程的结构

（一）教育目标的设定

1. 总目标

实验设定的教育总目标是培养具有审美素质的全面发展的儿童，促进幼儿审美心理结构的建构。具体目标是使幼儿具有初步的审美能力，即较敏锐的审美感受能力、审美兴趣和情感，以及初步的审美表现力和创造力。

当儿童与客体建立起初步的审美关系时，就形成初步的审美能力，这是一种审美的、艺术的反映客观世界的能力。它与以科学的、伦理的方式反映客观世界能力同样重要，是完美人格所不可缺少的组成部分。具体目标如下：

（1）审美感知

审美内容的感知，即是对艺术形象、情节和主题的敏锐感知。

审美形式的感知，它包含对艺术形式规律——对称、均衡、节奏、和谐的辨别、感受和判断，对音乐、美术、文学艺术各种不同的审美要素的辨别、感受和判断。

（2）审美情感

① 欧用生：《课程发展模式探讨》，复文图书出版社，1985年版，第49页。

对审美对象内容的情感体验，包括对客体审美对象的情感移入、移情，以及对主体人格情感的投入和参与。

对审美对象形式的情感体验，即对各种艺术的诸如色彩、形状、声音、结构等形式美的情感体验。

(3) 审美创造

以丰富审美内容为主的创造，如创造某些角色、情节、主题内容等。

以创造审美形式为主，用象征、隐喻等手段创造一些抽象的动作、声音、图式、结构等。

2. 分层次目标

实验在此目标基础上，从两个层次设定分类目标：一是分领域目标，由于音乐、美术、文学艺术是独立的领域，各自有其独特的知识技能体系，因而必须在总目标的基础上，分别制订各领域的教育目标。二是综合教育的同构目标，在音乐、美术、文学艺术三个领域中发掘其存在的共同因素，使之尽可能相互沟通，以产生出整体的审美效应，为此必须制订高一层次的同构目标。(如下图)

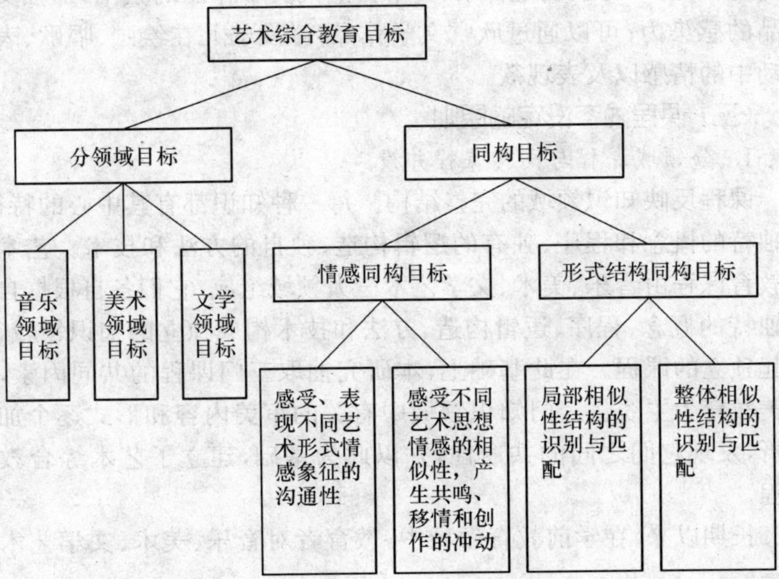

(1) 分领域目标

在现行幼儿园音乐、美术、语言教学大纲的基础上,一是增加培养审美情感体验和表现的部分,二是加强幼儿对形式美的直觉感知和符号化表现能力。如:对美术的色彩、线条、构图等,音乐中的旋律、节奏等,文学艺术中的音韵、结构等的感知、理解、表达能力。

(2) 同构目标

可分情感同构和形式结构同构两个方面。形式结构同构的目标指的是:①结构局部相似的识别和匹配。如从文学、音乐和美术的形式中发现对称、均衡、反复、变化等方面的共同性和互通性。②整体结构相似的识别与匹配。如文学作品情节的三次重复与相似的三段体结构音乐,或是反复出现的画面匹配等。情感同构目标指的是:①在审美感知和审美表现中能将不同的艺术形式所蕴涵的情感相互沟通。如汉族常常用红色象征热闹欢乐,并可与快节奏的乐曲产生情感沟通;黑色常被人象征忧伤,与低沉缓慢的乐曲产生情感沟通。②能感受不同艺术形式在思想情感上的"相似性",并产生共鸣、移情和创造的冲动。比如,可以利用音乐、美术去渲染文学作品的氛围,加强文学作品的感染力;可以通过欣赏文学作品,激发幼儿在绘画、唱歌、表演活动中的情感以及表现欲。

(二) 课程内容设定的原则

1. 分领域课程与同构课程并设

课程反映知识领域的完整结构。每一种知识都有其中心的特征,如独特的概念和程序、独有的逻辑构造、独自的方法和技术。艺术综合教育课程由音乐、美术、文学艺术三大领域组成,它们各自根据自身的独特的概念、程序、逻辑构造、方法和技术构成独立的知识领域,建立起独立的课程。在此基础上,本研究抽取三门课程的共同因素,以审美教育为主线将三门知识领域中有关的审美内容和形式逐个加以分析,发现它们之间的共通性,并以此为基础,建立了艺术综合教育课程。

长期以来,在学前教育领域中,教育者对音乐、美术、文学艺术三个领域的知识概念模糊，对其独有的逻辑结构缺乏深入认识。有鉴于此，在建构艺术综合教育课程之际，首先应从课程的微观结构入手，对三门课程的目标、内容、方法进行深入研究，并设计一系列改革方案，然后从宏观结构的角度着手、从美学入手整合艺术综合教育课程。

2. 课程以学科的基本结构为核心

课程分析了每门学科中最基础、最基本的部分，即布鲁纳提出的基本结构——作为组成课程的元素，以及这些元素在何种情况下可以同构。

实验分析了三门课程的基本要素。音乐的基本要素为：节奏、旋律、音色、曲式；美术的基本要素为：线条、形状、色彩、构图；文学艺术的基本要素为：音韵、语词、结构。三门艺术课的内容围绕这些核心概念加以组织。

实验分析和归纳了这些要素间的关系，发现了它们在结构上的共同点，表现在：力度、方向、速度、象征、结构等方面的相似性。因而假设艺术综合课程的基本要素分为两个方面：一是审美内容方面，由形象、情节、主题构成的相通性；二是审美形式方面，由对称、均衡、节奏、和谐等美的规律构成的相通性。

3. 课程的情意教育性质

课程以情意发展与认知发展相统一的格局组织。与学问中心的课程不同，艺术教育课程强调的人格整体的陶冶和自由的个人的实现，也就是情意与认知、感情与知性、情绪与行为相统一的个人，自我实现的人格理想。实验课程的内容以发展儿童的美感、审美能力和审美情操为中心，围绕敏锐的审美感知能力、丰富的审美情感，以及自由的审美表现力和创造力这三项指标，通过音乐、美术、文学艺术及它们之间的综合手段，对幼儿实施全方位的教育。

课程重视认知与情意的结合。艺术课程中的基本概念和要素融于各种类型的艺术活动之中，以生动形象的方式强烈地吸引着幼儿的心灵。儿童主动地、积极地投入和参与教学的全过程，在大量的艺术参与活动中获得经验，并从经验上升到观念、原理的抽象化和感情的符号化，从而使情意课程包含了学问的理智性质。

课程选择既要依据知识结构，更要依据儿童的心理基础，依据他们的生活经验、需要和兴趣。要协助儿童追求并组织自己的兴趣，扩充并深化那些兴趣，使它成为一种内在的价值。只有当课程内容是儿童真正感兴趣的时候，课程才有价值，才具有教育意义。兴趣本身有不同层次：一种是无意识的、偶然的兴趣。对于学前儿童，最初时，艺术都属于一种好奇、愉悦心理，经过多次的艺术活动，儿童开始产生有意识的较为定向的兴趣，这是另一种层次的兴趣。比如：对唱歌或画图画感兴趣、无数次的艺术活动积累了较为丰富的经验，他们可以利用兴趣设计和创造出某些艺术作品。充满好奇心的、探究式的、富于想像力的创造性行为是艺术综合课程追求的目标。

4. 教学与发展的相互促进

课程对儿童的发展作了充分估计和大胆假设，认为早期儿童在审美和艺术方面存在巨大潜力，只要按照儿童年龄和他们观察事物的独特方式，给予他们合适的、富有挑战性的课题，他们是可以接受和完成的。课程设计了大量的新鲜而富有刺激性的课题，让儿童主动参与、探究和发现艺术的奥秘。

课程的核心概念，融合了各领域课程的概念，使之成为有机的连接，以螺旋式上升的方式展开，并随着儿童年龄的增长进入更高阶段。同一题材，每次都以新的观点反复多次地展开，使儿童能反复接触到这种基本概念，直至他们掌握了与这些概念相适应的形式体系为止。

(三) 课程形式的特点

科际整合式是本实验为实现同构目标而采用的课程形式，它保持原学科的各自领域，同时，又抽取各学科之间可以沟通的内容和概念加以统整。新课程以核心概念为焦点，采取主题式的方式设计。

1. 教学内容的综合

各学科之间内容是开放式的，可以从不同学科提取相关联的要素或概念综合，用同一个主题进行教学；也可以围绕不同学科的相关联要素，用不同的主题进行教学。如：表现“快乐与悲伤”的情感体验，音乐用快乐和悲伤的不同声调演唱;美术用暖、冷色调表现;文学则用故事的欢乐与悲伤的内容表现。

2. 教学策略的综合

学习的环境充满刺激与紧张,但要使儿童感到轻松而不紧张,鼓励儿童运用多种感官和动作学习。在接受综合课时,要求儿童用幻想、想象学习,激发他们的创造能力。如:要求儿童听音乐,用动作或图画表现出音乐的快慢节奏、轻快或滞重的感觉。

3. 教学程序的综合

(1) 首先确定共同目标,如:培养对称感、培养多样性、统一性等;

(2) 各学科领域构思可以融合的具体目标,以及选择完成目标的教学活动;

(3) 设计综合教学活动;

(4) 安排活动程序;

(5) 进行教学;

(6) 评价。

三、艺术综合教育课程的编制

课程编制主要指教学的媒介——教学内容、教育活动的组织和改善的方法与技术。

课程不是各门科学知识的简单叠加,科学的知识体系在经过一定的教学论的整合后,方才成为学科的体系。

(一) 课程的模式

课程模式包括教学目标的制订、教材的选择、教学过程的计划、评价方法的设计。课程面临的最大问题是决定应该教什么、教谁、如何教,以及教学内容如何保持平衡等。

艺术综合课程模式原则上采用目标模式,即:(1)拟订目标:分析目的及其行为目标,研究学生的原有经验、兴趣、态度和技能;(2)设计学习过程:选择教材,确定学习顺序及教学策略,准备学习经验,组织教学过程;(3)评价:分析和检验结果,加以改进。

艺术综合课程同时又吸取过程模型的精髓,采用发现和探究的方式，鼓励儿童主动参与。并重视开放的、非形式的学习环境，在课外提供儿童更多自由选择、自由探究的机会。刺激儿童的好奇心，激起探究欲望，允许他们犯错误，培养师生之间相互信任的情感基础。

（二）课程编制的原则

1. 整体综合性

课程的整体结构是以学习内容的范畴和序列加以一体化而建构的，艺术综合课程统整音乐、美术、文学艺术三门学科，以各门学科的核心概念为主要依据，将其相关联处加以整合。课程内容的编制从以下几方面入手：

（1）审美情感综合。透过音乐、美术、文学感受相似的艺术情感，产生共鸣、移情和创作的冲动；通过音乐、美术、文学不同艺术形式的情感象征表现，达到情感同构的综合课程。

（2）形式结构综合。从美的形式规律入手，如：围绕对称、均衡、节奏、和谐等形式美的基本法则，组织音乐、美术、文学的综合课，从音乐、美术、文学的要素，如形状、色彩、节奏、韵律、结构等相关要素出发组织的综合课。

2. 多通道参与性

以一门学科为主，开放多种渠道，让幼儿有机会通过各种感官，通过参与力所能及的活动，获得更广泛、更深入的学科知识和技能。例如：以音乐欣赏活动为例，在幼儿欣赏名曲感到困难的情况下，利用美术欣赏、创作参与法，帮助幼儿理解，在表演操作水平上掌握音乐的性质、旋律、节奏特征、曲式结构特征，强化音乐审美感受，提高音乐记忆效果，提供表述自身音乐感受的途径。还可利用文学欣赏、创作参与的方法，帮助幼儿理解、掌握音乐的形象、情绪，促进幼儿内心的想象、联想活动的展开。

3. 系列层次性

指教材根据教学内容本身所具有的逻辑顺序性，儿童思维发展的系统化，儿童学习本身的顺序性编制。按照教学内容的逻辑顺序提出若干的具体教学要求，或是某些具体能力发展的若干要求，按合乎幼儿实际能力的发展顺序排列起来，形成一个前后相互紧密联系、由浅入深、循序渐进的教学活动系列。

4. 螺旋式继续性

指人的生长与发展是继续不断而又循序渐进的历程，它不是跳跃式的或突变式的发展。一般来说，发展分成几个不同却又相关的阶段，每个阶段都受前一个阶段的影响，同时又影响其后一阶段的发展，在不断地重复和深入练习中逐渐地、呈螺旋式地向前发展。

艺术综合课程按小、中、大班不同年龄特点设计了大量的练习活动，从低层次的同构水平开始，通过层出不穷的新方式、新要求，使幼儿不断在各种不同层次的活动中学习提高。新的知识、技能都是在他们原有的知识基础上提出的，又给予他们更多的自由探索、创造、想象的机会，使他们在主动积极的状态下获得新的发展。

摘自《学前儿童艺术综合教育研究》，北京师范大学出版社，1997 年版。

儿童艺术综合教育与审美心理

中国现代审美心理研究理论的新发展

20世纪以来，不断涌现的新兴学科、交叉学科和边缘学科，使科学领域的研究趋势发生明显的变化。人们开始把研究焦点转向对生命科学的研究，对生命个体的研究，即对人类本性的研究。作为万物之灵、宇宙的精粹，人类不仅要解开“天”“地”之谜，更要学会解开“人”自身之谜，开发自身那部分处于沉睡状态的潜力，发现和创造一个崭新的人类。当代美学从宏观和微观相结合的角度，高度概括了人类在物质生产领域和精神生产领域，以及自身建设领域里可遵循的美好规律，因此，使美学研究一跃而居于当代总的科学体系和思想体系的最高层次。它在解决当代人与人、人与社会、人与自然、人与自身之间的复杂矛盾，建设新的自我和新的人类过程中，发挥着特殊的理论指导作用。

近年来，我国在审美心理的研究方面有着突飞猛进的发展。许多美学家、心理学家开始注重研究主体和研究审美经验，出版了各具特色的审美心理学、审美教育学方面的专著。与此同时，大量的西方美学译著被引进，审美心理学研究从审美心理元素切入进行微观分析，进而深入到宏观角度对审美心理结构的探讨，展开了多角度、多学科、多层次的，全面系统的研究，由此建立教育美学和审美教育学这两门新学科。著名美学家李泽厚指出：“寻找、发现由历史形成的人类文化——心理结构，自觉地塑造能与异常发达了的外在物质文明相对应的人类内在的心理——精神文化（教育学、美学），将是时代、社会赋予哲学和美学的任务。”[①]审美

① 李泽厚：《李泽厚哲学美学文选》，湖南人民出版社，1985年版，第221—222页。

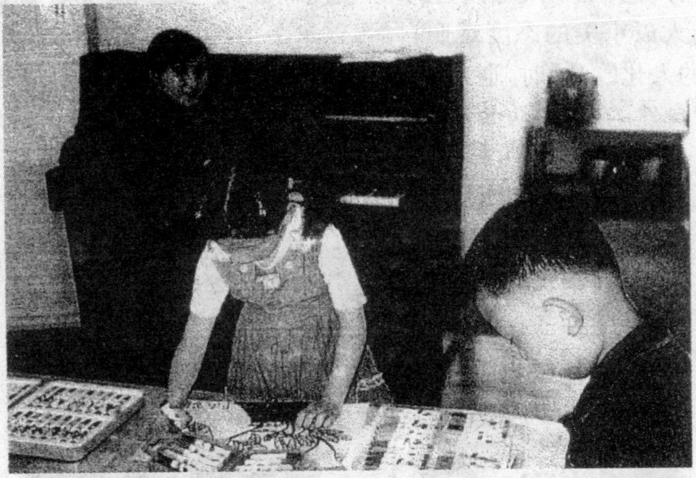

在音乐伴奏下作画《梦》

教育学以审美教育结构、功能和规律作为研究对象，其目的就在于研究人的审美文化心理结构的建构和高尚心灵的塑造，以便与当代物质文明相对应，同步发展。

艺术教育中审美心理建构问题

一、艺术教育的终极目标和特殊目标

艺术教育的终极目的是由艺术教育本质决定的，其最终目标是人在实践中的全面自由发展。也就是说，人通过这种发展，达到感性与理性的统一、个人与社会的统一、自然与人的统一，这是人类自我实现和自我解放的最高理想。由于艺术教育能充分地发掘人的感情潜能，从而使人的感情世界无比丰富，而艺术形式又能将人的感情通过理性的调节和升华，成为人们可以进行审美静观的东西，这样艺术教育便使受教育者感性和理性得到统一，成为有文化的人。艺术创作本身需要个人的独创性，人的个性在艺术活动中得到充分自由的发展，而艺术生产，又是在特定历史条件下的特定社会环境中形成的，艺术教育

使受教育者实现个人与社会的统一,从而成为“社会化的人”。艺术教育教会人以审美的态度观照自然,以审美的尺度改造自然,从而实现“自然的人化”。同时,通过艺术作品对自然美的再现,重新唤起受教育者对自然的情感,从而促使人向自然的回归。

在音乐伴奏下讲述自己的《梦》

艺术教育的特殊目标,是培养受教育者以艺术创造力为核心的审美心理结构,这是由于艺术从本质上说属于审美教育的范畴,而审美教育的核心,不仅仅在于培养艺术的知识技能,而在于培养一种素质,一种把握世界的方式,这是造就艺术人才的基础。审美心理结构的建构和发展,可以使人由自然的人变为审美创造的人。

二、审美心理结构的概念界定

审美心理结构是指人在欣赏和创造美时,能动地反映事物的审美特征及其相互联系的内部的知、意、情系统,反映种种心理形式组合、运动的结构系统。[①] 它是人在审美活动中心理能力达到高度活跃时,

① 邱明正:《审美心理学》,复旦大学出版社,1993年版,第22页。

构成的一种独特的结构，每一个人都具有个人独特的、相对稳定的审美知、意、情系统和各种心理形式组合、运动的复合结构。

审美心理结构是由审美的认识结构、情感结构和意志结构整合而成的。它包含了审美感知、审美情感、审美理解和审美创造等心理形式以及审美意识、审美潜意识、审美观念、审美理想等心理内容。审美心理结构是动态的动力结构，它是人类长期审美实践经验积累、沉淀的结果，具有相对的稳定性，又因受后天实践的影响处于不断发展和完善的过程中。

三、从艺术教育入手，影响儿童审美心理结构建构的可能性

艺术教育内容和形式的多样性、丰富性，为个体的审美心理建构提供了丰富的审美客体和探究刺激。儿童在艺术活动中，运用审美感官，在遗传获得的和以往实践中形成的原先的心理结构基础上，通过同化作用，形成同形同构或异质同构的关系，丰富了原有心理结构；或者在新旧信息相互比较、分析、综合中，发生顺应作用，充实、改组和重构原有的心理结构，使之发生质的变化。

审美心理结构以系统结构的方式内化、沉淀于人的心理，构成审美心理结构系统的整体结构系统。艺术教育可以帮助儿童提高审美整体的、系统的感知，形成完形的心理结构。艺术实践使儿童产生了审美的需要，形成了特定的审美情感，推动了创造美的意志行动。我们认为爱美是人的天性，但不是每一个人都具有独特的审美个性，只有长期的艺术熏陶、艺术实践和一定的审美环境，才能使一个普通的人建构和发展较为完善的个体审美心理结构，变为审美和创造美的人。从这种意义上看，艺术教育就是塑造个体审美、创造美的个性教育。

艺术教育的内容与形式的审美要素分析

艺术内容指的是构成事物的内在要素的总和，艺术形式指内容诸要素的组织、结构和表现形态，它是艺术存在的具体方式。艺术的形

式可分为外在的形式,即传达形象外观的外部结构形式,如:色彩、造形等;艺术的内在形式,即体现艺术内部组织结构的形式,如:节奏、韵律等。音乐、文学艺术中内在形式占主导地位,而美术中外在形式占主导地位。音乐、美术、文学艺术在艺术教育中占重要地位,它们都具有特殊的审美规律。它们的内容有着共同的审美性,表现在主题的丰富性,题材的多样性,情节的曲折性、趣味性,形象的鲜明性、可感性。它们的审美形式,则各具特色。音乐的审美形式表现在音色的速度、力度,曲调的旋律和节奏,曲式结构的重复和变化、协调和统一等方面。美术的审美形式表现在线条的力度、方向,形状的象征性,色彩的明度、鲜度、情感性,构图的对称和均衡、统一和变化等方面。文学的审美形式表现在语音、语词的韵律和表现力,用辞的丰富性和准确性,结构的工整性和多样性等方面。艺术的内容与形式是密不可分的,事实上,艺术的内容就是通过具有深刻内涵的审美形式来反映的。艺术的内容与形式的统一,创造出具有深刻意蕴的形式艺术,而这种审美意蕴、韵味,正是艺术审美本质的核心。

在长期的幼儿园教学实践中,艺术教育往往未能有效地发挥其原有功能,追究其原因,在于对艺术教育的实质缺乏清晰的认识、将艺术内容与形式相分离。时而用艺术的内容作为认知教育和道德教育的补充,忽略艺术形式的审美特征教育;时而单纯从艺术的形式表现技法出发,为早出成果而刻意在技能技巧上机械加工,忽视对艺术美的创造力培养。殊不知艺术的根本在于其审美的本质,只有抓住审美教育这条主线,逐步塑造幼儿整体性的审美心理结构,才能从根本上提高幼儿的艺术素质。

儿童艺术综合教育的实施

艺术综合教育的目标是发掘音乐、美术、文学艺术中内在的共同因素并加以沟通,使用综合手段进行教学,使幼儿提高对美的感受能力,培养审美兴趣和审美情感,充分发挥审美想像力和表现力,培养健全的人格。

艺术综合教育从培养审美感知、审美情感、审美创造入手，渗透到音乐、美术、文学艺术三个领域之中，使之尽可能相互沟通，产生整体的审美效应，以达到最佳效果。也就是说，通过音乐、美术、文学的欣赏、创造美的活动，使幼儿的各种心理能力达到高度活跃和协调发展，使幼儿的审美感知经验向整体的、综合的方向聚合、转化，以逐渐形成一种独特的审美心理结构。

一、培养敏锐的审美感知能力

幼儿的审美感知特点：一是直觉性。幼儿对事物的认识特征在于对感性经验的全面依赖。他们心中的事物，就是他所看到的、听到的、接触到的那个样子。二是整体性。幼儿对事物的感知是从笼统到分化。幼儿的视知觉一开始把握的材料，就是事物整体的粗略结构特征，如先认识苹果，然后进一步认识它的大小、形状、颜色、味道。三是同一性。幼儿拟人化地观看世界，认为自己感受到的东西，物也能感受到，把外部的一切都看成和自己一样是具有生命的。

艺术综合教育利用各种艺术特有的手段，激活幼儿对生命特有形式的感受力，培养审美器官的灵敏度、活跃性和统摄力。审美感知能力的培育可从以下几方面入手：

（一）利用审美直觉，强化对事物包含“力”的式样的感知。按照格式塔派心理学（即完形心理学）的解释：我们身体内部充满着大量的内部空间、时间和深度感觉结构，有各种感觉的点、接合和中心，外在世界的力和内在世界的力，在形式结构上有同形同构或异质同构，因而，人对事物的某些形式很容易体验，如：人们体验到高山的雄伟壮丽，流水的委婉柔美。每个人都具有某种洞察力，某种神秘的直觉的知觉方式，有些人对生命有不可思议的敏感。儿童对力的式样的知觉能力比成人强，因为他们不受理性的干扰。例如，看到一条曲线，儿童说：“这是小山”“一条蛇”“汽车走的路”，而成人则注视线的弯曲度、波长、非规律性等。从这点看，儿童和艺术家有相似之处，他们总是寻求自己的内心感觉，从内心运动和发展中寻找轻和重、动和静、格局和方向，他们表现的是根据他内心流动的感受可得的形状、曲调、韵律。为此，教师可以有意识地引导儿童观察生命和非生命的运动，例如，文学活动中，学习诗歌《谁见过风?》，让幼儿感知风吹到树上，树叶发生什么变化？发出什么样的声音？区分微风与狂风有什么不同？这里包含了对力度、速度变化的感知。又如，美术活动中画“树”，树是繁密的，还是稀疏的？是强壮的，还是弱小的？是上升的，还是下垂的？幼儿不仅仅学习画某一物体的形状，更重要的是引导幼儿发现和感受一切有生命的造物形式，用情感和感受表现出它们的生命特征。

（二）引导幼儿亲身体验、感受客观世界的对称、均衡、节奏、有机统一等美的活动模式，形成幼儿对这种模式敏锐的选择能力。在艺术的各种领域中，重视艺术内在形式的审美性质的发掘，如，在美术活动中，不仅注意线条、形状、色彩的练习，更重视线条的粗细、疏密所表现的节奏感，方向的上升、下降所表现的流动感，色彩明暗、鲜浊所表现的对比、和谐以及构图的对称感、均衡感等。在音乐活动中，声音的高低、强弱，速度的快慢、舒缓所表现出的音色美，曲式结构的重复、变化所造成的矛盾冲突和有机统一美。在文学艺术活动中，语音、语调的韵律和节奏、词汇和句子结构的丰富和变化等。这种真正的审美感受是在艺术和自然的感受中完成的，是在由浅入深地掌握丰富的表象系统过程中逐步完成的。

二、培养丰富的审美情感

按格式塔派理论，外部自然事物和艺术形式之所以具有人的情感性质，主要是外在世界的力（物理的）和内在世界的力（心理的）在形式结构上的“同形同构”或“异质同构”。[①] 我们曾经作了一个有趣的实验，要求 6 岁的孩子根据老师提出的一组形容词（热闹、伤心、快乐、神秘）用彩色纸自由贴画，结果几乎 80％以上的孩子，选择红色、玫红色、黄色及圆形图片表现热闹、快乐，选择黑色、白色、浅蓝色及长方形、三角形表示伤心、神秘。他们拼贴的图形绝大多数是抽象形式的。这说明了儿童具有对外在的力的式样与内心情感同构的直觉天性，据此原

① 滕守尧：《审美心理描述》，中国社会科学出版社，1998 年版，第 67—70 页。

理，我们认为审美愉悦产生于生命的自我发现。生命在被体验的过程中发生艺术活动，艺术活动的形式和内容必须要充满活力，带有适度的紧张以获得生命的动态平衡。小班艺术综合教育的课题之一《云》，是这样进行的：孩子们身披洁白的纱巾，倾听着节奏轻柔的音乐，把自己想象成一朵朵白云，轻轻地飘到操场上。他们仰望天空的云彩，这时，老师轻轻提醒他们注意云彩的变化，想象云彩像什么，于是孩子们模仿着云彩如小鸟在空中飞翔，如小猫在地上打滚。音乐停止后，孩子们席地而坐，老师以惊奇的口吻说："瞧，天上那么多云儿在看着我们，她们多想跟我们一起做游戏，让我们请她们下来吧！"接着念一首儿歌："天上的云儿真有趣，我把云儿摘下地，你摘的云儿像什么？我摘的云儿像小鸡。"接下来的活动是在沙地上画不同的云彩形状，并随口编儿歌。老师也扮成白云，飞到一个孩子身边和他对话："你画的云儿像什么？"孩子答："我画的白云像蜻蜓！"……一时满场"飘"满美丽、稚朴、有趣的"云彩"。每个孩子都自言自语学会了这首儿歌。音乐声起，老师和孩子们一起疾飞慢舞，像云儿那样飘回教室。这节课自始至终充满着情感色彩，动作、节奏、色彩、形状、音调、语辞等均越过各自的感觉界限，相互支持和加强。由于不同感觉在结构上相互对比，使音乐的节奏、旋律与形象和动作会在孩子的心理上出现同形同构和异质同构。

强烈的情感体验是引发儿童灵感的动力。利用主、客体的对立、矛盾，激发幼儿探究美的欲望。选择包含两个以上方向的力的相反作用，如，运动与静止、重复与变化、勇敢与懦弱、快乐与悲伤等差异明显的矛盾，使幼儿在完全相反的精神状态下，出于无意识的冲动，唤起情感和美感，如，诗歌《羊和狼》中的"小河边，高山下，有只可怜的小山羊，咩咩咩，老狼要吃它……"它表现的是凶残和弱小的对比。散文诗《小灰老鼠的故事》里，"在高高的大桥下面，有一座小小的灰房子，灰房子里住着一只小小的灰老鼠……"它表现的是大和小的对比。诗歌利用这种强烈对比，一下子将孩子的心给吸引住了。这首散文诗用打击乐器大鼓配大力先生的脚步声，用沙球配皮球小姐的脚步声，用轻轻的小铃配小灰老鼠的脚步声，利用声音的大小、轻重、快慢对比引起强烈的美感体验，激动的力与平稳的力经过抗争，趋于平衡，必然引起情感上的愉悦。

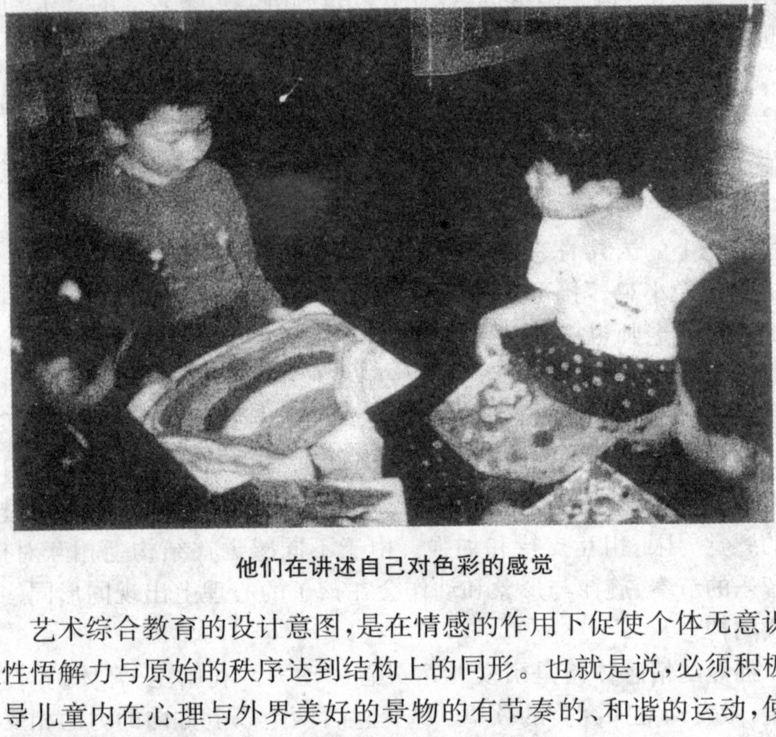

他们在讲述自己对色彩的感觉

艺术综合教育的设计意图，是在情感的作用下促使个体无意识和理性悟解力与原始的秩序达到结构上的同形。也就是说，必须积极地引导儿童内在心理与外界美好的景物的有节奏的、和谐的运动，使内在心理结构的深层秩序与自然的秩序达到同构。

三、发掘与培养儿童审美的创造潜力

儿童具有表现形象的潜在能力，由于他们年龄小，认识不完整，常常会毫不费力地把局部的、不同特征的属性的事物杂乱地融合在一起，组成新的、非现实的、怪异的形象。他们依靠直觉行动、瞬间的和虚幻的感觉表现生命形式，因而，比成人更能接近意象、隐喻。1 岁半的孩子把“下雨”和“面条”联系起来，把从凉鞋里露出的脚拇趾说成是“小鸭”；3 岁的孩子在无意中的色彩涂染，构成一幅幅美丽的抽象画。

对尚未摆脱自我中心的低幼儿童，要积极引导儿童内在自然的创造意识，使之与有意识的经验相互作用，形成一种受内在深层结构秩序制约，并和外部世界各种具体事物的形象达到同形或同构的新模式。这时，幼儿表现出以独特的方式重新组合和排列的图式和新奇意象，绝不是成人能够代替的，也是不可抑制的。例如，一个3岁半小男孩子观察了煎蛋的全过程后，用成人意想不到的紫色、橙色、蓝色、绿色的渐变，画出一幅奇妙而生动的作品。《在阳光下吃草的羊》《愤怒的爸爸》《打针》等作品，也是在看上去未加思索，以闪电般迅速的情形下完成的，这种偶然性的成功，意味着低幼儿童对色彩象征的理解和应用。也许只有这个年龄阶段的孩子们才敢于无拘无束地表现心灵，应该说这是孩子艺术发展的黄金时期，过了这个时期，只有成年艺术家才能有意识地应用这种比拟、隐喻的象征手法。

艺术综合教育中，教师遵循着不向儿童灌输违背生命发展规律的、抑制儿童自发创造性的原则，在充分唤醒潜意识创造力的同时，渗透着理性的指导。这种理性指导是通过教师设计的、系列化的命题实现的。每个命题都隐含着一定的概念、结构，与主体的深层结构息息相通。

手段之一：用不同形式的艺术手段创造同一种形象。例如，《梦》的系列活动。1.文学活动：(1)教师用甜美、有韵律的声调朗诵诗《梦》。配乐：《梦幻曲》。(2)启发幼儿讨论诗歌的内容和情感，说出美的感觉在何处。(3)创编诗歌。2.音乐活动：(1)齐唱《梦之船》，要求声音轻柔、连贯，具有韵律感。(2)引导幼儿用加后缀的方法进一步唱出梦的柔和美。(3)在幼儿悠扬舒缓的歌声中，教师有表情地朗诵诗歌《梦》。给幼儿分组，大组儿童哼唱《梦之船》，小组儿童朗诵诗歌《梦》，然后轮换，部分幼儿可用简单的摇晃动作伴舞。3.美术活动：在乐曲的伴奏中画水粉画《我的梦》，完成之后同伴之间相互讲述自己的“梦”。整个活动以舒缓、柔美的情感为主线，轻松而自然地完成各个不同艺术领域的任务。语言文学要求：有表情地朗诵，学习创编句式。音乐要求：学习伴唱、独唱和有表情地唱。美术要求：学习使用温暖的色彩、曲线表现情感，初步理解主题和背景的表现方式。从审美角度分析，这个系列活动中美的形式同构在于表现主题和背景、重复和变化。从情感的角度分析，幼儿用自己的生活经验编写出的梦："我梦见我变成了白雪公主，想到哪里就到哪里，真快乐。""我梦见我变成了一条船，和爸爸妈妈在一起，真好玩。""我梦见我变成了一只天鹅，在天空中飘呀，飘呀，真开心。"用快乐的色彩画自己的梦想，用轻松、舒缓的声调唱歌，用轻快的步子跳舞。整个活动过程中，孩子们始终处在紧张、清醒、灵敏、积极主动的创造性状态，以一种不受束缚的自由快乐的心情，使想象达到最大限度的发挥。

手段之二：以不同形式的艺术手段表现一种美的形式，例如，培养韵律感。1. 出现若干段不同性质的音乐。《拔根芦柴花》是一首有浓郁气息的江南歌，曲调轻快、活泼、鲜明、富有弹性；《春之歌》是德国作曲家门德尔松的无词歌中的一段，曲调流畅、柔美；《勇敢的苏格兰》则铿锵有力，节奏明显。2. 要求幼儿听音乐后，按节奏自由表现动作。注意动作的幅度大小、快慢、力度与音乐相匹配。3. 听音乐选择色块拼贴；听音乐欣赏绘画作品，选择出与音乐性质相匹配的绘画作品；听音乐的不同韵律，画出不同情感的作品。4. 配乐朗读，选择与音乐性质相近似情感的文学作品，如：故事《担藕的姑娘》、诗歌《春天的色彩》等，用一定的声韵、节奏和气势朗读。音乐、美术、文学以各自特色表现韵律和节奏，用明喻、暗喻去唤起意象。

通过艺术实践的内化，逐步建构个体的审美心理结构，是一个长期的过程，是在将审美对象的系统结构日积月累内化到人的心理，并同原先心理结构相互作用中不断建构起来的。对儿童实施艺术综合教育，是按此理论框架在教育实践上作的一个初步尝试。实验结果表明，艺术综合教育作为艺术教育的一种方案是可行的，它以审美感知为出发点，以情感为动力，在不断发掘幼儿创造潜力的指导思想下，促使幼儿的心灵在美的节奏中和谐地发展。这对当前以技术教育为中心的艺术教育来说无疑是一帖清凉剂，也是改革当前学前儿童艺术教育的根本途径之一。

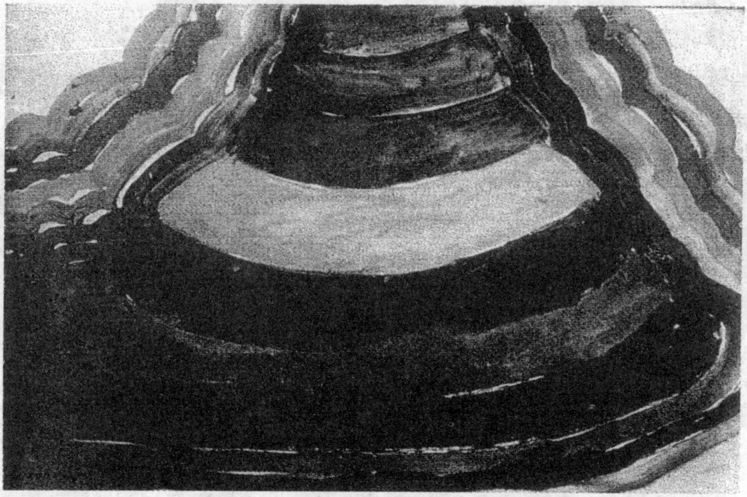

听音乐后，用色彩反应渐进的韵律变化

用色彩反映对称感

参考文献：

邱明正:《审美心理学》,复旦大学出版社,1993 年版。
高　楠:《艺术心理学》,辽宁人民出版社,1988 年版。
张　涵:《中国当代美学》,河南人民出版社,1990 年版。
屠美如:《学前儿童美术教育》,江苏教育出版社,1991 年版。
杨恩寰:《审美教育学》,辽宁大学出版社,1989 年版。
鲁道夫·阿恩海姆:《艺术与视知觉》,四川人民出版社,1998 年版。
滕守尧:《审美心理描述》,中国社会科学出版社,1987 年版。
魏传义:《艺术教育学》,重庆出版社,1990 年版。

艺术综合教育中的儿童美术教育目标和内容

第一节　学前儿童美术教育的目标

按照学前儿童艺术综合教育的总目标，美术教育分别从心理发展层次和儿童年龄阶段的角度制订目标。这些目标将在不断实施的过程中加以调整，教师一方面根据教育目标设计课题，准备材料，积极组织儿童参加活动；另一方面又要对不同发展水平的儿童因材施教，鼓励他们的主动探索精神。目标具体明确，便于操作、评价，可以达到教育过程和结果的并重的效果。

一、审美心理层次的目标

分为审美感知目标、审美情感目标和审美创造目标三大类。

(一) 美术教育的审美感知目标

通过视觉艺术，培养丰富而敏锐的审美感知能力是美术教育的关键，具体要求如下：

1. 观察和感受自然万物中的生命形象及它从静止到运动变化的内在生长驱动力，体验大自然的无限变化和运动。

2. 感受形状的大小、色彩的明暗在视觉判断上产生的对称感、平衡感。

3. 感受线条的曲直，色彩的明暗、鲜浊，形状的疏密所产生的节奏感。

4. 感受色调的统一和变化，空间的远近距离，姿态的动静所产生的和谐感。

5. 欣赏艺术作品中形象的象征性、夸张性和体验作品的意蕴。

（二）美术教育的审美情感目标

敏锐的感知是积累丰富的内在感情的重要手段。各种不同的感受奇妙地混合在一起，构成一种极其丰富而生动的愉悦体验。美术活动是具有情感形式的创造活动，美术之所以有其独特的审美力量，不单单是因为视觉印象的强烈，更重要的是蕴涵在视觉因素之中的深刻的情感体验。美术的审美情感目标，具体要求如下：

1. 对视觉艺术的兴趣和积极投入的态度；

2. 能体验作品的线条、形状、颜色、质地；

3. 能产生与作品主题相一致的感觉和情绪，并表达这种感觉；

4. 喜欢各种不同风格的艺术品。

（三）美术教育的审美创造目标

美术的核心在于创造。美术教育中的审美创造主要培养儿童通过美术操作活动体验美的模式，懂得表现自我、表现生命。具体要求如下：

1. 能使用线条、形状表现力度感、空间感、节奏感、和谐感；

2. 能使用主观色彩，表现自己的感情和幻想；

3. 能使用象征性图式符号，加以组合变化，设计和表现有一定的独特性；

4. 能根据自然、社会中事物的发展、运动和变化，在作品中表现出生命的象征和意味；

5. 能掌握一定的秩序和变化规律，发展构思、构图能力；

6. 能综合运用多种媒介和工具创作。

二、年龄阶段层次的目标

按托班、小班、中班和大班不同年龄特点和不同形式的美术教育活动制订阶段目标。阶段目标是为了将总目标转化为可以操作的活动目标。为此，必须较为详尽地分析美术教育所包含的教学内容要素，然后按照儿童可接受的原则，以年龄段为界，加以划分。

按照儿童发展规律和美术学科的性质，学前儿童美术学习可以分为三个层面：绘画、手工和欣赏。每一个层面所包含的要素、特征和具体要求表述如下：

绘画 绘画是儿童利用色彩、线条和构图，在一个平面上创造出直接可感的，具有一定形状、体积、空间感的艺术形象。这种形象既是儿童对现实生活的反映，又包含了他对事物主观的审美感受和评价。

具体要求可以从掌握线条和形体的基本变化（如：直线、折线、曲线和各种几何形体的变化），色彩的基本变化规律（如：基本色、间色等的冷暖、鲜浊变化等）以及构思、构图能力等方面提出。

手工 手工是用各种可塑性材料（纸、布、泥、塑料、自然材料等），以二度或三度空间塑造出各种可视、可感的艺术形象。

具体要求可以从掌握各种媒介物、材料的性质和使用，平面和立体形象的塑造，结构的变化等方面提出。

欣赏 欣赏是以艺术品为主要对象的一种审美活动，也是儿童通过艺术形象进行的一种特殊的思维活动。它饱含感情，充满联想和想象，带有浓厚的主观色彩。

具体要求可以从理解作品的基本内容，产生与作品相一致的感觉与情绪，体验作品美的形式等方面提出。

(一) 2—3 岁阶段美术教育活动目标

按照 2—3 岁孩子的特点，美术教育活动的目标如下：

1. 学习用彩色笔作点、线、圆形的涂鸦，并加以解释和命名，逐渐由不经意的涂鸦变为有意义的绘画。

2. 培养对色彩的兴趣。喜欢鲜艳、明亮的色彩，能注意不同色彩的差别。

3. 能辨别简单的形状，会把几何形图板放入相应的孔中。

4. 会作简单的撕、贴画，学习用各种材料做造型游戏。

5. 喜欢看图片、图画书，能注意个别形象的特征。

(二) 小班(3—4 岁)儿童美术教育活动目标

1. 绘画活动目标

(1) 培养幼儿对绘画的兴趣，能快乐、大胆、轻松地作画。

(2) 会使用蜡笔、水彩笔、水粉画笔涂染，知道爱惜纸张。

(3) 会画出直线、曲线、折线,能有控制地、手眼协调地表现线条的方向、曲折、粗细、疏密,感觉线条的变化。

(4) 会用圆形、方形等简单形体表现单个物体的轮廓特征及其变化。

(5) 学会辨别红、黄、蓝、绿、橙、黑、白等不同色彩,说出它们的名称,并会选择使用多种色彩作画。

(6) 学会区别背景色和主体色,鼓励儿童用主观感觉大胆画出主体形状和衬托背景的色彩。

(7) 知道把主要部分画在纸的中心位置,主要物体要比其他部分大。

(8) 培养对称感、节奏感和均衡感。

2. 手工活动目标

(1) 培养幼儿对彩纸造型的兴趣。学习撕纸、粘贴,能辨别构成物体的各个部分及其相互位置关系。

(2) 学习用彩泥造型,了解泥的可塑性质,掌握搓、团、压等技能,体验物体的立体构成。

(3) 学习用自然材料,如小石子、果实、豆类等拼贴造型。

(4) 学习用布团、纸团、木块等材料,蘸上各种色彩,作装饰印画。

3. 欣赏活动目标

(1) 能注意观察感兴趣的物品和具有美感的物品。

(2) 观看和欣赏同伴的作品。

(3) 对画片、图书中的各种形象感兴趣。

(三) 中班(4—5岁)儿童美术教育活动目标

1. 绘画活动目标

(1) 学习运用富有表现力的线条。

(2) 能较正确地把握形状的基本结构,理解形状符号的象征意义。

(3) 培养对色彩的敏感性,能注意色彩的变化,学习用较丰富的色彩表现自然界。

(4) 学习表现与生命同步的，有韵律感、对称感的画面。

(5) 鼓励儿童不断排除模式画的干扰，培养大胆地按主观意识作画的习惯。

2. 手工活动目标

(1) 学习用泥土表现形体，能够掌握球形、蛋形、立方体形和组合形的塑造。

(2) 学习剪贴，能正确使用剪刀，剪出方形、圆形、三角形和组合形体，并拼贴成画。

(3) 学习图案拼贴，注意色彩的谐调美丽，体验对称感、平衡感。

(4) 学习折纸，掌握折纸的基本技法，折叠出简单的玩具。

(5) 学习使用硬纸、自然材料及废旧材料，制作立体玩具。

3. 欣赏活动目标

(1) 培养儿童欣赏与其生活经验有关的名作、名画的兴趣，能了解作品的主题和基本内容，产生与作品相一致的感觉和情感。

(2) 欣赏同伴的作品，能说出自己喜爱的作品，对同伴作品作简单的评价。

(3) 感受作品的色彩变化及相互关系，欣赏主体与背景之间的变化和统一。

(4) 感受作品中形象的鲜明性、象征性，并体验其情感，理解作品形象的社会意义。

(5) 感受作品的构成和排列位置，注意到作品中的对称、均衡、节奏和韵律。

(四) 大班(5—6岁)儿童美术教育活动目标

1. 绘画活动的目标

(1) 能较完整地描写观察到的自然界物体形象和社会生活中的某些事件，表现两个以上物体之间的关系，组成内容较为丰富的画面，并注意画面的均衡、谐调。

(2) 能运用较有表现力的线条、形状和色彩，画出物象的变化和运动。

(3) 能表现一定的方向、前后、远近等简单的空间关系,表现主体与背景的关系。

(4) 能分辨色彩的浓、淡、鲜、灰,大胆使用色彩表现自己的情感。

(5) 能根据线索,构思和联想作想象画、抽象画。

(6) 能对称地、有节奏地作装饰画。

(7) 能凭记忆和想象,画出具有独特性的作品。

2. 手工活动的目标

(1) 能用泥塑造结构较复杂的形象(动物、人物等),表现其主要特征及某些细节,通过集体的分工合作来塑造群像,表现某一主题或场面。

(2) 能用纸(硬纸、白板纸、图画纸)制作立方体、圆柱体、圆锥体、长方体等立体玩具。

(3) 能使用自然材料、废旧材料独立设计制作玩具,并加以装饰。

3. 欣赏活动的目标

(1) 能欣赏感兴趣的名作、名画、民间工艺品等,了解作品主题和简单的背景知识,并能说出自己的感受。

(2) 能欣赏感兴趣的儿童作品、儿童读物插图等,并作出自己的评价。

(3) 能感受作品的色调、色彩之间关系的变化、色彩情感,并说出这种感受。

(4) 能感受作品中形象的象征性、寓意性,以及人物形象的感情变化。

(5) 能感受作品的对称、均衡、韵律、和谐所形成的美感,并能引起审美联想。

第二节　学前儿童美术教育的内容

学前儿童美术教育有三个艺术学习领域:绘画、手工、欣赏。现将每个领域中需要加以革新的方面作详述及例举。这些内容需要按照顺序进行系列化，并组成一个个单元加以实施，每个单元可以配合有七八个学习活动。因为内容安排是有顺序性的，各个不同年龄班可以按儿童实际水平选用。

一、学前儿童绘画活动的内容

绘画是通过线条、色彩、明暗、透视、构图等造型语言，在纸、木板、布等平面上，创造出直接可感的，具有一定形、体积、质感和空间感的艺术形象。它所表现的范围甚广，包括直接可视的外在物象和精神生活的表象世界，均可以通过观照表现出来，作为绘画描写的对象。

儿童的绘画主要是用线条、形状、色彩、构图等，在平面的纸上画出直接可视的物象。学前儿童绘画的内容设计，主要从以下几方面要素入手：

线条　线是艺术语言的基本组成部分。对儿童来说，线也是儿童最原始的用以表现思想的方式，它充满活力，表现生命。

2 岁的孩子用杂乱的线条涂鸦。透过这些无意识控制下的线条，可以看到他们混沌的思想。逐渐地他们发现线条是可以控制的，出现了直线，画出一根根平行的线，或是规则的曲线，具有一定的对称性、重复性和节奏性。直线和曲线是儿童最初掌握的两种最基本的线条类型。在此基础上可以作许多变化，如：直线接着曲线，曲线接着直线，这种曲线和直线的组合是无穷尽的；间断的线，任何类型的线都可以间断，它会增加无数的变化；负重线，可以表示线条重量的变化，线条最粗最暗的地方给人以最强烈的感觉，最轻最细的地方给人以空气和光亮的感觉。线条的波动和我们的心脏的搏动、大海的翻滚表现是完全一致的。

线条的造型练习内容有：

1. 表现线的力度和方向的直线和曲线。

(1) 感受力的轻重：用线条的粗、细表现。课题有《大雨和小雨》《小兔和大象走路的脚印》等。

(2) 感受力的方向的直线和曲线：用单个方向的线条或多方向的放射线表现。课题有《滚动的车轮》《太阳》《仙人掌》等。

2. 重力线和悬浮线。我们的眼睛衡量每一样见到的、有生命的东西,都与我们的平衡感有关。对重力和浮力的迅速反应,帮助我们辨别两种最基本的力量,使我们保持平衡。重力线和悬浮线是无形的力线,但绘画中的一切符号都与这两种无形的线有关,假如我们的眼睛把地平面作为重力的标记,那么所画出的基底线是沉重的,而向上运动的、上升腾跃的飞鸟则是轻快的,两者相结合就具有无限的生命力。这类课题有:《大地和小鸟》《水里的石头和泡泡》等。

3. 旋转、重叠的线。曲线是一种运动着的线,它预示生命的运动。这种线以弧状前进,作环形运动,又回到自己的轨迹上,然后,又以 4 拍的节奏——收缩、填充、排出、放松——运动,我们的心脏、呼吸也是以这种节奏运动的。

一根旋转的波状线围绕一个点转,假如运动时持续保留在同样的轨迹上就会产生一个"圆圈"。如果围绕着自身形式盘绕,不再聚合,就产生"螺旋环形"。如果旋转的波形线围绕着一个轴点运动,开放的一端变得越来越大时,就成为"螺旋形"。许多植物都是仿效这种形式的,如:玫瑰花、甜豌豆的花、人的内耳。这类课题有:《向日葵的籽盘》《龙卷风》《水的波纹》《旋转的陀螺》《飞机的螺旋桨》等。

4. 生长和构造形成的线。大自然中有生命和无生命物体的生长结构以有序的方式存在。动物世界中,肌肉的结构以一种长短线条的组合存在,皮肤的细胞、骨质的结构、神经血管的网状分布等均以线状结构存在。植物中,木质的纹理、茎干的纤维、树叶的茎脉等形成了层层的生长构造线条。这类课题有:《叶脉》《手掌的印纹》《菠萝写生》《树干上好看的花纹》等。

5. 流动的线。平静的水流可以描绘成简单的、弯曲的波纹。当它流入大海时,出现分支的交叉线、网状线,以不同的时间速度变化着,它以旋转波状运动,然后反折或转进去。云的形状没有一块是相同的,它受风的制约。烟是以旋转的波状旋升直至完全消散。这些流动的线条,变化无穷,不妨让年龄较大的孩子作几分钟认真的观察,并尝试作一些表现。

形态 是由点、线、面、立体等要素组成的，它包括：轮廓、内部形态和结构形态。幼儿主要掌握的是轮廓，也就是画出与其他形态相区别的外部界限，用轮廓线表示。当然，一些简单的内部形态，即形态内部的各个部分，如：人的脸型轮廓之内有眼睛、鼻子、嘴等，以及它的内部结构，如：眼睛由眼睑、眼珠、眼睫毛组成等也是儿童逐渐学习描绘的对象。一般说来，随着年龄的增长，儿童在形态的掌握上越来越精确、细致，而复杂程度越深，越能引起审美的内在感觉。

1. 基本形状的掌握

在观察、感觉、理解形状时，人有一种本能的意识和感觉。早期儿童画最早出现的形状大多是平面的、二度空间的，大都是较规则的圆形和椭圆形。他们不是见猫画猫，记录原物，而是对原物作大幅度修改后，看上去极为"简约"的图像。由此，阿恩海姆认为这是由于在知觉中占优势的简化倾向所致。

(1) 圆和圆的组合。在阿恩海姆的研究中，他指出："圆形在绘画形式的发展过程中早于特殊事物的形状而最先出现。"① 当儿童发现可以用自己描画的圆形式样来代表别的事物时，他就开始用他掌握的圆圈式样来描绘一切事物。儿童可以练习画圆的大小、圆的分开和重叠、多个圆结合而形成的同心圆等。这类课题很多，如：《一只打开的鸡蛋》《一碗汤圆》《向日葵》《一串紫葡萄》等。

(2) 方形和长方形。按照垂直—水平关系式样发展起来的方形，儿童要到 4 岁左右才能真正掌握。开始可以学习沿着纸的边线画长方形，与画面所在的长方形基底边线，在空间中结合为一个整体。课题设计有方形的宽和扁、分开和重叠等，如《火车》《电视机里看到的画面》等。

(3) 部分与部分的组合和融合。儿童早期的图画都是由封闭的轮廓线组成个体单位，相加而成的一个整体。这种简单的组合，帮助

---

① [美]鲁道夫·阿恩海姆：《艺术与视知觉》，中国社会科学出版社，1987 年版，第 241—242 页。

儿童比较容易地表达一个比较复杂的物象，如：画人物、动物、较复杂的物体等。随着儿童技艺的熟练，到大班后期，有的孩子开始用连续不断的线条将部分融合为整体，增强了整体的运动感。课题设计可以从小面积连结开始，如：将“鱼”“小鸡”“侧面人的脸”这类形状稍加变形就可能连成一气，用一定视觉象征记号来表现他对周围世界的事物和现象的认识和经验。这种象征性符号，不仅仅是个人的情感表现，而且也要作为与他人沟通的信息传递符号，因而需要有正确的描绘和分化能力。象征的形成和分化最重要的就是分析能力，也就是能够感觉到物象的含意，把握住物象的特定感情、想象、内容，又能够赋予物象以抽象化的能力，把它转换成独创性的象征形状。为此必须发展儿童视觉分析性知觉，培养他们对物体现象敏锐的感受力。

自然界中有无数变化的形式，必须区别形、形状和体积的基本绘画概念。形指的是一个实体，如：一个人、一棵树、一座房屋。对形的理解，主要是了解它的含意和意象，每个人对形的理解都有他各自不同的观察和领会。而形状比较具体，如一个人的高、矮、胖、瘦不同的形状，掌握形状必须具备一定的比例判断力和几何意识。体积则是物体的集聚、物的隆起或堆积。

形状和体积出自儿童内心的几何意识和对平衡、方向、重量的感觉之中。对中班儿童来说，能用平面描绘的方法，表现物体对象的特征形成及分化。这类课题有：①植物的图式。如草、蔬菜、水果、树、花等。由于植物生长受磁场的影响，它们具有共同的特征和一般形式。种子的形状如泪珠，以中心轴线和枝杈的形式向外展开，它适应于磁场形式，给人以充满生命能量和运动的感觉。苹果，整个形状就像旋转的内环，轴心完美无缺。橘子内部起分割作用的扇形面由大至小再到核心。蔬菜中，洋葱、土豆、萝卜整体的形状和空间层。南瓜是自然界中反映磁场原理最完美的例子。植物世界中，均以旋升的波状运动向上发展。许多树的枝杈、花茎的叶子都围绕一个中心轴螺旋上升。许多花以放射性线的图式出现，如雏菊，就像被磁极吸引着的放射线条，又显示了银河形的螺旋运动。植物随着大气的冷和热、暗和明的交替，随着季节的变化运动，随着环境（包括地面和水）等因素产生着无穷的变化。它预示着生命，表现了纯净、尊严、脆弱、忍耐等特有的意味，饱含着创造之美。以画一棵大树为例，树的形状是按生物成长的一定顺序，从中心轴画出枝条，再画出叶子。树的外形轮廓随周围磁场形式变化，有圆锥形、伞形、不规则簇生形等。树叶有密集的，也有舒展的、稀疏的。树的姿态有的繁茂，有的弱小，有的优美，有的强劲有力。命题可以是：《硕果累累的树》《寒冷、孤独的树》。②有生命的生物图式，如："鱼""鸟""脊椎动物——马、牛、鹿、熊猫、狗等""人——男孩和女孩、正面和背面"。鱼的种类约有3万种，它的大小、形状（网状交织的）各不相同。鱼是个无意识的"漫画家"，它在游动中变换各种形状，长而光滑的线条图式的鱼游得极快，短而有力的线条图式的鱼动作快而灵活。鱼的游动与水流相似，波纹、涟漪、涡流所溅起的水，形式像在游泳中的鱼的身体一样。鸟的流线形身体是在空气运动中形成的。鸟的个体大小、嘴、颈、腿和爪子、羽毛都有不同的变化，翅膀的结构是根据鸟的身体、尾巴的长度和形状而定的，有短翅膀飞行敏捷的燕子、蜂鸟，宽翅膀能快速起飞的野鸡和野鸭。脊椎动物最重要的是躯干、颈和头，而脊柱是这些部位的中枢，画画时可先从躯干中心着手。这些动物与人类有相同的属性，如大象，既强大有力又温文尔雅，小老鼠则短小刁滑，又惊恐懦弱。画人是最复杂的，要画出具有充满思想和智慧的脸，和集中表现人的思想、内心冲突的动势，可以用许许多多图式表现出来。然而，对中、大班儿童来说，他们只要能够画出人的基本特征和简单的动作，表达出某些情感就够了。

2. 有意味性的构思

在儿童象征式符号的发展过程中，一些内容特别能引发儿童想象，形成有意味的构思。例如：4岁的杨光画了一幅《我替狮子刷牙》。画面上狮子占了大幅面积，露出了尖利的牙齿，一个小小的孩子站在狮子前面，举起一把长长的牙刷为狮子刷牙。图画里的狮子虽庞大但可爱，小孩子勇敢而稚嫩。又如，课题《饿狼吃鸭子》，教师以俄国作曲家普洛科菲耶夫的音乐剧《彼得和狼》为欣赏材料，然后组织儿童议论

“狼是怎样吃小鸭子的?”“鸭子是怎样逃跑的?”以及大灰狼凶狠的样子,小鸭子的幼小、害怕的感觉等,都可以从身体的紧张感中表现出来。

带有强烈动机的题材,包括儿童的某些特殊经历、故事题材等可以引发儿童的经验和理性的思考,从而展现出富有变化的新的表现领域。

为了使造型具有动感,可以设计一些包含流动、喷出、上升、落下等感觉的题材,使它们表现运动、力量、变化和韵律。例如:“香喷喷的稀饭溢出锅外来了”,取材于格林童话《香喷喷的稀饭》,它使儿童展开了无限的想象,稀饭香得流到各处去的情形,稀饭冒热气、变成许多泡泡喷出来的情景等。接着还可以编:“有一个小男孩爬过稀饭山……”一个小孩子家里布满了稀饭,一直散溢到整个空间等。《下雨》这个题材是很普通的,让孩子们在暴雨中亲身感受一下,看看暴雨中的汽车开过时水珠飞溅的情景,拿伞、穿雨衣的人们,他们有些什么感觉?雨打在树叶上,树有什么感觉?这种动感性的过程可以用各种综合造型的方式表现。

色彩　是造型艺术重要表现手段之一。马蒂斯曾经说过:“如果线条是诉诸于心灵的,色彩是诉诸于感觉的,那你就应该先画线条,等到心灵得到磨练后,它才能把色彩引向一条合乎理性的道路。”形状和色彩的结合对于创造绘画是必需的,儿童对色彩的反应是强烈的、敏感的,他们具有某些天赋能力。即使如此,对色彩性质的了解,还需要经过一段时间的训练。

1. 辨别不同色彩的艺术活动

(1) 基本色训练。对年龄小的儿童可以先从认识原色红、黄、蓝开始。在他们的玩具、使用物品中,不时出现这几种色彩。在作画或进行色彩游戏时,也首先提供这几种色彩,教会他们说出红、黄、蓝色的名称,然后设计一些课题,如:《生日蛋糕的烛光》(认识红色、黄色)《蓝色的天空和大海》等。

(2) 认识间色:绿、橙、紫。植物中花朵、蔬菜、水果几乎渗透了全部纯光谱色；蕃茄、青椒、茄子等都具有鲜亮而透明的颜色，可供儿童认识和描绘。在色彩游戏中，用陀螺的填色游戏（在红色、黄色、蓝色之间填上橙、绿、紫色）可以帮助儿童了解两种色对等的调合可以产生第三种颜色，用红、黄、蓝色作的吹画，让其中的两种色混合而变化同样可以得到上述的结果。

(3) 认识无彩色：黑、白、灰。儿童很早就能辨别黑色和白色，用白色底纸或是黑色底纸画画，可以使他们感觉到白色和黑色所起的调和作用，灰色要到大班后期才能掌握。例如，下雨时天色灰蒙蒙的，有时用灰色作底色，效果也很好。

(4) 学会辨别深色和浅色、冷色和暖色。年龄稍大的儿童学习调色时，在纯色中加一点白色或黑色，就可以使颜色变浅或变深。冷色和暖色的辨别，完全靠儿童的感觉。例如：课题《暖烘烘的太阳》，孩子们会用红色、黄色、橙色等暖色调，而《寒冷的冬天》，则会选用绿色、蓝色等冷色调。一般来说，孩子们更喜欢用红色、黄色等暖色调作画，表现他们的快乐心情。

(5) 背景色和主体色。年龄小的孩子可以学会先在整张纸上用水彩或水粉颜料涂满以后，等稍干后再画上主体，可以使画面美丽，主体更突出。年龄稍大孩子要进一步考虑主体色与背景色的对比关系等因素。

(6) 用色彩表达自然界。通过对自然界颜色的认识作指导，使儿童使用色彩的技能与对自然界中色彩的认识相一致。

中班儿童可以认识原色、间色，辨别深和浅、黑和白。彩虹是自然界中最纯的色彩条，它的顺序排列为：中性的白色、黄色渐变成橙色、红色、紫红色、蓝色、嫩绿色。课题可以是：《阳光下的肥皂泡》《三棱镜的色彩》《黎明、日落或雨后的彩虹》等。在宇宙中最占优势的色彩是空间的蓝色和黄白色。日光的蓝色是从蓝到白的层次，最深的蓝在头顶的上方，夜晚的蓝色从漆黑夜晚的深蓝色到月光明亮的带白色色泽的蓝色区域，均带有黑色成分。黎明的颜色没有日落那样强烈，黎明的天空是浅蓝色的，在太阳边耀眼的黄色区域边缘，天空微带绿色。

黎明时，人们还经常能看到反射在云层上的粉红色，地平线上的大地呈现了一些红和紫的颜色，整个色彩就像春天那样生气勃勃。日落的颜色则明显不同，纯红色的阳光非常强烈，沿着地平线从红色到紫色以深而浓的方式排列着，而地平线上方的天空中，有从黄到白、绿、蓝和紫罗兰色的色带。黎明和日落的色彩变化所引起的情感是显著不同的，日落的颜色显示出日光最后的衰弱。这类课题可以有：《早晨的太阳》《中午的太阳》《黄昏的太阳》。覆盖大地的植物世界色彩的变化是极其丰富的，春天的树呈现着一片柔和的色彩和色调，新嫩的树叶呈现着浅黄绿色，它的芽呈橙色，有时甚至带红色和紫色，最后才逐渐成为绿色。而秋季的颜色却是纯的和深的，许多树叶从绿色直接转变为黄色、橙色、红色和紫色。这类课题有：《春天的花园里》《拾落叶》等。

2. 色彩的装饰

色彩的装饰偏重于色彩的形式美，要求对各种色之间面积的大小、位置和形状都有一定的讲究，它对各色之间的调和，作品整体色彩的协调都至关重要。幼儿绘画中常常会出现有装饰意味的线条、式样，如：一排整齐而大小相同、色彩各异的花朵，排着队的色彩斑斓的鱼儿等。儿童色彩的装饰包括色彩的自由构成、装饰日常用品等。通过色彩的装饰，加深儿童对美的韵律、秩序、对称、均衡的感性经验。

(1) 折印游戏。将图画纸对折，用厚重的广告颜色在纸的一边画图案，然后依中线折合，打开后成为一张色彩对称的图画。

(2) 浸染游戏。利用棉纸的吸水性，把纸张任意对折，然后将其边、角部分分别浸泡在染色水中，把纸再次打开时就会是一张美丽的四方连续式样的图案。如果需要染成多种色彩，可以反复浸染几次。

(3) 线、色、形的分割和组合。用线条分割画面，在每一块画面内涂色。这种自由表现，可引导孩子从无意识的活动中，对色形的变化产生兴趣，并获得对比、调和、强弱、冷暖的视觉美感体验。

(4) 平面图案。在圆形、正方形、长方形纸上找到中心点，用轴对称的方式作图案装饰。也就是说，可以在纸的上、下、左、右四角，四边作对称的图案装饰，会取得令人惊异的效果。

(5) 日用品装饰。在茶杯、水瓶、雨伞、包、鞋等不同的纸形上作对称或不对称的图案装饰。

构图 是指画面上的形象的组织，形态、色彩、明暗、透视关系的调整，疏密度和紧张度的处理，以构成一幅既有变化又统一协调的画面。

1. 单独式样。年龄较小的儿童画单个式样的图画，如:《一条鱼》《快乐的鸡》《蝴蝶》。要求他们将单个物体画在纸的中间，画得相对大而清楚，并注意其对称性。

2. 集合式样。中班年龄幼儿喜欢把许多同样的形状排列在一起，并画满一张纸。这种重复的排列，富有律动和韵律的意味，产生连续和统一的感觉。可以在此基础上，让幼儿学习渐变画法，如由小变大，由浅色变深色等，利用形的大小、强弱的交替关系，产生律动感。

3. 自由式样。年龄较大的儿童出于自己的感受喜欢自由地表现。可以由儿童自己去发现秩序，注意画面的均衡感。

4. 形态和背景的关系。幼儿的画大多是孤立的，不注意背景的布局，可以从平面涂背景色开始（最好用广告色），使他们发现内在空间（图形）和外在空间（背景）的相互关系，逐渐学习图形与背景的关联、构成及分化。

二、学前儿童手工教育的内容

手工指徒手或使用简单工具材料进行的手工工艺活动。幼儿园的手工有泥工、纸工和自制玩具。在手工制作活动中，同时要考虑材料因素和美感因素，要思考如何组织形态、色彩、空间等视觉要素，获得最美的形态构想和制作设计。

泥工 以黏土、橡皮泥、面团等为材料，用搓、团、压、捏、拉、嵌入等手法，自由地塑造形体。儿童从二维的束缚中解脱出来，以三维立体的造型方式，得到更多的表现空间的自由。

1. 体验直接的造型感觉

让儿童用手接触材料，了解黏土具有的各种性质，充分运用手熟悉黏土的塑造特点。孩子们在揉捏、敲打、弄碎、拉长、分块等操作活动中，学习有关技能，体验造型性感觉。

2. 自由制作的表现活动

让儿童自由地、轻松愉快地表现自己想象的形体。为他们提供一定的工具，如：木刀、竹签、压泥棍、模型等，收集一些豆粒、小石子、羽毛等辅助材料，供装饰之用。

3. 选择题材和塑造形体

（1）基本形体

球形。这是幼儿用泥掌握立体造型的开端。球形物体如部分水果、食品等均是儿童日常接触最多的、最熟悉的。这类课题有：《苹果和梨》《葡萄》《南瓜》等。要求能注意整体的弧度和球面的塑造，以及表面的凹凸和曲折变化，能表现出物体的主要特征，如：苹果的表面光滑，上下各有一个小坑；而梨子表面凹凸，上部小，底部略大等特征。

圆柱体。将球体搓长就成为圆柱体。用大小、长短、粗细不同的圆柱体可以塑造许多物体，如：一串香蕉、藕、生日蛋糕等。当然要求注意物体的表面细微部分，它的弯曲、凹凸变化。在球体或圆柱体表面挖坑，可以捏出碗、茶杯、花篮等日用品。

立方体。需要把黏土做成四边垂直的形状，可以做成蛋糕、汽车、冰箱等。平面雕塑是用黏土压成饼状，等七八成干时，可以开始在黏土上雕刻各种花纹，也可以用钥匙、钱币等在平面的黏土上刻印。

（2）综合体。中班开始，可以制作动物泥塑。学习将泥块按比例分成若干大小不同的块。动物的身体是圆柱体构成的综合体，它是由包括头、躯干、腿、尾巴等部分组成的。类似课题有：《大象》《小猪》《熊》等。泥塑的步骤是从大到小，从整体到局部，先捏大的躯干部分，再把头、腿、尾巴等小部分拼接起来，细小的部分如嘴、眼等可以用工具刻出来。塑造动物时，最重要的是把握好它的主要特征和基本结构。鸟类造型是以卵圆形为基础的，禽鸟是从蛋孵化出来的，往往保持着这种体形，鸟的嘴型、颈长、翅膀的类型变化依赖于它觅食的方式。这类课题有：《小鸟》《小鸡》《鸭子》《天鹅》等。鸟类的腿很细，难以站立，所以往往隐去这部分，或者用细的牙签插入泥中作支撑。

（3）有机体。较大的儿童在熟悉综合体造型的基础上，进入有机体造型。先做出人物的大致形状，头、手、腿可以嵌入或用小竹签连接插入。人物是直立的，比较重，需要有支撑物作为支柱，可用小瓶子作为内芯，包上泥土作人的躯干，也可在底板上钉上长钉子，把人物插入，或者做坐着的人。人物塑造还需对表面细微部分进行加工，以表现出动作和表情。

（4）群像塑造。大班儿童可以围绕一个主题，分工合作，塑造大型场面的群像，如：《动物之家》《马路上》等。除了塑造各种形象外，还可综合利用纸工、自制玩具等，布置场景。

纸工和自制玩具　纸工主要是以纸（白纸、色纸、白板纸、吹塑纸等）为材料的造型活动。自制玩具则可以用包括纸在内的各种材料，如，布、自然材料、废旧无毒材料等，进行造型活动。两者均是从实用和美感的角度，培养儿童设计制作的能力。

1. 根据材料，引发儿童随机应变的创造性意图

鼓励幼儿用二度空间的平面材料进行撕纸、贴纸等造型活动，逐步教会孩子使用剪刀，以扩大造型范围。折纸做玩具，粘贴树叶、毛线、棉花、种子等活动，孩子也会很感兴趣。尽量鼓励孩子观察各种各样的形体，启发幼儿进行丰富的想象，这是很重要的。

年龄较大的儿童，使用材料的范围可以适当扩大，剪窗花、布贴、自然剪贴、立体纸工、自制玩具等多样活动均可进行。要培养儿童的构思能力，会主动根据材料的变化，表现随机应变的创造性意图。

2. 培养综合性造型活动能力

可以从培养基本形体的造型能力做起，从单纯的几何平面图形（如：圆形、方形、三角形等）出发，学习造型技能，以此作为综合性造型的基础，促进幼儿的联想。

以目测剪纸（是指根据平时对物体的观察和自己的想象而剪）为例，为了培养儿童正确使用剪刀，会剪直线、弧线和圆，会用基本形体造型，组织一系列活动。第一次，用一张方形纸，对折四次，打开后发现有许多方形摺痕，要求沿着摺痕将小方形剪下来。第二次，用一张

方形纸对折三次，打开后发现长方形摺痕，再沿着摺痕剪下来，如此，孩子们终于得到了方形和长方形的构成，同时又获得了大量练习剪直线的机会。要求他们将剪成的大大小小的方形、长方形拼贴成图画，训练贴纸造型能力，并提高他们对剪贴的兴趣。至于三角形的构成，同样是用一张方形纸对角折叠后形成的。当儿童掌握方形、长方形和三角形之后，儿童剪贴图画的范围就扩大了。圆形、半圆形、椭圆形在剪贴中占很大比重。如何剪出有弧度的圆，对儿童来说是个难点，因为剪圆从起点开始，需要绕行一周的等距活动，再回到起点，很不容易控制，往往孩子们会将圆越剪越小。为此，我们设计：用一张方形纸，要求儿童剪去四个角。虽然儿童可能会剪得不很整齐，因为有弧度的圆角并不容易剪，但至少可以控制大的轮廓不变，同时，又是让儿童懂得圆的等距性质、圆形与方形的几何关系的好机会，那么，椭圆形只是用长方形剪去四角就可以了。当幼儿掌握这些基本形体的剪法技巧以后，一切简单形体他都可以自由拼装和创造。

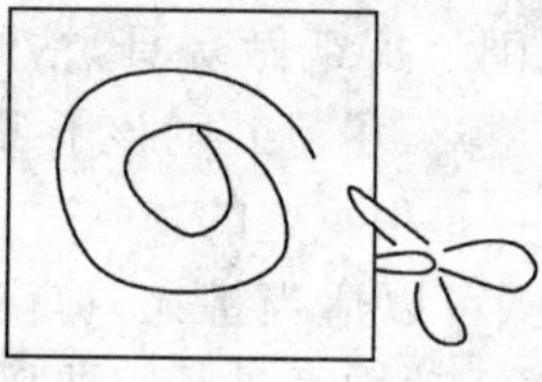

儿童有可能会剪成的式样

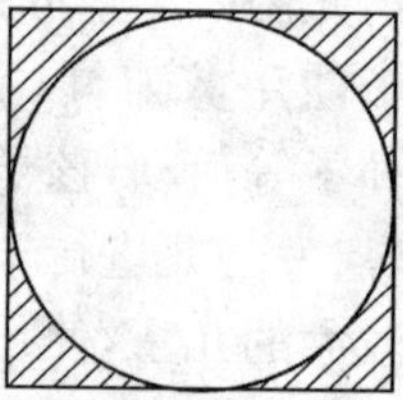

用方形纸剪去四角

综合性造型活动需要学习许多技能，如切割、连接、粘贴、装饰等，必须有计划、有顺序地加以培养。更重要的是培养孩子体会材料在性质和形体方面的直觉能力和对空间的认识能力。

教师要大量收集各种材料，如石头、贝壳、树根、空瓶、空罐、纸箱等，让儿童有机会接触和摆弄它们，并指导儿童从美的角度出发，设计、制作和创造。

三、学前儿童美术欣赏的内容

美术欣赏是以美术品为对象的特殊的审美体验活动。它是一种感性与理性统一的复杂的心理活动。它是由客观对象的审美属性引起的，是包括感知、想象、情感、思维等心理功能在审美对象刺激下交织活动而形成的心理状态。一般来说，欣赏者应当具备一定的审美条件，而客观审美对象形式上也必须具有一定的审美属性，如，占有一定空间，在形状、色彩、构图、质感等方面能激起欣赏者情感的波涛。当然，欣赏者本身的生活经验、文化素养、审美趣味又反过来影响欣赏的水平。

不同年龄阶段的儿童审美能力是不同的。阿恩海姆认为："在发育的初级阶段上，心灵的主要特征就是对感性经验的全面依赖。对于那些幼儿的心灵来说，事物就是他们看到的、听到的、接触到的或闻到的那个样子。"[①]也就是说，幼儿的思维绝大部分都是在知觉水平上进行的。2—3 岁的婴儿喜欢看色彩鲜艳的图画，并不能弄懂图画的含义。5 岁以后，幼儿能辨别多种颜色和形状，表现出对鲜艳的色彩、暖色调爱好的倾向性；他们喜欢欣赏单线、平涂、结构清楚、形象逼真、色彩鲜明的图画，特别注意欣赏与他们生活经验有关的事物和形象。随着经验的积累、知识的扩大，学前晚期儿童在视觉、听觉上形成一定水平的精细辨别力，儿童欣赏美的能力提高了，欣赏范围扩大了，有一定的理性判断和评价，能够运用他的欣赏和选择能力说出喜欢哪张画，并申述简单的理由。如："因为它漂亮""因为颜色好看""因为它们一个一个排成一排"等。他们还能够体验作品中一些他们比较熟悉的人物的感情，他们比较注意图画的写实内容，但对作品作出整体评价还是有一定困难的。

本实验在美术作品欣赏部分做得比较欠缺，因而在内容设计方面只能提出一些设想。我们十分赞同艾斯纳提出的艺术教学内容，他认为艺术学习应包括三大领域：创作、批评和历史（文化）。其中批评层面就包括观赏、分析和评论艺术品。历史（文化）层面指的是从历史和美感角度研究文化环境对艺术表现之影响。后来 W. 迪文 · 格内尔发

① [美]鲁道夫 · 阿恩海姆：《艺术与视知觉》，中国社会科学出版社，1987 年版，第 219 页。

展倡导 DBAE(以学科为基础的艺术教育)大纲,把学习领域分为美学、美术批评、美术史和美术创作四个方面。其中美术批评是让学生通过观察、欣赏,发展他们对形象的分析、演绎及判断能力;美术史是使学生通过对作品的作者、时间、空间背景的认识,加深对历史文化的了解;美学则是让学生对美的本质、美的经验、美术在人类活动中的地位等加以探讨,加强学生的判断能力,建立理论基础的学习。DBAE 当今在美国盛行一时,已发展成适用于中学、小学美术教育课程的模式。在我国,也有少数人开始研究,在幼儿园是否能够推行,尚需加以验证,但我们可以吸取它的精髓,加以改造。

我们认为幼儿园必须增加美术作品欣赏的内容,要为幼儿选择一批适合于儿童生活经验和接受水平的中西名画、名作,作为欣赏教材。对作品的欣赏不仅仅局限在内容上,还可涉及对作品的色、光、形、构图等美的形式的理解。欣赏和创作要组成有机整体,以推动儿童审美素质的提高。

下面介绍两个国家的儿童美术欣赏实例,作为今后我们开展这方面活动的借鉴。

例一:引自《德国现代儿童美术教学》[①],欣赏克利 1925 年—1926 年所作的《黄金之鱼》彩色作品。欣赏活动的目的是注意色彩的明暗变化,主体(人物)与背景的关系;同时,透过整体画面,认识到色彩所分割的形态。

儿童们把画卷成半圆形,然后坐下来,很自然地谈了许多意见。这时老师也接着提问了不少问题,如“那是一条奇怪的鱼呀!”“嘿!好像是在水槽里似的!”“喂!大家看!有用这样的毛来替代鱼鳍的呀!”“红色的,眼睛是这样的红色。”“这个是黄黄的,但是带有白色呢!”“为什么这么大的一条鱼,在画面中央游着泳呢?”于是小朋友也接着答上:“因为其他的鱼儿们,感到害怕的呀。”“这样大的一条鱼,好亮好亮

① [德]赫尔曼·布克哈特:《德国现代儿童美术教学》,上海人民美术出版社,1991 年版,第 92 页。

的呀。”“小鱼儿们的颜色，都是暗暗的。”“小鱼儿们，都认为自己会被大鱼吃掉，所以正忙着逃跑。”“鱼嘴巴的四周，长有须须呀！万一弄个不好，这个须须也许会把其他的小鱼吸去哟！”

老师再次提问：“为什么这条鱼这么明亮呢？”儿童们马上答说：“这是因为它是金色的鱼呀。”“颜色是画出来的……是混合出来的呀。”“因为水是暗暗的颜色，而鱼就显出亮亮的。”“青色能作成暗的颜色。”还有的儿童根据以前的联想说：“因为涂了明亮的色和暗暗的颜色。”

例二：引自日本的《幼儿美术教育》，欣赏墨西哥画家利卫拉的《孩童的画》。欣赏活动的目的是体验作品中人物的生活、感情，并转化到孩子自己的创作中去。指导分三次进行。

指导计划：

指导顺序	保育人员①的活动	幼儿的活动	注意事项
一、激发活动兴趣	带图画来，并慢慢地展现。	1. 瞪眼睛、抓鼻子游戏。 2. 讨论脸部结构。 3. 黏土做脸。	保留本次黏土脸，到第三次使用。
二、了解画的内容 1. 导入	“这是什么画呢？”	“女孩子的画。”	
2. 比较	“哪个地方和大家不一样？” “为什么呢？” “是怎么样的小孩呢？” “喜欢他，还是讨厌他？” “和谁最像呢？” “为什么做出这样的眼神呢？” 开始让他们作比较，揣测作品中人物的性格，并产生亲切感。	“肤色是黑的！” “因为他是墨西哥的小孩！” “一个很勇敢的小孩！” “喜欢！” 小朋友们很认真地看着。	

① 编者注：日本幼儿园保育人员相当于中国幼儿园教师的角色。

续表

指导顺序	保育人员的活动	幼儿的活动	注意事项
三、表现 1. 导入	“喜欢这个小孩的什么地方?” “和谁长得最像呢?” “大家所画的图像谁呢?”	“脸颊、眼睛!” “A小朋友!”	
2. 比较	“和利卫拉的图比较的话,怎么样?” 确认前几天的活动,让他们比较自己画的图和利卫拉的图。 “怎么样呢?” “鼻子呢? 嘴巴呢? 脸颊呢?”	“比较像利卫拉的画!” “鼻子没变成黑的!” “脸颊也不圆。”	
3. 关于表现法	“为什么利卫拉的画,能画得像真的小孩子一样?” 让他们想想有关表现的方法。	“很小心地涂小孩的脸颊!” “鼻子两旁的颜色较淡!”	
4. 表现	“仔细想想现在要做的事。再照一次镜子,然后试试看,画自己的脸。”	看看镜子,画自己的脸。	

指导的程序:

第一次——激发活动的兴趣。

(1) 玩瞪眼睛、抓鼻子的游戏,每天让他们持续注意看镜子等,以引起他们对脸部的注意力。

(2) 给他们做牙齿的健康检查,并互相讨论:没有牙齿的话,会怎么样? 接着问他们如果没有嘴巴、眼睛、鼻子、耳朵的话,脸会成为怎样的呢。

(3) 让小朋友互相观察,触摸脸部、眼睛、鼻子的形状。

(4) 让他们边照镜子或观察其他小朋友的脸,边用黏土做脸。

(5) 把做好的“脸”并排着，互相交换意见看谁完成的作品和真的脸最像。

(6) 再看一次镜子或其他小朋友的脸，然后把它表现在图画纸上。

第二次——了解画的内容。

带着外面包着一层纸的大型物品进教室。小朋友看到这样的东西都很有兴趣地跑过来问：“这是什么？这是什么？”

保：今天要给你们看一件好东西。这里面的东西非常可爱。

幼：是什么？

保育员拆开纸，给他们看。

幼：哇！好大的图画。

保：嗯！是一张画。是什么画？

幼：小孩子！是女孩子的画，光着脚哩！

幼：好棒啊！

幼：写着英文，写什么呢？念念看！

保：上面写着：叫狄亚哥·利卫拉的人画的画。利卫拉是一个墨西哥人，这是他用水彩画的墨西哥小孩的画呀！

幼：啊！怪不得看起来不一样，好奇怪的衣服呀！

5岁幼儿以欣赏活动为重点。

保：和你们很不一样呢！什么地方不一样呢？

幼：衣服、赤脚、黑色的皮肤。

保：为什么皮肤是黑色的？

幼：我知道，因为是墨西哥的小孩子。

保：在外国也有这样黑色皮肤的人。大家因为是大和民族，所以不是这样的颜色！

幼：皮肤的颜色！

保：这个小孩子，看起来是怎样的一个小孩呢？是个爱哭鬼，还是好生气的人，还是温顺的人？

幼：看起来有点在生气！

幼:胖胖的!

保:一定吃很多饭!

幼:哈!哈!哈!

保:喜欢这个小孩吗?

幼:喜欢。

保:为什么?

幼:很可爱,系着发带很可爱!

保:还有什么地方很可爱?

幼:脸颊!

保:鼻子怎样?这个小孩子的鼻子好像很好捏的样子。你们捏捏自己的鼻子看看!

幼:真的!可以捏!

保:眼睛呢?

幼:很可爱。(少数)

幼:很可怕!大大的,很可怕!

幼:哇!很可怕呀!

保:是这样吗?为什么很可怕呢?

幼:因为她的眼睛是这样子。(说着把眼睛睁得大大的给大家看)

保:噢!可是老师喜欢这样的眼睛哩!一定可以看得很清楚!

幼:嘴巴很可爱!

保:真的,这样的小孩来幼稚园的话,要不要和她玩?

幼:嗯!要和她玩!(大部分的小朋友都很高兴的样子!)

幼:可是,我们讲的话她听不懂,不行呀!

保:是呀!真头痛!怎么办呢?

幼:可以教她呀!

幼:可以教她说:"你好吗?""谢谢!"

谈话进行了一会,好像真有这样一回事!

保:那么,现在在班上你们找找看,谁像这个小孩子?

幼:A 小朋友、B 小朋友……

把选出的5位小朋友和画并排站着，让其他小朋友想想，是什么地方像？

保：什么地方像呢？

幼：脸颊圆圆的地方、嘴巴、鼻子。

保：眼睛呢？

幼：当然不像呀！

幼：有点像C小朋友！

被选出的C小朋友，做出吓了一跳的表情，睁大了眼睛，确实很像画中的小孩。

幼：很像！很像！C小朋友很像！

保：这个小孩子是勇敢的，还是胆小，动不动就会哭的呢？

幼：不哭的！她就是被欺负了也能忍耐的！

保：是啊！即使被任何人欺负了，一定也只是说一声："算什么！"

幼：把对方好好整一顿！

保：对！一定是勇敢的孩子！

保：刚才我们说到眼睛很可怕对不对？因为她的眼睛睁得很大！那她的眼睛为什么要这样张开呢？你们想想看！

幼：因为被欺负了，正在发出"嘿！"的声音。

幼：可以看得更清楚！

幼：可以看得很远！

保：或许是这样！就连你们也想看得更远，想把任何东西都看得更清楚吧。

幼：想啊！

保：这个小孩子比你们还小的哟！虽然这样拼命地想看很多东西，而且也不输给任何小孩子，所以睁大眼睛，很坚强的样子。你们也这样张大眼睛看看！（小朋友都各自用力地张大眼睛）

保：利卫拉先生在给这个小孩子画画的时候，这个小孩就是这样一直忍耐着，动也不动的。大家都能忍耐吗？

幼：那很累的！

幼：我能忍耐！

保：那么下次大家来和这个小孩子比赛比赛，看谁比较有耐力。今天就上到这里为止，老师把它挂在这个地方，大家要和这个小孩子好好相处喔。

第三次——表现。

把小朋友在第一次活动中所作的黏土脸和利卫拉的画并排着贴在墙壁上。

保：你们说喜爱这个孩子的什么地方呢？

幼：嘴巴、脸颊。

保：不喜爱的地方呢？

幼：脚，因为她光脚！

保：眼睛呢？

幼：喜欢！

保：你们说这个小孩子和A小朋友、C小朋友很像，真的像吗？

幼：像！

保：那么你们的画有没有像班上的哪个小朋友呢？

幼：像D小朋友！也像E小朋友！

保：什么地方像呢？

幼：脸圆圆的，头发看起来像真的一样！

保：鼻子呢？

幼：像！

幼：不像啦！乱讲！

保：那么，这小孩的鼻子（画），哪个地方像D小朋友的鼻子呢？

幼：这里！（一起指利卫拉的画）

保：为什么是这里呢？知道吗？

幼：……

有小朋友说："是大人画的，我们怎么知道呢？"于是，保育员对小朋友说："如果老师说得不对的话，你们就说不对，好吗？"保育员边指着小朋友的作品边说："鼻子是在脸的旁边，成三角形！"小朋友随即反应:“不对!”

保:我们暂时把它当作鼻子的滑梯来看。(边往下移动手指,边和画作比较)接下来是什么地方? 有洞的地方是什么样子的?

保:大部分的小朋友画的鼻子是黑黑的,但是这张画是怎样的呢?

幼:我知道,是深棕色!

保:为什么用深棕色画呢?

幼:不知道!

保:看这个小朋友画的鼻子就知道!(指着小朋友的作品中用黑颜色画的小孩子的鼻子)

幼:嗯……

保:可是,你们的鼻子是黑色的吗?

幼:不是!

幼:这里(鼻子的两边)看起来有点黑!

保:深黑的?

幼:像茶的颜色!

保:是啊! 嘴巴和大家所画的不一样哟!

幼:(指着利卫拉的画)凹凹凸凸的!

保:好,大家都注意到了! 这次看看脸颊。这个小孩看起来像是真的小孩子,是不是? 脸颊胖嘟嘟的! 大家的脸颊怎么样呢?

幼:(摸一摸)软软的,滑滑的!

保:(展示小朋友的作品)这个小孩怎么样?

幼:啊哈哈! 细细长长的呀!

保:这个呢? 有这样的小孩吗?(说着,拿出约5张画给他们看)

幼:没有这样的小孩呀!

保:这个小孩(指着利卫拉的画)的脸颊,用力压压看的话,是软软的会凹下去,可是这个小孩的脸颊(指着小朋友的作品)压压看的话,是不是好像要破掉? 这是为什么呢?

幼:因为利卫拉的画是涂得满满的。

保:大家都很仔细,注意到了,好像什么都懂了一样。那么,大家看到的到底是不是真的这样，现在再照一次镜子看看，仔细想想，再画在图画纸上。

幼：好！好！

保：那么拿出蜡笔来，然后依次在镜子前面仔细观察眉毛和鼻子相连的地方，还有眼睛和嘴巴，然后再画！

小朋友拿出准备好的蜡笔时，保育员也顺便把图画收拾整齐，准备进入下一次表现工作的阶段。再一次照镜子，有所领会的小朋友就开始画，他们很仔细地注意到鼻子、眼睛等微细的部分。有些小朋友睁大眼睛很谨慎地画着眼睛，也有很多小朋友很小心地画着脸颊。

摘自《学前儿童艺术综合教育研究》，北京师范大学出版社，1997年版。

美国早期儿童教育中的“生成课程”

前不久，美国太平洋橡树学院西雅图分校人类发展系约翰·尼莫教授、李薇教授来我校，介绍了美国现行的一种课程——生成课程(Emergent Curriculum，又译为呼应课程)。作为《生成课程》一书的作者，伊丽莎白·琼斯教授和约翰·尼莫教授曾经在意大利瑞吉欧作了较长时间的研究。早在20世纪70年代，琼斯教授就提出，课程不是教师先写出来的计划，而是在了解儿童产生的问题的过程中逐渐生成的。生成课程的提出，是以美国的文化价值取向为背景的，同时也受到了瑞吉欧方案教学的影响。

一、什么是生成课程

生成课程是与幼儿特定环境相呼应而生成的课程，课程反映了儿童在环境中发生的一切事情。它不是教师预先计划好的课程，教师也不可能完全按计划行动。所谓“生成”，是教师在与儿童一起活动时，逐渐发现儿童的兴趣、需要，就像大洋下面的冰山在浪潮中逐渐浮出水面。教师并不是消极等待“冰山”的到来，而是用自己的知识技能看清楚这个“冰山”，用自己的智慧和创造性工作，激发每个孩子的潜力，使之不断地生成变化。生成课程本身是动态的，具有不确定性。

生成课程从哪里来？生成课程不是国家规定的、现成的课程，也不是专家设计的、现成的、拿来直接可以用的“罐头式”的课程，而是以突发事件为起始点而生成的课程。

1. 儿童的兴趣、问题、主意和难题。儿童的兴趣必须得到承认和支持，这种内在动力能够促进儿童的学习。不同的孩子有不同的兴趣，它们是生成课程建立的基础。

2. 教师的兴趣。教师在儿童面前是一个真实的人，她个人的兴趣值得与儿童分享。同时，教师的兴趣和热情可以激发儿童探究知识的欲望。

3. 儿童发展阶段的任务。儿童在每个发展阶段都有一些必须完成的任务，如爬、走、说话、跳跃等。适当的课程可以为儿童提供许多机会去选择自发的技巧练习活动，还可以促进个体不同阶段的社会情感的发展，如自律行为、同伴关系、友谊等。

4. 物质环境。儿童的经验是很重要的。人为的物质环境是标准化的、可以预设的，而自然环境是非标准化和不可预料的，如反映本地的水土、地势等。两方面的经验儿童都需要。

5. 社会环境中的人们。儿童对各种各样的人都感兴趣，想知道他们是谁，他们在做些什么。家长、厨师、兄长、图书管理员、门卫、汽车驾驶员、邻居等都可以成为儿童学习和关注的对象。

6. 与课程内容有关的资料。图书馆、展览厅、资料中心有着丰富的与课程构想相关的资料，教师可以按照自己的风格和儿童的兴趣，选取各种资料。

7. 意外事件。当意外的事件在教室里出现时，教师要做出选择：是忽略它，是简单地参与，还是把它纳入短期或者长期的课程计划。

8. 合作、解决冲突、日常照料、常规。所有日常生活中发生的合作、解决冲突、照料、常规等都是幼儿潜在的课程内容。健康护理、自我照料、吃饭、休息、洗手、穿衣等是儿童每天的生活经验，这些并不会妨碍课程的组织，相反，它们是儿童最基本的课程内容。

9. 学校、社区、家庭的价值观。生成课程的价值取向，不单纯是教师本人的价值观的反映，而是教师、儿童、家长及社区人员等方面价值观的集中反映。儿童是课程设置的中心，但儿童周围的人和事也不容忽视。课程不是孤立的，儿童的成长历程、儿童与儿童之间的关系，以及儿童的生活、家庭、社会都在深刻地影响着儿童。

二、生成课程实施的要素

1. 课程的生成是一个不断观察、记录、计划的过程。教师必须仔细观察儿童生存的环境，做到心中有数。同时，要充分运用照相、录像等手段以及儿童的绘画作品，观察和记录儿童的表现，并根据记录不断地分析和反思儿童的表现，作为制订计划的依据。

2. 课程内容的选择范围可以是无穷的。课程产生于每个特定环境，来自特定的人之间互动时所表现出来的兴趣、问题、需要。对儿童有意义的价值观和目标是选择课程内容的标准。

3. 教师是关键的决策者。教师在参与儿童活动的过程中，要抓住时机，对儿童瞬间产生的思想予以肯定、支持和诱导。例如，在美国西雅图的一所幼儿园中，有一位4岁半的女孩，有一天，她对老师说，她很悲伤，她和妈妈看到了一个无家可归的小男孩，妈妈要她找些吃的东西给他送去。她说，她妈妈是在纽约长大的，看到过许多无家可归的人，他们的生活都很悲惨。教师敏感地意识到"无家可归"是一个很好的主题，当天下午就写了一封信给家长们，用孩子的原话，提出了对无家可归人的看法，也解释了自己的道德标准，要求家长们与自己的孩子谈谈这个问题。

4. 儿童、家长、社区人员是教师在课程生成中的合作者。在开展"无家可归"这一主题活动的过程中，教师不断地向家长汇报进展情况，与社区取得联系，组织儿童参观旧货店，参观无家可归者买东西的地方。儿童开始募捐，在募捐中学习数数，把硬币换成纸币；学习写字、写信；学习制作点心、做饭等。

5. 课程不是事先确定的，而是随着时间推移不断地发展着的，有效的课程内容和活动具有连续性，是互相联系的。教师要鼓励和支持儿童对自己发现的问题进行深入的探索。教师的计划是暂时的、可变的。有关"无家可归"这个主题的活动一直延续了8个月之久。

三、生成课程中的儿童观和教师观

儿童在积极地探索世界，他想了解世界，他有能力理解事物的复杂性和深度，他与成人的思维方法不一样，他能发展自己的理论，开始自己的学习。儿童是值得尊重的。

在课程生成中教师首先是研究者。教师要研究儿童的思想，在观察和记录、分析和反思中不断地研究儿童的表现。儿童可以用舞蹈、体育、手工、歌唱、谈话等种种方式表现他们的思想，教师必须了解他们、研究他们，在日常生活中发现孩子是怎样学习的。其次，教师是儿童的积极支持者。教师要和儿童一起布置教室的环境，向儿童提出一些没有现成答案的、具有挑战性的问题，拓宽儿童的思路，使儿童在矛盾冲突中获得新思想，产生新的探索愿望，并不放过任何获得信息的机会。另外，教师是合作的榜样。教师要善于利用种种资源和信息，在儿童中、社区中传播、解释，获得各方面的帮助和支持。

四、生成课程对我们的启示

生成课程的指导思想核心是课程必须进入儿童的内心世界，把儿童的思想真正呈现出来。有一首 8 岁儿童作的诗值得我们深思："对任何人来说，大人从来认为我们是孩子气的，没有人能进入我们的内心世界。我们内心的墙有 21 英尺高，而大人的梯子只有 10 英尺高。"我们在组织课程时，考虑最多的往往是目标意识：这个课如何达到教育目标，完成全面发展的任务。当然，这是无可非议的。但是，我们很少去顾及孩子们对课程的体验，他们关注什么，他们需要什么，他们希望接受什么。在提倡以儿童为主体的今天，作为教师，我们究竟对儿童的内心需要、兴趣、思想了解了多少呢？我们在组织这样或那样的课程时，往往是用大量的问题启发儿童，让他们跟着老师的思路转，完成老师设想好的既定计划，很少由儿童来发问，更不用说教师随着儿童的思想随时改变计划，不断改变课程，生成新的课程了。以课堂为中心、教师为中心、教学为中心的传统模式还是根深蒂固地存在于我们的头脑之中。谁是课程的真正主人？这是我们必须面临的抉择。教师必须学会观察、学会倾听，必须把教学建立在观察和倾听儿童的基础上。

生成课程是儿童和教师之间相互呼应而生发出来的，它既反映了儿童的生活、儿童的经验、儿童在家庭和社会中所受的环境影响，也凝聚了教师对儿童的充分了解、研究的结果。它是在儿童和教师的互动中形成的。课程是动态的、不确定的、开放式的。因此,它既不具有蒙台梭利课程内容的永恒性,也不具有我国传统课程中教师的权威性。它需要教师在充分理解儿童的基础上,在瞬息万变的活动过程中作出决策,不断调整自己的设想和计划,与儿童共同创造奇迹。课程不会在某一个规定时间内戛然而止,它是一个不断生发的过程。为此,教师要记录、分析、反思,要开展集体性的研讨,要为儿童创设种种探索发现的环境,要寻找刺激儿童产生新难题的激发点,使儿童更积极地学习,使每个儿童都产生很强的参与动力,并有可能在课程中迸发出自己的潜力。活动的持续性取决于它的深度和复杂性,这就需要教师具有广博的知识、熟练的教育技巧和永不停止的追求。

生成课程对我们现行的课程结构提出了挑战,为我国幼儿园课程改革提供了新的思路。

发表于《幼儿教育》,2001年第2期。

幼儿园生态式融合课程研究

滕守尧先生提出“本世纪以来,世界教育基本上走过了三个阶段,它们分别是灌输式教育、园丁式教育和对话式(或融合式)教育”①。后来,他又进一步提出了生态式教育的理念。我认为灌输式——园丁式——生态式三个阶段大致可以概括出教育方式发展的基本历程和发展的方向。回顾中国幼儿教育的历史发展,本世纪以来,基本上经过了灌输式、园丁式和生态式三个阶段的发展历程。

一、灌输式教育

灌输式教育在我国由来以久。古代封建考试制度,只求熟读背诵经文,教师用机械灌输的方法,采用填鸭式的手段施教,学生则不求甚解,死记硬背,成为教师的附庸和读书的机器,丧失了个人的敏锐的感知和直觉能力。到了大工业时代,为了加快培养人材的步伐,社会上普遍存在把人看作可以开发和榨取的机器的观念。在这种情况下,采取急功近利的灌输式教育手段,可以立竿见影,其结果则拔苗助长,使人失去可持续发展的能力。传统的早期儿童教育中,教师认为儿童是一张白纸,他们什么都不懂,只有靠老师手把手教,才能画出最美丽的图画。主要表现为:(1)教育的封闭性。对幼儿的强制、禁止过多,在幼儿园里制订许多清规戒律约束儿童,认为好孩子的标准是老实、听话、顺从、规矩。(2)教师的权威性。受过专门训练的教师,按照一定的目的要求、大纲教材,有组织地进行教育训练,以知识灌输作为教育活动的中心。在整个活动过程中,教师是中心,是权威,教师通过教育制约儿童身心发展的方向。(3)儿童的服从性。在灌输式教育下,儿

① 滕守尧:《文化的边缘》,作家出版社,1997 年版。

童把机械记忆作为主要的学习方法，逐渐丧失敏锐的个人的感知和学习的兴趣。教师以范例、演示为主要教学手段，儿童千篇一律地齐声回答老师的问题，模仿老师的声音、动作、语言和姿势。离开教师的榜样和暗示，儿童一无所知，完全失去了主动性和创造性。灌输式的教育方法，一直延续至今，已有千年以上的历史，不是轻易能退出历史舞台的。

二、园丁式教育

园丁式教育始于卢梭的自然主义教育观。他从天赋人权的哲学思想出发，认为自由平等是人在自然状态下普遍享有的天赋的权利。主张对儿童的教育应服从自然的永恒法则，顺应儿童的本性，使他们的身心自由自在地发展。继而，福禄贝尔认为人具有天赋的力量，这种天赋的力量是人和宇宙普遍具有的“神的本源”的体现。他认为幼儿的发展，是由“自然儿童”出发，经过“人类儿童”，而成为具有“神性”的儿童，强调幼儿的内在潜力，要由适当的教育方式予以开展。蒙台梭利则主张幼儿具有伟大的潜能和惊人的吸收性心智；教育的中心思想是发展这种潜在于幼儿内心的心智与生命力，给予儿童这种天性以自由，任其自然发展，而不需要借助外力。

相比较灌输式教育来说，园丁式教育是一大进步。它是在以人为本的理念指导下的产物。它把人看成是一粒种子或一棵幼苗，体内早就潜藏着一种独特的发展程序。教师是园丁，对儿童实施充分尊重和顺从儿童的自然天性的教育。教师为儿童创造条件，鼓励儿童自我表现，提倡自己探索和发现。园丁式教育给我国幼儿教育的现状以极大的冲击，教师不能再把自己看成太阳，让儿童围着自己转，而是要学会尊重儿童，以儿童为主体，以儿童的兴趣、经验为中心。将儿童从一味顺从中解脱出来，变得大胆、自信、充满活力。然而，园丁式教育过分强调先天的东西，过分强调儿童的自由、自发、随意性。教师变得被动，作为园丁，只能加水、施肥，给幼儿提供他们所需的材料，为儿童提供表现的机会。这并不能完全满足正处于迅速发展期的早期儿童的需要。

三、生态式教育

生态，是最自然的形态，非人为的形态，生生不息、循环复始的形态。在自然“生态系统”中，各种不同物种达到一种最佳组合，形成互生、互补、生机勃发、持续发展的生态关系。嫁接到人类的教育领域，教育模仿自然的生态系统，使教育的各系统、各学科之间，师生之间建立一种互生、互补、交叉融合、持续发展的生态关系，达到最佳组合，形成一种高级的生态智慧。这是对传统封闭式教学的挑战。

生态式教育，把人看成自然之子，用生态的方式进行启蒙教育，使人在与自然、社会的融合过程中，生命得到滋润、补充，产生更高级的智慧。从这点出发，生态式教育是一种理想的教育方式。

生态式教育关注人的生命，保护原型，保护人类心理深层的生态系统。生态式教育，认为人的潜力不是现成的、早已存在的东西，而是在相互作用中生发出来的。潜力既不处于先天领域，也不处于后天领域，而是处于先天和后天的交接处。正是这一边缘地区，才不断生发出新智慧。

生态式教育打破了师生之间的界限，打破了长期以来以“儿童为中心”还是以“教师为中心”的无休止争论的格局，提出了师生之间存在着互生互补的、可持续发展的生态关系。教学活动是在师生平等、开放、对话的关系中进行的。教师是平等者中的首席，教师只有在对儿童充分尊重、充分理解的前提下，通过师生之间的相互碰撞，积极地引发儿童沉睡中的潜力。

生态式教育彻底改变了教学活动的非人化倾向，注意人的感性生成，生命体验，注意挖掘儿童在非理性的、无意识层次的生命潜在能力，使之成长为更加完美的、有情感、有智慧的个体。

（一）生态式教育产生的背景

生态式教育是后现代教育思想的产物，它源于 21 世纪世界文化生态被保护的需要。当今大工业的污染，使人类的生存环境受到严重威胁，不仅地球生态需要保护，对人文生态的保护更为重要。而教育活动可以陶冶人的个性，使人得到充分自由的发展，保证人与人之间心灵与情感的交流。教育活动,还可以使人更贴近自然,为受到工业化异化的人类所造成的人与自然、人与人之间的隔离状态,踏出一条回归自然的路。

生态式教育是以人文教育为中坚的一种艺术化生存的教育。这种生存方式是一种全面的、整体的生存方式,也就是说,人类的生存不仅依靠知识和技术,还必须通过艺术和审美智慧。这种有情感介入的、整体性的思维模式,使人与自然、人与人之间心灵与情感的交流和沟通,使人的精神和心理回归到自然的生态中,使人的心灵贴近"智慧"本身的结构。应当说,这是达到人全面持续发展的关键,也是产生智慧型人类的关键。

(二)生态式融合课程的目标取向

生态式融合课程属于人本主义的经验课程范畴。它关心人的整体人格的形成,主张自我是人格的核心,要培养人的自我实现。也就是说,人通过这种发展达到三个统一:个人与社会的统一,自然与人的统一,感性与理性的统一。这是人类在自我实现和自我解放中的最高理想。实际上,自我实现也是人的一种本能需要,它根植于人的潜能之中,也是人的最高价值。

在幼儿园,生态式融合课程对幼儿实施以审美教育为突破口,用"生命""爱""美"的人文主义精神教育儿童。"生命",是对自然规律、秩序的探求和把握,也就是真的追求。"爱",体现了个体与自我、与他人、与社会的和谐关系,也就是善的精神。"美",是人对自身所创造的自然和社会秩序的感悟和创造。用生命、爱、美的整体性教育精神,启迪幼儿的心灵,激发他们的内在潜能,以达到真、善、美的统一实现,最终回归自然,实现自我。

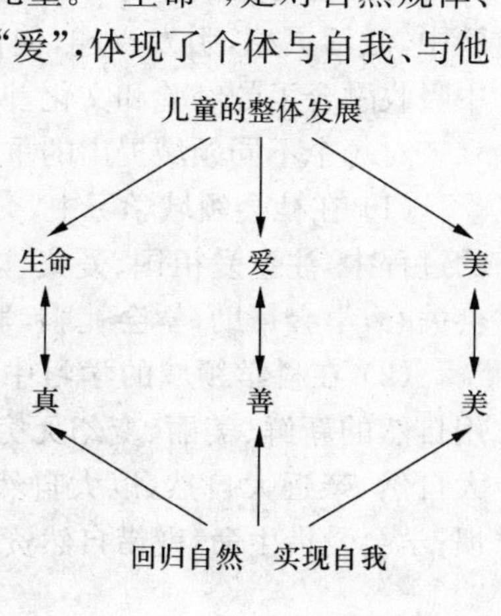

(三)生态式融合课程的基本内容

生态式融合课程包含了人类认识

世界的三大领域:社会、科学、艺术。科学代表着人类对客观真理的发现,社会包含了人类道德、伦理的规范,而艺术则是人在自然及人类世界中的自我发现。每个领域应该都是独立的,都包含着丰富的内涵,对人的发展都具有重要的价值。在通常情况下,每个领域都有它特殊的传达方式。科学教育以对实体世界的直接的物理经验为主;社会教育以间接的语言符号经验为主;而艺术教育则以视、听觉感知经验为主。

生态式融合教育的核心内容就是打破各学科之间的分裂隔离状态,把知识、道德、审美融合起来,使各领域之间相互碰撞,建立相互交叉、融合的整体性课程结构。同时,打破各领域单一的传达方式,以人的整体感受体验为中心,以情感为动力,通过艺术的手段,使物理经验、符号经验、感知经验等多种类型的经验融会贯通,不分界限。事实上,在早期人类的思维活动和行为中,艺术和科学、直觉与逻辑思维、认识与伦理都是浑然一体的,没有明显的区别。对幼小儿童来说,在他们的心灵中,真、善、美也是自然统一的,没有分化。反映在儿童的活动中,游戏、童话、艺术活动是儿童智慧、道德、审美的自然统合的表现,也是儿童整体发展的明证。

生态式融合教育课程根据学前儿童的特点,以感性经验为主,充分调动儿童与生俱来的对生命的感悟能力,让儿童在审美的感受和体验中,激活灵感,引发兴趣,使他们在一种自然的过程中,直接从环境中吸收融合了的经验和文化,调动儿童巨大的内在潜力。

对每个不同领域提出的重心是:

(1) 在社会领域学习中,突出“爱心”。在引导儿童认识周围环境的过程中,注意爱祖国、爱集体、爱同伴、爱老师、自我认识的教育;学会关心,学会帮助,学会礼貌,学会同情。

(2) 在科学领域的学习中,突出“生命”的搏动。人是自然之子,用自然的新鲜、美丽、变幻无穷、繁衍生息教育儿童,使他们从小热爱大自然,亲近大自然,以大自然为家;使他们从小养成探究、好奇的习惯;学会爱惜生命,爱惜自然资源,爱护自己的家——地球。

(3) 在艺术领域中,突出“美”的体验。音乐、美术、文学艺术教育不纯粹是技法教育,更重要的是通过艺术欣赏和创作的相互融合和渗透,达到提高儿童的审美感觉和艺术创造能力的目的。

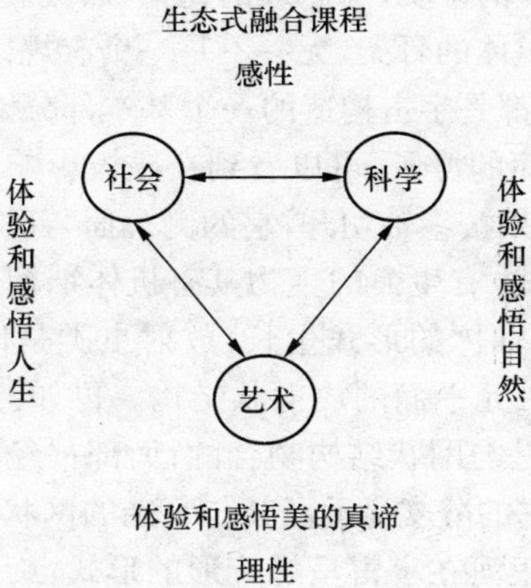

(四) 生态式融合课程的实施

生态式融合课程最显著的特点就是以美为切入点,建立一种使人性、智性和社会、自然互相协调的新型课程。

感受生命、关爱生命、表现生命应当是对幼小儿童实施教育的主旋律。当新生命降临于世的时候,让小生命在充满了爱和艺术的氛围中成长,让他们感受人间充满着关爱,感悟大自然的秩序,感受生命中的美,形成整体性的完美人格。

1. 感受生命

美发于生命的自然,美的本源是生命。人就是在有序的自然环境下,体验生命的奥秘,体验自身与自然的一致性,使人的精神和心理回到自然的生态中。

生命的能量来自何方?能,能的无形性,使人难以捉摸。实际上它也是大自然中无所不在的一种形。请看!磁场的形极其多样:一条轴线、三角形、锥形、圆形和椭圆形、纵向线、分割面等。这些磁场的形,反映在植物生长的图式、生命运动的图式、宇宙的图式等图式中,并且无所不在地影响着有生命、无生命的结构，也同样影响着人的生理和心理。

让我们来看看存在于自然界的生命体的种种形态：那在寒风下光秃秃的树枝，那丰硕的果实，那怒放的花朵，那流淌在我们体内的血液脉络，支撑着我们躯体的骨架，无一不是一个有规律运动着的生命体，而这些生命体结构都是宇宙构造的一个基本部分。例如：植物生长的图式，从一只横切面的橙子，可以看到在磁极影响下形成放射状结构的关系；同样，把苹果按茎轴切开，它的侧视面与磁场又何其相似。又如：生命运动的图式，有生命的生物其有机体结构与磁场影响密切相关。海底微生物以轴体的形式生长；放射虫类是以轴体的形式存在的；海星显示出其二元平面的放射状结构。再如：人的生长构造形成的线，前臂的血管是与网状结构吻合的；面部神经显示了与网状的吻合；大肠的动脉和它的分支显示了其与复杂的网状的吻合。更有意思的是宇宙的图式，银河在宇宙呈螺旋形的形式；旋风是银河形式的一种变种，它的中心点是一个上升的轴心；从飓风、洋流的漩涡中我们同样可以见到在银河中所见的螺旋上升形式。

大自然的能量、磁场结构无处不在地影响着生物结构的形成和生长，影响着宇宙的变化。大自然的万紫千红，生命体的千姿百态，原来并不神秘，它是生命的自然，也是美的本源。

人们在认识自然，在观察、感知、理解生命的形式方面，具有本能的意识和直觉。格式塔心理学提出：外在世界的力和内在世界的力，在形式结构上存在着同形同构或异质同构。这在一定程度上解释了人自身有体验生命的奥秘的直觉，体验自身与自然的一致性的能力。

幼小儿童正处于意识与无意识交错的泛灵论阶段，处于非理性地、非逻辑化地把握世界的状态，这正是对儿童进行科学启蒙的时期。生态式课程主张让儿童更多地到大自然中去，接触自然，感受和体验自然，用孩子特有的灵性，去发现、去把握、去享受大自然的瞬息万变，在他们充分感受生命特有形式的同时，更容易唤醒他们内在的潜意识去感受生命，并从中感悟到生命世界的某些特征和规律。

2. 关爱生命

爱和被爱是生命永恒的追求。爱是人们最基本的精神需要，也是人的成长、形成健全完满人格的核心。蒙台梭利说："儿童生来就有爱，爱是儿童的本源。"儿童出生后，就有得到被关爱的渴望，他们在爱和关怀中成长。因为有了母亲的爱、周围人的关心，才使儿童获得安全和自信，才使他们感到了生活中充满着幸福和光明。爱体现着人与人之间的和谐关系，爱是使人相互理解、沟通的内在动力。

当儿童逐渐长大，儿童从对母亲、家人、老师的爱，扩大到儿童之间的合作、分享和互助、同情和帮助，扩大到对周围的环境、周围的劳动者、动物、植物生长的关注，扩大到对自己的家乡、民族、国家的自豪感。爱是一种美的情感体验，它使心灵得以净化，人与人之间的关系得以协调，使幼儿体验到和谐、安宁的快乐。

关爱生命，体现了一种博大的美。它是通过人与人之间心灵的交流，完成人的平衡、完整和真实的塑造，健全完满人格的塑造。

3. 表现生命

审美是儿童自由的生命活动。儿童与生俱来就有一种对独特的生命形式的学习能力。儿童观看外部世界与成人不同，常常认为自己感受到的东西，物也能感受到，把一些事物看成与自己一样具有生命力。例如：一个 6 岁的孩子认为"太阳"是有生命的，因为它有眼睛；"风"是有生命的，因为它有翅膀。与成人艺术家相似，儿童在作画中，总是在寻求自己的内心感觉，从轻和重、动和静、格局和方向等对"力"的体验中，获得对线条、形状的节奏和韵律的把握。

儿童是在充分感受生命形式的同时，唤醒了自己内在的潜意识去表现生命。从形形色色的有表现力的线条来看，他们已经用直觉体验了直线的阳刚、曲线的柔软；对笔触的粗和细、浓和淡、虚和实的处理，完全发自他们主观性的、内在的体验，也许这只是短暂的、一瞬间的，但确确实实是他们对生命、对美的呼唤。这就是儿童艺术的魅力所在。

感受生命、关爱生命、表现生命是幼儿通过发自儿童本能的意识和直觉，在充分感受生命特有形式的同时，唤醒他们内在的潜意识的过程，这也是他们对真、善、美精神的艺术化体验。

（五）生态式融合课程的特征和方法

1. 生态式融合课程实施的主要方法是感受和体验。以儿童活生生的心理经验为基点，用直觉、灵感认识自我；通过自我反省及情感体验，在融洽的心理气氛中自然地表现自我；以根植于个人的精神世界的超越经验的感受来体验和感悟人生，体验和感悟自然，体验和感悟美的真谛，最终达到改变自我、实现自我。

2. 生态式融合教育认为艺术是洞察感情模式的源泉。由于艺术代表着最丰富的人类感性世界，它与人性中最深层的东西息息相通，通过对美的激发、诱导，直达生命的本源。它调动了人的生命的感悟力、鉴赏力、创造力，挖掘了人在非理性的、无意识层次的生命潜在能力。事实上，人类在认识世界时，一方面通过掌握概念、判断、推理、原则、规律等理性的思考，更重要的还依赖于个体的直觉、情感、灵性等感性的顿悟。只有当人们能将所感知的对象直接融入自己的生命意识之中，用自己整个生命去参悟、体验，才能获得最深刻的、永世难忘的经验。

3. 情感领域和认知领域的整合。生态式融合教育课程以儿童直接经验为基础，打破传统的以学科为中心的模式，以儿童为中心重组学科知识，把认知教育与儿童自己的生活相联系，使儿童在与文化、社会、自然科学知识交互作用的过程中，经验不断积累，人格不断地获得发展。

生态式融合课程是整体性、融合性、开放性的教育，培养全面发展的、头脑灵活、充满好奇心、充满自信、有创造性的个性完美的儿童。也就是说，这样的人符合新世纪人才发展的需求，是一个具有审美文化素养的人，他既有丰富敏锐的感受和直觉能力，又会进行理性思考，他总是充满好奇心，灵活地对待一切新问题和新经验，敢于反潮流，善于探索和发展自己的潜能和个性。

发表于《中国教育科学》，2003 年。

论生态式美育与儿童的整体性教育建构

生态式美育是以人本主义思想为核心，吸收我国美育思想体系中天人合一的精神，通过艺术建立人与自然间的真正和谐。同时，也吸收了西方美育体系中以人定胜天观念为内核的理性精神，充分发挥人的主动性、创造性。本研究试图以新的综合，寻求建设现代人格的教育模式。这是一种以人文教育为中坚的生态式教育，也是一种艺术化生存的教育，是人的一种全面的和整体的生存方式。

生态式美育的终极目标就是从人的整体发展出发，达到人在实践中的全面自由发展。也就是说，人通过这种发展达到三个统一：个人与社会的统一，自然与人的统一，感性与理性的统一。这是人类在自我实现和自我解放中的最高理想。

这是因为审美—艺术教育离不开特定社会环境的影响，美的教育能使受教育者适应社会需要，同时，在艺术活动中人的个性，能得到充分自由的发展，达到个人与社会的统一。透过艺术教育，人学会了以审美的态度观照自然，以审美尺度改造自然，实现自然的人化。另一方面，大自然赋予人类基本的艺术语言，赋予艺术以活的生命力。在艺术活动中，人更贴近自然，回归自然，使自然与人达到统一。艺术代表的是最丰富的感性领域，最能发掘人的感性潜能。透过艺术的形式，使人的情感纳入理性的调节和升华。所以，艺术教育能使感性和理性得到统一。

当今高度工业化造成的人与自然、人与人之间的隔离状态，使人们认识到人类的生存，需要通过艺术，才能使人的天才和智慧得到充分的发挥和施展，保证人与人之间心灵与情感的交流，为被工业化异化的人类，踏出一条回归的路。

从本质上说，生态式美育是一种生命教育和情感教育，它通过最直接的生命活动，通过对美的激发、诱导，直达生命的本源。它调动了人的生命的感悟力、鉴赏力、创造力，挖掘了人在非理性的、无意识层次的生命潜在能力，使人获得更加完美合理的、有情感、有智慧的个体。在艺术的欣赏和创作活动中，在有序的社会性和自然环境下，体验生命的奥秘，体验自身与自然，与社会的一致性，使人的精神和心理回到自然的生态中，使人的心灵贴近"智慧"本身的结构。艺术和审美智慧，就是这样一种有情感介入的、整体性的思维模式。应当说，这是达到人全面持续发展的关键，也是产生智慧型人类的关键。

生态式美育不是纯粹的美育知识教育，更不是艺术技法教育，而是以培养儿童敏锐的审美感受力、丰富的审美情感和审美创造能力为基础的，全面人格塑造的素质教育。它模仿自然的生态系统，使美学与艺术学科、美学与其他各科之间达到最佳的组合，形成一种互生、互补、交叉融合、持续发展的生态关系，最后培养出知识经济时代最需要的智慧型人才。这样的人，最善于吸收各种不同的文化、不同的信息，从而不断产生新思想、新观念、新创造。

生态式美育的方法，不是传统的灌输式美育、园丁式美育所能承担的。灌输式美育也是我们直至当今仍普遍采用的，以艺术的技能技巧为中心，以教师为中心，向学生灌输技法。培养出来的人才，艺术技巧很高，文化素养很低；模仿性强，创造性低。园丁式美育是教育改革的一大突破，把儿童看成是一粒正在发育的种子，教育要顺应儿童的自然天性，把儿童艺术的自我表现放在第一位，提倡让儿童自己去探索发现。教师要像园丁那样，为儿童的艺术潜能发展创造必要的条件。

生态式美育认为儿童的潜力不是现成的和早已存在的东西，而是在一种不断的相互作用中生发出来的。它既不处于先天领域，也不处于后天领域，而是处于先天和后天的边缘领域。边缘领域需要对话，只有在各种对话的相互作用中，才能被捕捉到。所以，生态式美育提倡教学的融合，提倡整体性塑造，主张各种知识之间、知识与自我之间建立起一种生态的系统，相互之间形成紧密联系的一个有机的整体。

生态式审美教育的全面实施，将有力地冲击现实生活中的幼儿园、小学所运作的，深受传统影响的以知识为中心的正规教育。当今，分科教学是幼儿园、小学、中学的主流教学模式。它使每一门学科教学深化、细化，把各科看成是彼此独立的、互不相干的知识板块，使原本与自然贴近的儿童逐渐远离生活，学习一些甚至较为专业的知识和技能，在一定程度上割断了各科之间的生态关系，造成片面性发展。

在课程改革方面，生态式美育建立了一种最开放的，以美育为突破口的，整体性建构的课程模式。它最显著的特点就是整合，也即是情感和理智的整合，个人和社会性的整合，教学和生活的整合。其目标就是要在人类社会中，发展完整的个人，建立一种使人性、理智和社会互相协调的新型课程。它主张课程要在学科基础上，进行知识综合的形式，打破原有的学科界限，从整体角度考虑，设计一种有机的整体性课程。它还主张教育是教育者和受教育者这两类主体通过交往而形成的学习共同体，儿童与教师的交往生活是整个社会性生活的有机构成，学校课程与其他社会生活的关系是一种对话、交往、超越的关系。它又主张课程设计要强调学生的兴趣、需要，课程必须适应学习者，学习者的经验即学生与外部环境的相互作用是课程的主要内容，教师的使命是为学习者选择与提供情景、创造条件和机会，并在学习者需要时提供指导。

在艺术学科的内容改革方面，生态式美育有强大的人文转向，它建立了以美学、艺术史、艺术批评、艺术创作等人文学科为基础的艺术教育体系。在加强学生艺术素养的前提下，使艺术与其他课程相互渗透，注意把知识、道德、审美融合起来，在各学科相互碰撞、对话和交融中，生成智慧，培养出头脑灵活、充满自信、具有创造性的智慧型人才。也就是说，这样的人应当是一个全面发展的，既有丰富敏锐的感受和直觉能力，又有抽象思维和理性思考能力的个性完美的人。这样的人符合新世纪人才发展的需求,是一个具有审美文化素养的人,他总是充满好奇心,灵活地对待一切新问题和新经验,敢于反潮流,善于探索和发展自己的潜能和个性。

在幼儿教育的改革方面,我们认为在早期人类的思维活动和行为中,艺术和科学、直觉与逻辑思维、认识与伦理都是浑然一体的,没有明显的区别。对幼小的儿童来说,在他们的心灵中,真、善、美也是自然统一的,没有分化。反映在儿童的活动中,游戏、童话、艺术活动是儿童智慧、道德、审美的自然统合的表现,也是儿童整体发展的明证。苏霍姆林斯基说过:“我千百次地证实:缺少了诗意的、美感的交流,孩子就不可能得到智力发展……美和活跃的思想犹如阳光和花朵那样有机地联系着。”

为此,教育改革的核心内容是打破各学科之间的分裂隔离状态,使学科结构化,建立相互交叉融合的整体性课程结构。我们参考了康德对认识、伦理、审美等三个不同领域的区分,也参照了哈贝马斯对这三个领域的解释。哈贝马斯提出了三种认识能力,即认识与外部世界的客观物体有关;伦理是对社会领域中的各种规范;而审美则与内在的自我世界相联系,每个领域都有其独特的含义和理论。将幼儿园原有6门课程,归并为三大领域——社会、科学、艺术,统整语言、数学、音乐、美术、体育等分科体系。同时,以“美”为中心,实现与各科之间的融合。

附录

我与幼儿教育的不解之缘

奥斯特洛夫斯基说过这样一段话："人最宝贵的是生命，生命属于我们只有一次。一个人的生命是应该这样度过的：当他回首往事的时候，他不因虚度年华而悔恨，也不因碌碌无为而羞愧……"这段话深深地印入我的心坎，也是指导我一生的座右铭。不过年轻时真的没有想到，我这一生竟与幼儿教育结下了不解之缘。

1951 年，我考入金陵大学儿童福利系。次年，高校院系调整，南京师范学院幼儿教育系正式成立，我成为新中国第一代幼儿教育系的大学生。就是从这里起步，我走进幼教工作者的行列，开始了 40 余年与幼教的缘分。

大学毕业后，我被分配到南京师范大学附属幼儿师范学校，这是一所解放后新建的学校，培养全省的幼儿园教师。当时幼儿教育是一门全新的学科，没有现成的教科书和参考资料，搞教学一切都要从基础做起。我每日备课至夜深人静。学校专业教师少，我各门课都要上，除了主课学前教育学，还要上各门教学法，承担班主任等工作，学生到幼儿园见习和实习都要亲自负责。那个时候正赶上大跃进，我带领学生在学校建小高炉，参加大炼钢铁；到农村大办幼儿园；为工厂、农村、部队培训幼儿教育师资。

我在幼儿师范学校工作了 14 年，直至"文化大革命"时期学校被迫解散。在此期间，先后培养了 2 000 多名学生，如今她们奋斗在江苏各地的幼教战线上。

1979 年，我调回阔别 24 年的母校南京师范大学教育系工作，承担了高等师范学前儿童美术教育的教学和研究工作。在"文化大革命"期间，"艺术"作为封资修的代表被扫地出门，受到了惨重打击。当时幼儿美术教育的教学和研究一片空白，如何在废墟上重建幼儿美术教育便提上了议事日程。万事开头难，高等师范招生在即，课程尚需重建。于是我决定边教学边科研，在研究中改革和提升教学质量。

对幼儿园美术教育的改革，我倾注了大量心血。我选择了一所幼儿园作蹲点观察，研究儿童艺术发展和心理，和老师们共同设计种种美术活动，前后用了整整10年时间开展了多方位的研究，包括：儿童绘画心理和发展能力的研究、幼儿园美术教育大纲设计和试用的研究、幼儿园创造性美术课程创立的研究等。发表了《儿童绘画发展阶段初探》《再论儿童绘画发展阶段——关于概念画期》《1.5—15岁儿童绘画能力发展研究》《对3—6岁儿童颜色感知和运用能力的研究》《3—4岁儿童绘画表征能力发展的实验研究》《4—5岁儿童绘画特征研究》《6岁儿童绘画特征研究》《幼儿美术教育课程模式探讨》《幼儿美术教育改革的理论与实践研究——介绍一个认知与情感相结合的美术教育课程设计方案》等10余篇论文。

在此期间，我主持完成了幼儿园大中小班美术教材、全国幼儿园教师培训教材、全国幼儿师范学校幼儿美术教学法教材，以及高等师范学前儿童美术教育教学参考用书的编写工作。在废墟中，我摸索着重整了学前儿童美术教育的体系，在理论和实践的联系中，编写了一套较为完整的幼儿园美术教材，设计了较为完备的教法。

20世纪90年代，是我一生中重大转折的时期。我是中国第一位学前教育博士生导师。身负重任，丝毫不敢怠慢。当时，培养幼儿教育高级人才在国内没有任何可供参考的经验，我和同事们切磋研究，共同承担国家级、省级重点科研项目；和博士生们一起深入幼儿园，做基础实验工作；不断拓展和加深学前儿童艺术教育理论的广度与深度，大大加强了学前儿童美术教育改革与研究的力度。我和楼必生、许卓娅共同完成的《学前儿童艺术综合教育研究》，获得了1998年度全国师范院校基础教育改革实验研究项目优秀成果一等奖，主编的《现代儿童欣赏教育研究》为学前儿童艺术教育改革开拓了新的教育理念和发展途径。

10年内，我悉心培养了学前教育博士11名，学前教育博士后1名。

虽然近年来我在超龄服役，工作压力很大，对我的家庭贡献甚少，但回顾自己40余年来，为幼儿教育事业、为高等学校学前教育学科建设、为培养我国中高层次的幼儿教育人才作出的努力，无怨无悔。我觉得自己的一生没有虚度光阴，是值得的。

寻求幼儿美术教育改革的新路

——访南京师范大学教育系副教授屠美如

顾明珠　孔起英

在我国成果累累的幼儿园课程研究中，幼儿美术教育研究有点先天不足。长期以来，在幼儿园六门课程排列中，美术是最后一门；幼儿园各科教学研究小组中，从事美术教育研究的人数最少。南京师范大学教育系副教授屠美如的幼儿美术教育改革的研究终于打破了这种局面，闯出了幼儿美术教育改革的新路。

日前，我们拜访了这位儿童美术教育家。这位年近六旬的女学者，温文尔雅，面带微笑，谈起她的研究兴致很浓。

那还是 1979 年，屠美如从江苏幼儿师范学校调到阔别 24 年的母校——南京师范大学教育系任教，系里让她开设幼儿美术教学法课。由于众所周知的原因，美育在"文化大革命"中倍遭摧残，美术教育研究更是一片空白，教学大纲、教材都还亟待修订。屠老师收集了国内外不同历史时期的幼儿美术教学大纲加以分析比较，并用了 10 年时间深入幼儿园，和幼儿园老师一起讨论，设计课题，开展试验，先后主持完成了幼儿园美术教材、幼儿园教师培训教材、全国幼儿师范学校幼儿美术教学法教材，以及高等师范学前儿童美术教育教学参考用书的编写工作。

为了使幼儿美术教育研究建立在较高的起点上，屠老师不仅吸收了教育学、心理学等学科最新科研成果，还对美术作了一番探究。她到美术系选修了素描、图案、国画等课，从美术理论和创作中为幼儿美术教育改革寻找依据。

长期以来，我国的艺术教育受苏联教学论的思想影响较深，教学内容基本以认知、技能为中心，教学方法上采用教师示范——幼儿模仿的注入式教学模式，评价幼儿的作品往往用“像不像”来衡量。而西方艺术教育强调反映情感和个性，推崇自由表现，教师不加干涉。他们在儿童到了八九岁后才进行一些技能技巧的训练。

在东西方不同美术教育价值观念冲突中，屠美如没有轻易地偏向哪一方，她通过对1岁半至6岁儿童绘画能力发展的研究与探讨，提出了儿童绘画发展的关键期是4岁的观点，并提出学前中期儿童概念画的形成意味着儿童抽象思维的萌芽，是儿童绘画发展过程中不可逾越的阶段。她运用马克思主义艺术观，对西方某些研究者把艺术仅仅看作自我潜在意识的自由表现的观点提出质疑，同时又指出我国传统的幼儿美术教育观功利地把美术活动看作幼儿认识世界的一种方式，而忽视了艺术是人在客观世界影响下的一种主观创造活动的真谛。她还指出了采用注入式方法呆板地进行教学的缺陷所在。

在批判吸收的基础上，屠美如提出了美术教育课程的培养目标。她认为：幼儿美术教育的核心是发展幼儿艺术思维，发掘他们的创造潜能，使幼儿的兴趣、情感、智能的发展在美术活动中达到统一。也即强调了美术教育不是人们所说的那种“认识了多少种颜色，会画多少种东西”的教育，而是一种审美教育。1989年，在美国的一个艺术教育学术报告会上，屠美如阐述的认知与情感相结合，发展幼儿创造思维的观点，引起了与会者的广泛兴趣，很多专家当即对这位治学严谨的中国女学者说：“我赞同你！”

在此理论形成的基础上，屠美如副教授进行了幼儿美术教学方法的改革尝试。她选择了南京市第三幼儿园作为改革试点，亲自设计课题并跟踪实验，逐步建立了引导—发现式和情境—陶冶式两种教学模式。前者教师不是教给幼儿现成的技能技巧，而是通过创设难度适中的问题情境，引导幼儿观察创作客体，在操作中自己摸索绘画的方法。就拿画圆来说，在小班，传统的教学往往教师要示范怎样画圆，甚至拘泥于教孩子从左画还是向右画。用引导—发现式的教学法，首先设计一个相关的课题，如“吃鸡蛋”，小朋友通过看鸡蛋——摸鸡蛋——画鸡蛋，由孩子自己探索和发现画圆的技能技巧，这种经过孩子主动的观察和创造画出来的圆神态各异，具有极强的主观创造性。情境—陶冶式教学模式，则通过教师创设充满感情色彩的环境，让幼儿感受美，从而激发他们的艺术想象。如，放一段管弦乐《动物狂欢节》，让幼儿身临其境，领悟主题及情感基调，使他们情绪饱满、很有兴趣地投入绘画创作。

这两种教学模式摒弃了以往机械呆板的示范—模仿式，强调以幼儿为主体。那么这是否意味着教师就无事可做了呢？不是的。譬如，教师要为幼儿创设一个温暖、安全、方便的环境，为幼儿提供必要的物质材料；教师要丰富幼儿的感性经验，促使其产生愉快的内在动机；教师要按照幼儿认知发展水平，提出适中课题，以技能技巧为支架，用序列化训练促使幼儿绘画能力的发展；教师要鼓励幼儿以自己的方式思考和行动等等。

眼下，屠老师已开始编写体现以上观点的绘画、手工、欣赏系列美术教法教材，相信它们的问世将会给广大幼教工作者带来极其有益的启迪，给教学工作带来极大的便利。

诚然，认知和情感相结合的幼儿美术教育理论的建构，遵循艺术创作规律的幼儿美术教学方法的提出，所有这一切，没有一定的艺术理论修养和美术创作实践是行不通的。而屠老师正是这样一位多才多艺的知识女性。看过屠老师作品的人都夸屠老师丹青不凡，工笔细腻，颇见造诣，作为南京市美协会员、江苏省工笔花鸟画会员，她的作品多次参展。1987 年 5 月，屠美如带学生到安徽屯溪实习，正是枇杷闹枝的时节，这位新中国培养起来的知识分子，怀着对改革后的农村美好生活的热爱，忙里偷闲，创作了一幅工笔重彩画，向人们展示了 5 月江南满树金的丰收场景。看了那幅画，我们深深地被屠老师充沛的才情和女性特有的灵气以及扎实的美术功底所折服。可这以后，她全身心地投入到幼儿美术教育研究中，个人的业余爱好也只得搁一搁了。只是当她偶尔收到美协发来邀请会员作品参展的请帖时，内心不免产生一丝憾意，但也只得笑着摇摇头，将请帖压在案头。

屠老师虽没什么可参展的新作，但她的累累研究成果，却在中国幼儿美术教育史上留下了极其重要的一页。

载《早期教育》1990年第10期。

屠美如:眺望美的极致

启 扬

在我国幼儿园课程研究中,艺术教育研究的成果闪现着令人激动的魅力,其教育实践昭示:以艺术教育为其重要组成部分的美育,作为一种涉及人生终极关怀——生命精神理念的教育,不仅是教育的重要组成部分,而且也极可能成为当代整个教育观念和教育行为改变的突破口。当面对南京师范大学(下简称南师)儿童美术教育研究员、博士生导师屠美如教授,听她侃侃而谈,感觉就是这样的。

屠美如,生于1933年,江苏常州人,1955年毕业于南京师院幼教系,分到南师附属幼师任教,1979年调回母校南京师大学前教育专业,教授幼儿美术教学法,开始了她始自于美术的幼儿艺术教育研究历程。屠教授的研究大约可以1989年分为前后两个阶段。

1979—1989年。"文化大革命"后的艺术教育一片荒芜,屠美如面临的最现实的问题是,如何在高校中建立起幼儿美术课。她禀承南师人一贯的务实作风,扎进幼儿园开展实验,用3年时间主持编写了幼儿园美术教材、幼儿教师培训教材,并藉此建立起了完整的高等师范幼儿美术课教材教法。在这段长达10年的时间中,屠美如投入了大量精力研究儿童绘画发展的特点,在丰实的实践经验和对东西方美术教育价值观批判吸收的基础上,屠美如提出了幼儿美术教育目标的核心是:发展幼儿艺术思维,发掘创造潜能,使幼儿的兴趣、情感、智力的发展在美术活动中达到统一。1989年在美国召开的艺术教育学术报告会上,人们对这位中国学者阐述的艺术教育观点给予了极大的关注。这一时期,屠美如总结实验研究成果,发表了《3—4岁儿童绘画表征能力发展的实验研究》《4—5岁儿童绘画特征研究》《5—6岁儿童绘画特征研究》系列论文，因其开拓性的研究而具极高的学术价值。

1989 年至今。这一阶段，屠美如的研究视线转向建构创造性艺术教育课程。她与楼必生、许卓娅承担了全国教育科学“八五”规划重点课题“学前儿童艺术教育的改革与研究”，主要研究成果《学前儿童艺术综合教育研究》已经出版。这一研究针对当今以认知为中心，忽视全面素质教育的弊病，在审美艺术要素同构理论指导下，创造了将文学、音乐、美术三种艺术形式按同形同构和异质同构原理加以组合的幼儿艺术教育的全新形式。其可贵之处在于，课题立足于培养人的整体素质，理论深厚，又可实际操作，无疑会大大冲击当前以技艺为中心的儿童艺术教育模式，引发幼儿艺术教育，甚至小学艺术教育的全面改革。这一研究的价值，不但在于建构了全新的幼儿艺术教育课程，而且，正如史慧中先生在课题鉴定中所讲，还在于“将不同独立学科进行综合调整的行动，有利于促使长期以六门学科一统幼儿园教育的课程模式出现多种模式并存的适应整体素质培养的生动局面，从而为幼儿教育改革开拓了新的教育理念和新的途径”。

“八五”期间，屠教授还主持完成了国家和省级研究项目高等师范教材《学前儿童美术教育》和《美术与教育儿童创造潜力》；“九五”期间，她又在主持国家规划项目“学前儿童审美教育学”和“现代儿童美术审美教育学”的研究工作。

屠美如教授始终的心愿是能有时间从事她钟情的美术创作，最大的希望是我们的教育能从美开始。

载《幼教园地》1998 年第 5 期。

A Letter of Recommendation for Tu Mei-Ru

THE DEVELOPMENT GROUP (617)495－4342
HARVARD PROJECT ZERO FAX(617)495－9709
323 LONGFELLOW HALL. APPIAN WAY TELEX(1)921496
CAMBRIDGE. MASSACHUSETTS 02138

October 3 1991

Letter of Recommendation for Tu Mei-Ru

I am very happy to write a letter in support of Tu Mei-Ru who is being considered for promotion to the rank of full professor at Nanjing Normal University. I came to know Tu Mei-Ru in 1987 when my family and I spent a month in Nanjing, conducting research on arts education in China. Tu Mei-Ru was an outstanding colleague at that time, introducing us to the methods of arts education in China, including her own pioneering experiments with young children, engaging in long discussions and seminars with us about issues of pedagogy and art in our two countries, and making it possible for us to work collaboratively both in China and in the United States.

We were fortunate that Tu Mei-Ru was able to spend several

months with us at Harvard Project Zero in Boston two years later. During that time, Tu Mei-Ru read widely in the literature of arts education, attended many lectures, visited various schools and universities, and gave a number of well-received talks of a formal and informal nature to the community of arts education researchers at Harvard.

The time that we spent together in Boston gave me the opportunity to become better acquainted with Tu Mei-Ru's ideas about art and education, ideas which she has since presented in a book which she has been kind enough to send to me. I consider Tu Mei-Ru to be a keen observer, a skilled teacher and an original thinker in the area of art education. She is sensitive to those properties of artistic development which seem to be universal, able to appreciate the effectiveness of various pedagogical approaches, and alert to cross – cultural differences. All of us at Harvard Project Zero came to value Tu Mei-Ru as a colleague and friend.

Since her return to China, several of us in the United States have remained in contact with Tu Mei-Ru . I am particularly impressed by the intensive and extensive collaboration undertaken with the distinguished cognitive-developmental psychologist at Stanford University, Professor Robbie Case. Without question, the results of the collaborative research that they have undertaken on the conceptual and developmental sophistication of drawings collected in two diverse cultures will greatly inform our understanding of the universals and the cultural particularities of children's artistic development.

I trust that my high opinion of Tu Mei-Ru's scholarship and pedagogical skill comes through in this letter of recommendation. She is also a very valued colleague. I very much hope that it will prove possible to promote her to the rank of full Professor at Nanjing Normal University.

Please let me know if I can provide any further information.

With best wishes.

Sincerely,

Howard Gardner

Professor of Education

Co-Director, Harvard Project Zero

闪亮的 50 年

《南京晨报》名家专访工作室于 2005 年 12 月 24 日发表专刊，报导了我国幼儿教育学科第一位博士生导师屠美如教授从教 50 周年纪念活动，下面是报导纪实：

编者按：《南京晨报》名家专访工作室在辞旧迎新之际正式展开工作，它以弘扬中华文化为宗旨，开设“书画名家”“名家专访”专刊，采访报道在各行各业有卓越成就的专家名人，今向读者推出我国幼儿教育学科第一位博士生导师屠美如教授的专刊，让我们共同分享其从教 50 年的喜悦。

昨日，在南京师范大学 100 号楼里隆重举办“屠美如教授从教 50 周年纪念活动”，到场的有许多该学科的专家学者、权威人士及屠教授的学生弟子，还有一直支持她事业的亲朋好友。其人生侣伴、我国著名的工笔花鸟画大师喻继高对她执着的事业心也给予了高度评价，他动情的言语感染了在座的每一个人。下面以“闪亮的 50 年”为题，详细报道当天研讨活动的盛况以飨读者。

屠美如，我国幼儿教育学科第一位博士生导师，南京师范大学教育科学研究院教授，世界学前教育组织中国委员会副主席，环太平洋地区早期教育协会常务理事。

南京师范大学领导贺词

教育科学学院院长胡建华：今天很高兴参加屠美如教授从教 50 周年纪念活动，并且看到在座的各位老师都这么健康，感到很高兴。屠美如老师从事学前教育这么多年，带了很多研究生、博士生，为学前教育、对国家重点学科的创建作出了很大贡献。

教育科学学院党委书记缪建东：今天是一个令人兴奋的日子，大家相聚在一起，回忆过去，共话未来，到 2005 年年底，刚好是屠美如教授从教 50 周年。屠美如教授的教育生涯非常有特色，在南京师范大学执教期间，在拓展学前教育的过程中，她始终坚持真理，追求学科的可持续性发展，把教育事业推向前进。她是国内第一个带博士生的学前教育学科导师，为学前教育事业的拓展做出了重要贡献。

教育科学学院顾建军院长：我本人曾经与屠美如教授一起度过了十七八年的时光，当时正处于学科建设、科学研究竞争加剧的时期，与屠美如教授在学前教育学科上共同开拓博士生学位、省级重点学科、国家级重点学科，在学科建设方面，她是当之无愧的开拓者。屠美如教授富于激情、智慧、理念、生命。在一级学科的这个大战壕里，1995—1996 年我们为学前教育进入省重点学科，共同四处奔走呐喊。

她用广阔的学术视野，注意使学前教育学科与不同的学科交叉、融合，开辟学术新领域。为了学科建设，她不顾自身的健康。给我印象最深的是，屠美如教授当时胆囊发炎，需要开刀，但当时面临着国家一级学科的申报，她为此推迟了一年再做手术，她经常为引进一个人才，和校领导反复磋商，她时刻想学科建设所想，情为学科建设所系。

闪亮的 50 年

屠美如：今天，对我来说是一个非常特殊的日子，感谢大家在繁忙的日子里为我举办“从教 50 周年的纪念活动”，让我有机会回忆 50 年的往事。在这里有我想对这 50 年来关心我、支持我、帮助我、伴随我的朋友们、学生们、亲人们道一声谢谢，因为你们使我这一辈子没有白活，因为你们的榜样使我学习到很多很多；因为你们的帮助、鼎力支持、共同努力，才有了我们今天的重点学科的大好形势。

青年时代，我先生喻继高送给我一个日记本，日记本里有一句尼·奥斯特洛夫斯基的格言：“人最宝贵的是生命。生命给予我们只有一次。人的生命应当这样度过：当他回首往事的时候，不会因为虚度年华而懊悔，也不会因为碌碌无为而感到羞愧……”

心有灵犀一点通，他给我的赠言，恰恰是我一生信奉的格言。

我一生经历的几个阶段：1951 年考入金陵大学儿童福利系。1955 年南京师范学院幼儿教育系本科毕业。1955 年 9 月在南京师范大学附属幼儿师范学校开始工作，1979 年入南京师范大学教育系，到 2005 年 10 月份退休，正好 50 年工龄。

A. 早期阶段：幼儿师范学校教学。值得回忆的是我还曾担任过 6 年班主任。1962 年在南京郊区大办农村幼儿园。带领学生到农村大办幼儿园，为工厂、农村、部队培养大量的幼儿师资，受到江苏省教育部门的奖励。

B. 恢复阶段：20 世纪七八十年代高等师范。1979 年，我有幸调回阔别 24 年的母校南京师范大学教育系工作。这是我一生事业的转折点。当时，我承担了学前儿童美术教育的教学和研究工作。先后主持完成了幼儿园美术教材、全国幼儿园教师培训教材、全国幼儿师范学校幼儿美术教学法教材以及高等师范学前儿童美术教育教学参考用书《学前儿童美术教育》的编写工作。

C. 联合国儿童基金会“学前教师师资”项目：从 1982 年—1988 年联合国儿童基金会 UNIEF 选择我校我们专业为重点给予支助项目，任务是培训师资。

D. 重点学科点建设：1990 年学前教育学被评为省级重点学科，我担任了学科带头人的工作，当时人才是第一关键，也是最大的薄弱环节。派出的 10 名出国进修的学生全部流失。1992 年建立博士点。第一名博士生是卢乐珍。10 年内，在儿童基本理论、美育、课程、道德和社会性教育方面均有突破性进展，填补了我国学前教育领域的某些空白。

学科点建设的成果体现在：设置了一套从专科、本科、硕士、博士到博士后流动站的完整教学体系，培养了一批高层次、高质量的学前教育骨干力量，为国家输送人才，也为本专业建立了一支年轻的、高学历、高素质的教学、科研队伍。

我的学术成长

我的前半生，重点关注的是学前儿童教育学，主要任务是教学。1979年由于教学的需要转向儿童美术教育。我的学术领域主要包括了：

1. 儿童美术能力发展研究

为了使幼儿美术教育研究建立在较高的起点上，我一方面努力在心理学、美学、艺术学等方面加强学习，而且深入到幼儿第一线，从儿童在美术发展能力方面入手，作调查研究，完成论文：《儿童绘画发展阶段初探》《再论儿童绘画发展阶段——关于概念画期》《1.5—15岁儿童绘画能力发展研究》《对3—6岁儿童颜色感知和运用能力的研究》《3—4岁儿童绘画表征能力发展的实验研究》《4—5岁儿童绘画特征研究》《5—6岁儿童绘画特征研究》等。在这些研究中，我提出了儿童绘画发展的关键期是4岁的观点，并提出学前中期儿童概念画的形成，意味着儿童抽象思维的萌芽，是儿童绘画发展中不可逾越的阶段。在详细观察和深入分析的基础上，我对3—6岁儿童的绘画的普遍性特征作了质的分析和研究，提出小、中、大班儿童在绘画发展历程中的明显特征和差异。这为指导幼儿园各年龄班的绘画提供了科学的依据。

2. 儿童美术教育改革的研究

在幼儿园的美术教学的改革方面，我倾注了大量的心血。长期以来，我国幼儿园的美术教育的教学内容以认知、技能为中心，教学方法采用注入式，以临摹为主要手段，评价幼儿的作品往往用“像与不像”来衡量。1985—1988年，我曾经在南京市第三幼儿园，以儿童的发展研究为实施教学法的基础，综合运用了皮亚杰、布鲁纳、维果茨基的理论，随机选了12名幼儿，用行动研究法，亲自执教3年，对教学进行大胆改革，杜绝模仿，启迪智慧，激发情感，提出了一个认知与情感相结合的课程设计方案。在这里，我深入探索了培养创造精神的美术教育方法。发表的论文有：《幼儿美术教育改革的理论与实践研究——介绍一个认知与情感相结合的美术教育课程设计方案》《幼儿美术教育的改革》《幼儿美术中创造潜力的发掘与培育》等。反映了我全面改革的思想，以及改革的具体方案。20 世纪 80 年代末，我有机会到哈佛访学 3 个月，接触到零点项目。与国外艺术教育研究接轨提上议事日程。艺术思维的研究(阿恩海姆、茄德纳)、艺术教学和评估的研究、儿童艺术发展的研究(中美透视画比较)都纳入我的视野。我认识到艺术是人对客观现实的主观创造，它是通过情感符号实现的。既不能把艺术看作是幼儿纯粹的自我潜在意识的自由表现，也不能把艺术单纯地看成是幼儿认识世界的一种工具和手段。认识到艺术是人的智慧的产物，是人的一种特殊的思维活动，它以情感为动力，是人的情感和思维相结合的产物。这是我批判性地吸收了东、西方文化精华后，对幼儿艺术生成作出的解释。幼儿美术教育的核心是发展幼儿艺术思维，发掘幼儿的创造潜能，提出了以引导—发现式，情境—陶冶式的教学方法为主，以情感为原动力，充分调动幼儿潜意识的创造能力。

3. 艺术综合教育研究

进入 90 年代，我承担了 6 项“八五”“九五”国家级以及多项省级重点科研项目，寻找到艺术教育改革的两个突破口：艺术综合教育、艺术欣赏教育。艺术综合教育研究是我和楼必生、许卓娅三人集体智慧的结晶。艺术综合教育一方面阐述了艺术教育在促进心灵和谐、人格完满发展方面所起的不可低估的作用，提出审美一艺术在使当代普遍存在的“适应型”人格特征转变为“审美创造型”人格特征方面的教育价值，为幼儿艺术教育作了新的定位；另一方面，运用格式塔心理学大脑力场的理论，提出了艺术同构论的依据。我假设音乐、美术、文学三种艺术形式存在着共同的审美要素，可以通过审美直觉、通感、情感同构而相互迁移、渗透和沟通，这是一种综合性的艺术智慧。由此，我和我的研究者们，共同创造了学前儿童艺术综合教育的课程模式。此项研究，为幼儿园音乐、美术、文学教育的改革提供了新的理论依据，同时，这种将不同独立学科进行综合调整的行动，打破了单科教学的格局，有利于幼儿整体素质的培养，从而为幼儿教育整体改革开拓了新的教学理念和新的发展途径。完成了著作《学前儿童艺术综合教育研究》，此项研究获 1998 年度全国师范院校基础教育改革实验研究项目优秀成果一等奖。

另一项“儿童美术欣赏教育研究”，是和博士生们合作进行的，它拓展和丰富了幼儿美术教育的内容，从根本上改变以技能技巧为中心的美术教育格局，把审美一艺术教育提高到是一种生命教育、情感教育，充分发掘儿童的感性潜能的教育，从而达到塑造未来完满和谐的、具有创造性人格的战略高度的目标。

4. 生态式教育

生态式融合课程提出了对幼儿实施以审美教育为突破口的，用爱、美、生命的人文主义精神教育儿童的思想。它与真、善、美相对应。

爱，体现了个体对自我、对他人、对社会的和谐关系，也就是善的精神。美，是人对自身所创造的自然和社会秩序的感悟和创造。生命，是对自然规律、秩序的探求和把握，也就是真的追求。用“爱”“生命”“美”的整体性教育精神，启迪幼儿的心灵，激发他们的内在潜能，以达到真、善、美的统一实现。

对我有终身影响的大家

鲁洁　她是我学习的榜样。大学时代我很崇拜她。对工作火样的热情，对同志无微不至的关心。在联合国基金会，我跟她一起工作了 8 年，从没有感到疲倦。她对幼儿教育事业有情有功。

霍华德·加德纳　美国著名心理学家，美国哈佛大学教育研究院零点项目主任，对我的学术成就和教学技能作了很高的评价。

诺比·凯斯　美国斯坦福大学著名认知发展心理学家。新皮亚杰学派领导人之一。他的“中心概念结构”的学术思想研究，与我们坚持的学科领域的研究，有许多不谋而合之处，为我们提出的学科要素，作出了心理学的坚实支持。

滕守尧　他的美学、美育思想，他疯狂工作的精神，他对学前教育的偏爱，他的新思想、新观点对中国艺术教育改革的影响将会载入史册。

伴侣眼中的屠美如

工笔花鸟画大师喻继高：我们是大学同学，我是美术系，她是幼教系，我没有什么爱好，只喜欢画画，我们俩的一生过得非常快，大家都是事业型。俗话说，军功章有你的一半，也有我的一半。而我俩是，她是她的一半，我是我的一半。我们家的阳台就是她的办公室，我经常叫她“阳台教授”。我这一生非常满意和幸福，一儿一女，一个孙子，一个外孙，女儿是一名国家级美术师，夫人是贤妻良母，敬老爱幼，我从没有跟她说“亲爱的”三个字，在此我就发自肺腑地喊一声“亲爱的”。并且我今天还要送她一幅画，名叫《日久天长》。

同事眼中的屠美如

卢乐珍：我与屠美如、楼必生被系里称为“三只蝴蝶”。屠美如的生活中充满了色彩、线条、韵律，她的右脑特别发达，经常会有一些创造性的意见提出来，我们共同在事业上的探究，永远不会有终了。

楼必生：屠美如的能力、时代、机遇、家庭都造就了她的大师风范。在大师身边工作，她的事业有一定的高度，使她的学术水平也在不断提高。回忆起来，她的胸怀非常广阔、淡泊名利。屠美如作出了四个第一：(1)创建我国第一个学前教育博士点。(2)我国第一个学前教育博士生导师。(3)第一个学前教育国家级重点学科的负责人。(4)第一个学前教育学博士后流动站的博导。

滕守尧：屠老师的一生，用三个字来形容：勇、真、美。第一，勇气，这是印象最深刻的。开拓新的领域，跨越障碍，勇于开拓，进入前沿，她胆子很大，站在中国可以和世界上著名学者沟通攀越，把他们最前沿的东西吸收过来，这一点是一般人做不到的。她回来以后，成为重点学科的拓荒者。第二，活得很真实，她这个人从性格上来说，一直是直言不讳，从来没有任何虚假，这一点在现代社会上是非常非常珍贵的。第三，正如她的名字一样：美如。她的一生在追求美好的东西，从事艺术教育也好，审美教育也好，都是为了爱心。在追求美的过程中，她的性格、事业，她的一切都笼罩着美丽的光环！

屠美如对自己的总结:50 年悄悄过去了,我感悟到每个人都是有潜力的,不要过于怜惜自己,挖掘自己的潜力,充分发挥自己的潜力,你会觉得自己永远年轻。我深深体会到:生命因充实而年轻,生命因希望而闪亮,生命因奋斗而美丽。

美丽人生，原应如此

张瑞瑞

凡是对学前教育界有所了解的人，应该都听说过这个名字——屠美如。她是中国第一位幼儿教育的博士生导师，世界学前组织(OMEP)中国委员会副主席，从教 50 年，桃李满天下，为我国的幼教事业作出了杰出的贡献。

除去幼教界的种种身份与头衔之外，屠老师还是工笔画大师喻继高相濡以沫的妻子，知名画家喻慧的母亲，两个可爱男孩毛豆、毛虫的奶奶，一个和睦温馨之家的女主人。

在这位年过七十却依然雍容、美丽的老人身上，我们读到最多的是圆满：事业的圆满、家庭的圆满、人生的圆满。让我们一起走近屠老师，听她谈谈教育、聊聊生活，分享她的人生智慧。

“对不住女儿”

作为幼教专家、成功人士的母亲，谈到对儿女的教育时，屠老师却回答说“没有规划”，这不免让人有些诧异。屠老师道出了其中原委：“我的女儿喻慧是 1960 年生的，儿子喻勤是 1962 年生的，当时正是我国经济困难时期，家里经济条件很差，吃饭都成问题，根本不可能对孩子有所规划。还记得，我在怀喻慧的时候，那一年没有吃过一个鸡蛋。生完孩子以后，用购物券买过一只鸡吃，也只吃了那一次。1963 年，我得了很严重的脑膜炎，还被下了病危通知书，后来挺过来了。那时候，哪有精力对孩子的教育有所规划。”

“上山下乡运动时期，我去农村进行社会主义教育运动，整整 8 个月没回来，只能把喻慧全托在五台山幼儿园。一个周六，他（喻继高先生)临时出差,却忘记托人去接喻慧。那天,女儿就只能在那里傻等,看到所有的小朋友都被接走,她忍不住大哭起来,晚上,女儿被老师带回了家。直到今天,喻慧心里,依旧有着这样一个画面:偌大的教室空了,只剩下自己一个人。不知这算不算她童年的阴影。"提及这段往事,屠老师心中依旧摆脱不了愧疚,感叹"对不住女儿"。也许,这句"对不住女儿",道出了那个时代很多母亲的无奈与心声。在个体生存都成了问题的年代,对子女的悉心教育似乎变得格外地力不从心。

可能,正是因为父母都比较忙,喻慧从小就养成了独立、勤快的性格,很懂事,从小带着弟弟,照顾弟弟。8 岁起就一个人到省委食堂去打饭给全家吃。16 岁那年,她去了部队参军,第一封家书中就担心地问道:"我不在家,爸爸妈妈是怎么吃饭的呢?"提起这些事,屠老师有欣慰也有心酸:"我感觉儿女那一代受社会环境的影响更多一些,困难时期那种艰苦奋斗的精神给他们的影响很大。我只是尊重他们走自己的路,也算是一种开放的教育方式吧。"

"把孩子的兴趣放在首位"

屠老师主张顺其自然的教育,对自己的子女是这样,对孙子、外孙也如此。她很少干预子女对孙子们的教育。"就拿喻慧的儿子'毛豆'来说,在他上幼儿园时期,班上几乎所有的孩子都参加了兴趣班,'毛豆'却一个也没上。所以,每当下午孩子们忙着上不同的兴趣班时,只有他在那尽情地玩耍。"谈到这些,屠老师语气中夹杂着些许赞赏,看来,屠老师对女儿的教子方式还是包容、肯定的。

对于兴趣班,屠老师的态度非常谨慎:"我的女儿、儿媳都是搞艺术的,但她们都不赞同孩子上兴趣班。我个人认为没这么绝对,可以上,但上兴趣班前一定要好好研究一下孩子的特长,也就是孩子的智能强项是什么,再考虑上相应的兴趣班。一定要把孩子的兴趣放在首位,因为兴趣中包含了孩子的才能与优势领域。此外,对兴趣班的教师也要有所选择,对艺术启蒙教师的选择尤其要慎重。例如,现在有很多美术班的老师,教出来的孩子画的线条都很流畅、很有章法。但几乎所有的孩子画的都是一个样子，我不知道以后他们会发展成什么样。其实，在孩子年龄过小的时候，进行艺术技能训练，并不合适。按照加德纳的观点，10岁以下的孩子都是艺术家，是极富创造性的。你看他们画的画都是天马行空，充满想像力的。如果在这个时候，就开始教一些技能、技法，很可能会压抑孩子的创造性，使其走上片面化发展的道路。当然，培养一定的艺术能力还是必要的，那就是培养孩子的艺术感知能力、理解能力、创造能力，而不是仅仅强调线条、构图、像不像之类的问题。”

“我的孙子是在游戏中成长的”

毛虫是屠老师的孙子。屠老师提起他，如是说：“我的孙子是在游戏中成长的。”这种成长模式并非屠老师的规划与设计，原因还得从毛虫的爸爸喻勤儿时谈起。“喻勤小时候，家里经济条件不好，他根本没有什么玩具。有一次，我的一个朋友从印尼带回了一辆玩具小火车，我便带两个小孩去她家玩。那辆小火车给喻勤留下了太深刻的印象，是美好的愿望也是无尽的遗憾。所以在他作了父亲之后，便给毛虫买了许许多多的玩具，尤其是小火车，各式各样的，上千元的都有。毛虫常常就是自己坐在玩具堆中，没有人管他，自己玩玩具，在这个过程中慢慢发展起来的。”

对于这种“在游戏中成长”的模式，屠老师喜忧参半地说：“在游戏中成长的孩子，是快乐的，有创造潜质的。一旦遇到自己感兴趣的事情，能够非常专注地投入其中。但是也存在着问题。例如，学习习惯不是很好，幼小衔接的过程中有些不适应。毛虫升小学时就遇到了这个问题，例如别人在幼儿园时期都已经学了拼音，我们没让他学，结果毛虫明显有些跟不上。”说着，屠老师的职业责任感愈发强了，“我们应该多在幼小衔接上下些功夫，多做些研究，在幼儿园中应多增加一些活动培养孩子的学习习惯、时间观念，教会他们学会独立计划自己的事情。国外的幼儿园这一点就做得很好，一般来到幼儿园，老师总会先问孩子：‘今天，你打算做什么？’孩子从小就开始学着安排自己的时间，这些，是值得我们借鉴的”。

“我不希望第三代也走艺术之路”

谈到喻慧、喻勤都走了艺术道路，屠老师说，“这些都不是刻意的。我的两个孩子都没有经过正式的艺术训练，自己走上了艺术道路。当然，这里面会有家庭氛围的影响，例如，喻慧从小就看她爸爸画画，潜移默化地受到一些熏陶。还有，我认为，艺术感觉是可以遗传的，比如说毛虫最近在写毛笔字，笔画中流露出的那种韵味，一些书法界的专业人士都比较喜欢。”说到自己的小孙子，屠老师像任何一位奶奶一样，流露出一种自豪与欣喜。

但对于第三代是不是要走艺术道路，屠老师有自己的想法。她说：“我不希望第三代也走艺术之路，除非他们非常地喜欢。有时候，我看到每年我国有这么多人去报考艺术院校，真是觉得很可惜。这里面也许只有10%的人能成为艺术人才，其他的人应该走适合自己的路，否则，这就是一种人才的浪费。艺术是上层建筑，是少数人的事情，而我们国家很多基础建设都没有搞好，应该有更多的人去搞基础建设。”老人说起这段话是严肃的，义正辞严的，面对“艺术热”，我能感受到她的那份清醒与冷静，更能感受到她身上那种强烈的社会责任感，我想这正是老一代知识分子令人格外佩服之处。

“有了美感，生活才会丰富，才会有质量”

屠老师的一生可谓与艺术有着不解之缘，她热爱艺术，服务于艺术，也得益于艺术。艺术感、美感是她毕生所追求的，如她所说：“一个人要有一种美感，有了美感，生活才会丰富，才会有质量。比方说，有美感的人，花同样的钱穿衣服，肯定要比没有美感的人穿得漂亮。再比如，一个市长有没有美感，可能会影响到这个城市的外部形象。例如大连这个城市很美，我相信大连市长一定是有艺术感、美感的。如果他没有艺术感，大连或许是另一副模样。

“另外，美能激发人生积极的情趣，促使人不断追求。同时，美感与创造性是分不开的，因为美是不断变化的，是没有固定模式的。美让我们的生活变得多样化，充满了乐趣。艺术教育主要不是培养艺术家，而是培养人的这种审美潜质。”

“生命不应当虚度”

“人一生最宝贵的是生命，生命对于每一个人来说，只有一次。一个人的生命应该是这样度过的：当他回首往事时，他不因碌碌无为而羞耻，也不因虚度年华而悔恨……”可以说，这曾是感动新中国青年一代的一段经典名言，至今老一代还会有很多人能够熟稔于心。而这段话一直被屠老师视为座右铭，她信奉这段话，并一直用自己的努力实践着这段话。

“我认为人的生命不应当虚度，要积极地过好每一天，充实地生活，那样才对得起社会，也对得起自己。”访谈中，屠老师反复强调着自己的人生信条。相信几乎所有了解屠老师经历的人，都不免感叹竟有如此圆满的人生。可以说，屠老师和老伴都成为了自己领域中最顶尖的人物。功成名就，这是不少人的梦想。对此，屠老师只有淡淡的一句：“这些都不是刻意的。我们只是根据社会需要做了自己应该做的事，社会给了我们今天的这些回报。”这句话让人感动，也让人清醒。或许只有秉持这样一颗淡泊、质朴的心，才能真正有所为吧。

采写此文的过程中，我感受着屠老师对子孙的那种顺其自然的教育方式，对生活的那份淡泊与超功利；感动于她对事业的那种纯粹与执著，对社会的那份强烈责任心。与老人的一次长谈，宛如一次精神的洗礼。屠老师的智慧、从容、自然、洒脱，让我明白：美丽人生，原应如此。

载《学前教育》2007 年第 1 期。

学术年表

1951—1955 年

南京师范学院幼儿教育系本科毕业。

1955—1972 年

南京师范学院附属幼儿师范学校任专业教师。

1972—1979 年

南京宁海中学任教师。

1979—1987 年

南京师范大学幼儿教育系任讲师。

1987—2006 年

南京师范大学教育科学研究院任副研究员、研究员。

1992—2004 年

承担江苏省级、国家级学前教育学重点学科负责人。

1995—2000 年

任中国学前教育研究学会副会长。

2000—2005 年

任世界学前教育组织中国委员会副主席。

著作

美术教学法（幼儿园教师培训教材） 人民教育出版社 1987 年

幼儿园玩具教具制作（幼儿园教师培训教材） 人民教育出版社 1987 年

学前儿童美术教育(高等学校文科教学参考书)　江苏教育出版社　1991年

幼儿彩色画世界　新世纪出版社　1994年

学前儿童艺术综合教育研究　北京师范大学出版社　1997年

现代儿童美术欣赏教育丛书(中国画、西洋画、雕塑与建筑、民间美术)　北方妇女儿童出版社　1998年

儿童美术欣赏教育研究　教育科学出版社　2001年

向瑞吉欧学习些什么　教育科学出版社　2002年

学前儿童美术教育(全国高等教育自学考试指定教材)　西北师范大学出版社　2003年

幼儿园美术欣赏教育丛书(中国画、西洋画、雕塑与建筑、民间艺术)　南京师范大学出版社　2005年

爱、美、生命——幼儿园生态式教育案例精选　上海少年儿童出版社　2006年

屠美如文集　江苏教育出版社　2008年

参加编著

幼儿教育学讲义　江苏人民教育出版社　1981年

幼儿园小班教材教法　南京师范大学出版社　1981年

幼儿园中班教材教法　南京师范大学出版社　1982年

幼儿园大班教材教法　南京师范大学出版社　1982年

幼儿师范学校课本:幼儿美术教学法　人民教育出版社　1988年

幼儿教育百科辞典　上海教育出版社　1989年

幼儿教师实用手册　江苏教育出版社　1990年

教育大辞典(2)　上海教育出版社　1990年

海峡两岸艺术教育的改革与研究　台湾联明出版社　1994年

文化传承与幼儿教育　浙江教育出版社　2005年

译著

智能的阶梯　南京师范大学出版社　1999 年
儿童绘画心理　北方妇女儿童出版社　2006 年
青少年儿童绘画心理　北方妇女儿童出版社　2006 年

论文

绘画教学与幼儿创造才能的培养　南京师范大学学报　1981 年
大学生审美情趣调查报告　南京师范大学教育论文集　1984 年
对 3—6 岁儿童颜色感知和运用能力的研究　教育科学出版社　1986 年
1.5—6 岁儿童绘画能力发展的研究　南京师范大学学报　1987 年
儿童绘画发展阶段初探　美术教育　1988 年
幼儿美术教育课程模式探讨　幼儿教育国际会议论文集　1989 年
幼儿美术教育改革的理论与实践研究——介绍一个认知与情感相结合的美术教育课程设计方案　幼儿教育改革与研究　1990 年
再论儿童绘画阶段——关于概念画期　中国美术教育　1991 年第 5 期
中美儿童透视画交叉文化比较研究　心理测量国际会议论文集　1991 年
儿童发展的新皮亚杰理论及教学应用　心理发展与教育　1993 年第 1 期
幼儿美术中创造潜力的发掘与培育　学前教育　1993 年第 9 期
当代美国儿童审美教育研究简介　1994 年

幼儿美术教育的改革　幼儿的教育与发展——对90年代的挑战国际会议　1993年5月

儿童艺术教育与审美心理　国际儿童美术教育学会亚洲地区艺术讨论会论文集　1995年台湾

学前儿童艺术综合教育与审美心理　继往开来，共创辉煌：全国幼儿教育第5届学术研讨会文选　北京师范大学出版社　1995年

艺术教育和早期儿童审美心理结构的建构　学前教育研究　1996年第4期

儿童透视画发展的阶段与结构　纪念皮亚杰诞生100周年国际会议论文集　1996年9月瑞士

培养幼儿审美感知、情感和表现能力　学前教育研究　1997年第3期

3—4岁儿童绘画表征能力发展的实验研究　儿童美育文教(台湾版)　1997年春、夏季版

4—5岁儿童绘画特征研究　儿童美育文教(台湾版)　1997年秋季版

5—6岁儿童绘画特征研究　儿童美育文教(台湾版)　1997年冬季版

幼儿美术教育领域改革之思考　香港教师教育国际研讨会议论文集　1999年

我的儿童艺术教育观——美、生命、爱的生态教育　2002年中国OMEP国际研讨会发言

以审美教育为中心的生态式教育　幼儿教育　2002年第4期

幼儿园生态式融合课程特色和指导要点　2000年

美国早期儿童教育中的“生成课程”　幼儿教育　2001年第2期

中国早期教育改革的反思与展望　环太平洋地区幼儿教育协会第三届国际会议“文化背景中的早期儿童教育”　2002年

学习瑞吉欧精神，走中国自己的路　向瑞吉欧学习些什么　2002年

幼儿园生态式融合课程研究　中国教育科学　2003年

中国画与幼儿生态式艺术教育　文化传承与幼儿教育　2005年

屠美如参加国际合作交流活动年表

1985年4月—1985年5月　参加中国学前教育代表团访问美国洛杉矶、芝加哥、波士顿等七大城市的高等院校学前教育专业及幼儿教育机构。

1986年8月—1986年9月　赴泰国参加由联合国基金会主办的亚太地区发展与交流项目培训班。

1989年7月—1989年10月　作为美国哈佛大学教育研究院访问学者，与零点项目主任、著名的心理学教授霍华德·加德纳进行合作研究。

1989年10月　参加在我国召开的第一次幼儿教育国际研讨会，发表论文《幼儿美术教育课程模式的探讨——以发展儿童创造潜力为中心》。

1991年11月　参加在我国召开的心理测量国际学术研讨会，并发表论文《中、美儿童透视画交叉文化比较研究》。

1993年5月　参加由联合国儿童基金会和我国教育部联合主办的"幼儿的教育与发展——对九十年代的挑战"国际研讨会，并发表论文《幼儿美术教育的改革》。

1994年3月—1994年5月　接受加拿大康克迪尔大学艺术系邀请，作为访问学者与戴维·帕里瑟教授在蒙特利尔就儿童艺术教育合作研究三个月。

1994年4月　在美国哈佛大学教育研究院作题为《通过艺术活动，发掘幼儿的创造潜力》的报告。

1995年11月　参加在台湾召开的国际艺术教育学会——亚洲地

区学术研讨会，并发表论文《儿童艺术教育与审美心理》。

1996 年 3 月　接受台湾彰化师范大学艺术系邀请讲学。

1996 年 11 月　参加在瑞士召开的为纪念皮亚杰诞生一百周年举办的“心智的成长”国际研讨会，并发表论文《儿童透视画发展的阶段与结构》。

1999 年 2 月　应邀参加香港举办的教师教育国际研讨会，并发表论文《幼儿美术教育领域改革之思考》。

2000 年 8 月　参加在日本举办的环太平洋地区学前教育协会第一次年会，并发表论文《儿童画欣赏课程框架研究》。

2001 年 7 月　参加在新西兰举办的环太平洋地区学前教育协会第二次年会，并发表论文《中国画欣赏研究》。

2002 年 7 月　参加在上海由华东师范大学举办的环太平洋地区幼儿教育协会第三届国际会议“文化背景中的早期儿童教育”，并发表论文《中国早期教育改革的反思与展望》。

2002 年 8 月　在南京师范大学主办中国 OMEP 艺术教育国际研讨会，并发表论文《我的儿童艺术教育观——美、生命、爱的生态式教育》。

2005 年 8 月　在中国杭州举办中国 OMEP“文化传承与幼儿教育”国际研讨会，并发表论文《中国画与幼儿生态式艺术教育》。

书　　名　屠美如文集
作　　者　屠美如
责任编辑　沈静明　芮丽娇
出版发行　凤凰出版传媒集团
　　　　　江苏教育出版社(南京市马家街31号 210009)
网　　址　http://www.1088.com.cn
集团网址　凤凰出版传媒网 http://www.ppm.cn
经　　销　江苏省新华发行集团有限公司
照　　排　南京前锦排版服务有限公司
印　　刷　盐城印刷总厂有限责任公司
厂　　址　盐城市纯化路29号(邮编224001)
电　　话　0515-88153008
开　　本　880×1240　毫米　1/32
印　　张　13.875
插　　页　2
字　　数　330 000
版　　次　2008年10月第1版
　　　　　2008年10月第1次印刷
印　　数　1-3125
书　　号　ISBN 978-7-5343-8567-4
定　　价　35.00元
批发电话　025-83260760,83260768
邮购电话　025-85400774,8008289797
短信咨询　10602585420909
E-mail　jsep@vip.163.com
盗版举报　025-83204538